Haubenthaler · Askese und Freiheit bei Romano Guardini

REINHARD HAUBENTHALER

ASKESE UND FREIHEIT BEI ROMANO GUARDINI

Ferdinand Schöningh
Paderborn · München · Wien · Zürich

Die Deutsche Bibliothek – CIP-Einheitsaufnahme

Haubenthaler, Reinhard:
Askese und Freiheit bei Romano Guardini / Reinhard Haubenthaler. – Paderborn; München; Wien; Zürich: Schöningh, 1995
Zugl.: München, Univ., Diss., 1994
ISBN 3-506-73754-6

Gedruckt auf umweltfreundlichem, chlorfrei gebleichtem und alterungsbeständigem Papier ⊗ ISO 9706

(Verlag Ferdinand Schöningh GmbH, Jühenplatz 1, D-33098 Paderborn)

Printed in Germany. Herstellung: Ferdinand Schöningh, Paderborn

ISBN 3-506-73754-6

VORWORT

Die vorliegende Untersuchung wurde im Sommersemester 1994 von der Katholisch-Theologischen Fakultät der Ludwig-Maximilians-Universität München als Dissertationsschrift angenommen. Für die Drucklegung habe ich sie geringfügig überarbeitet, ergänzt und aktualisiert; darüberhinaus wurden Register erstellt, die den Umgang mit dem Buch erleichtern sollen.

Dafür, daß diese Studie entstehen und veröffentlicht werden konnte, bin ich vielfachen Dank schuldig.

Mein Dank gilt zunächst der oben genannten Fakultät und hier vor allem dem Vorstand des Instituts für Moraltheologie und Christliche Sozialethik, Herrn Professor Dr. Johannes Gründel, der das Entstehen dieser Studie mit regem Interesse begleitet und das Erstgutachten erstellt hat. In diesen Dank miteinbeziehen möchte ich auch die zahlreichen Mitarbeiter des Instituts, vor allem Herrn Dr. habil. Hans Günter Gruber und – für die ersten Jahre – Herrn Dr. habil. Bernhard Irrgang sowie die Teilnehmer der Doktoranden-Kolloquien, die durch Ermutigung und Kritik zum Gelingen dieser Arbeit beigetragen haben. Herrn Professor Dr. Peter Neuner sei gedankt für die Erstellung des Zweitgutachtens, Herrn Professor Dr. Werner Dettloff für hilfreiche Informationen.

Als ein zweiter Kristallisationspunkt vielfacher Anregung, Kritik und Hilfe erwies sich die Burg Rothenfels am Main, jener Ort, der nicht nur zwischen den beiden Weltkriegen unter der Ägide Romano Guardinis für die Jugendbewegung und für die liturgische Erneuerung von unschätzbarer Bedeutung war, sondern der auch heute ein beachtenswertes Zentrum ganzheitlicher menschlicher Bildung und insbesondere der geistigen Auseinandersetzung mit dem Erbe Romano Guardinis ist. Bei zahlreichen Guardini-Tagungen und vor allem bei den Treffen des Romano-Guardini-Studienkreises empfing ich entscheidende Anstöße, Impulse und Hilfen. Zu danken habe ich hier insbesondere Herrn Prof. Dr. Arno Schilson, dem unermüdlichen Anreger und Begleiter dieses Kreises, dessen kritisch-ermutigende Begleitung für mich sehr wertvoll war. Auch dem Bildungsreferenten von Burg Rothenfels, Herrn Ludger Bradenbrink, gilt mein Dank für zahlreiche Hinweise und entgegenkommende Unterstützung.

Als ich noch ganz am Anfang meiner Beschäftigung mit Romano Guardini stand, gab mir Frau Professorin Dr. Hanna-Barbara Gerl entscheidende Ratschläge und Anregungen, für die ich an dieser Stelle noch einmal sehr herzlich Dank sagen möchte. Für freundschaftliche Begleitung und Anregung danke ich Herrn Dr. Alfons Knoll sowie Frau Gunda und Herrn Martin

Brüske, mit denen mich der genannte Rothenfelser Studienkreis zusammengeführt hat.

Mein Dank gilt weiter dem Direktor der Katholischen Akademie in Bayern, Herrn Dr. Franz Henrich, sowie Herrn Professor Dr. Hans Mercker, die es mir ermöglicht haben, das Manuskript von Guardinis Ethik-Vorlesungen bereits lange vor seiner Veröffentlichung einzusehen. Herr Prof. Mercker stand mir dabei nicht nur mit großem Entgegenkommen zur Seite, ihm verdanke ich auch wertvolle Hinweise.

Dankbar bin ich auch für ein ermutigendes Gespräch, das ich mit Herrn Prof. Dr. Carl-Friedrich von Weizsäcker führen durfte. Seine skeptische Frage nach den Chancen einer „asketischen Weltkultur" war für mich Inspiration und kritische Infragestellung in einem.

Nicht zuletzt schulde ich Dank meinem Arbeitgeber, der Erzdiözese München und Freising; ohne die teilweise Freistellung von meinen Berufsaufgaben als Pastoralreferent wäre das Zustandekommen dieser Untersuchung nicht denkbar gewesen; mein Dank gilt hier insbesondere Herrn Domdekan Dr. Gerhard Gruber und Herrn Domkapitular Dr. Robert Simon, dem ehemaligen bzw. dem gegenwärtigen Generalvikar.

Was die Drucklegung meiner Arbeit angeht, danke ich zunächst dem Verlag Ferdinand Schöningh für die Bereitschaft, diese Studie in sein Verlagsprogramm aufzunehmen; mein besonderer Dank gilt hier Herrn Dr. Jacobs, der als Lektor am Zustandekommen dieses Buches besonderen Anteil hat. Für die Gewährung großzügiger Druckkostenzuschüsse schulde ich dem Romano-Guardini-Freundeskreis in der Vereinigung der Freunde von Burg Rothenfels sowie der Erzdiözese München und Freising aufrichtigen Dank. Meinem Vater, Herrn Dr. Gerhard Michel, danke ich für die gewissenhafte Durchsicht des Manuskripts sowie für maßgebliche Unterstützung bei der Erstellung der Register.

Nicht so leicht namhaft zu machen ist der Anteil, den zahlreiche Freunde, Kollegen, Mitarbeiter und Mitchristen durch ihr Interesse und Wohlwollen und manchmal auch durch Rat und Tat am Zustandekommen dieser Veröffentlichung haben.

Im Umgang mit dem Computer und mit dem Textverarbeitungsprogramm haben mir Herr Dr. Alfons Hämmerl und Herr Rudi Klemm unersetzliche Hilfe geleistet, für die ich sehr dankbar war und bin.

Anderer Art, aber nicht zu vergessen ist der Dank, den ich gegenüber meiner Frau Eva empfinde: für das Verständnis und für die Geduld, mit denen sie mich in der Entstehungszeit meiner Dissertation begleitet und – zusammen mit unseren Kindern Franziska und Benedikt – so manche Belastung mitgetragen hat.

Die inhaltliche Arbeit an dieser Studie schließe ich ab in den Wochen vor Ostern – zu einer Zeit, in der Christen auf der ganzen Welt versuchen, ihr Verhältnis zu den Gütern dieser Welt zu überprüfen und ihre Beziehung zu

Gott zu vertiefen; viele von ihnen üben in Erinnerung an den Auszug des alttestamentlichen Gottesvolkes aus der Knechtschaft in Ägypten und im Hinblick auf die österliche Freiheit der Kinder Gottes einen bewußteren, dankbareren und sorgfältigeren Umgang mit den Gaben der Schöpfung (oder mit der von Gott geschenkten Zeit) – und damit ein Stück christlicher Freiheit – ein. Daß die „Einübung von Freiheit", die den eigentlichen Zielpunkt der Askese im Sinn Romano Guardinis darstellt, nicht nur ein anspruchsvolles Ideal, sondern – zumindest ansatzweise und fragmentarisch – eine (in christlichen Gemeinden, aber nicht nur hier!) vielfach gelebte Wirklichkeit ist, möchte ich dankbar festhalten. Daß die vorliegende Veröffentlichung dieser christlichen Praxis reflektierend, motivierend und differenzierend dienen kann, ist mein Wunsch und meine Hoffnung.

Markt Schwaben, im März 1995 *Reinhard Haubenthaler*

INHALTSVERZEICHNIS

0. EINLEITUNG

0.1. Die Wiederentdeckung der Askese im Horizont der ökologischen Krise

Lange Zeit schien das Wort Askese aus dem allgemeinen Sprachgebrauch verschwunden zu sein. Nur theologische Autoren hielten die Erinnerung daran aufrecht, daß die Askese zu den unabdingbaren Elementen menschlicher Existenz gehört, ohne die das Leben nicht gelingen kann.[1] Im allgemeinen Bewußtsein dagegen wurde Askese als Relikt eines ‚finsteren Mittelalters' betrachtet, als Ausdruck einer weltfeindlichen Abkehr von allem Irdischen – längst überholt in einer Zeit, da die Erweiterung des individuellen Freiheitsspielraumes, fragloser Fortschrittsoptimismus und euphorisches Wachstumsdenken die Richtung bestimmten.[2]

Seit jedoch das Bewußtsein der ökologischen Krise breite Schichten der Bevölkerung zu alarmieren und bislang unhinterfragte Werte in Frage zu stellen beginnt[3], spricht man wieder des öfteren von Askese – nun allerdings in gewandeltem Zusammenhang und mit deutlicher Akzentverschiebung: Hatte man den Begriff der Askese im Raum der Theologie so sehr spiritualisiert, daß er fast zu einem Synonym für geistliches Leben, für Spiritualität überhaupt geworden war[4], so gewann er jetzt vor dem Hintergrund ökologischer Fragen als „neue Askese"[5], als „ökologische Askese"[6], als „Konsumaskese"[7] oder als „technische Askese"[8] neue Aktualität und Konkretheit,

[1] Vgl. z.B. J. Gründel (Hg.), Triebsteuerung. Für und wider die Askese, München 1972; darin vor allem J. Gründel, Aspekte der Ethik und Moraltheologie, 67-110, bes. 93ff.; vgl. auch ders., Askese im Dienst einer geordneten menschlichen Entfaltung vor Gott, in: Lebendige Seelsorge 35 (1984), 7-13.

[2] Zu den düsteren Assoziationen vgl. G.-K. Kaltenbrunner, Vorwort des Herausgebers, in: ders. (Hg.), Der asketische Imperativ. Strategien der Selbstbeherrschung, Freiburg 1985, 7-30, bes. 7-16.

[3] Eine entscheidende Rolle spielte hier der erste „Bericht des Club of Rome zur Lage der Menschheit": D. Meadows u.a., Die Grenzen des Wachstums, Stuttgart 1972.

[4] "Aszetik" als Lehre vom geistlichen Leben wurde in einem Atemzug genannt zusammen mit „Mystik"; vgl. F. Wulf, Art. „Aszese (Aszetik)", in: SM, Bd. 1, 358-371; sowie ders., Art. „Aszese", in: HThG, Bd. 1, 111-120.

[5] F. Cramer, Fortschritt durch Verzicht. Ist das biologische Wesen Mensch seiner Zukunft gewachsen?, München 1975, 263.

[6] J.B. Cobb, Der Preis des Fortschritts, München 1972, 82ff.

[7] M. Rock, Art. „Askese", in: B. Stoeckle (Hg.), Wörterbuch der ökologischen Ethik, Freiburg 1986, 19.

[8] C.F.v. Weizsäcker, Gehen wir einer asketischen Weltkultur entgegen?, in: Merkur 32 (1978), 756.

verlor dabei freilich teilweise auch seinen Transzendenzbezug und seine enge Verbindung mit religiösem Leben. Daß C.F. v. Weizsäcker in einem vielbeachteten Aufsatz die Frage nach den Chancen einer „asketischen Weltkultur" stellte, verhalf dem Begriff Askese zusätzlich zu neuer Publizität.[9]

Aber nicht nur dort, wo man ausdrücklich von Askese spricht, kommen Elemente der Askese, kommt insbesondere die Bedeutung von Verzicht und Einübung neu in den Blick. Zu erinnern ist hier an die Frage nach einem neuen, ‚alternativen' Lebensstil[10], an die Diskussion um ‚neue Werte' und ‚neue Tugenden'[11] sowie an die Wiederentdeckung und Neubelebung asketischer Praxis in ‚alternativen' Gruppierungen und in der Meditationsbewegung[12], aber auch in christlichen Gemeinden, Gruppen und Exerzitienhäusern (Fasten, Meditation, Wiederbelebung der Fastenzeit mit verschiedenen Formen des Verzichts)[13]. Hinter der Fassade einer übersättigten Konsumgesellschaft zeigen sich Fragmente einer asketischen Kultur, von denen sich freilich noch nicht sagen läßt, ob sie Kraft und Tiefgang besitzen oder Mode-Erscheinungen darstellen, die so schnell abklingen, wie sie aufgetaucht sind.

Es fehlt auch nicht an Zweifeln, Befürchtungen und Bedenken gegenüber diesem neuen Interesse an der Askese: Zum einen fürchtet man die düsteren Assoziationen, die von der Geschichte her immer noch mit diesem Begriff verbunden sind[14]; zum anderen wird gesagt, es bedürfe nicht eines so anspruchsvollen Ideals, sondern eher so einfacher Dinge wie Bescheidenheit und Selbstbeherrschung[15].

Auch der oben erwähnte Aufsatz von C.F.v. Weizsäcker beurteilt die Möglichkeiten einer „demokratischen Askese" eher skeptisch[16]; während er

---

[9] Ders., a.a.O., 745-769.

[10] Vgl. J. Gründel, Die Erde - unserer Sorge anvertraut, Freising 1984, 50-55; vgl. auch J. Renker, Grenzen des Wachstums als Herausforderung zu einem neuen Lebensstil, in: das Thema 20 (1977), 59-61.

[11] Vgl. vor allem H.Jonas, Auf der Schwelle der Zukunft: Werte von gestern und die Welt von morgen?, in: H. Jonas/D. Mieth, Was für morgen lebenswichtig ist. Unentdeckte Zukunftswerte, Freiburg 1983, 5-32; D. Mieth, Was die Sinnkrise übersteht: Ethische Perspektiven für eine menschliche Zukunft, in: H. Jonas/D. Mieth, a.a.O., 33-79, sowie D. Mieth, Die neuen Tugenden. Ein ethischer Entwurf, Düsseldorf 1984.

[12] Zu den ‚alternativen' „asketischen Bewegungen" vgl. G. Domann, Daseinsbewältigung durch Askese? Auf der Suche nach einer neuen Lebenseinstellung, in: Lebendige Seelsorge 35 (1984), 18-23, bes. 18f., Zit. 18; zum Verhältnis von Askese und Meditation vgl. F. Furger, Ethik der Lebensbereiche, Freiburg 1984, 6.

[13] Über die Vielzahl von Formen und Versuchen informiert das dem Thema „Askese" gewidmete Heft 1 des 35. Jahrgangs (1984) der Zeitschrift „Lebendige Seelsorge".

[14] Vgl. G.-K. Kaltenbrunner, a.a.O., bes. 27.

[15] Vgl. ders., a.a.O., 29; vgl. auch H. Gruhl, Askese? Vernunft und Bescheidenheit würden schon genügen, in: G.-K. Kaltenbrunner (Hg.), a.a.O., 155-165.

[16] Vgl. C.F.v. Weizsäcker, Gehen wir einer asketischen Weltkultur entgegen?, a.a.O., 760ff., Zit. 760.

jedoch Askese zumindest grundsätzlich für bedeutsam und wünschenswert hält und lediglich an den Chancen ihrer Verwirklichung in unserer auf Freiheit und Gleichheit ausgerichteten Massengesellschaft zweifelt, ziehen andere Autoren den Sinn von Askese generell in Zweifel: sie empfehlen „Solidarität statt Askese" und fordern anstelle einer „asketischen Kultur" eine emanzipatorische „Gegenkultur"[17].

Kompliziert wird die Situation zusätzlich dadurch, daß neben dem neuen, aus der Situation der ökologischen Krise heraus geborenen Verständnis von Askese sich – vor allem in fundamentalistischen Strömungen – auch ein solches gehalten hat und teilweise neu entstanden ist, das dualistisch motiviert und in seinen Auswirkungen äußerst problematisch ist.[18]

Und auch innerhalb der ‚neuen', ökologisch-konsumkritischen Askese gibt es zweifellos Einseitigkeiten, rigoristische Züge und fragwürdige Motive, „die nur schwer christlich integrierbar sind"[19].

So ist es nicht verwunderlich, daß auch in der Theologie beides begegnet: zum einen die erneute und vertiefte Wertschätzung und Empfehlung der Askese im Zusammenhang mit den Problemen der Wohlstandsgesellschaft, der Umweltkrise und der weltweiten Frage nach einer gerechten Verteilung der Güter[20]; zum anderen die Warnung vor einer „asketischen Auslegung des Evangeliums"[21] und die Kritik an Fehlformen und Mißverständnissen.[22]

---

[17] K. Traube, Wachstum oder Askese? Kritik der Industrialisierung von Bedürfnissen, Hamburg 1979, 79 bzw. 75.

[18] Zur Problematik des „Opus Dei" und seiner Askese vgl. P. Hertel, Intelligent gehorchen, aber blind. Ein Wegweiser durch den Dschungel offizieller und geheimer Dokumente des Opus Dei, in: Paulus-Akademie (Hg.), Opus Dei - Stosstrupp Gottes oder „Heilige Mafia"?, Zürich 1992, 33-151; A. Rotzetter, Opus-Dei-Mentalität oder christliche Spiritualität, in: Paulus-Akademie (Hg.), a.a.O., 155-192; D. Mieth, Anfragen an das Verständnis von Kirche und Sexualität beim Opus Dei, in: H. Schützeichel (Hg.), Opus Dei. Ziele, Anspruch und Einfluß, Düsseldorf 1992, 104-120, bes. 107f.
Zum Engelwerk und seinem dualistischen Hintergrund vgl. H. Boberski, Das Engelwerk. Ein Geheimbund in der katholischen Kirche?, Salzburg 1990, bes. 170-195; sowie H. v. Soden-Fraunhofen, Das Engelwerk, in: W. Beinert (Hg.), „Katholischer" Fundamentalismus. Häretische Gruppen in der Kirche?, Regensburg 1991, 127-147, bes. 130-132.

[19] P. Lippert, Gute Askese und schlechter Asketismus. Bemerkungen zur Gewinnung von Maßstäben und zur Klärung von Standorten, in: Lebendige Seelsorge 35 (1984), 24.

[20] Vgl. Kap. 1.4.3.

[21] A. Rotzetter, Selbstverwirklichung des Christen, Zürich 1983, 30.

[22] Vgl. J. Gründel, Aspekte der Ethik und Moraltheologie, a.a.O., bes. 89-93; P. Lippert, a.a.O., 24-26; ders., Selbstverwirklichung und Askese in einer bedrohten Welt, Mainz 1978, bietet eine ausführliche Auseinandersetzung mit der heutigen Problematik der Askese.

0.2. Fragen, Probleme und Aufgaben

Das im Zusammenhang mit der ökologischen Problematik neu erwachte Interesse an der Askese läßt eine vertiefte Auseinandersetzung mit ihren Grundlagen und Motiven, Chancen und Grenzen lohnend und geboten erscheinen:

Auf der Ebene von Gesellschaft, Politik und Wirtschaft stellt sich die Frage, ob und inwieweit Askese tatsächlich hilfreich sein kann, um Probleme der Konsumgesellschaft, der Ökologie und der Gerechtigkeit zu lösen, und wie es gegebenenfalls um die Bedingungen und Möglichkeiten ihrer Akzeptanz steht.

Der Theologie stellt sich die Aufgabe einer theologischen und anthropologischen Begründung und Kritik der Askese. Es ist eine Askese zu entwickeln, in der – fern einer dualistischen Entwertung irdischer Güter und Werte – das ‚Ja', d.h. die positive Zielrichtung der Askese, stärker ist als das ‚Nein' der Einschränkung und des Verzichts.[23] Wesentliches Anliegen einer solchen theologisch-anthropologischen Begründung der Askese müßte es sein, den bloßen moralischen Appell einzuholen und zu ersetzen durch die Einsicht in grundlegende Bedingungen menschlicher Existenz, also den „Imperativ" zu begründen im „Indikativ"[24].

Gleichzeitig gilt es, eine Brücke zu schlagen zwischen der traditionellen, religiös-transzendental und personal motivierten Askese und der aktuellen, sozialethisch und ökologisch begründeten Forderung nach Askese. Die zeitlos gültige Aufgabe der Askese ist in Beziehung zu setzen zu den Problemen und Herausforderungen einer an die „Grenzen des Wachstums"[25] geratenen Konsumgesellschaft mit ihren wissenschaftlich-technischen und sozio-ökonomischen Grundvoraussetzungen. Konkrete Gestalten und Formen sind zu benennen, in denen Askese sich heute verwirklichen kann und muß.[26]

Besondere Brisanz besitzen dabei folgende Fragen: Wie verhalten sich Askese und Selbstverwirklichung zueinander, und wie Askese und Solidarität? Stehen sie zueinander in Opposition, sind sie gar sich gegenseitig ausschließende Alternativen[27], oder bedingen sie sich vielmehr gegenseitig, so

---

[23] Vgl. O. Betz, Wiederentdeckung der Tugend. Adolf Exeler zum Gedenken, in: Lebendige Seelsorge 35 (1984), 1-6, bes. 3f.

[24] Zur Unterscheidung und zur Zusammengehörigkeit von indikativischem und imperativem Moment in der Moral vgl. J.L. Aranguren, Art. „Ethik I", in: SM, Bd. 1, 1202f.

[25] D. Meadows u.a., Die Grenzen des Wachstums, a.a.O.

[26] Vgl. R. Egenter, Askese in einer zeitgemäßen Spiritualität, in: J. Gründel (Hg.), Triebsteuerung, a.a.O., 111: „Jede Zeit und jede zeitgemäße Spiritualität verlangt nach ihrer Askese."

[27] So in bezug auf das Verhältnis von Solidarität und Askese K. Traube, a.a.O., 79f. Im Hinblick auf das Verhältnis von Askese und Selbstentfaltung stellt sich nach F. Furger, a.a.O., 51f., die Frage, „ob die Betonung von Selbstzucht und damit verbunden von Selbstverleugnung nicht masochistische Züge aufweise und Neurosen fördere", und ob nicht gerade auch christlicherseits eher „die Annahme seiner selbst, statt Selbstüberwindung" gefordert sei.

daß Solidarität ein Motiv der Askese sein kann, und Askese ihrerseits Solidarität gerade eben ermöglicht[28], bzw. so, daß Askese der Selbstwerdung dient, und recht verstandene Selbstverwirklichung nicht denkbar ist ohne Askese[29]?

Zu bedenken wären auch die speziellen Bedingungen, unter denen Askese zu verwirklichen ist in einer grundsätzlich „anti-asketisch"[30] orientierten Gesellschaft: Mit welchen Schwierigkeiten hat sie zu rechnen? Welche zusätzlichen Motivationen und Hilfen sind gegebenenfalls nötig und möglich? Hier stellen sich insbesondere Fragen für Pädagogik und Pastoral.

0.3. Romano Guardini: Wegbereiter eines zeitgemäßen Verständnisses der Askese

Romano Guardini[31] ist einer der wenigen Autoren, die von der Bedeutung der Askese gesprochen haben zu einer Zeit, als dieser Begriff mehr und mehr vergessen zu werden drohte. Mehr noch: Er bringt sie bereits in den fünfziger Jahren in Verbindung mit den bedrängenden Fragen des Umgangs mit den Möglichkeiten der Technik und der Macht und er weist ihr in diesem Zusammenhang „weltgeschichtliche Bedeutung"[32] zu.

Aber bei Guardini ist Askese nicht nur und nicht in erster Linie in gesellschaftlich, politisch, wirtschaftlich oder geschichtlich bedingten Notwendigkeiten begründet; sie stellt sich vielmehr dar als ein Grundvollzug des Menschseins. Die teilweise emphatische Empfehlung der Askese in wichtigen kulturkritischen Werken der Spätphase ist fundiert in grundlegenden anthropologischen, pädagogischen und ethischen Grundpositionen sowie in kulturgeschichtlichen, kulturphilosophischen und kulturkritischen Überlegungen. Romano Guardini hat beide Pole in interessanter und überzeugender Weise miteinander verbunden: den der aktuellen Verwirklichung einerseits und den der anthropologischen und theologischen Grundlegung andererseits.

---

28 Vgl. z.B. P. Lippert, Gute Askese und schlechter Asketismus, a.a.O., 24-29, bes. 28f.

29 Vgl. vor allem P. Lippert, Wer sein Leben retten will. Selbstverwirklichung und Askese in einer bedrohten Welt, Mainz 1978.

30 C.F.v. Weizsäcker, a.a.O., 715.

31 (geboren am 17. Februar 1885 in Verona, gestorben am 1. Oktober 1968 in München). Zur Biographie vgl. H.-B. Gerl, Romano Guardini (1885-1968). Leben und Werk, Mainz ³1987; zur theologischen Bedeutung vgl. v. a. A. Schilson, Perspektiven theologischer Erneuerung. Studien zum Werk Romano Guardinis, Düsseldorf 1986; zur ersten Information vgl. H.R. Schlette, Art. „Guardini, Romano (1885-1963)", in: TRE, Bd. XIV, 294-297.

32 R. Guardini, Askese, 46.

Eine Schwierigkeit besteht zweifellos darin, daß Guardinis Art, Wissenschaft zu treiben, vor allem seine Methodik der „Weltanschauung“[33], sich nicht ohne weiteres in das Gefüge akademischer Philosophie bzw. Theologie einfügt.[34] Dies dürfte auch zumindest einer der Gründe für die allseits festgestellte mangelnde Rezeption in den Wissenschaften sein.[35]

Gegenwärtig scheint die Beschäftigung mit Guardini aber eher zu- als abzunehmen. Es gibt deutliche Anzeichen für so etwas wie eine „‚Guardini-Renaissance‘“[36]. Jüngster Beleg für die Lebendigkeit und Vielfalt dieses neuen Interesses an Guardini ist ein von A. Schilson herausgegebener Sammelband[37], der im Hinblick auf Guardinis 25. Todestag (Guardini starb am 1. Oktober 1968) von dem interuniversitären Guardini-Studienkreis auf Burg Rothenfels initiiert wurde und der mit zahlreichen Beiträgen „die überraschende Aktualität der von Guardini entwickelten Perspektiven“[38] bezeugt. Nahezu zeitgleich gab die „Guardini Stiftung“ in Berlin unter dem Titel „Guardini Weiterdenken“[39] einen Sammelband heraus, der insbesondere das Weltanschauungskonzept Guardinis und sein geistesgeschichtliches Umfeld beleuchtet, aber auch zahlreiche andere, kritisch-weiterführende Beiträge enthält.

M. Lechner kommt das Verdienst zu, als erster das große Gewicht herausgestellt zu haben, das der Askese bei R. Guardini zukommt[40], d.h. sowohl die Dringlichkeit, die Guardini selbst der Askese zuschreibt, als auch die Bedeutung, die der Askese für das Verständnis von Guardinis Denken insgesamt beizumessen ist. Während M. Lechner einen kulturphilosophischen Ansatz gewählt hat, steht die vorliegende Arbeit unter einer dezidiert moraltheologischen Fragestellung.[41] Sie sieht den eigentlichen Zielpunkt der As-

---

[33] R. Guardini, Vom Wesen katholischer Weltanschauung, in: UC 13-33.

[34] Dazu vgl. Kap. 2.1.2. Die Problematik dieses Denk-Ansatzes wird eingehend dargestellt von H. Mercker, Christliche Weltanschauung als Problem. Untersuchungen zur Grundstruktur im Werk Romano Guardinis, Paderborn 1988.

[35] Vgl. z.B. H. Mercker, a.a.O., 9f.; A. Schilson, a.a.O., 14-16; in jüngster Zeit G. Böning, Theologie der Existenz. Zum 25. Todestag Romano Guardinis am 1. Oktober 1993, in: Münchner Theologische Zeitschrift 44 (1993), 359-363, bes. 359-361; sowie M. Knapp, Die Christologie Romano Guardinis im Kontext seiner These vom Ende der Neuzeit, in: Theologie und Glaube 83 (1993), 338-356, hier 338f.

[36] G. Böning, Theologie der Existenz, a.a.O., 360.

[37] A. Schilson (Hg.), Konservativ mit Blick nach vorn. Versuche zu Romano Guardini, Würzburg 1994.

[38] A. Schilson, Vorwort des Herausgebers, in: A. Schilson (Hg.), a.a.O., 7.

[39] H.J. Schuster (Hg.), Guardini Weiterdenken, Berlin 1993 (= Schriftenreihe des Forum Guardini, Bd. 1).

[40] M. Lechner, Die Theologie des Maßes. Studien zur kulturgeschichtlichen Bedeutung der Askese bei Romano Guardini, St. Ottilien 1991.

[41] Die vorliegende Studie ist meines Wissens die erste Dissertation über R. Guardini, die an einem moraltheologischen Lehrstuhl entstanden ist.
Ethische Fragestellungen berühren neben der oben erwähnten Arbeit von M. Lechner insbesondere P. Schmidt, Die pädagogische Relevanz einer anthropologischen Ethik. Eine

kese bei Guardini nicht in der Findung des rechten Maßes, sondern in der Einübung von Freiheit.

Wenn hier für eine aktuelle Fragestellung R. Guardini herangezogen wird, so nicht, weil er heute noch einfachhin als „Erzieher und Gewissen der Deutschen“[42] gelten könnte oder weil ihm der Rang eines „zeitgenössischen Kirchenvaters“[43] zugeschrieben werden sollte. Es ist vielmehr zunächst die Eindringlichkeit, mit der er sein Votum für die Askese vorbringt, die neugierig macht; dann besticht auch die hellsichtige Schärfe seiner Kulturkritik; vor allem aber überzeugt schließlich die breite Verankerung der Askese in seinem weitverzweigten Werk. Denn wenn auch im Blick auf seine „viele(n) Bücher“[44] mit Recht von einer „enttäuschenden äußeren Werkgestalt“[45] gesprochen werden kann: innerlich konsistent ist Guardinis Denken durchaus, und dies nicht nur, was sein Askeseverständnis angeht. Gerade daß sich Ansätze einer Option für die Askese in so unterschiedlichen Denkbereichen finden, nämlich in Theologie, Anthropologie und Pädagogik, in der Kulturkritik und in der Ethik, macht Guardini für ein tieferes Verständnis der Askese so fruchtbar. Guardinis fächerübergreifende Denkbewegung und die Tatsache, daß er nicht nur Wissenschaftler, sondern mit gleicher Liebe immer auch Erzieher und Seelsorger war[46], erweist sich gerade für unsere Fragestellung als Vorteil.

Untersuchung zum Werk Romano Guardinis, Düsseldorf 1973, bes. 129-161; P. Becher, Mensch und Technik im Denken Friedrich Dessauers, Martin Heideggers und Romano Guardinis, Frankfurt 1974, bes. 453-457, (wenig hilfreich); G. Henner, Die Pädagogik im Denken Romano Guardinis, Paderborn 1990, bes. 243-299; Th. Schreijäck, Bildung als Inexistenz. Elemente einer theologisch-anthropologischen Propädeutik zu einer religionspädagogischen Bildungstheorie im Denken Romano Guardinis, Freiburg 1989, bes. 151-185; H. H. Chun, „Sorge um den Menschen“. Romano Guardini als prophetischer Mahner in der Krise moderner Technik und Kultur, (Diss. masch.) Wien 1990; sowie A. Knoll, Glaube und Kultur bei Romano Guardini, Paderborn 1994, 348-350, 428-453 u. passim.
Hinzuweisen ist auch auf die (im Hinblick auf die vorliegende Thematik nicht uninteressante) moraltheologische Studie von G. Marschütz, Die verlorene Ehrfurcht. Über das Wesen der Ehrfurcht und ihre Bedeutung für unsere Zeit, Würzburg 1992, die dem Denken Romano Guardinis ein eigenes Kapitel widmet (vgl. a.a.O., 126-187).

42 M. Müller, Romano Guardini, in: ders., Erfahrung und Geschichte. Grundzüge einer Philosophie der Freiheit als transzendentale Erfahrung, Freiburg 1971, 532.

43 Th. Kampmann, Das Geheimnis des Alten Testaments. Eine Wegweisung, München 1962, 353.

44 R. Guardini, Warum so viele Bücher? Rechenschaft über die eigene Schriftstellerei, am siebzigsten Geburtstag und vor Freunden, in: ders., Stationen und Rückblicke, Würzburg 1965, 23-34.

45 H.U.v. Balthasar, Romano Guardini. Reform aus dem Ursprung, München 1970, 33.

46 Vgl. H.-B. Gerl, Romano Guardini, a.a.O., 9-17; vgl. auch Kap 2.1.3.

0.4. Zielsetzung, Methodik, Aufbau und Textbasis

Mit der Frage nach einer zeitgemäßen Begründung und Gestaltung der Askese greift diese Arbeit eine Thematik auf, die einerseits zu den klassischen Inhalten katholischer Moraltheologie gehört, andererseits aber durch die Entdeckung der „Grenzen des Wachstums“[47] und im Zusammenhang ökologischer Fragen einen neuen Akzent und eine bislang unbekannte Brisanz erhalten hat.

Als ein Beitrag zur immer neu zu beantwortenden Frage der Moraltheologie nach einer zeitgemäßen Gestaltung und Begründung der Askese versucht diese Arbeit, die Impulse zu sichten und zu werten, die von R. Guardinis Askese-Verständnis ausgehen und die heutige Diskussion befruchten können.

Insofern die Probleme der ökologischen Krise den aktuellen Fragehintergrund darstellen, versteht sich diese Studie gleichzeitig als ein Beitrag zur Diskussion um ‚neue Werte‘ und ‚neue Tugenden‘ und zur Frage nach den geistigen Voraussetzungen eines ‚alternativen‘, umweltverträglichen Lebensstils und eines bewußten, verantworteten Gebrauchs der Technik; in bezug auf diese Fragen kann und will sie freilich keine fertigen Antworten geben, sondern lediglich Gesichtspunkte und Denkanstöße bieten.

Die skizzierten Aufgaben und Ziele sollen in dieser Arbeit – das ist ihr Spezifikum – angegangen werden im Rückgriff auf das Werk Romano Guardinis. Damit wird sie auch zu einem Mosaikstein der neu erwachten Guardini-Rezeption: Es soll hier ein Bereich seines Denkens – seiner Anthropologie und Theologie, seiner Kulturkritik, seiner Pädagogik und Ethik – erhellt werden, der zunächst sehr speziell erscheinen mag, von dem her sich aber – von seiner Aktualität einmal ganz abgesehen – ein aufschlußreicher Durchblick durch sein Denken ergibt.

Methodisch gesehen ist dabei sowohl deskriptiv-darstellend als auch analytisch und kritisch vorzugehen:

Deskriptiv darstellend sollen Guardinis Aussagen zum Problemkreis der Askese gesichtet, gesammelt und dargestellt werden. Da es sich bei R. Guardini um einen äußerst sprach- und formbewußten Denker handelt, bei dem Form und Inhalt in enger Beziehung zueinander stehen, wird Guardinis eigener, immer noch eindrucksvoller Diktion dabei verhältnismäßig viel Platz eingeräumt.

Analytisch gilt es darüberhinaus, die theologischen, anthropologischen, pädagogischen und kulturkritischen Hintergründe dieser Hochschätzung der Askese aus seinem Werk heraus aufzuhellen. Kritisch sind die Voraussetzungen und Grenzen von Guardinis Denkansatz zu benennen und die Erträge seines Denkens zu würdigen.

[47] D. Meadows u.a., Die Grenzen des Wachstums, a.a.O.

In einem ersten Teil ist also der Problemhorizont zu umreißen, vor dem sich die Frage nach der Askese heute stellt (Kap. 1). Im zweiten Teil, auf dem das Hauptgewicht der Arbeit liegt, soll der Beitrag untersucht werden, den das Werk R. Guardinis für ein zeitgemäßes Verständnis der Askese heute leisten kann. Hier sind nach einer Einführung in die Besonderheiten seiner Person, seines Wirkens und seines Werkes (Kap. 2.1.) seine expliziten Gedanken zur Askese zu sichten und darzustellen (Kap. 2.2.). Sodann sind diese ausdrücklichen Aussagen zu fundieren in seiner Anthropologie und Pädagogik (Kap. 2.3.) sowie in seiner Kulturphilosophie und seiner Kulturkritik (Kap. 2.4.). In einem dritten, kürzeren Teil sollen die Hauptlinien von Guardinis Askeseverständis zusammenfassend gewürdigt und auf ihre Konsequenzen hin befragt werden (Kap. 3).

Soweit möglich wurde Guardinis Werk nach der Neu-Auflage zitiert, die von F. Henrich zur Zeit herausgegeben wird. In jedem Fall wurden die Original-Texte benutzt, nicht die Überarbeitungen, wie sie beispielsweise von den „Briefe(n) über Selbstbildung“[48], von der Schrift über „Das Gute, das Gewissen und die Sammlung“[49] oder von den „Briefe(n) vom Comer See“[50] (und zwar als Topos-Taschenbuch) existieren. Auf die Problematik dieser Überarbeitungen hat bereits G. Henner zu Recht hingewiesen.[51] Von Guardinis umfangreichen nachgelassenen und bisher unveröffentlichten Schriften wurden herangezogen: Das Manuskript seiner Ethik-Vorlesungen[52], das Manuskript seiner Anthropologie-Vorlesung[53], ein weiteres Manuskript anthropologisch-theologischen Inhalts[54] sowie ein Typoskript über Nietzsche[55].

48 R. Guardini, Briefe über Selbstbildung. Neue Ausgabe von Gottes Werkleute, Mainz ²1930; nach dieser Ausgabe wird zitiert. Vgl. dagegen R. Guardini, Briefe über Selbstbildung. Bearbeitet von Ingeborg Klimmer, Mainz ¹⁴1986; hier sind außer dem Geleitwort und einer Einführung ein ganzes Kapitel (d.h. ein „Brief“) „über die Gemeinschaft“ weggelassen, Überschriften und andere Formulierungen verändert.

49 R. Guardini, Das Gute, das Gewissen und die Sammlung, Mainz ⁴1953 (¹1929); nach dieser Ausgabe wird zitiert. Vgl. dagegen R. Guardini, Der Raum der Meditation. Die Sammlung, das Gewissen und das Gute. Neubearbeitung der 5. Aufl. v. I. Klimmer, Mainz 1980.

50 R. Guardini, Briefe vom Comer See, Mainz ³1953 (¹1927); nach dieser Ausgabe wird zitiert. Vgl. dagegen R. Guardini, Die Technik und der Mensch. Briefe vom Comer See. Mit einem Vorwort von Walter Dirks, Mainz 1981.

51 Vgl. ders., Die Pädagogik im Denken Romano Guardinis, Paderborn 1990, 37f.

52 Dank der zuvorkommenden Hilfsbereitschaft von Herrn Dr. Mercker konnte ich das 1470 Seiten starke Typoskript im Romano-Guardini-Archiv der Katholischen Akademie in Bayern bereits lange vor seiner im Herbst 1993 erfolgten Veröffentlichung zu wiederholten Malen einsehen. Die Zitation erfolgt bereits nach der kritischen Edition: R. Guardini, Ethik. Vorlesungen an der Universität München, aus dem Nachlaß hg. von H. Mercker unter Mitarbeit von M. Marschall, 2 Bde., Mainz-Paderborn 1993.

53 Der Mensch. Grundzüge einer christlichen Anthropologie, Typoskript, gebunden, 441 Seiten, im Guardini-Nachlaß in der Bayerischen Staatsbibliothek (Ana 342).

54 Christliches Dasein, Typoskript, ungebunden, (Mappe), 62 Seiten, im Guardini-Nachlaß in der Bayerischen Staatsbibliothek (Ana 342).

55 ungebunden, (Mappe), 25 Seiten, im Guardini-Nachlaß in der Bayerischen Staatsbibliothek (Ana 342).

G. Henners These, aus Guardinis unveröffentlichtem Nachlaß seien „kaum wesentlich neue Einsichten für das Gesamtwerk zu erwarten“[56] und mit der „Veröffentlichung dieser Texte wäre Guardini wahrscheinlich kein guter Dienst erwiesen“[57], muß meines Erachtens unbedingt differenziert werden. Die Manuskripte der Ethik- und der Anthropologie-Vorlesung bieten zweifellos keine bei Guardini sonst ungewohnten Gedankengänge; sie überschneiden sich vielfach mit seinem bereits veröffentlichten Werk und sind auch noch nicht endgültig überarbeitet, weisen in sich Wiederholungen und Fragmentarisches auf; sie bieten aber nicht nur interessante Einzelformulierungen und helfen nicht nur, auch anderswo ausgesprochene Gedanken zu klären und zu vertiefen; sie sind darüberhinaus trotz nicht zu leugnender Unvollkommenheiten dadurch von unschätzbarem Wert, daß sie systematische Grundentwürfe und Gesamtzusammenhänge deutlich machen; dies ist gerade für das eher unsystematische und aus konkreten Anforderungen und Situationen heraus entstandene Werk Guardinis von Bedeutung. Mit der Edition von Guardinis Ethik, die – im Blick auf Guardinis 25. Todestag – im Oktober 1993 erfolgte, wird die bisher eher vernachlässigte Auseinandersetzung mit Guardinis Ethik auf eine neue Grundlage gestellt.[58] Aber auch die Veröffentlichung des Anthropologie-Manuskripts (dann wohl zusammen mit der Mappe „Christliches Dasein“[59]) wäre durchaus wünschenswert und nicht zuletzt auch im Hinblick auf ethische Fragestellungen von Interesse. Im wesentlichen stützt sich diese Arbeit freilich auf die von Guardini selbst autorisierten Schriften; seine „Ethik“ und die erwähnten bisher noch unveröffentlichten Manuskripte werden nur ergänzend herangezogen.

Für drei Sammelbände und eine weitere, für unsere Thematik grundlegende Schrift Guardinis wurden Abkürzungen verwendet, die im Anhang erläutert sind.

---

[56] G. Henner, a.a.O., 36.

[57] Ders., a.a.O., Anm 71.

[58] Eine instruktive Würdigung liegt vor in dem Aufsatz von A. Schilson, „Gottes Hoheit in die Welt hineintragen“. Über Romano Guardinis posthum veröffentlichte „Ethik“, in: Herder-Korrespondenz 49 (1995), 94-99.

[59] Typoskript, ungebunden, (Mappe), 62 Seiten, im Guardini-Nachlaß in der Bayerischen Staatsbibliothek (Ana 342).

1. ASKESE: EINE EINFÜHRUNG IN DIE PROBLEMATIK

1.1. Der Begriff Askese und seine Geschichte

Das Wort ‚Askese'[1] wird im allgemeinen Sprachgebrauch äußerst vage und unspezifisch verwendet. Die Bandbreite möglicher Assoziationen reicht von der methodischen Einübung erstrebter Haltungen und Verhaltensweisen über die verschiedenen Formen des Verzichts und der Entbehrung bis zu Formen der „Selbstquälerei"[2]. Aber nicht nur im allgemeinen Sprachgebrauch, auch innerhalb der Religionswissenschaft und der Theologie findet sich kein einheitliches Verständnis: In der katholischen Theologie ist die Askese (meist als ‚Aszese' und in Verbindung mit der ‚Mystik') zu einer „Bezeichnung für persönliche Frömmigkeit überhaupt"[3] geworden, während auf protestantischer Seite das Wort Askese lange Zeit stark negativ besetzt war.[4] Die Theologische Realenzyklopädie stellt daher lapidar fest: „Eine allgemein anerkannte Definition des Begriffes ‚Askese' existiert

---

1 Im folgenden wird durchgehend – außer natürlich in anderslautenden Zitaten – die Schreibweise „Askese" verwendet; sie scheint sich auch im katholischen Raum immer mehr durchzusetzen. Nicht unterschieden wird also zwischen „Askese" und „Aszese"; diese Unterscheidung wurde, soweit sie überhaupt bestand, nie klar durchgehalten; nur tendenziell wurde das Wort „Aszese" mehr im katholischen Raum und dementsprechend in einem weiteren, das ganze Frömmigkeitsleben einbeziehenden Sinn gebraucht, während die Bezeichnung „Askese" stärker das Element des Verzichts und der Radikalität betonte und im protestantischen und religionswissenschaftlichen Bereich bevorzugt wurde.

2 J. Bergman. Art. „Askese I. Einleitende religionsgeschichtliche Bemerkungen", in: TRE, Bd. IV, 1/2, 196; vgl. auch G.-K. Kaltenbrunner, Vorwort des Herausgebers, in: ders. (Hg.), Der asketische Imperativ. Strategien der Selbstbeherrschung, München 1985, 7.

3 J. Bergman, a.a.O.

4 Allein ein Blick in die führenden Nachschlagewerke der evangelischen Theologie zeigt, wie sich die protestantische Bewertung der Askese innerhalb weniger Jahrzehnte radikal gewandelt hat: Kann Rust-Scheel im Jahr 1927 den sittlichen Wert der Askese noch weitestgehend bestreiten (vgl. ders., Art. „Askese: IV. Askese und Sittlichkeit", in: RGG², Bd. 1, 1927, 577-583), so sieht F. Lau bereits 30 Jahre später – trotz aller nach wie vor festzuhaltenden reformatorischen Kritik – die Möglichkeit, ja die Notwendigkeit einer protestantischen Askese (vgl. ders., Art. „Askese: V. In katholischer und protestantischer Ethik", in: RGG³, Bd. 1, 1957, 644-648); vollends gewandelt hat sich das Bild in TRE, Bd. IV, 1/2, aus dem Jahr 1979: hier wird von M. Seitz im Art. „Askese VII. Luther", nicht nur im Blick auf M. Luther der „antiasketische Zug des evangelischen Christentums" in Frage gestellt (a.a.O., 241), sondern im Artikel „Askese: IX. Praktisch-theologisch", a.a.O, 250-259, ausführlich über die Bedeutung der Askese besonders im Hinblick auf die Probleme der modernen Welt gehandelt und der Praktischen Theologie die Aufgabe zugewiesen, „die ihr verlorengegangene Disziplin der Asketik oder Geistlichen Theologie wiederzugewinnen" (a.a.O., 258). Dazu vgl. auch Kap. 1.4.4.

nicht.“[5] Ein Blick in die Geschichte dieses vielschichtigen und umstrittenen Begriffs soll daher das heutige Bedeutungsspektrum erhellen.

1.1.1. Die Ursprünge

Dem Begriff ‚Askese‘ liegt das griechische Verb ‚askein‘ (mit seinen Ableitungen ‚askesis‘ und ‚asketes‘) zugrunde, das zunächst soviel bedeutet wie ‚verfertigen‘, ‚bearbeiten‘; neben der künstlerischen oder technischen Bearbeitung von Gegenständen kann dann mit dem gleichen Wort auch die ‚Bearbeitung‘ des menschlichen Körpers bezeichnet werden, also die Übung des Leibes, das Training des Athleten und das Exerzieren des Soldaten[6]; schon früh (nämlich bei Herodot) wird „askesis“ auch auf die geistige Übung und Schulung des Menschen angewandt, vor allem für die Übung der Tugenden[7], so nicht zuletzt auch bei Plato[8]. Nimmt die Askese bereits in der älteren Sophistik „eine besondere Stellung im Erziehungsprogramm ein“[9], so wird sie in der Stoa zu einem zentralen Begriff; sie richtet sich hier auf „die Beherrschung der Gedanken und Triebe“ und wird verstanden als „Enthaltung und Verzicht“[10]. Sie „ist die unerläßliche Übung, durch die der Mensch zur Freiheit seiner selbst findet“[11]. Epiktet widmet dem Begriff ein eigenes Kapitel seiner Diatriben[12]. Bei Philo von Alexandrien schließlich bekommt der Begriff eine ausgeprägt religiöse Bedeutung; Askese bildet hier „die Voraussetzung des geistlichen Weges zu Kontemplation und Gottesschau und ist vor allem Entsagung“[13].

In der Septuaginta spielt der Begriff keine erwähnenswerte Rolle, und im Neuen Testament kommt das Wort ‚askein‘ nur ein einziges Mal vor, und zwar ganz allgemein im Sinn des sittlichen Bemühens (Apg 24, 16).[14] Erst durch die alexandrinische Schule findet der Begriff Eingang in die christliche Theologie. Klemens von Alexandrien folgt in seiner Empfehlung der

---

5 J. Bergman, a.a.O.; vgl. auch D. Thalhammer, Art. „Askese III. Theologisch“, in: LThK, Bd. 1, 932.

6 Vgl. J. Bergman, a.a.O., 195f.; F. Wulf, Art. „Aszese“, in: HThG, Bd. 1, 112; R. Hauser, Art. „Askese“, in: HWPh, 538.

7 Vgl. J. Bergman, a.a.O., 196; F. Wulf, a.a.O.; R. Hauser, a.a.O., 538f.

8 So z.B. Gorgias 527 und Euthydemos 283.

9 J. Bergman, a.a.O.

10 R. Hauser, a.a.O., 539.

11 K.S. Frank, Grundzüge der Geschichte des christlichen Mönchtums, Darmstadt ^{4}1983, 5.

12 Vgl. ders., Dissertationes III, 12; der Aspekt des methodischen, schrittweisen Einübens angestrebter Verhaltensweisen tritt hier sehr deutlich in Erscheinung.

13 R. Hauser, a.a.O., 539.

14 Die nur äußerst differenziert zu beantwortende Frage, inwieweit die Askese, wenn schon nicht dem Begriff, so doch der Sache nach, im Neuen Testament verankert ist, kann nicht Gegenstand dieser begriffsgeschichtlichen Übersicht sein; sie kann im Rahmen dieser Arbeit überhaupt nur ansatzweise gestreift werden, nämlich in Kap. 1.4.2. Zu dieser Frage

‚apatheia' (des Freiseins von Leidenschaften) weitgehend der stoischen Philosophie.[15] Aufgabe der Askese ist deshalb vor allem, „im Menschen die ursprüngliche Harmonie wiederherzustellen, der Vernunft die niederen Teile der Seele und die sinnlichen Begierden zu unterwerfen, in uns Ordnung zu schaffen, die Unabhängigkeit der Seele zu sichern"[16]. Dabei spielen die „harte Behandlung des Körpers, das Fernhalten jeder verweichlichenden Bequemlichkeit, vollkommenes Maßhalten"[17] eine wichtige Rolle. Dennoch ist seine Aszetik maßvoll, seine Argumentation weltoffen; auch wenn er der Ehelosigkeit den Vorrang gibt, findet er positive Worte über die Ehe; bei aller Hochschätzung der freiwillig gewählten Armut um des Evangeliums willen lehrt er in seiner „berühmten Homilie ‚Quis dives salvetur' ... die sittliche Berechtigung des Reichtums und betont, daß einzig die Haltung innerer Freiheit von ihm unerläßlich" sei[18].

Radikaler, weniger „weltfreudig und optimistisch als sein Lehrer Klemens", weniger von der Philosophie und stärker von der Nachfolge Christi her inspiriert, „predigt Origenes den Kampf gegen die Sünde, gegen die Leidenschaften und die Welt"[19]. Er zieht auch die Unterscheidung zwischen aktivem und kontemplativem Leben deutlicher und gibt der Kontemplation eindeutig den Vorrang, während das Ideal des Klemens eher in Richtung auf eine Verbindung von vita activa und vita contemplativa ging. Gemeinsam ist beiden (Klemens und Origenes), daß Askese im Dienst des Kampfes gegen die als verderblich angesehenen Leidenschaften (pathe) und im Zusammenhang eines Stufenweges zur christlichen Vollkommenheit steht; Ziel ist die ‚Gnosis', die ‚Erkenntnis' Gottes und die Vereinigung mit ihm.[20]

Diese Sicht der Askese bleibt für die Theologie der Väterzeit und für das orientalische Mönchtum bestimmend, wobei sich allerdings in der anachoretisch orientierten Literatur die Formen der Askese teilweise radikalisieren

---

vgl. H.v. Campenhausen, Die Askese im Urchristentum, Tübingen 1949; P. Deselaers, Art. „Askese III. Neues Testament", in: LThK³, Bd. 1, 1993, 1078; K.S. Frank, a.a.O., 1-19; J. Gründel, Aspekte der Ethik und Moraltheologie, in: ders. (Hg.), Triebsteuerung. Für und wider die Askese, München 1972, 68-73; R. Schnackenburg, Die sittliche Botschaft des Neuen Testaments, Bd. 1, Von Jesus zur Urkirche, Freiburg 1986, 206-213; W. Trillhaas, Ethik, Berlin ³1970, 55-57; M. Viller S.J. u. K. Rahner S.J., Aszese und Mystik in der Väterzeit, Freiburg 1939, 11 – 22; A. Rotzetter, Selbstverwirklichung des Christen, Zürich 1983.

15 Zu den Beziehungen zwischen Patristik und Stoa vgl. J. Stelzenberger, Die Beziehungen der frühchristlichen Sittenlehre zur Ethik der Stoa, München 1933; speziell zum Begriff der Apatheia vgl. ders., a.a.O., 245-276.

16 M. Viller S.J. u. K. Rahner S.J., a.a.O, 69.

17 A.a.O.; dort auch Belegstellen bei Klemens.

18 A.a.O., 70.

19 A.a.O., 75.

20 Zu Klemens vgl auch: W. Völker, Der wahre Gnostiker nach Clemens Alexandrinus, Berlin 1952; zu Origenes: ders., Das Vollkommenheitsideal des Origenes. Eine Untersuchung zur Geschichte der Frömmigkeit und zu den Anfängen christlicher Mystik, Tübingen 1931.

und eine dualistisch motivierte Abwertung der Ehe, des Leibes und der Welt als ganzer Platz greift.[21] Das abendländische Mönchtum ist, vor allem seit sich die Benediktus-Regel durchzusetzen beginnt, hier wieder maßvoller.

1.1.2. Neuzeitliche Kritik und Differenzierung

Da der griechische Begriff ‚askesis' im Lateinischen nicht rezipiert wurde, reißt seine Geschichte (nicht die des damit gemeinten Verhaltens[22]) erst einmal ab, bis er im 17. Jahrhundert wieder auftaucht, und zwar als Fachbegriff der sogenannten geistlichen Theologie.

Hier bildet die Aszetik zusammen mit der Mystik die Lehre vom geistlichen Leben. „In der traditionellen katholischen geistlichen Literatur versteht man daher unter Aszese in erster Linie alle Akte des menschlichen Bemühens um die Erlangung der christlichen Vollkommenheit, näherhin das beharrliche und geordnete Bemühen, wobei das Moment des Kampfes und der Entsagung durchaus mitschwingt, aber nicht schlechthin ausschlaggebend ist."[23] Im nicht spezifisch katholisch-theologisch geprägten Verständnis dagegen steht stärker das Element des Verzichtes im Vordergrund, so daß Askese weitgehend mit den verschiedenen Formen der Enthaltsamkeit (z.B. von Speise, Schlaf, sexuellem Leben, Geselligkeit) und der körperlichen Zucht bis hin zur körperlichen Züchtigung gleichgesetzt wird.

Im folgenden soll an Hand beispielhafter Positionen namhafter Autoren des 18., 19. und 20. Jahrhunderts das breite Spektrum des neuzeitlichen Askeseverständnisses aufgezeigt werden, das sich zwischen emphatischer Befürwortung und vehementer Kritik bewegt, aber auch differenzierende Zwischentöne kennt.

1.1.2.1. Immanuel Kant

In Anlehnung an die Ethik der Stoa gebraucht I. Kant (1724 – 1804) den Begriff der „ethischen Asketik"[24] in seiner Tugendlehre; er versteht sie als „Übung der Tugend" oder auch als „Kultur der Tugend", die dazu dient,

---

21 Vgl. J. Gründel, Aspekte der Ethik und Moraltheologie, a.a.O., 74-93.

22 Ich beschränke mich hier bewußt auf eine Geschichte des Begriffs; eine Geschichte der Askese und ihrer Praxis würde vollends den Rahmen sprengen und ist für unser Anliegen auch entbehrlich. Einen guten Überblick bietet hier der Artikel „Askese" in: TRE, Bd. IV, 1/2, 195-259, sowie der Artikel „Ascese" in DSAM, Bd. 1, bes. 960-990; vgl. auch U. Bianchi, Art. „Askese I. Religionsgeschichtlich", in: LThK³, Bd. 1, 1993, 1075-1077, sowie K. S. Frank, Art. „Askese IV. Frömmigkeitsgeschichte", in: LThK³, Bd. 1., 1993, 1079f.

23 F. Wulf, Art. „Aszese", in: HThG, Bd. 1, 113.

24 Vgl. 53 der „Metaphysischen Anfangsgründe der Tugendlehre" innerhalb seiner „Metaphysik der Sitten, zit. n. ders., Metaphysik der Sitten, hg. v. K. Vorländer, Hamburg 1959, 350-352.

„wackeren und fröhlichen Gemüts (animus strenuus et hilaris) in Befolgung ihrer Pflichten zu sein", und begründet ihre Notwendigkeit damit, daß sie „mit Hindernissen zu kämpfen" habe, „zu deren Überwältigung sie ihre Kräfte zusammen nehmen" müsse. „Die ethische Gymnastik besteht also in der Bekämpfung der Naturtriebe, die das Maß erreicht[25], über sie bei vorkommenden, der Moralität Gefahr drohenden Fällen Meister werden zu können; mithin die wacker und im Bewußtsein seiner wiedererworbenen Freiheit fröhlich macht." Insofern handelt es sich bei der „moralischen Asketik" um „eine Art von Diätethik" mit dem Ziel, „sich moralisch gesund zu erhalten"[26]. Sehr deutlich kritisiert Kant dagegen die „Mönchsasketik", die „aus abergläubischer Furcht ... mit Selbstpeinigung und Fleischeskreuzigung zu Werke geht" und die „nicht auf Tugend, sondern auf schwärmerische Entsündung"[27] zielt.

1.1.2.2. Arthur Schopenhauer

Eine entscheidende Rolle spielt die Askese in der Philosophie A. Schopenhauers (1788 – 1860). Und zwar ist sie hier ein entscheidendes Mittel zur Selbstaufhebung des „Willens zum Leben", der als der letzte Grund „jener als jammervoll erkannten Welt" durchschaut worden ist[28]. Formen dieser Askese sind freiwillige vollkommene Keuschheit, freiwillige und absichtliche Armut, das Ertragen von Schmach und Beleidigung, Fasten, „ja ... Kasteiung und Selbstpeinigung"[29]. Die eigentümliche, aus der abendländisch-christlichen Tradition herausfallende und an die buddhistische Weltsicht erinnernde und auch ausdrücklich auf sie bezugnehmende Zielrichtung der Schopenhauerschen Philosophie und ihrer Askese zeigt sich unter anderem darin, daß die vollkommene Keuschheit nicht als eschatologisches Zeichen, nicht als Freisetzung von Kräften zur Verwirklichung höherer Ziele und auch nicht durch eine Abwertung des Leiblichen als solchen motiviert ist, sondern (neben der Abtötung des individuellen Willens zum Leben) tatsächlich das physische Aussterben der Menschheit programmieren will, um damit (wegen des Zusammenhangs aller Willenserscheinungen und wegen der Interdependenz von Subjekt und Objekt) das Sein überhaupt aufzuheben.[30] Ebenso charakteristisch für diese Sinngebung der Askese ist, daß Schopenhauer in bezug auf die Armut betont, daß sie nicht „um fremde Leiden zu mildern", sondern um ihrer selbst willen zu pflegen sei, eben als „Mortifikation des Willens, damit nicht die Befriedigung der Wünsche, ...den

[25] 2. Aufl.: „es dahin bringt"
[26] A.a.O., 350f.
[27] A.a.O., 351.
[28] A. Schopenhauer, Die Welt als Wille und Vorstellung, Bd. 1, hg. von W. Frhr. v. Löhneysen, Frankfurt/M. 1986, 516.
[29] A.a.O., 517ff.
[30] Vgl. a.a.O., 517f.

Willen wieder aufrege, gegen welchen die Selbsterkenntnis Abscheu gefaßt hat“[31].

1.1.2.3. Friedrich Nietzsche

Ein entschiedener Kritiker des „asketischen Ideals“, insbesondere in seiner christlich geprägten Form und unter ausdrücklicher polemischer Bezugnahme auf Schopenhauer, ist F. Nietzsche (1844 – 1900). Asketisches Leben ist für ihn „Selbstwiderspruch“, ist geboren aus „einem Ressentiment sondergleichen“, nämlich dem Ressentiment „ungesättigten Instinktes und Machtwillens, der Herr werden möchte, nicht über etwas am Leben, sondern über das Leben selbst“; nach Nietzsche wird in der Askese „der Versuch gemacht, die Kraft zu gebrauchen, um die Quellen der Kraft zu verstopfen“; seiner Sicht zufolge richtet die Askese „grün und hämisch“ ihren Blick gegen alles „Gedeihen“, gegen Schönheit und Freude, empfindet und sucht vielmehr Gefallen „am Mißraten, Verkümmern, am Schmerz, ..., am Häßlichen, an der willkürlichen Einbuße, an der Entselbstung, Selbstgeißelung, Selbstopferung“[32]. Das „asketische Ideal entspringt dem Schutz- und Heil-Instinkte eines degenerierenden Lebens“[33], es verrät einen „Mangel an Maß, Widerwillen gegen Maß, es ist selbst ein ‚non plus ultra‘“[34], es hat „nicht nur die Gesundheit und den Geschmack“, sondern unsagbar vieles „verdorben“[35].

Andererseits schließt Nietzsche – was bei seinem aphoristischen Denkstil nicht weiter verwundern kann – einen positiven Sinn asketischer Verhaltensweisen nicht völlig aus: Noch ganz polemisch und sarkastisch anti-asketisch sagt er in seinen „Gedanken über moralische Vorurteile“[36]: „Der Asketismus ist für solche die rechte Denkweise, welche ihre sinnlichen Triebe ausrotten müssen, weil dieselben wütende Raubtiere sind. Aber auch nur für solche!“[37]; doch im „Nachlaß der Achtzigerjahre“ findet sich die Notiz: „Ich will auch die Asketik wieder vernatürlichen: an Stelle der Absicht auf Verneinung die Absicht auf Verstärkung; eine Gymnastik des Willens; eine Entbehrung und eingelegte Fastenzeit jeder Art, auch im Geistigen; eine Kasui-

---

31 A.a.O., 518f.

32 F. Nietzsche, Zur Genealogie der Moral, in: Werke in drei Bänden, hg. v. K. Schlechta, Darmstadt 1966, Bd. 2, 859.

33 A.a.O., 861.

34 A.a.O., 886.

35 A.a.O. Es kann hier nicht darum gehen, zu untersuchen, inwieweit seine Diagnose Formen der Askese des Christentums tatsächlich trifft oder nicht. Die Tatsache, daß seine Ausführungen deutlich an die Schopenhauersche – und damit im Ansatz nicht mehr christliche – Interpretation der Askese anknüpfen, sollte dabei freilich nicht übersehen werden. Das bedeutet andererseits nicht, daß Nietzsches Kritik der Askese und insbesondere seine Rückführung des „asketischen Ideals“ auf die Triebkräfte des Ressentiments nicht tatsächlich als Schlüssel zur Überprüfung der Motivation individueller oder auch kollektiver Askese dienen können oder sogar müssen.

36 Ders., Morgenröte, in: Werke in drei Bänden, a.a.O., Bd. 1, 1009.

37 Ders., a.a.O., 1199.

stik der Tat in bezug auf unsere Meinung, die wir von unseren Kräften haben; ein Versuch mit Abenteuern und willkürlichen Gefahren."[38] Hier klingt der ursprüngliche Wortsinn der verstärkenden ‚Übung'[39] an und wird von Nietzsche positiv gewertet.

1.1.2.4. Max Scheler

Mit Nietzsches Kritik der Askese und der christlichen Moral überhaupt setzt sich in seiner grundlegenden Abhandlung über „Das Ressentiment im Aufbau der Moralen"[40] ausführlich M. Scheler (1874 – 1923) auseinander. Er versucht dabei zu differenzieren: Er gesteht zu, daß es tatsächlich Formen der Askese gibt, die aus dem „Ressentiment" geboren und deshalb als „Scheinaskese"[41] zu entlarven sind.

Dabei kann das die asketischen Handlungsweisen motivierende Ressentiment verschiedene Wurzeln haben: Es kann begründet sein in einer ablehnenden, „bis zum Hasse fortschreitenden Stellungnahme gegen den eigenen Leib", wie sie sich beispielsweise in dem Gedanken, der Leib sei Kerker der Seele, ausspricht. „Hier ist ... nicht Liebe zum eigenen geistigen Selbst der Ausgangspunkt einer zu Vervollkommnung und Heiligung dieses Selbst notwendigen Zucht des Leibes, sondern ein primärer Leib-Haß, der sich häufig erst sekundär in den Schein einer Sorge ‚für das Seelenheil' zu hüllen sucht."[42] Das die Askese motivierende Ressentiment kann nach Scheler aber auch aus der Rationalisierung einer Ohnmachtserfahrung hervorgehen, nämlich aus der erlebten Ohnmacht, sich bestimmte Lebensgüter anzueignen.[43]

Scheler kennt aber auch eine andere, nicht aus dem Ressentiment geborene, sondern „aus einer Fülle und Stärke und Einheitlichkeit des Lebens" hervorbrechende und das Leben zugleich wieder verherrlichende und fördernde Askese[44], die in der Rangordnung der Werte begründet ist[45]. Es geht hierbei um die Bereitschaft, niedrigere Werte zugunsten höherer aufzugeben.

Ziel christlicher Askese ist deshalb für Scheler „nicht die Unterdrückung der natürlichen Triebe oder gar ihre Ausrottung, sondern lediglich Macht und Herrschaft über sie und ihre vollendete Durchdringung mit Seele und Geist". Askese im christlichen Kontext ist „positive, nicht negative Askese";

---

[38] Ders., Aus dem Nachlaß der Achtzigerjahre, in: Werke in drei Bänden, a.a.O., Bd. 3, 539.
[39] Siehe Kap. 1.1.1.
[40] M. Scheler, in: ders., Vom Umsturz der Werte. Abhandlungen und Aufsätze, hg. von Maria Scheler, Bern [4]1955, (= Ges. Werke, Bd. 3), 33-147.
[41] Ders., Der Formalismus in der Ethik und die materiale Wertethik. Neuer Versuch der Grundlegung eines ethischen Personalismus, hg. von Maria Scheler, Bern [4]1954, (= Ges. Werke, Bd. 2), 58f.
[42] Ders., Das Ressentiment im Aufbau der Moralen, in: ders., Vom Umsturz der Werte, a.a.O., 87f.
[43] Vgl. ders., a.a.O., 88.
[44] A.a.O.
[45] Vgl., a.a.O., 88ff.

sie ist „wesentlich gerichtet auf die Freiheit der höchsten Persönlichkeitskräfte von den Hemmungen des niederen Triebautomatismus." Christliche Askese ist daher „heiter, froh: ist ritterliches Kraft- und Machtbewußtsein über den Körper!" Dabei gilt: „Nur das durch eine höhere positive Freude geweihte ‚Opfer' ist in ihr Gott genehm!"[46]

Christliche Askese hat „nicht normative Bedeutung, als wäre sie ein selbständiger Weg zu Gott, sondern sie hat nur die technische Bedeutung, Opfer an Gütern, an Glück zu dem Ziele ertragen zu lernen, sie bringen zu können, wenn die Liebe es fordert. ... Sie ist nicht Vorbereitung einer durch sie zu erreichenden ekstatischen Kontemplation Gottes durch das einsame Individuum, sondern sie ist Vorbereitung zur Liebestat..."[47].

Interessant im Hinblick auf die Probleme der industriellen Gesellschaft ist Schelers Kritik am „moderne(n) Asketismus", der in jedem Fall die „nützliche Arbeit" dem „Genuß des Angenehmen"[48] vorziehen zu müssen glaubt. Nach Scheler ist „in der modernen Moral" die „an sich gültige Rangordnung der Werte umgestürzt"[49] worden; Werte der „Nützlichkeit" stehen nun höher als „vitale" Werte.[50] Auch dieser Form der Askese liegt Scheler zufolge ein „Ressentiment" zugrunde, und zwar das gegen „Genußfähigkeit und Genußkunst"; hier äußern sich „Haß und Neid gegen das reichere Leben"[51]. Nach Scheler führt dieser „moderne Asketismus" zu der paradoxen Erscheinung, daß einerseits mit einem ungeheuren Aufwand an „Ernst und Energie" – „auch Opfer an Lebenskraft" – immer mehr „angenehme Dinge" erzeugt werden, andererseits „mit derselben Heftigkeit ... der Genuß dieser so mühselig hergestellten Dinge als ‚schlecht' verworfen"[52] wird.

Scheler stellt dieser von ihm kritisierten „modernen Askese", die bei einem Maximum „angenehmer und nützlicher Dinge" zu einem Minimum an Genuß führt, die „alte Askese" gegenüber, deren Ziel es war, „mit einem Mindestmaß angenehmer und erst recht nützlicher Dinge" „maximalen Genuß" zu erreichen: „die alte Askese steigerte die Genußfähigkeit und damit auch das Leben."[53]

---

[45] Vgl., a.a.O., 88ff.

[46] Ders., a.a.O., 114.

[47] Ders., Vom Sinn des Leides, in: ders., Schriften zur Soziologie und Weltanschauungslehre, hg. von Maria Scheler, Bern ²1963, (= Ges. Werke Bd. 6), 69f.

[48] Ders., Das Ressentiment im Aufbau der Moralen, a.a.O., 129f. In einer Fußnote, a.a.O., 129. bezieht sich M. Scheler hier auf „die Arbeiten von Max Weber und Ernst Troeltsch über die Herkunft des modernen Kapitalismus aus dem Calvinismus", die zeigen, daß „der spezifisch moderne Arbeitsbetrieb ... durchaus nicht die Folge einer welt- und lebensbejahenden Denk- und Gefühlsart", sondern „auf dem Boden des finsteren, genußfeindlichen Calvinismus erwachsen ist".

[49] A.a.O., 128.

[50] A.a.O., 126-128.

[51] A.a.O., 129.

[52] A.a.O., 130.

[53] A.a.O.

Scheler übt auch Kritik an der stoischen „Abstumpfungsaskese“[54], die dem Leid durch die Haltung der Apathie aus dem Weg zu gehen versucht, dadurch aber zugleich die Fähigkeit, Freude zu empfinden, auslöscht.

Schon zu einem klassischen Topos philosophischer Anthropologie geworden ist Schelers Charakterisierung des Menschen als „Neinsagenkönner“, als „Asket des Lebens“: Eben das macht nach Schelers Anthropologie den Menschen aus, daß er „kraft seines Geistes sich zu seinem Leben, ..., prinzipiell asketisch – die eigenen Triebimpulse unterdrückend und verdrängend, d.h. ihnen Nahrung durch Wahrnehmungsbilder und Vorstellungen versagend – verhalten kann“.[55]

Wichtige Elemente von Schelers Askeseverständnis lassen sich unschwer bei Guardini wiederfinden: so die Differenzierung zwischen wirklicher Askese im positiven Sinn und ihren möglichen Fehlformen, die Warnung vor dem Ressentiment, der Hinweis auf die Hierarchie der Werte sowie die Begründung der Askese in prinzipiellen anthropologischen Überlegungen – konkret gesprochen in der den Menschen charakterisierenden Möglichkeit (und Notwendigkeit), sich den Trieben gegenüber distanzierend und ordnend zu verhalten.[56]

1.1.2.5. Max Weber

In Max Webers (1864 – 1920) Religionssoziologie spielt der Begriff der „innerweltlichen Askese“[57] eine wichtige Rolle. Die „innerweltliche Askese“ des Calvinismus und des asketischen Protestantismus überhaupt ist nach seiner – nicht unumstrittenen aber doch weithin rezipierten[58] – These ein ent-

[54] Ders., Vom Sinn des Leides, a.a.O., 66.

[55] Ders., Die Stellung des Menschen im Kosmos, in: ders., Späte Schriften, von M. Frings, Bern 1976, (=Ges. Werke, Bd. 9), 44. Auf den Zusammenhang dieser These mit der für Schelers späte (pantheisierende) Phase spezifischen Interpretation des Geistes kann hier nur hingewiesen werden. Danach ist es erst diese „Sublimierung“ der „Triebenergie“ zu „geistiger Tätigkeit“, die dem an sich kraftlosen Geist Energie zuführt. Im Gesamtzusammenhang seiner Deutung des Geistes können dann sogar „Menschwerdung“ und „Geistwerdung“ selbst als „Sublimierungsvorgang der Natur angesehen werden“; (vgl. ders., a.a.O., 40ff.; Zitate a.a.O., 45 bzw. 53). Entscheidend für Schelers Verständnis der Askese ist auch hier wieder, daß das Motiv der Askese die Verwirklichung eines „höheren Wertes“ ist, nicht die „Negierung eines Triebes“ als an sich schlecht (vgl. ders, a.a.O., 44ff., bes. auch 54; Zitat a.a.O., 54).

[56] Siehe Kap. 2.2., vor allem Kap. 2.2.2., sowie 2.2.5.1. und 2.2.5.2. Dort wird allerdings auch deutlich, daß Guardini im Verständnis der Werte und in der Bestimmung des Verhältnisses zwischen Geist und Natur andere Wege geht als Scheler.
Zur Bedeutung Schelers für R. Guardini vgl. H.-B. Gerl, Romano Guardini (1885-1968). Leben und Werk, Mainz [3]1987, 130 u. 142-148.

[57] M. Weber, Gesammelte Aufsätze zur Religionssoziologie, Bd. 1, Tübingen 1978, 84ff.

[58] S.N. Eisenstadt, Die protestantische Ethik und der Geist des Kapitalismus. Eine analytische und vergleichende Darstellung, in: Kölner Zeitschrift für Soziologie und Sozialpsychologie 22 (1970), 1-23 u. 265-299; zur Auseinandersetzung um M. Webers Thesen vgl. auch M. Weber, Die protestantische Ethik II. Kritiken und Antikritiken, hg. von J. Winckelmann, Gütersloh [5]1987.

scheidender Faktor für das Entstehen des modernen „kapitalistischen Geistes“[59]. Askese ist hier nicht mehr wie im frühchristlichen und mittelalterlichen Mönchtum oder wie in Hinduismus und Buddhismus „weltflüchtig“, sondern verträgt sich durchaus mit rationaler, methodischer Weltgestaltung, ja fordert sie geradezu. Es ergibt sich das Paradox[60], daß im Rahmen der calvinistischen Prädestinationslehre[61] und im Zusammenhang des protestantischen Berufs- und Arbeitsethos[62] ein ausgesprochenes Bewußtsein der Verderbtheit des Irdischen einhergehen kann mit intensiver und effektiver Weltgestaltung, daß theoretische Geringschätzung, ja „Perhorreszierung“ weltlicher Güter, einhergehen kann mit äußerster wirtschaftlicher Prosperität.[63] Dies zum einen deshalb, weil zwar der Genuß irdischer Güter abgelehnt wird, nicht aber deren Erwerb und Gebrauch „zur höheren Ehre Gottes“, zum anderen deshalb, weil gerade die „Bewährung“ im Beruf – und eben auch der Erfolg in geschäftlichen und wirtschaftlichen Dingen – als Zeichen für die göttliche Erwählung gewertet wird. Daß die Askese sich bereits in den wesentlichen Ausprägungen christlichen Mönchtums „von planloser Weltflucht und virtuosenhafter Selbstquälerei“ „emanzipiert“ und „rationalen Charakter“[64] angenommen hatte, übersieht Weber dabei nicht. Das Neue dieser „innerweltlichen Askese“ besteht ihm zufolge aber darin, daß sie nicht mehr auf einen eigenen Stand (nämlich den Ordens-Stand) und auf einen abgegrenzten Raum (das Kloster) beschränkt bleibt, sondern zum Ethos eines jeden Christen wird. In diesem Zusammenhang charakterisiert Weber die Askese als „systematisch durchgebildete(n) Methode rationaler Lebensführung ..., mit dem Ziel, den status naturae zu überwinden, den Menschen der Macht der irrationalen Triebe und der Abhängigkeit von Welt und Natur zu entziehen, der Suprematie des planvollen Wollens zu unterwerfen, seine Handlungen beständiger Selbstkontrolle und der Erwägung ihrer ethischen Tragweite zu unterstellen und so den Mönch – objektiv – zu einem Arbeiter im Dienst des Reiches Gottes zu erziehen und dadurch wiederum – subjektiv – seines Seelenheils zu versichern“[65]. „Ein waches, be-

---

59 M. Weber, a.a.O., 30ff., 163ff., 207ff.

60 Wie sehr sich auch im abendländischen Mönchtum in paradoxer Weise weltflüchtige Tendenzen mit bedeutender kultureller und sozialer Wirksamkeit – und zwar ebenfalls ohne daß letztere direkt angezielt gewesen wäre – verbanden, haben u.a. F. Prinz, Askese und Kultur. Vor- und frühbenediktinisches Mönchtum an der Wiege Europas, München 1980, bes. 9-12, 68-74, 87-91, und jüngst R. Nürnberg, Askese als sozialer Impuls. Monastisch-asketische Spiritualität als Wurzel und Triebfeder sozialer Ideen und Aktivitäten der Kirche in Südgallien im 5. Jahrhundert, Bonn 1988, bes. 1-4 u. 306-321, eindrucksvoll und detailliert belegt.

61 M. Weber, a.a.O., 84ff.

62 A.a.O., 63 ff., 163ff.

63 Zu dieser „Paradoxie aller rationalen Askese: daß sie den Reichtum, den sie ablehnte, selbst schuf“ – auch z.B. im mittelalterlichen Mönchtum, vgl. ders, a.a.O., 545ff.

64 A.a.O., 116.

65 A.a.O.

wußtes, helles Leben führen zu können, war, im Gegensatz zu manchen populären Vorstellungen, das Ziel – die Vernichtung der Unbefangenheit des triebhaften Lebensgenusses die dringendste Aufgabe –, Ordnung in die Lebensführung derer, die ihr anhingen, zu bringen, das wichtigste Mittel der Askese."[66]

Im Gegensatz zum altkirchlichen und katholischen Verständnis, in dem Askese und Mystik bzw. Kontemplation zusammengehören, betrachtet M. Weber Askese und Mystik als einander idealtypisch entgegengesetzte Haltungen. Beide sind zwar Ausdruck einer „Weltablehnung"; Askese aber ist darin aktiv, versteht sich als „gottgewolltes Handeln als Werkzeug Gottes", bedeutet ein „Handeln", während Mystik passiv-kontemplativ den „Heilsbesitz" pflegt, also ein „Haben" bedeutet.[67]

Webers Ausführungen sind in unserem Zusammenhang aus zwei Gründen interessant: Zum einen ist durch ihn der Begriff der „innerweltlichen Askese" in die religionsgeschichtliche und religionssoziologische Diskussion eingeführt worden und hat viel Beachtung gefunden; dies hat auch das allgemeine Verständnis von Askese mitgeprägt; zum anderen führt Weber das auf den ersten Blick doch eher anti-asketisch anmutende Phänomen des modernen Kapitalismus auf asketische Haltungen zurück, was, wenn seine These richtig ist, einmal mehr die Ambivalenz der Askese – wie der Moral überhaupt aufzeigen würde.[68]

1.1.2.6. Ernst Troeltsch

Auch der protestantische Religionssoziologe und Geschichtsphilosoph Ernst Troeltsch (1865 – 1923) schenkt in seinen geistes- und religionsgeschichtlichen Studien dem Phänomen der Askese große Beachtung.[69] Dabei geht er davon aus, daß Askese allgemein negativ bewertet wird, ja daß die asketischen Tendenzen des Christentums wesentlich zu seiner negativen Einschätzung im Bewußtsein seiner Zeit beitragen. Interessant für unsere begriffsgeschichtliche Untersuchung ist hier zunächst, mit welchen – nicht erst für

---

66 A.a.O., 117f.

67 M. Weber, a.a.O., 538 ff. M. Weber gesteht freilich, a.a.O., 539, zu, daß in der Praxis auch Kombinationen „beider Arten der Heilssuche eintreten".

68 Um einem weit verbreiteten Mißverständnis vorzubeugen, sei darauf hingewiesen, daß Weber mit seiner These keineswegs monokausal den Geist des modernen Kapitalismus aus religiösen Grundlagen ableiten will; er rechnet vielmehr durchaus mit einer Vielzahl von Faktoren und gegenseitigen Beeinflussungen; der Kern seiner These besteht in der Darstellung einer inneren Affinität zwischen dem Geist des modernen Kapitalismus und protestantisch-asketischer Spiritualität; vgl. dazu E. Fischoff, Die protestantische Ethik und der Geist des Kapitalismus. Die Geschichte einer Kontroverse, in: M. Weber, Die protestantische Ethik II, a.a.O., 346-379.

69 Vgl. ders., Die Soziallehren der christlichen Kirchen und Gruppen, (= Ges. Schriften, Erster Band), Tübingen 1912, bes. 95-111, sowie ders., Aufsätze zur Geistesgeschichte und Religionssoziologie (hg. v. H. Baron), (= Ges. Schriften, Vierter Band), Aalen 1966, bes. 96-111, 226-238 u. 643-657.

heutige, sondern schon für zeitgenössische Ohren – äußerst negativ getönten Begriffen Troeltsch die Bedeutung des Wortes Askese umschreibt: Askese bedeute schon bei Klemens und Origenes „den Bruch mit der Welt, die Brechung des natürlichen Trieb- und Bedürfnislebens zugunsten eines heiligen gottgeweihten Lebens", später schließlich jede „Brechung des natürlichen Lebens", „allen Kampf gegen Fleisch und Blut, die selbstverzichtende Demut, die gewollte Armut, die sexuelle Enthaltung, das steigende und verinnerlichte Sündenbewußtsein, die Kulturverneinung, die Weltflucht, die Abtötung der Sinne, ..., den Kampf mit Teufel und Dämonen ..."[70].

Vier geistesgeschichtliche Strömungen der Antike haben nach Troeltsch die Entwicklung der christlichen Askese beeinflußt: 1. der Platonismus mit seinem (erkenntnistheoretischen) Dualismus, 2. die stoische und die kynische Lehre vom naturgemäßen Leben mit ihrer Forderung nach systematischer Schulung des Willens zur Herrschaft des Geistes über den Körper, 3. volkstümliche magische Vorstellungen, wie sie sich in Tabus und kultischen Reinheitsvorschriften äußern, und 4. schließlich gnostische Strömungen mit ihrem (kosmisch-mythologischem) Dualismus.[71] Freilich sieht Troeltsch auch im Christentum, ja „im Evangelium Jesu selbst" Ansätze zu einem asketischen Ethos, die geeignet waren, die in der Umwelt vorhandenen Formen der Askese in sich aufzunehmen und weiterzuführen, nämlich „die Selbstverleugnungs- und Demuts-, die Leidens- und Opferaskese, die mit dem Liebesgebot eng zusammenhängt"[72].

Angesichts der oben referierten eher negativ anmutenden Charakterisierung der Askese erscheint es erstaunlich, daß Troeltsch dennoch zu einer durchaus positiven Wertung der Askese kommt; er tut dies, indem er auf die kulturschaffende und kulturtragende Bedeutung vor allem des frühchristlichen Mönchtums in der Dekadenz der antiken Kultur hinweist: „Die Askese, die im Bruch der Zeiten die Rettung der Ueberzivilisierten vor sich selber war und darum jene Jahrhunderte mit einzigartigem Ernst und unerhörter Bekehrungsstimmung erfüllt, ist zugleich vor allem die Durchrettung der alten Kultur und ihre Verbindung mit einer neuen religiösen Ideenwelt."[73] Und: „Es sind die Leiden der Ueberkultur, der Ueberbewußtheit, der Reflexion, der Skepsis, der mit allen objektiven Werten nur mehr spielenden Rhetorik, der Verweichlichung und Ueberfeinerung, der sexuellen Verwilderung und Uebersteigerung, der Entwurzelung und Glaubenslosigkeit, ..., die auf diesem Weg geheilt wurden"[74]. In Anbetracht dieser Bedeutung könnten die „vielen Ungesundheiten und Unwahrhaftigkeiten, allzumenschlichen Schwächen oder grotesken Exzentrizitäten, die in so schwierigen und ganz

[70] Ders, Aufsätze zur Geistesgeschichte und Religionssoziologie, a.a.O., 96f.
[71] Dazu vgl. a.a.O., 98-103.
[72] A.a.O., 105.
[73] A.a.O., 118.
[74] A.a.O., 107.

seelischen Dingen unvermeidlich sind, ... für die kulturphilosophische Gesamtbetrachtung außer Beachtung bleiben"; sie seien „als Paradestücke der antichristlichen Polemik" „ja bekannt genug"[75]. Unter ethischen Gesichtspunkten freilich ist es Troeltsch durchaus wichtig, die Hinordnung der Askese auf positive höhere Ziele und ihre prinzipielle Einordnung in den christlichen Liebesgedanken hervorzuheben und auf Elemente des Christentums hinzuweisen, die mögliche Übersteigerungen und Einseitigkeiten der Askese in Schranken halten.[76]

Was die These über den Zusammenhang zwischen calvinistisch-puritanischer Frömmigkeit (und deren „innerweltlicher Askese") und Entstehung des „modernen kapitalistischen Geistes" betrifft, stimmt Troeltsch im wesentlichen mit M. Weber überein.[77]

1.1.3. Askese – ein schillernder Begriff

In diesem begriffsgeschichtlichen Durchblick hat sich gezeigt, daß Verständnis und Bewertung der Askese im Lauf der Geschichte eine Vielzahl von Wandlungen und Verschiebungen durchlaufen haben. Wenn heute von Askese gesprochen wird, dann schwingen – je nach dem – diese ganz unterschiedlichen Bedeutungen und Wertungen mit:

Von der griechischen Philosophie, besonders von der Stoa her, kann der Gesichtspunkt der Einübung positiver Haltungen, aber auch die Zurückdrängung als negativ bewerteter Affekte anklingen. Wer an das anachoretische Mönchtum der ersten christlichen Jahrhunderte denkt, könnte mit Askese „Weltflucht" und radikale körperliche Entbehrungen assoziieren, aber auch die religiöse Dimension der Askese als Weg der Vereinigung mit Gott. Im Hinblick auf das abendländische Möchtum und – in anderer Weise auch – auf die „innerweltliche Askese" im Sinn M. Webers[78] wäre an die paradoxe kulturschaffende Wirkung der Askese zu denken. Man kann schließlich die philosophische Weltanschauung A. Schopenhauers teilen oder Nietzsches Kritik des Christentums im Hinterkopf haben. Und damit sind die Möglichkeiten bei weitem noch nicht ausgeschöpft: Sie ließen sich noch ergänzen durch einen Blick in die Religionsgeschichte mit ihren uns größtenteils fremd erscheinenden Formen kultisch, magisch oder mystisch motivierter Askese bis hin zu pathologischen Erscheinungen. Formen der Askese des Hinduismus und des Buddhismus, aber auch des Islam und anderer

[75] A.a.O., 118.

[76] A.a.O., 110-118.

[77] Vgl. ders., Die Kulturbedeutung des Calvinismus, in: M. Weber, Die protestantische Ethik II. Kritiken und Antikritiken, hg. v. J. Winckelmann, Gütersloh [5]1987, 188-215, bes. 193; sowie ders., Die Soziallehren der christlichen Kirchen und Gruppen, a.a.O., 643-657.

[78] Vgl. Kap. 1.1.2.5.

Religionen[79] werden heute auch in Mitteleuropa immer mehr bekannt und praktiziert und prägen so zunehmend das Verständnis dessen, was Askese sein kann, wenngleich diese (für uns) ‚neuen' asketischen Praktiken wie Yoga oder Zen im allgemeinen Sprachgebrauch selten mit dem eher negativ-antiquiert klingenden Begrif Askese in Verbindung gebracht werden.

Wenn heute von Askese gesprochen wird, kann also entweder der Aspekt der Einübung oder der des Verzichtes mehr im Vordergrund stehen; man kann Askese mehr als Technik und Methodik zur Erreichung eines sittlichen Zieles sehen oder als verneinende Grundhaltung gegenüber der ‚Welt' überhaupt; es kann das positive Ziel im Mittelpunkt stehen oder die Vermeidung eines Negativums.

Es ist damit zu rechnen, daß alle diese unterschiedlichen Bedeutungen – und zugleich noch einmal die unterschiedlichen Bewertungen dieser Aspekte – im Umlauf sind und mitschwingen, wenn Askese in der heutigen Diskussion teils angelegentlich empfohlen, teils vehement abgelehnt wird. Vorerst gilt es, das ganze Bedeutungsspektrum des Begriffs mit seiner Problematik im Blick zu behalten. Anliegen dieser Arbeit ist nicht, eine allgemeingültige Definition der Askese zu erarbeiten, sondern Deutung und Begründung der Askese bei R. Guardini aufzuzeigen – dies freilich mit dem Anspruch, damit auch ein aktuelles und hilfreiches Verständnis von Askese zu bieten. Zunächst aber muß der begriffsgeschichtliche Durchblick ergänzt werden durch eine Analyse der sozio-ökonomischen Bedingungen, vor denen die Frage nach der Askese sich heute stellt.

1.2. Anti-asketische Züge der modernen Gesellschaft

1.2.1. Eine erste Diagnose

Auch wenn das Wort Askese in den letzten zwanzig Jahren wieder insgesamt häufiger – und vor allem auch öfter wieder positiv – gebraucht wird[80], hat es für die Ohren der meisten Zeitgenossen keinen guten Klang. Man denkt dabei – wie aus dem oben Gesagten unschwer verständlich wird – an „rigorose Weltflucht, Lebensverneinung, Selbstquälerei, ... bis zum Verzicht

[79] Vgl. J. Bergman, a.a.O., 197f. Speziell zur Askese in Indien vgl. auch R.R. Diwakar, Askese in indischer Sicht, in: G.-K. Kaltenbrunner (Hg.), Der asketische Imperativ. Strategien der Selbstbeherrschung, München 1985, 73-88.

[80] Vgl. dazu Kap. 1.3.

auf die primitivsten Annehmlichkeiten menschlichen Lebens“[81]. Deshalb wird der Begriff oft sogar dort vermieden, wo es der Sache nach durchaus (und im positiven Sinn) um Askese geht.[82]

Dies ist schon nach der oben skizzierten Begriffsgeschichte keineswegs verwunderlich. Darüberhinaus bietet die christliche Theologie- und Frömmigkeitsgeschichte eine Fülle an belastendem Material, angefangen vom frühchristlichen Mönchtum bis in unser Jahrhundert hinein. Nicht nur eine radikale Abwertung alles Irdischen, die man allenfalls noch geistesgeschichtlich (auf dem Hintergrund eines neu-platonischen oder gnostischen Dualismus) einordnen – wenn auch nicht wirklich christlich rechtfertigen – könnte, sondern auch ein erschreckendes Maß an sado-masochistischen Impulsen wird da offenbar.[83]

Der Begriff ‚Askese‘ – so faßt W. Trillhaas die Situation treffend zusammen – „ist für viele konfessionell belastet, historische Erinnerungen schrecken, und nicht ohne Gründe erhebt sich der Verdacht, daß hier im Namen der Moral die natürlichen Triebe und lebendige Sinnlichkeit unterdrückt und abgetötet werden“[84].

Andererseits läßt sich aber nicht darüber hinwegsehen, daß eben nicht nur das Wort Askese und die in ihm anklingenden Übersteigerungen, Mißverständnisse und Fehlhaltungen, sondern auch unter diesem Begriff subsumierte zumindest potentiell positive Haltungen wie Bereitschaft zum Verzicht, Selbstbeherrschung, Disziplin und Selbstüberwindung in unserem gesellschaftlichen Wertsystem nicht hoch im Kurs stehen.

C.F.v. Weizsäcker bezeichnet unsere heutige Kultur als „bewußt anti-asketisch“ und sieht sie folgendermaßen charakterisiert:

„Sie ist erstens konsumtiv; ökonomische Bedürfnisse werden bejaht und erfüllt. Sie ist zweitens strukturell kapitalistisch; Bedürfnisse werden geschaffen, um den Markt zu vergrößern, also die Produktion steigern zu können. Sie ist im Effekt technokratisch, auch dort, wo sie sozialistisch-planwirtschaftlich auftritt; der Wert, der sich durchsetzt, ist der Fortschritt der Technik, auch wo wir in subjektiv ehrlichen Bekenntnissen andere Werte wie individuelle Freiheit oder Solidarität und soziale Gerechtigkeit höher

81 G.-K. Kaltenbrunner, Vorwort des Herausgebers, in: ders. (Hg.), Der asketische Imperativ, München 1985, 7; vgl. auch J. Gründel, Aspekte der Ethik und Moraltheologie, in: J. Gründel (Hg.), Triebsteuerung. Für und wider die Askese, München 1972, 67ff.

82 So hält es z.B. P. Müller, Fasten – dem Leben Richtung geben, München 1990, 11, in seinem christlich motivierten „Lese- und Übungsbuch zum spirituellen Fasten“ für notwendig, sein Verständnis des Fastens ausdrücklich von der Erinnerung „an kirchliche Bußvorschriften“ und „an Askese“ abzuheben.

83 Vgl. G.-K. Kaltenbrunner, a.a.O., 7-12; A. Görres, Pathologie des katholischen Christentums, in: Handbuch der Pastoraltheologie. Praktische Theologie der Kirche in ihrer Gegenwart, hg. v. F.X. Arnold, K. Rahner u.a., Bd. II/1, Freiburg 1966, 277-343, bes. 320-322; zur dualistischen Motivation der Askese vgl. auch J. Gründel, Aspekte der Ethik und der Moraltheologie, a.a.O., bes. 78-90.

84 W. Trillhaas, Ethik, Berlin ³1970, 55.

stellen."[85] Mit anderen Worten: Wirtschaft und Gesellschaft sind geprägt von Vorentscheidungen und Strukturen, die Askese als unnötig, unmöglich oder sogar hinderlich erscheinen lassen. Die von C.F.v. Weizsäcker genannten anti-asketischen Merkmale unserer Kultur im wirtschaftlich-technisch-politischen Bereich, nämlich Konsum-, Wachstums- und Fortschrittsorientierung sowie technokratische Struktur, scheinen mir durch Orientierungen im psychologisch-ethischen Bereich ergänzt werden zu müssen, die ebenso einer Akzeptanz asketischer Haltungen zuwiderlaufen: ich denke an die Bedeutung, die Begriffe wie Selbstentfaltung und Selbstverwirklichung bekommen haben – oder richtiger gesagt an die Weise, wie Selbstverwirklichung verstanden wird.[86]

Im folgenden sollen diese anti-asketischen Züge unserer Gesellschaft als Hintergrund unserer Fragestellung wenigstens skizziert werden.

1.2.2. Anti-asketische Faktoren im einzelnen

1.2.2.1.Konsum-Orientierung

Daß Produktion und Konsum von Gütern in unserer Zeit sowohl von ihrem rein faktischen Umfang wie auch von ihrer ideellen Bewertung her eine bisher nie dagewesene Bedeutung erlangt haben, dürfte unbezweifelt sein. Dieses Phänomen ist nicht denkbar ohne den immer stärker anwachsenden Bereich der Konsum-Werbung. Vance Packard hat bereits vor mehr als dreißig Jahren auf das Ausmaß dieser ständigen Beeinflussung und auf die tiefenpsychologische Subtilität ihrer Methoden aufmerksam gemacht.[87] Er bemerkt kritisch, daß man in Gefahr sei, nur noch die Methoden der Beeinflussung, nicht mehr das Ziel der Konsumsteigerung zur Debatte zu stellen.[88] Die Befriedigung bestehender und die Weckung neuer Bedürfnisse ist so ‚conditio sine qua non' unserer Wirtschaftsstruktur und damit auch ein gesellschaftlich anerkannter Wert. Insofern der Konsum und seine Steigerung „als eine wesentliche Voraussetzung für die Auslastung der Produktionska-

[85] C.F.v. Weizsäcker, Gehen wir einer asketischen Weltkultur entgegen?, in: Merkur 32 (1978), 756. Von einer „Abwesenheit aller asketischen Ideale" heute – im Gegensatz zu allen früheren Zeiten –, spricht auch A. Gehlen, Sozialpsychologische Probleme in der industriellen Gesellschaft, Tübingen 1949, 23.

[86] Der Frage nach den Zusammenhängen und gegenseitigen Abhängigkeiten zwischen psychologisch-geistigen Wertorientierungen und wirtschaftlich-technischen Strukturen nachzugehen, wäre äußerst interessant und lohnend, ist aber nicht Aufgabe dieser Arbeit.

[87] Vgl. V. Packard, Die geheimen Verführer, Düsseldorf 1958. Packard stellt bereits damals nicht nur die Frage nach der moralischen Legitimität der dabei angewandten Methoden (a.a.O., 306f.), sondern auch die weitergehende Frage, „wohin unsere Wirtschaft uns unter dem Druck des ‚Konsumismus' bringt"; auch dies sei eine Frage der Moral, vermutlich „eine der großen moralischen Streitfragen unserer Zeit" (a.a.O., 311).

[88] Vgl. a.a.O., 309-315, Zitat 310). Vgl. auch ders., Die große Verschwendung, Düsseldorf 1960.

pazität, für das Wirtschaftswachstum und die Sicherung der Vollbeschäftigung angesehen werden"[89], erscheint er geradezu als moralische Verpflichtung zugunsten des Gemeinwohls.[90] Konsumverzicht ist in diesem Wirtschafts- und Wertsystem im wahrsten Sinn des Wortes ‚kontraproduktiv'.

„Es ist kein Zweifel", so A. Gehlen, „daß ... die Industrie nicht von einer traditionellen, stereotypen Bedarfslage her produziert, sondern daß sie umgekehrt die Bedürfnisse für ihre Produkte mitproduziert, für Produkte, die sie ganz unabhängig von jeder Nachfrage – die erst dem neugezüchteten Bedürfnis folgt – aus sich selbst heraus entwickelt. Das System steht nicht nur auf der Voraussetzung des Rechtes auf Wohlleben: es tendiert dazu, die Gegenposition, nämlich das Recht auf den Verzicht auf Wohlleben unmöglich zu machen, indem es die Konsumbedürfnisse selbst produziert und automatisiert."[91]

Die psychologischen Auswirkungen dieser Wirklichkeit sind zweifellos vielschichtig und die Meinungen darüber geteilt. Optimistische Einschätzungen „sprechen von der wachsenden Souveränität des Konsumenten, der den Überredungsmechanismen der Konsumgesellschaft immer kritischer entgegentritt"; auf der anderen Seite sind Erscheinungen wie die wachsende Zahl von Suchtkranken, das Bedürfnis nach ständiger Steigerung des Lebensstandards und Anzeichen von Lebensüberdruß in der Konsumgesellschaft unübersehbar. In einer Gesellschaft, in der sozialer Status kaum mehr durch Geburt und Stand gegeben ist, sondern durch „Leistung" immer neu errungen und behauptet werden muß, bekommt das Konsumverhalten darüberhinaus die Bedeutung eines Sozial-Indikators; so kommt es zum Phänomen des „demonstrativen Konsums"[92].

Wie auch immer man die Wirklichkeit der ‚Konsumgesellschaft' beurteilen will, es kann kein Zweifel sein, daß sie an ihre Mitglieder moralische Anforderugen eigener Art stellt.[93]

1.2.2.2. Wachstums- und Fortschritts-Denken

Naturgemäß ist die eben beschriebene Form der Konsumgesellschaft nicht denkbar ohne wirtschaftliches Wachstum. Freilich ist die Wertschätzung des

[89] J. Schasching, Art. „Konsumgesellschaft", in: Handwörterbuch religiöser Gegenwartsfragen, hg. von U. Ruh, D. Seeber, R. Walter, Freiburg 1986, 225.

[90] J. Schasching, Kirche und industrielle Gesellschaft, Wien 1960, weist, 91f., darauf hin, daß bereits 1723 Bernard Mandevilles in seiner berühmten „Fabel von den Bienen" diese Zusammenhänge benannt und damit den „Verbrauch zum wertvollen Garanten des Gemeinwohls ausgerufen" habe. Damals freilich sei diese Schrift noch als „anstößig und für die Moral des Volkes höchst schädlich verurteilt" worden.

[91] A. Gehlen, a.a.O., 24.

[92] J. Schasching, Art. „Konsumgesellschaft", a.a.O., 224.

[93] Vgl. J. Schasching, a.a.O., bes. 226f., sowie ders., Kirche und industrielle Gesellschaft, a.a.O., 101-109; vgl. auch K. Lehmann, Exkurs zum Problem der heutigen Konsumkultur und ihrer Kritik, in: Handbuch der Pastoraltheologie, Bd. II/2, hg. von F.X. Arnold, K. Rahner u.a., Freiburg 1966, 175-179.

Wachstums in unserer Gesellschaft mehr als nur eine Funktion des Wirtschaftssystems. Vielmehr scheint Expansion eine vorgängige Konstante abendländischer Kulturentwicklung zu sein.[94]

„Noch vor 20 Jahren" – so B. Stoeckle – „war die Grundstimmung unserer Gesellschaft zutiefst beherrscht von einer außerordentlichen Zuversicht gegenüber dem allgemeinen Fortschritt. Man setzte mit Unbedingtheit, ja fast mit religiöser Inbrunst darauf, daß mit Hilfe des Fortschritts die entscheidenden Probleme der Menschheit gelöst, die bestehenden Notlagen erfolgreich gewendet und das Leben in all seinen Verhältnissen zunehmend verbessert werden könnten."[95]

Viele Faktoren waren an der Entstehung dieses Fortschrittsoptimismus beteiligt; der Vernunftbegriff der Aufklärung, das Geschichtsverständnis des deutschen Idealismus, die tatsächlichen Erfolge von Naturwissenschaft und Forschung, schließlich der Evolutionsgedanke, um nur die wichtigsten Elemente zu nennen. Die Lösung von Schwierigkeiten und die Verbesserung gegenwärtiger Gegebenheiten sucht der Mensch deshalb primär im Fortschritt, in der Änderung der äußeren Verhältnisse, nicht in einer Änderung eigener Einstellungen und Haltungen.

Eine prägnante Analyse dieser Verbindung von Konsumorientierung, Wachstums- und Fortschrittseuphorie und der daraus resultierenden Erwartungen gibt E. Fromm in seinem berühmt gewordenen Buch „Haben oder Sein": „Die große Verheißung unbegrenzten Fortschritts – die Aussicht auf Unterwerfung der Natur und auf materiellen Überfluß, auf das größtmögliche Glück der größtmöglichen Zahl und auf uneingeschränkte persönliche Freiheit – das war es, was die Hoffnung und die Zuversicht von Generationen seit Beginn des Industriezeitalters aufrechterhielt. ... Von der Ersetzung der menschlichen und tierischen Körperkraft durch mechanische und später nukleare Energie bis zur Ablösung des menschlichen Verstandes durch den Computer bestärkte uns der industrielle Fortschritt in dem Glauben, auf dem Wege zu unbegrenzter Produktion und auch zu unbegrenztem Konsum zu

---

94 Dies wird heute vielfach dem Christentum zur Last gelegt: Nach D.u.D. Meadows, Das globale Gleichgewicht, Stuttgart 1974, 253, ist das „Christentum eine Sammlung kodifizierter Wertvorstellungen, die das Wachstum fördern" und somit eine „Religion des exponentiellen Wachstums". Wirkungsgeschichtlich kann ein Zusammenhang zwischen Christentum und expansiver abendländischer Kulturentwicklung kaum völlig bestritten werden. Daß dem Christentum aber auch ganz wesentlich Elemente der Selbstbeschränkung eignen, welche die Annahme von Grenzen nicht nur nicht ausschließen, sondern ganz im Gegenteil gerade fordern und ermöglichen, macht – unter einem ganz speziellen Aspekt – auch die vorliegende Arbeit deutlich; im Hinblick auf den in diesem Zusammenhang meist zitierten Herrschaftsauftrag und Fruchtbarkeitssegen in Gen 1, 26-28 hat N. Lohfink, Die Priesterschrift und die Grenzen des Wachstums, in: Stimmen der Zeit 192 (1974), 435-450, den Vorwurf, das Alte Testament verpflichte seine Adressaten zu bedingungsloser Wachstumsorientierung, überzeugend zurückgewiesen.

95 B. Stoeckle, Art. „Fortschritt", in: ders. (Hg.), Wörterbuch der ökologischen Ethik, Freiburg 1986, 57.

sein; durch die Technik allmächtig und durch die Wissenschaft allwissend zu werden. Wir waren im Begriff, Götter zu werden, mächtige Wesen, die eine zweite Welt erschaffen konnten, ...“[96]. E. Fromm spricht geradezu von einer „Fortschrittsreligion“, in deren Mittelpunkt die „Dreieinigkeit von unbegrenzter Produktion, absoluter Freiheit und uneingeschränktem Glück“[97] stehe.

1.2.2.3. Ein problematisches Selbstverwirklichungs-Verständnis

Im Zusammenhang mit dem vor allem in den siebziger Jahren vieldiskutierten Phänomen des Wertewandels wird in sozialwissenschaftlichen Untersuchungen unterschieden zwischen Pflicht- und Akzeptanzwerten einerseits und Selbstentfaltungswerten andererseits.[98] Unter erstere rechnet man dabei Werte wie Disziplin, Pflichterfüllung, Bescheidenheit, Selbstbeherrschung und Enthaltsamkeit, unter letztere Spontaneität, Selbstverwirklichung, Ungebundenheit, Lebensgenuß, Gleichheit, aber auch politische Partizipation. In diesem Zusammenhang werden Pflicht- und Akzeptanzwerte auch als „asketische Werte“ oder „asketische Tugenden“ bezeichnet[99]. Spätestens seit Mitte der sechziger Jahre läßt sich nun eine deutliche Verschiebung der gesellschaftlichen Orientierung weg von den Pflicht- und Akzeptanzwerten hin zu den Selbstentfaltungswerten beobachten.

Auch wenn diese Interpretation des Wertewandels nicht die einzig mögliche[100] und das zugrundeliegende Verständnis sowohl der Askese wie der Selbstverwirklichung (nämlich als einander widersprechender Haltungen) äußerst problematisch ist[101], bleibt doch als Kern dieser Analysen festzuhal-

---

[96] E. Fromm, Haben oder Sein, Stuttgart 1976, 11. Einen „Allmachtskomplex“ der neuzeitlichen Kultur diagnostiziert auch H.E. Richter, Der Gotteskomplex, Hamburg 1979.

[97] E. Fromm, a.a.O., 12.

[98] Zum Folgenden vgl.: G. Hepp, Wertewandel und politische Kultur – eine politikwissenschaftliche Analyse in pädagogischer Absicht, in: Vierteljahrsschrift für wissenschaftliche Pädagogik 63 (1987), 206-226; ders., Wertsynthese als Zukunftsaufgabe der politischen Bildung – Anmerkungen zu den didaktischen Konsequenzen des Wertwandels, in: Zeitschrift für internationale erziehungs- und sozialwissenschaftliche Forschung 4 (1987), 367 – 391; ders., Asketische Werte. Zu ihrer Bedeutung im Spannungsfeld von Selbstentfaltung und Gemeinwohl, Köln 1989, (= Kirche und Gesellschaft, hg. von der Kath. Sozialwissenschaftlichen Zentralstelle Mönchengladbach, Heft Nr. 164); H. Klages, Wertorientierungen im Wandel – Rückblick, Gegenwartsanalyse, Prognosen, Frankfurt/M. 1984.

[99] G. Hepp, Wertsynthese, a.a.O., 384; bzw. ders., Asketische Werte, a.a.O., passim.

[100] Es sei – ohne für eine der beiden Seiten Partei ergreifen zu wollen – nur verwiesen auf R. Inglehart, der den Wertewandel als Verschiebung von „materialistischen“ zu „postmaterialistischen“ Werten deutet; vgl. ders., Wertwandel in den westlichen Gesellschaften: Politische Konsequenzen von materialistischen und postmaterialistischen Prioritäten, in: H. Klages/P. Kmieciak (Hg.), Wertwandel und gesellschaftlicher Wandel, Frankfurt ²1981, 279-316; vgl. auch J. Raschke, Politik und Wertwandel in den westlichen Demokratien, in: Aus Politik und Zeitgeschichte. Beilage zur Wochenzeitung „Das Parlament“ 30 (1980), B 36, 41f.

[101] Dazu vgl. Kap. 3.1.2.

ten, daß ein weit verbreitetes Verständnis von Selbstverwirklichung Askese als Widerspruch erlebt. Wo „Authentizität“, „Spontaneität“ und „Kreativität“[102] verabsolutiert und von sie erst ermöglichenden Fähigkeiten wie Frustrationstoleranz, Verantwortungsbereitschaft, Kontakt- und Bindungsfähigkeit sowie Sachkenntnis losgelöst werden, wo also hinter dem modischen Schlagwort der Selbstverwirklichung die Aufgabe der Selbstwerdung nicht mehr in den Blick kommt, da muß tatsächlich Askese in allen ihren Formen – sei es als Fähigkeit und Bereitschaft zum Verzicht, als geduldige Arbeit an sich selbst oder als Einübung erwünschter Verhaltensweisen – als überflüssig erscheinen.[103]

1.2.3. Fazit: Kein Platz für Askese?

Wo maximaler Konsum (mit den Aspekten Bedürfnisbefriedigung und Bedürfnisweckung) ein hoher Wert, ja wirtschaftliche Notwendigkeit ist, da wirkt Verzicht störend. Wo Wachstum erzielt werden soll, ist Selbstbegrenzung fehl am Platz. Und wo man an eine zwangsläufige Verbesserung von Mensch und Gesellschaft durch Fortschritt glaubt – ganz gleich ob man dabei mehr auf die technische oder kulturelle Seite des Fortschritts baut – besteht für Askese als ein mühsames Einüben sittlicher Haltungen durch Selbstüberwindung wenig Bedarf: allein schon die ‚Entwicklung‘ wird ja die gewünschte Veredlung des Menschen und die Lösung seiner Probleme mit sich bringen. Wo schließlich Selbstverwirklichung verstanden wird als möglichst freizügige Befriedigung von Bedürfnissen und Wünschen (seien sie nun triebmäßiger oder ideeller Natur), da sind Selbstbeherrschung, Disziplin und Verzichtsbereitschaft nicht vonnöten.

Nun sind freilich alle genannten Orientierungen in unserer Gesellschaft nicht fraglos und unumstritten; sie waren das noch nie, werden aber in den letzten beiden Jahrzehnten in zunehmendem Maß in Frage gestellt. Im folgenden sollen deshalb Aspekte verschiedener Wissenschaftsbereiche referiert werden, die die Bedeutung der Askese gerade für die heutige Zeit betonen. Der Bereich der Theologie sei zunächst noch einmal ausgeklammert; er soll in Kapitel 1.5. in größerer Ausführlichkeit zur Sprache kommen.

---

[102] Diese Elemente nennt K. Hilpert, Einführung: Stichwort „Selbstverwirklichung“, in: K. Hilpert (Hg.), Selbstverwirklichung. Chancen, Grenzen, Wege, Mainz 1987, 9 f.

[103] Zum Problem der Selbstverwirklichung vgl. K. Hilpert (Hg.), a.a.O.; R. Huber, Zur Psychologie der Selbstverwirklichung. Eine vergleichende Betrachtung psychologischer Selbstverwirklichungstheorien, (Diss. phil.) Zürich 1981; als ersten Einblick P. Lippert, Art. „Selbstverwirklichung“, in: PLS, 1134-1136.

1.3. Askese als Forderung – oder: Plädoyers für die Askese

1.3.1. Askese im Kontext philosophischer Kulturkritik und philosophischer Anthropologie

Auf dem Boden einer radikalen Technik- und Zivilisationskritik, die sich beruft auf Namen wie Martin Heidegger, Ortega y Gasset, Hendrik de Man und Arnold Gehlen, propagiert Joachim Bodamer[104] die Askese als Heilmittel gegen die Gefahren der technischen Welt. Die Gefahr besteht für ihn vor allem in der Vermassung und im Verlust des Ich. In diesem Zusammenhang ist für ihn Askese der Akt, in dem der Mensch sich dem ständigen Anpassungsdruck der gleichmacherischen Massengesellschaft entzieht und wieder zum Einzelnen wird, der sein Leben verantwortlich gestaltet. Dabei sieht er durchaus die Notwendigkeit, der Askese heute eine gegenüber früheren Formen veränderte Gestalt zu geben: Während die Askese früher die Aufgabe hatte, durch „Abhärtung des Leibes" und „Abtötung möglichst aller sinnlichen Bedürfnisse" die „Triebhaftigkeit" des Menschen und „die Unbeherrschtheit seiner Affekte"[105] in den Griff zu bekommen, geht es heute darum, durch den Verzicht auf Dinge, die nur scheinbar notwendig oder lebenssteigernd sind, den „Suggestionen und Reizen, ... Versprechungen und Vorteilen"[106] der technischen Welt gegenüber unabhängig zu werden. Als konkrete Punkte, wo Askese in diesem Sinn praktiziert werden könnte, nennt Bodamer das Versicherungswesen, „soweit der totale Staat dies überhaupt noch zuläßt"[107], den Verzicht auf Machtpositionen und berufliche Stellungen, wenn durch sie erfülltes menschliches Leben erschwert oder unmöglich gemacht würde, das weite Feld der „Reizmittel und Stimulantia"[108], zu denen er auch Kino und Radio zählt, und schließlich den Bereich der zwischenmenschlichen Beziehungen, in dem es darauf ankomme, auszuwählen und die Qualität der Quantität vorzuziehen.[109]

In seiner Studie „Sozialpsychologische Probleme in der industriellen Gesellschaft"[110] sieht A. Gehlen in der Askese, verstanden als Verzicht auf Mögliches, die einzige Chance, in die Eigendynamik wirtschaftlich-techni-

---

[104] Vgl. vor allem ders., Der Weg zur Askese als Überwindung der technischen Welt, Hamburg 1955; vgl. auch ders., Der Mann von heute. Seine Gestalt und Psychologie, Stuttgart 1956 (auf beide Werke verweist auch Guardini selbst, und zwar in einer Nachbemerkung zu „Die Kultur als Werk und Gefährdung", in: So1, 38); vgl. außerdem J. Bodamer, Der Mensch ohne Ich, Freiburg 1958, bes. 119-138.

[105] J. Bodamer, Der Weg zur Askese, a.a.O., 23.

[106] A.a.O., 30.

[107] A.a.O., 33.

[108] A.a.O., 36.

[109] Vgl. a.a.O., 34ff.

[110] Tübingen 1949.

scher Zusammenhänge Elemente der bewußten Steuerung und der freien Entscheidung einzubringen: „Der Zusammenhang von Wissenschaft, technischer Anwendung und industrieller Auswertung ist längst selbst eine Superstruktur, selbst automatisiert und ethisch völlig indifferent. Eine durchgreifende Änderung ist fast nur so vorstellbar, daß sie an den extremsten Enden angreift: beim Wissenwollen, dem Anfangspunkt, oder beim Konsumierenwollen, dem Endpunkt des Prozesses. In beiden Fällen wäre die Askese, wenn sie irgendwo aufträte, das Signal einer neuen Epoche.“[111]

1.3.2. Askese aus der Sicht der Psychotherapie und der humanistischen Psychologie

Einen zweifachen Beitrag zur Problematik der Askese leistet die Psychologie: Sie kann zum einen neurotische Fehlhaltungen, die sich asketisch tarnen, aufdecken.[112] Zum anderen kann sie aber auch die Bedeutung der Askese für die Selbstwerdung des Menschen und für seine Gemeinschaftsfähigkeit aufzeigen. Eine entscheidende Rolle spielt ja für die psychoanalytisch orientierte Psychotherapie die Stärkung des Ichs, das „zwischen den Forderungen der eigenen Triebwelt, also dem Lustprinzip, und den Forderungen des Realitätsprinzips, d.h. der Wirklichkeit der Umwelt“[113] zu vermitteln hat. Nur im Wechsel zwischen Triebbefriedigung und Triebversagung kann der Mensch lernen, seine Triebkräfte so zu gestalten, daß er sie sinnvoll und gezielt einsetzen kann, daß er Triebspannungen aushalten und Frustrationen ertragen kann. Askese hat so gesehen viel zu tun mit der Vergrößerung des Freiheitsspielraums des Menschen.[114] Dies ist nach O. Hürter heute umso bedeutender, als angesichts der „immer verwirrender werdenden Strukturen unserer Umwelt und angesichts der immer umfassender werdenden Organisationsformen ... der Freiheitsraum des einzelnen rapide ... schrumpft.“[115] Zugleich ist Askese auch notwendig und hilfreich für die Gestaltung sozialer Beziehungen. O. Hürter spricht in diesem Zusammenhang von der „asketischen Kultur“ des „Feedbacks“[116]: das aufmerksame und genaue Hinhören auf Signale und Rückmeldungen, sei es von Gruppenmitgliedern, Mitarbeitern oder anderen Gesprächspartnern, verlangt Übung, Geduld und Offenheit, kann aber so zur Vertiefung der Kommunikation und zu Verhaltensän-

---

111 A.a.O., 12. Diese Passage zitiert R. Guardini, Der unvollständige Mensch und die Macht, in: So1, 55.

112 Vgl. O. Hürter, Aspekte der Psychotherapie, in: J. Gründel (Hg.), Triebsteuerung, a.a.O., 31-46, bes. 31ff.; A. Görres, Pathologie des katholischen Christentums, a.a.O., bes. 318-324.

113 O. Hürter, a.a.O., 34.

114 Vgl. ders., a.a.O, 33-37.

115 A.a.O., 45f.

116 A.a.O., 38.

derungen führen. Auch auf dem Gebiet der Konfliktbewältigung sieht Hürter ein „dankbares Feld der Askese ..., angefangen vom häuslichen Bereich bis hin zur internationalen Ebene“[117]; er denkt dabei nicht, wie man vielleicht aufgrund eines gewissen problematischen Verständnisses von Askese auch denken könnte, an den Verzicht auf eigene Rechte oder Interessen, sondern an ein offenes und faires Aussprechen des Konflikts, die „Anbahnung solider Kompromisse“ oder „gekonnte Überführung in eine spannungsreich fruchtbare Kooperation“[118]. Immer geht es dieser „sozial orientierte(n) Askese um „Übung im Umgang mit den eigenen Kräften und denen der anderen“[119]. Hürter weist in diesem Zusammenhang darauf hin, daß Askese so gesehen auch einen Zuwachs an Macht bedeute; und Macht könne immer manipulativ ausgenutzt werden; dies würde jedoch geradezu die Perversion einer recht verstandenen Askese bedeuten, da ihr eigentliches Ziel ja eben die Freiheit sei: Askese – so O. Hürter – „kann nie Selbstzweck oder gar auf rein egoistische Zwecke hin orientiert sein. Vielmehr bestimmt sie sich vom Ziel der Freiheit her, eine fortschreitende Kultur des menschlichen Zusammenlebens zu verwirklichen. Sie setzt frei vom Druck einer Gesellschaft, die sich immer stärker auf Leistung und Konsum auf allen Gebieten auszurichten scheint. Sie öffnet auf den anderen hin und kann so auch religiösen Sinngehalt erschließen.“[120] Insofern Askese „menschlich freier, sozial wacher und verantwortlicher“ mache, sei sie auch „im besten Sinn politisch relevant“.[121] Auf dem Hintergrund der zunehmenden wechselseitigen Abhängigkeiten und der „auf vielen Gebieten wesentlich größeren Auswahlmöglichkeiten“ erachtet Hürter Askese heute als „dringender denn je“[122].

1.3.3. Askese im Zusammenhang der Identitätsproblematik: Perspektiven der Pädagogik

Ausgehend von einem „zentralen Begriff der modernen Psychologie“ sieht R. Bleistein das wesentliche Ziel sinnvoller Erziehung in der Ermöglichung und Förderung von „Identität“[123]. Identität ist ihm zufolge wesentlich verbunden mit der Erfahrung und Verwirklichung von Freiheit – und zwar von Freiheit im Sinn einer „selbstverantworteten Selbstverfügung“[124]. Deshalb darf Freiheit

---

[117] A.a.O., 43.
[118] A.a.O., 42f.
[119] A.a.O., 43.
[120] A.a.O., 43f.
[121] A.a.O., 44f.
[122] A.a.O., 45.
[123] R. Bleistein, Erziehung zwischen Hedonismus und postmaterialistischen Werten, in: Arbeitskreis katholischer Schulen in freier Trägerschaft (Hg.), Aszese – Ein Grundprinzip personaler Erziehung in der Konsumgesellschaft (= Materialien), Bonn 1984, 58f.
[124] Ders., a.a.O.

nicht im Sinn von Willkürfreiheit verstanden werden; sie ist vielmehr an Werte und Normen gebunden. Dieses Ziel „einer personalen und sozialen Identität" ist nach R. Bleistein nur zu verwirklichen, „wenn die Erziehung selbst in Verantwortung einübt, Selbständigkeit ermöglicht, Ichstärke fördert".[125]

Auf dem Hintergrund der Identitätsproblematik erweist sich Askese daher als Versuch, der Gefahr der „Identitätsdiffusion"[126] zu wehren; diese droht dort, wo die Fähigkeit zu verbindlichen Entscheidungen und zum Durchhalten auch in Schwierigkeiten fehlt. Dabei geht es vor allem auch darum, sich in seiner Endlichkeit akzeptieren zu können. Wer der „Unendlichkeit seiner Wünsche"[127] willenlos ausgeliefert ist, kann keine eigene Identität aufbauen. Insofern muß es der Askese auch darum gehen, der „Anarchie der Triebe" gegenzusteuern und die widersprüchlichen Antriebe „auf ein Ziel hin zu ordnen und zu bündeln"[128]. Hier wird einmal mehr die positive Zielrichtung der hier gemeinten Askese deutlich: Ziel eines gegebenenfalls geforderten Verzichts ist die „größere Freiheit"[129], z.B. im Hinblick auf die Verwirklichung der sogenannten „postmaterialistischen Werte, wie Selbstverwirklichung, Mitbestimmung, Umweltschutz, Friede"[130]. Zugleich ergibt sich von daher ein Kriterium jeder echten Askese: Wo sie nicht von Lebensfreude getragen und ein „Akt der Lebensbejahung"[131] ist, wo sie nicht im Dienst einer größeren Selbstverwirklichung steht und „Lebenswege"[132] eröffnet und offenhält, wo vielmehr Lebensangst oder destruktive Gewissensimpulse die geheimen Triebkräfte sind, dort muß es zunächst darum gehen, Menschen aus ihrer Angst zu befreien; erst dann ist echte Askese möglich. Dies heißt zugleich, daß Pessimismus eine schlechte Grundlage für asketisches Verhalten abgibt: Wo kein positives Ziel aufleuchtet, fehlt jene Spannung hinein in die Zukunft, ohne die Askese nicht denkbar ist. Hier wird – mit A. Auer gesprochen – die „stimulierende"[133] und „integrierende"[134] Bedeutung der christlichen Botschaft mit ihrer Heilszusage deutlich: „auch im Erziehungsbereich" – so R. Bleistein – geht „der Indikativ dem Imperativ" voraus[135]. Wenn deshalb heute „bei jungen Leuten ein gewisser Hedonismus zu diagnostizieren" sei, „sollte zuerst von einem Mangel des Glaubens die Rede sein und dann erst von einer – wie man hört – sittlichen Verderbtheit"[136].

---

[125] A.a.O.

[126] A.a.O., 60. Bleistein bezieht sich hier ausdrücklich auf E.H. Erikson, Identität und Lebenszyklus, Frankfurt 1973, hier bes. 106-114.

[127] A.a.O., 61.

[128] A.a.O.

[129] A.a.O., 62.

[130] A.a.O.

[131] A.a.O., 63.

[132] A.a.O., 62.

[133] A. Auer, Autonome Moral und christlicher Glaube, Düsseldorf ^{2}1984, 193.

[134] A.a.O, 189.

[135] R. Bleistein, a.a.O., 64.

[136] A.a.O.

Gegenüber einem weitverbreiteten Subjektivismus und Narzißmus hat die Askese in der Erziehung Jugendlicher nach R. Bleistein die Aufgabe, sie fähig zu machen zur Begegnung mit der Realität, sie vom Kreisen um sich selbst wegzuführen hin zu den wirklichen Aufgaben; Askese hat auch hier wieder viel zu tun mit der Bereitschaft zur Annahme von Grenzen, mit der Bejahung der „conditio humana“[137].

1.3.4. Askese im Licht der Verhaltensforschung

Es kann hier nicht eingehender der Frage nachgegangen werden, ob und in welcher Weise die am Verhalten von Tieren gewonnenen Ergebnisse der Verhaltenswissenschaft für die Anthropologie und speziell für die Ethik von Bedeutung sein können.[138] Es sei als Konsens vorausgesetzt, daß die Erkenntnisse der Verhaltensforschung zwar nie direkt auf den Menschen zu übertragen sind, daß sie aber „Fragestellungen oder Arbeitshypothesen“[139] darstellen, die Hinweise auf positive Möglichkeiten wie auf gefährliche Tendenzen des menschlichen Verhaltens geben können. Die Verhaltensforschung kann dann auf Grund ihrer „Einsichten in das biologische Grundgefüge menschlicher Verhaltensweisen, ihrer Gesetzmäßigkeiten und ihrer Steuerungsmechanismen“ „Wege zur Vermeidung oder Verminderung solcher Gefahrenquellen andeuten“, oder sie kann den Menschen „zumindest ... zum Nachdenken und Umdenken, zu einer Neuorientierung seiner Handlungen anregen.“[140]

Vertreter der Verhaltensforschung messen der Askese unter anderem im Zusammenhang mit den folgenden Problemkreisen Bedeutung bei: 1. der evolutiv durch den Domestikationsprozeß gegebenen Freiheit, 2. dem Aggressionstrieb und 3. dem modernen Phänomen der Manipulation.

Zu 1: Die durch die (domestikationsbedingte) Rückbildung starr instinktgesteuerter Verhaltensweisen gegebene Freiheit ist nicht nur Chance, sondern auch Gefahr. Der Mensch ist „gerade durch das Freiwerden von instinktiven Bindungen und die damit mögliche Plastizität seines Verhaltens dazu aufgerufen ..., aus den Angeboten, die aus seiner heutigen Umwelt in so mannigfacher Weise auf ihn einstürmen, die jeweils für seine Existenz,

[137] A.a.O.

[138] Dazu vgl. B. Hintersberger, Theologische Ethik und Verhaltensforschung. Probleme – Methoden – Ergebnisse, München 1978; F. Rauh, Das sittliche Leben des Menschen im Licht der vergleichenden Verhaltensforschung, Kevelaer 1969; ders., Die Funktion der vergleichenden Verhaltensforschung für das Humanum, in: J. Gründel, F. Rauh u. V. Eid (Hg.), Humanum. Moraltheologie im Dienst des Menschen, Düsseldorf 1972, 142-157; W. Wickler, Die Biologie der Zehn Gebote, München [5]1981, bes. 15-26.

[139] F. Rauh, Aspekte der Verhaltenswissenschaft, in: J. Gründel (Hg.), Triebsteuerung, a.a.O., 8.

[140] Ders., a.a.O., 8f.

für seine menschliche Persönlichkeit und seine Daseinsverwirklichung am besten geeigneten Möglichkeiten zu realisieren. Askese wird dabei ... zu einer notwendigen Konsequenz, aber nicht etwa nur unter dem negativen Vorzeichen des Verzichts, sondern ebenso unter dem positiven Aspekt der Auswahl und der Einübung, der Einübung nämlich in ein kritisches Verhalten, das uns Menschen der heutigen Zeit fähig macht, jeweils das Beste zu wählen."[141]

Zu 2: Im Hinblick auf den nicht nur negativ, sondern als lebensnotwendig gesehenen Aggressionstrieb kann es nicht darum gehen, ihn zu unterdrücken, sondern ihn „in einer positiven und konstruktiven Weise zu meistern und zu lenken".[142] Die Beschaffenheit der modernen Waffen stellt hier den Menschen vor besonders schwierige Aufgaben: Durch ihre Fernwirkung entfallen die Hemmungsmechanismen, die im Bereich des tierischen Verhaltens die Tötung des arteigenen Gegners verhindern. Im Zusammenhang der Friedensforschung erweist sich Askese „als eine Voraussetzung des Weiterlebens der Menschheit, als innerweltlich humanes Postulat"[143]. Aber auch wo Aggression mit geistigen Mitteln ausgetragen wird (durch Diffamierung des Gegners, durch Feindbild-Schemata und Sündenbock-Denken) ist Askese angezeigt.[144]

Zu 3: Die Verhaltensforschung kann bestimmte Praktiken der Manipulation z.B. in der Konsumwerbung durchschaubar und den Menschen dadurch „nachdenklicher, selbstkritischer und vorsichtiger machen"; Askese würde hier eine „sorgfältige Auswahl der Angebote und überlegenen Distanz gegenüber einem werbungsmanipulierten Kaufzwang"[145] bedeuten.

1.3.5. Soziologische Aspekte

Aus der Sicht der Soziologie steht die Bedeutung der Askese für die Gesellschaft, für die Entstehung der Kultur und die Bewältigung kollektiver Aufgaben außer Frage. Sie kann dabei verweisen auf die Bedeutung des spätantiken und mittelalterlichen Mönchtums für die Bewahrung der antiken und die Entstehung der christlich-abendländischen Kultur[146] und auf M. Webers berühmte These vom Zusammenhang zwischen dem „asketischen Ethos" des Calvinismus und dem „Geist des (modernen) Kapitalismus"[147]. Ihre Ergebnisse überschneiden sich mit S. Freuds These,

[141] A.a.O., 18.
[142] A.a.O., 22.
[143] A.a.O., 24.
[144] A.a.O., 21ff.
[145] A.a.O., 27f.
[146] R. Ritter, Aspekte der Soziologie, in : J. Gründel (Hg.), Triebsteuerung, a.a.O., 53f.
[147] R. Ritter, a.a.O., 48.

daß „Kultur und Zivilisation die Sublimierung der Antriebe voraussetzen“[148].

Was die Gegenwart angeht, konstatiert R. Ritter einen Rückgang der religiösen Motivation der Askese und eine fast völlige Beschränkung auf innerweltliche Motive. Ganz generell habe die Bereitschaft zur Askese abgenommen. Gesellschaftliche und politische Aufgaben und neue Herausforderungen seien aber ohne Formen einer „kollektiven Askese“[149] nicht zu bewältigen. Ritter nennt hier als Beispiele Aufgaben im Bereich der Bildung, des Umweltschutzes und der Gewinnung von Arbeitskräften für sozial wenig geachtete und schlecht bezahlte Tätigkeiten.[150]

So sehr Ritters Diagnose einer abnehmenden Bereitschaft zur Askese zutreffen mag, seine Darstellung ist in mehrfacher Hinsicht nicht unproblematisch: Zum einen liegt schon in seiner Definition der Askese als „frei übernommene(m) oder als Notwendigkeit bejahte(m) Verzicht auf Konsummöglichkeiten oder Bedürfnisbefriedigung“ eine (heute allerdings verbreitete) Einengung des an sich viel breiteren Spektrums der Askese auf den einen Aspekt des Verzichts; zum andern zeigen seine aktuellen, politischen Beispiele, daß die Forderung des Verzichts oder des Opfers zugunsten eines bestimmten Zieles leicht die Frage nach der Berechtigung und Legitimität bzw. Priorität dieses Zieles außer acht lassen kann: Wer legt fest, wer für welche Ziele welche Opfer zu bringen hat? Und was die Frage der sozial gering eingeschätzten und schlecht bezahlten Tätigkeiten angeht: Ist hier wirklich der „asketische“ Verzicht einer bestimmten Gruppe auf Ansehen und gute Bezahlung die Lösung des Problems?

1.3.6. Askese im Kontext der Werte-Diskussion

Bereits in Kapitel 1.2.4. wurde auf den Wandel hingewiesen, der sich vor allem seit den sechziger Jahren im gesellschaftlichen Wertesystem vollzieht, und der von den auch als „asketisch“ bezeichneten „Pflicht- und Akzeptanzwerten“ weg zu den sogenannten „Selbstentfaltungswerten“[151] führt. Dieser Wertewandel wird von Autoren wie H. Klages[152] und vor allem G. Hepp[153] als problematisch betrachtet, da eine Gesellschaft ohne Pflicht- und Akzeptanzwerte nicht bestehen könne. Als wünschenswert erscheint daher eine Wertsynthese, ein Verbindung von „Pflicht- und Akzeptanz-Werten“ einer-

[148] R. Ritter, a.a.O., 55.
[149] Ders., a.a.O., 61.
[150] Vgl. ders., a.a.O., 61-66.
[151] G. Hepp, Asketische Werte, a.a.O., 5.
[152] Vgl. H. Klages, Wertorientierungen im Wandel, a.a.O., bes. 32-35.
[153] Vgl. G. Hepp, Wertewandel und politische Kultur, a.a.O., bes. 222-223f; ders., Wertsynthese als Zukunftsaufgabe der politischen Bildung, a.a.O., bes. 377-379; ders., Asketische Werte, a.a.O., 6-14.

seits und „Selbstentfaltungswerten" andererseits. In diesem Zusammenhang wird dann auch eine Wiederentdeckung asketischer Tugenden gefordert. Unter Hinweis auf E. Eppler, C.F.v. Weizsäcker und H. Jonas stellt G. Hepp fest, es werde immer mehr deutlich, „daß die der industriellen und technologischen Entwicklung inhärenten Gefahren und Widersprüche ohne die bewußte Pflege asketischer Tugenden nicht gelöst werden können"[154]: „Wie anders als durch mehr Askese will man auch im Kampf gegen weltweiten Hunger, Bevölkerungsexplosion und Unterentwicklung in der Dritten Welt bestehen können?"[155] Dabei wird die ökologisch-sozialethische Motivation der Askese untermauert und ergänzt durch die psychologische: „Die gerade in den reichen Ländern erschreckende Zunahme psychischer Störungen zeigt, daß stetiges Wirtschaftswachstum und unablässig steigende Reallöhne keine Garanten für einen Zuwachs an persönlichem Glück darstellen"[156]; man müsse sich deshalb heute fragen, „ob man immer noch einseitig und forciert auf die Karte der Wohlstandsmehrung setzen soll, wenn sich dadurch offensichtlich doch kein wesentliches Plus an Glück mehr herausholen läßt"[157]. Freilich ist G. Hepp auch skeptisch, ob Askese in diesem Sinn bei einer nennenswerten Zahl von Zeitgenossen auf Akzeptanz stoßen könne: Askese sei „zu allen Zeiten die Sache aristokratisch gestimmter Minderheiten" gewesen; es könne aber „durch vermehrte äußere Zwänge, durch zunehmende Armut und Knappheit in einer immer enger werdenden Welt" dahin kommen, daß die „freie Einsicht der Bürger" in die Notwendigkeit der Askese „zu einer Überlebensfrage von gebieterischer Kraft"[158] werde. „Askese wäre dann mehr als nur eine geistige oder moralische Übung, sie gewinnt existentielle Bedeutung, sie wird zum Überlebenstraining schlechthin."[159]

1.3.7. Askese als Antwort auf die ökologische Krise

In der sozialwissenschaftlichen und ökologischen Literatur wird in den letzten zwei bis drei Jahrzehnten immer wieder darauf hingewiesen, daß die ökologischen Probleme sich nicht rein naturwissenschaftlich-technisch lösen lassen, daß sie vielmehr Ergebnis einer problematischen Sinnorientierung des Menschen sind und daher auch nur durch „eine Umorientierung seiner Antriebsrichtung"[160] gelöst werden können. Seit „Ende der 60er Jahre" beginnt man über Umweltschutzmaßnahmen hinaus auch „Einstellungs-

[154] G. Hepp, Asketische Werte, a.a.O., 15.
[155] Ders., a.a.O.
[156] A.a.O.
[157] A.a.O., 14f.
[158] A.a.O., 16.
[159] A.a.O.
[160] K. Schleicher, Umweltprobleme sind auch Innenweltprobleme, in: Zeitschrift für internationale erziehungs- und sozialwissenschaftliche Forschung 4 (1987), 36.

und Verhaltensänderungen“[161] zu fordern. Es wurde nämlich bewußt, daß „Anspruchsdenken und Selbstverständnis“ des Menschen „zentrale Ursachen der ökologischen Probleme“[162] sind. Während man bisher der „naturwissenschaftlichen ‚Außenbeherrschung‘“ weit größere Aufmerksamkeit entgegengebracht habe als der „menschlichen ‚Selbstbeherrschung‘“, müsse nun endlich „der psychischen und sozialen Ökologie“[163] die nötige Beachtung geschenkt werden. Die „moralischen und ethischen Werte der Menschen“ seien „noch nie so weit von den objektiven Anforderungen ihrer Epoche entfernt“[164] gewesen wie heute.

In besonders eindrucksvoller Weise wird diese Ansicht vertreten vom sogenannten „Club of Rome“, einem weltweiten Zusammenschluß renommierter Wissenschaftler, der erstmals 1972 einer breiten Öffentlichkeit die Problematik eines ‚exponentiellen Wachstums‘ bewußt gemacht hat; die „Grenzen des „Wachstums“[165] sind seither in aller Munde. Schon in dieser ersten Studie, aber dann auch in zahlreichen weiteren Veröffentlichungen des „Club of Rome“ bzw. seiner Mitglieder wird festgestellt, daß selbst eine „Kombination rein technischer, wirtschaftlicher oder gesetzlicher Maßnahmen“ nicht ausreicht, um die Probleme zu lösen; vielmehr sei eine grundsätzliche Änderung der Denkgewohnheiten und Verhaltensmuster, der „Wert- und Zielvorstellungen des einzelnen, der Völker und auf Weltebene“, seien „persönliche Opfer“ und „ein außergewöhnliches Maß an menschlichem Scharfsinn und an Entschlußkraft“[166] gefordert. Es wird nahegelegt, der Mensch solle sich mehr „der Entwicklung seiner wahrhaft humanen Eigenschaften zuwenden“, statt sein „ganzes Streben auf immer mehr materiellen Gewinn und Besitz zu richten“[167]. Der Mensch müsse wieder ein „Gefühl für die Ganzheit“ menschlichen Lebens und „ein Gefühl für die Verantwortung des Menschen“ entwickeln und lernen, sich „selbst zu beherrschen“[168]. Im Anschluß an die Analysen und Prognosen des „Club of Rome“ wird dann auch ausdrücklich die Notwendigkeit einer „neue(n)“[169] Askese vertreten.

---

161 A.a.O., 37.

162 A.a.O., 38.

163 A.a.O., 38..

164 A.a.O., 44.

165 D. Meadows, Die Grenzen des Wachstums. Bericht des Club of Rome zur Lage der Menschheit, Stuttgart 1972; die amerikanische Originalausgabe erschien im gleichen Jahr unter dem Titel „The Limits to Growth“ in New York.

166 A.a.O., 172, 174 u. 175. Vgl. auch M. Mesarovic/E. Pestel, Menschheit am Wendepunkt. 2. Bericht an den Club of Rome zur Weltlage, Stuttgart 1974; A. Peccei (Hg.), Club of Rome. Bericht für die achtziger Jahre. Zukunftschance Lernen, Wien 1980; A. Peccei, Die Zukunft in unserer Hand. Gedanken und Reflexionen des Präsidenten des Club of Rome, Wien 1981; A. Peccei, E. Pestel, M. Mesarovic u.a., Der Weg ins 21. Jahrhundert. Alternative Strategien für die Industriegesellschaft, München 1983.

167 M. Mesarovic/E. Pestel, a.a.O., 127.

168 A. Peccei, Die Zukunft in unserer Hand, a.a.O., 156, 160, 196.

169 F. Cramer, Fortschritt durch Verzicht. Ist das biologische Wesen Mensch seiner Zukunft gewachsen?, München 1975, 266.

Schließlich sei an den durch sein „Prinzip Verantwortung“[170] bekannt gewordenen Philosophen Hans Jonas erinnert, der immer wieder vom Erfordernis der Selbstbegrenzung[171] und – meist implizit, aber auch explizit – von der Notwendigkeit der „Askese“[172] spricht.

1.3.8. Skepsis, Einwände, Fragen

Zahlreiche Stimmen wenden sich freilich auch gegen die aktuellen Empfehlungen der Askese im Kontext der ökologischen Krise. Dabei ist zu unterscheiden zwischen Autoren, die lediglich dem Begriff ‚Askese‘ skeptisch gegenüberstehen, asketische Verhaltensweisen wie Bereitschaft zum Verzicht, Selbstüberwindung, Selbstdisziplin und Mäßigung aber bejahen[173], und anderen, deren Ablehnung grundsätzlicher Natur ist[174]. In beiden Fällen ist freilich damit zu rechnen, daß das, was da kritisiert oder bekämpft wird, eher ein Zerrbild der Askese darstellt, als das, was Askese in ihrer positivsten Gestalt sein kann.

Eine relativ differenzierte Warnung vor der Empfehlung der Askese findet sich bei E. Eppler: Er empfindet den „asketischen Ansatz“ – auch wenn vieles für „jenes Training in Selbstdisziplin“ spreche, „ohne das menschliche Kultur nicht denkbar“ sei – als „historisch zu sehr belastet“. Askese habe „ – leider – den Beigeschmack des allzu Willentlichen, Gewaltsamen, der negativen Faszination, der Repression von Kräften und Trieben, die sich nicht ohne Schaden aus der Humanität aussperren lassen“. Der „negative Ansatz“ sei „nicht hilfreich“. Es gehe nicht darum, „was wir, wenn wir uns kasteien entbehren können“, sondern es gehe darum, eine reichere, erfülltere menschlichere Lebensform zu finden und dann festzustellen, was da – ganz von selbst, ohne Anstrengung – entbehrlich“ werde. Es gehe „nicht um das reduzierte“, es gehe „um das volle, das bessere Leben“[175]. Die „politische

---

[170] H. Jonas, Das Prinzip Verantwortung. Versuch einer Ethik für die technologische Zivilisation, Frankfurt/M. 1984.

[171] Vgl. z.B. ders., Technik, Freiheit und Pflicht. Dankesrede anläßlich der Verleihung des Friedenspreises des Deutschen Buchhandels, in: ders., Dem bösen Ende näher. Gespräche über das Verhältnis des Menschen zur Natur, hg. von W. Schneider, Frankfurt/M. 1993, 91-102.

[172] Ders., Die Welt ist weder wertfrei noch beliebig verfügbar. Verantwortung als Überlebenspflicht. Gespräch mit Christian Schütze, in: H. Jonas, Dem bösen Ende näher, a.a.O., 40-48, Zitat 45f.

[173] So z.B. G.-K. Kaltenbrunner, Vorwort des Herausgebers, in: a.a.O., 7-30, bes. 29f.; H. Gruhl, Askese? Vernunft und Bescheidenheit würden schon genügen, in: G.-K. Kaltenbrunner (Hg.), a.a.O., 155-165.

[174] Vgl. K. Traube, Wachstum oder Askese? Kritik der Industrialisierung von Bedürfnissen, Reinbek 1979, bes. 72-82.

[175] E. Eppler, Wege aus der Gefahr, Reinbek 1981, 128f. Keineswegs differenziert, sondern im Gegenteil sehr pauschal ist allerdings sein – von C. Amery entliehener – Vorwurf, a.a.O., die „letzte und schärfste Ausprägung von Askese, die bei Jesuiten und Puritanern“,

Alternative zur Energieverschwendung“ zum Beispiel sei „nicht Askese, sondern bessere Nutzung von Energie“[176].

1.4. Askese als Thema zeitgenössischer Theologie

Die Theologie ist zweifellos derjenige Wissenschaftsbereich, in dem die Rede von der Notwendigkeit der Askese die längste und ungebrochenste Tradition besitzt. Dies darf jedoch nicht darüber hinwegtäuschen, daß auch das theologische Verständnis der Askese einem ständigen Wandel unterliegt.

In der ersten Hälfte unseres Jahrhunderts bestand die Aufgabe zunächst darin, die Askese aus der engen Verbindung mit einem welt- und leibfeindlichen Hintergrund und mit übersteigerten, weltfremden Frömmigkeitsidealen zu lösen und sie in Beziehung zu setzen zu den realen Aufgaben des persönlichen und beruflichen Lebens und der Weltgestaltung (1.4.1.). In der Zeit nach dem zweiten Weltkrieg wurden verschiedene Versuche unternommen, die Askese in einen vertieften biblisch-theologischen Horizont einzubinden und sie im Dialog mit den Humanwissenschaften neu zu begründen (1.4.2.); schließlich haben gesellschaftlich-ökonomische und ökologische Entwicklungen dazu geführt, daß der Askese eine ganz neue aktuelle Bedeutung beigemessen wurde (1.4.3.); dies hat in Verbindung mit anderen Faktoren auch zu einer Neubesinnung innerhalb der evangelischen Theologie im Hinblick auf die Askese geführt (1.4.4.).

1.4.1. Neuansätze in der ersten Hälfte unseres Jahrhunderts

Neben den mehr traditionell orientierten Handbüchern der Aszetik[177] finden sich in den dreißiger Jahren dieses Jahrhunderts einige Neuansätze, die sich insbesondere durch ihre größere Weltzugewandtheit und Realitätsnähe auszeichnen und für die weitere Entwicklung den Boden bereiten: Zu nennen

habe „„die bisher machtvollste und unheilvollste Kanalisierung der Aggressivität erzielt“‘. Die Askese der Jesuiten und der Puritaner vereint als „jesuitisch-puritanische“ Askese mit der Aggressivität der spanischen Conquista in Verbindung zu bringen und zu einem wichtigen Faktor der „Enthumanisierung der Welt“ zu machen, wie dies C. Amery, Das Ende der Vorsehung. Die gnadenlosen Folgen des Christentums, Reinbek 1974, 237, tut, den Eppler, a.a.O., zitiert, ist doch – gelinde gesagt – mehr als abenteuerlich.

176 E. Eppler, a.a.O., 162.

177 Vgl. z.B. L. v. Hertling, Lehrbuch der aszetischen Theologie, Innsbruck 1930; F. Jürgensmeier, Der mystische Leib Christi als Grundprinzip der Aszetik, Paderborn 1933.

sind insbesondere die Werke von J. Lindworsky, E. Hengstenberg und H. Schmidt.[178]

J. Lindworsky stellt seine Sicht der Askese konsequent ab auf das Bemühen um eine „positive Verwirklichung des Lebensideals“[179]; nicht um einzelne Tugenden geht es; Askese steht vielmehr im Dienst eines Berufes; sie wird ganz im Zusammenhang mit der Lebensaufgabe gesehen, die ein Mensch für sich gewählt hat. Seine Hinweise für eine „psychologisch richtige“[180] Askese warnen in kluger Weise vor Verdrängung und Triebverschiebung sowie vor selbst gesuchten Abtötungen und sind mit ihrer realistischen Sicht des Lebens sicher ein Fortschritt gegenüber manchen Praktiken, wie sie in Klöstern und Seminaren geübt wurden.

In die gleiche Richtung zielt H. Schmidt mit seiner „organischen Aszese“, die die Askese ebenfalls in den Dienst der Selbsterziehung in Richtung auf ein „persönliches Ideal“[181] stellt und auch auf Lindworsky Bezug nimmt. Die „organische Aszese“ sucht „die harmonische Verbindung von Natur und Übernatur“, keine „weltfremde oder gar verstiegene Frömmigkeit“, sondern eine „Werktagsheiligkeit“, die sich im Alltag bewährt; sie erstrebt den „allseitig, d.h. natürlich und übernatürlich gesunden und kraftvollen Menschen, um ihn hineinzustellen ins volle Leben“[182].

E. Hengstenberg versteht Askese ganz vom Gedanken des „Opfers“ her; wobei für ihn das „Opfer“ existentieller Grundvollzug des Menschseins ist; er hebt hervor, daß das „asketische Opfer“ niemals auf einer Abwertung des Gutes beruhen kann, auf das in der Askese verzichtet wird. Er sieht in der Askese ein „bedingtes Ja“ verbunden mit einem „bedingten Nein“, die beide zielen auf ein „absolutes Ja“. Das heißt: Askese zielt darauf hin, die Güter und Werte, die sich dem Menschen zeigen, im Licht Gottes zu sehen, so, wie sie Gott „gut“ geschaffen hat und so, wie sie dem Menschen zum Heil dienen sollen. Dieses „absolute Ja“ läßt sich aber nur sprechen in der Verbindung von „bedingtem Ja“ und „bedingtem Nein“[183], die den notwendigen Abstand schaffen, um das Objekt von Gott her sehen zu können.

---

[178] J. Lindworsky S.J., Psychologie der Aszese. Winke für eine psychologisch richtige Aszese, Freiburg 1935; H.E. Hengstenberg, Christliche Askese, Regensburg 1936; H. Schmidt, Organische Aszese. Ein zeitgemäßer, psychologisch orientierter Weg zur religiösen Lebensgestaltung, Paderborn [5]1946 ([1]1938).

[179] J. Lindworsky, a.a.O., 35.

[180] Ders., a.a.O., im Titel.

[181] H. Schmidt, a.a.O., 463ff.

[182] A.a.O., 16.

[183] E. Hengstenberg, a.a.O., 114ff. Der Gedanke, daß das „Ja“ zu einem Wert in der Askese das Entscheidende sein müsse und nicht das „Nein“, setzt sich später immer mehr durch – dem Inhalt nach ganz generell, ausdrücklich in dieser Formulierung z.B. bei O. Betz, Wiederentdeckung der Tugend, in: Lebendige Seelsorge 35 (1984), 1-6, und insbesondere (schon im Titel) bei J. Sudbrack, Das dreifache Ja christlicher Askese, in: Lebendige Seelsorge 35 (1984), 13-18.

Hier hat Askese nichts mehr zu tun mit einer Abkehr von Aufgaben in dieser Welt oder mit einer Abwertung von Gütern; ganz im Gegenteil: Askese wird verstanden als Weg der Selbsterziehung, um den gestellten Aufgaben (Beruf bzw. Lebensideal, die freilich gesehen werden unter dem Gesichtspunkt des Willens Gottes) gerecht werden zu können und um zu Gütern und Werten, die grundsätzlich positiv eingeschätzt werden, durch die Übung des rechten Abstands in ein richtiges Verhältnis zu kommen. Die genannten Ansätze sind grundsätzlich also durchaus weltzugewandt, bleiben aber in Begrifflichkeit, Beispielen und konkreten Ratschlägen doch sehr in einem kirchlichen Binnenraum.

1.4.2. Aktualisierung und Theologisierung in der Zeit nach dem Zweiten Weltkrieg

1.4.2.1. Richard Egenter und Johannes Gründel

Einen bedeutenden Schritt in Richtung auf eine Interpretation der Askese, welche die Anforderungen des technischen Zeitalters mit seinen speziellen Gefährdungen in sein Verständnis der Askese aufnimmt, stellt R. Egenters 1956 erschienenes Buch „Die Aszese des Christen in der Welt"[184] dar. Daß die Menschheit nun erstmals die technischen Mittel besitzt, um das menschliche Leben auf der Erde auslöschen zu können, ist für Egenter der Ausgangspunkt seiner Frage nach der Askese: In der Gegenwart ist „Aszese nicht nur eine Frage ethischer Hochkultur oder religiöser Tradition, sondern ... die unerläßliche Vorbedingung des Weiterlebens. Aszese ist heute aktuell."[185] Egenter hält das Bewußtsein für die Hierarchie der Werte für gestört und damit die Bereitschaft zur Askese für gefährdet. Den Christen schreibt Egenter in dieser Situation besondere Verantwortung zu: „Wer um das geoffenbarte Gotteswort weiß und wer auf Gottes Gnade bauen darf, trägt die höhere Verantwortung dafür, daß Aszese geübt wird, trägt die größere Ver-

[184] R. Egenter, Die Aszese des Christen in der Welt. Überlegungen zum rechten Ansatz unserer Aszese, Ettal 1956. Hingewiesen sei auf die zeitliche Parallelität zu Guardinis Veröffentlichungen zur Askese: Guardinis Abhandlung „Askese als Element menschlicher Existenz" (in: R. Guardini u. E. Spranger, Vom stilleren Leben, Würzburg 1956, 23-48) erschien ebenfalls im Jahr 1956; den zugrundeliegenden Rundfunkvortrag hatte Guardini allerdings bereits 1955 gehalten, und kurze, aber eindringliche Empfehlungen der Askese fanden sich schon in „Das Ende der Neuzeit" (Mainz-Paderborn [10]1986, 78; Basel [1]1950) und in „Die Macht" (Mainz-Paderborn [7]1986, 183-185; Würzburg [1]1951). Auch inhaltliche Parallelen bestehen durchaus, vor allem in der weltgeschichtlichen Bedeutung und Dringlichkeit, die der Askese von beiden Autoren beigemessen wird. Inwieweit zeitliche und inhaltliche Parallelen auf „Zufall" oder auf wechselseitiger Beeinflussung beruhen (und in welcher Richtung diese Einflüsse gegebenenfalls liefen) war mir nicht rekonstruierbar. Möglicherweise wird die Arbeit von G. Lerch über R. Egenter, die zur Zeit ebenfalls am Lehrstuhl von Prof. Gründel in München entsteht, Auskunft darüber geben können.

[185] A.a.O., 12.

antwortung für das schlechthin Lebensrettende". Und: „Wenn unsere Zeit das Christentum verdammt, dann nicht, weil es Aszese fordert, sondern weil, bzw. wenn es nicht zur Aszese verhilft."[186] Die Probleme der Macht und der Technik, die hier anklingen, führt Egenter im folgenden allerdings nicht weiter aus; nur in einem „Ausblick ins Konkrete"[187] werden die speziell modernen Probleme der Massenkultur, der Konsumwelt und des Lebensstandards, des Straßenverkehrs und der staatsbürgerlichen Verantwortung gestreift. Egenter wendet sich gegen eine allzu gewollt systematisch-technisch verfahrende Askese, durch die der Mensch gleichsam als „Ingenieur des Selbst" ein selbstgewähltes Ideal anzielt[188], und vertritt demgegenüber ein biblisch orientiertes Verständnis der Askese, in dem der ‚Kairos' beachtet wird, d.h. in dem die Anforderungen maßgebend sind, die sich aus dem Anruf Gottes in konkreten Lebenssituationen ergeben; er fordert eine stärkere Beachtung der dialogischen Existenz des Menschen und eine stärkere geschlechtsspezifische, charakterologische und biographische Differenzierung in der Aszetik.[189] Sehr deutlich zum Ausdruck kommt hier auch eine positive Grundhaltung zur Welt als ‚Ja' zu Gottes guter Schöpfung.

Die hier eingeschlagene Richtung führt J. Gründel fort in dem von ihm herausgegebenen Sammelband „Triebsteuerung. Für und wider die Askese"[190], der Beiträge der Verhaltensforschung, der Psychotherapie, der Soziologie und der Theologie vereint.[191] In seinem eigenen Beitrag[192] versucht J. Gründel, die problematische Geschichte der Askese ein Stück weit aufzuarbeiten und Askese als zeitlos gültige Forderung klar von einer dualistisch motivierten, weltverachtenden und leibfeindlichen Askese abzugrenzen. Auch vom Neuen Testament her wird nach Gründel eine kritische Sicht auf bestimmte Formen der Askese möglich: Jesus selbst warnt eindringlich vor der selbstgerechten und die Gottesbeziehung verrechtlichenden Askese der Pharisäer. Für Gründel steht Askese, verstanden als „Triebformung" durch „zeitweiligen Triebverzicht"[193] im Dienst der Entfaltung der Persönlichkeit, der Gemeinschaftsfähigkeit und der Weltgestaltung.[194] Nur durch die bewußte und freiwillige Bejahung und Übung des Verzichts ist der Mensch in der Lage, die unaufhebbare Spannung zwischen „Lustprinzip" und „Realitätsprinzip" menschenwürdig zu bewältigen; ohne diese Askese der bewußten „Triebsteuerung" wird der von der Realität auferlegte „Triebverzicht" zur

[186] A.a.O., 13.
[187] A.a.O., 230ff.
[188] A.a.O., 70ff.
[189] Vgl., a.a.O., 88-115.
[190] München 1972.
[191] Vgl. Kap. 1.3.2., 1.3.3. und 1.3.4.
[192] J. Gründel, Aspekte der Ethik und der Moraltheologie, in: a.a.O., 67-110.
[193] A.a.O., 93.
[194] Vgl. a.a.O, bes. 93ff.; vgl. auch ders., Askese im Dienst einer geordneten menschlichen Entfaltung vor Gott, in: Lebendige Seelsorge 35 (1984), 7-13.

„Triebverdrängung"; der Mensch regrediert in ein vormoralisches Stadium und bleibt infantil seinem Luststreben verhaftet.[195] Gründel sieht Askese auch als notwendig für die Verwirklichung des christlichen Gebots der Gottes- und Nächstenliebe. Er verweist dabei[196] auf E. Fromm, der vier Schritte für unverzichtbar hält, wenn der Mensch die „Praxis des Liebens" bzw. die „Kunst des Liebens" erlernen will: „Disziplin", „Konzentration", „Geduld" und ein „unbedingtes Interesse an der Beherrschung dieser Kunst"[197]. Und er verweist auch auf das Wort von der Nachfolge bzw. vom Gewinnen und Verlieren des Lebens (Lk 9, 23-24; par.) und bringt es in Zusammenhang mit dem Glücksstreben des Menschen:

In der „Konzentration auf das eigene Glück" erreiche der Mensch gerade nicht die erstrebte Erfüllung; erst „wenn er sich dem Du seines Mitmenschen in selbstloser Weise öffnet", vollziehe sich „die eigentliche Entfaltung seiner Persönlichkeit und die Erfüllung seines Lebens"; diese Offenheit für den Anspruch eines „Du", einer „Gemeinschaft" und darin der „Wirklichkeit" mit ihren „Sachstrukturen" sei nicht möglich ohne die Bereitschaft zum Verzicht auf unmittelbare Erfüllung persönlicher Wünsche; und solche Verzichte seien wiederum nicht zu leisten ohne einen Sinnhorizont und ohne Einübung.[198]

Vor allem sieht Gründel Askese im Zusammenhang mit der Ermöglichung wirklicher Freiheit, die sich nicht erschöpft in der „Freiheit von", die vielmehr fähig ist zur Bindung, zur „Entschiedenheit für das Gute", ja letzlich zur „Entschiedenheit für Gott"[199]. Gründel setzt sich auch kritisch auseinander mit H. Marcuses Utopie einer „Kultur ohne Unterdrückung" und sieht als besondere Herausforderung unserer Zeit und als Ziel heutiger Askese das Bemühen, „gegenüber jeder Form ideologischen Mißbrauches der Freiheit kritisch wach zu bleiben, sowohl in der Kirche als auch in der Gesellschaft"[200]. Schließlich weist Gründel auf die Bedeutung der Askese im Kontext heutiger Suchtproblematik hin.[201]

---

[195] J. Gründel, Aspekte der Ethik und der Moraltheologie, a.a.O., 93ff.; Gründel stützt sich hier bewußt auf Begriffe und Erkenntnisse der Freudschen Psychoanalyse; er verweist auf S. Freud, Jenseits des Lustprinzips (Gesamtwerke Bd. XIII) und ders., Das Unbehagen in der Kultur (Gesamtwerke Bd. XIV). Zur differenzierten theologischen Bewertung von Lust einerseits und Askese andererseits vgl. auch J. Gründel, Lust – Askese. Lust = Sünde, Askese = Tugend?, in: ders., Aktuelle Themen der Moraltheologie, München 1971, 91-108.

[196] Ders., Aspekte der Ethik und der Moraltheologie, a.a.O., 98f.

[197] E. Fromm, Die Kunst des Liebens, Frankfurt 1979, 141ff.

[198] J. Gründel, a.a.O., 99f.

[199] A.a.O., 103. Diese Interpretation der „Askese als Einübung des menschlichen Freiheitsraumes" findet sich bei Gründel bereits in: ders., Lust – Askese. Lust = Sünde, Askese = Tugend?, a.a.O., 106f., Zitat 106. Von der Bedeutung der Askese „als Einübung in Freiheit und Verantwortung" spricht J. Gründel auch im Rahmen einer moralpädagogischen Interpretation der Zehn Gebote (ders., Die Zehn Gebote in der Erziehung. Für Eltern und Erzieher, München ^{2}1976, 119-127, Zitat 122) sowie im Hinblick auf Fragen der Gewissensbildung (ders., Entfaltung des kindlichen Gewissens. Anregungen für Eltern und Lehrer, München 1973, 101-108).

[200] J. Gründel, Aspekte der Ethik und der Moraltheologie, a.a.O., 104f.

[201] A.a.O., 105-110.

In einem weiteren – in besagtem Sammelband enthaltenen – Beitrag zum Thema Askese stellt Egenter[202] die Askese hinein in den Zusammenhang der Frage nach einer zeitgemäßen Spiritualität und speziell der kirchlichen Situation nach dem Konzil mit ihren Aufbrüchen und ihrer Öffnung zur Welt. Er will darin Askese in erster Linie unter dem Gesichtspunkt der „Funktionsertüchtigung“[203], nicht so sehr unter dem des Verzichts verstanden wissen. Als Bewährungsfelder einer so verstandenen Askese nennt er geistige Haltungen, die in unserer Zeit und vor allem in dieser Zeit der Kirche gefordert sind: beispielsweise den Mut, obsolet gewordene Sicherheiten aufzugeben und unbequeme Fragen auszuhalten, die Bemühung um einen verantworteten und mündigen Glauben, „Gewissenswachheit“ und „Gewissensmut“[204]. Wenn er von einer „Askese der ständigen und selbständigen eigenen Glaubensinformation“ spricht, von der „Askese des beherzten Wegsuchers im Nebel“, von der „Askese der gegenseitgen Ermunterung und auch Zurechtweisung, des Teamworks“[205], dann wird deutlich, daß Askese tatsächlich ganz auf ein positives Ziel gerichtet ist, wenngleich mit der Notwendigkeit von „Selbstbemeisterung auch in schmerzlichen Verzichten und Leiden“ zu rechnen ist[206]. Askese hat hier kaum noch etwas zu tun mit dem Verzicht auf äußere Güter (die Notwendigkeit einer Konsumaskese wird nur zweimal gestreift); sie richtet sich vielmehr auf die Einübung und Vervollkommnung von geistigen Haltungen und zwischenmenschlichen Fähigkeiten, sozusagen auf „soziale Kompetenz“ bzw. speziell „spirituelle Kompetenz“.

1.4.2.2. Karl Rahner

Nicht zu übergehen sind einige Orientierungspunkte, die K. Rahner in den Themenkomplex von Askese, Vollkommenheitsstreben und geistlichen Räten eingebracht hat:

Grundlegend für Rahners Verständnis der Askese ist, daß er sie in einen inneren Zusammenhang mit dem bringt, was er „Passion“ nennt, also mit dem schicksalhaft von außen auferlegten Leiden, das seine radikalste Ausprägung im Tod findet. Askese und Passion bezeichnen in dieser Zusammenschau zwei unterschiedliche Aspekte der gleichen Wirklichkeit, nämlich daß die in der menschlichen Person auf Selbstverfügung, Endgültigkeit und Ewigkeit hin angelegte Freiheit konfrontiert wird mit der Erfahrung, daß sie schicksalhaft Einwirkungen von außen ausgesetzt ist, die ihre Selbstverfügung mindern, ja im Tod schließlich radikal aufheben.[207] Der Begriff der

[202] R. Egenter, Askese in einer zeitgemäßen Spiritualität, in: J. Gründel (Hg.), Triebsteuerung, a.a.O., 111-126.
[203] A.a.O., 111.
[204] A.a.O., 123.
[205] A.a.O., 119.
[206] A.a.O., 125.
[207] Vgl. K. Rahner, Passion und Aszese. Zur philosophisch-theologischen Grundlegung der christlichen Aszese, in: SzTh, Bd. III, 73-104, bes. 85 ff.

Passion betont dabei die Schicksalhaftigkeit und Notwendigkeit dieser menschlichen Wirklichkeit, der Begriff der Askese dagegen „sieht dasselbe Phänomen von der in der Person begründeten Spontaneität und Freiheit her“; Askese ist somit zu verstehen als die freiwillige Annahme des „notwendigen Seinmüssens zum Tode“[208].

Spezifisch christliche Askese stellt sich demzufolge dar als „Vorgreifen auf den christlichen Tod als den radikalsten Akt des Glaubens“ und damit auch als „Nachfolge des Gekreuzigten“ und „Teilnahme am Todesschicksal“ Jesu, „dessen Lebensgesetzlichkeit eben auf uns durch Taufe und Glauben übergeht“[209].

Interessanterweise greift Rahner in diesem Zusammenhang den alten Begriff der „fuga saeculi“, der „Weltflucht“, in einem durchaus positiven Sinn auf: Christliche Askese ist „fuga saeculi“, „Weltflucht“, insofern sie eben auf die weltimmanente Vollendung getrost verzichten kann, weil sie den Fluchtpunkt ihrer Existenz aus der Welt in Gott hinein verlegt hat. Entscheidend ist aber, daß christlich motivierte Weltflucht niemals gegen ebenso christlich motivierte Weltbejahung ausgespielt werden darf. Beide gehören zueinander, in einem Verhältnis, das sich niemals eindeutig, zahlenmäßig meßbar festlegen läßt, sondern im „einzelnen Leben ... immer neu aus dem zu finden“ ist, „was man Führung des Geistes, Berufung und Schicksal nennt“[210]. Rahner nennt dieses eigentümliche Verhältnis von „Weltflucht“ und „Weltbejahung“, die sich gleichsam gegenseitig durchkreuzen und doch sich gegenseitig anerkennen müssen, auch die „Gebrochenheit“[211] der christlichen Askese.

In seinen Überlegungen zu einer zeitgemäßen Spiritualität fordert Rahner eine „neue Aszese des selbstgesetzten Maßes“ und spricht von einem „Strukturwandel in der Aszese“[212]. Diesen „Strukturwandel“ sieht er darin begründet, daß der Mensch heute stärker als früher sich sein Maß in Freiheit selbst setzen muß. Vordem bedeutete Aszese entweder (und zwar für die Mehrheit der Menschen) einfach die innere Annahme der durch äußere Umstände ohnehin auferlegten zahlreichen Verzichte im Sinn eines eher passiven Erleidens, oder aber sie hatte „das ‚image‘ des Außergewöhnlichen und Heroischen“[213]. Heute dagegen ist Askese als Tugend des selbstgestzten Maßes im ganz Alltäglichen notwendig, auch für den Durchschnittsmenschen. Diese Askese trägt nicht mehr „den Charakter des außergewöhnlich Zusätzlichen“, sondern „eher den Charakter der verantwortlichen Freiheit

[208] Ders., a.a.O., 90; vgl. auch ders., Selbstverwirklichung und Annahme des Kreuzes, in: SzTh, Bd. VIII, 322-326.
[209] Ders., Passion und Aszese, a.a.O., 99f.
[210] A.a.O., 97ff., 103ff., Zitat 99.
[211] A.a.O., 103. Zur „Dialektik und Dosierung von ‚Weltflucht‘ und ‚Weltbejahung‘“ vgl. auch ders., Über die evangelischen Räte, in: SzTh, Bd. VII, 404-434, bes. 419-427, Zitat 424.
[212] Ders., Frömmigkeit früher und heute, in: SzTh, Bd. VII, 27.
[213] Ders., a.a.O.

gegenüber dem Gesollten"; daß diese Askese „in der Gestalt an sich selbstverständlicher ‚Vernünftigkeit' auftreten muß", macht sie keineswegs leichter, sondern „fast noch schwerer"; denn die – „(auf allen Gebieten!)" – geforderte „Konsumaszese" hat sich zu bewähren „gegen den Trend einer konsumgierigen Gesellschaft mit ihrer Suggestion neuer Bedürfnisse"[214]. Diese auf den ersten Blick völlig profane, vernünftig zu begründende Askese steht für Rahner gleichwohl in einem unauflösbaren Zusammenhang mit der Beziehung zu Gott. Denn der Verzicht auf etwas, das dem „vom Tod geängstigten Menschen scheinbar unwiederbringlich ist", und die Überwindung der Gier, das Leben „mit dem höchst möglichen Genuß (auch Macht ist darunter zu verstehen) zu erfüllen", all das ist nur möglich in einer Offenheit für die „absolute Zukunft Gottes", sei sie nun ausdrücklich oder unausdrücklich.[215]

In seinen Überlegungen zur Ordensarmut sieht K. Rahner in der „Konsum- und Genußaskese" eine zeitgemäße und notwendige Form, wie der evangelische Rat der Armut heute zu leben sei.[216] Man könne sogar von einer Bedrohung der Kirche durch den „Massengroßkonsum" sprechen, „weil es ihr noch nicht genügend gelungen sei, die Leitbilder der Ethisierung und Humanisierung dieses Konsums deutlich werbend zu schaffen"; es komme darauf an, „dem Menschen von heute jene Konsumaskese schlicht" vorzuleben, „die sich als die einzig mögliche, echte und wirksame ‚Hygiene der Bedürfnisse' erweist", „die weder durch ... Soziotechnik ... noch ... Psychotechnik ersetzt werden kann" und die einfach darin besteht, „daß der Mensch schlicht und selbstverständlich auf tausend Konsummöglichkeiten ... verzichtet, weil er ein echtes und lebendiges Verhältnis zu Gott, Geist, Person und Liebe hat und sich jene Kontingenzerfahrungen, die immer bleiben, nicht durch die Narkotika des immer größeren und raffinierteren Genusses und Sichzerstreuens verdecken und verdrängen muß"[217].

1.4.2.3. Friedrich Wulf

F. Wulf[218] betont gegenüber einer rein ethisch-moralischen Sicht der Askese ihre theologische Begründung und Verankerung in der Offenbarung; er beklagt, daß „dieses Wort im durchschnittlichen (auch christlichen) Verständnis seine heilstheologische Tiefe verloren" habe; der Begriff der Askese dür-

[214] A.a.O., 28.
[215] A.a.O., 28f.
[216] Vgl. ders., Theologie der Armut, in: SzTh, Bd. VII, 435-478, bes. 469ff., Zitat 469. Seine Aussagen beziehen sich zunächst auf die Armut der Orden; da zwischen der Armut der Ordensleute und der übrigen Christen aber „fließende Übergänge" (a.a.O., 454) bestehen, hat das hier Gesagte auch für Armut bzw. Askese aller Christen Bedeutung.
[217] A.a.O., 473f.
[218] F. Wulf, Aszese, in: HThG, 111-120.

fe weder zu „unbestimmt" gefaßt noch einfach auf das Moment der Entsagung eingeengt werden.[219]

Eigentlicher Kern christlicher Askese ist für Wulf der „Glaubensgehorsam"[220], der sich dann auch in Hoffnung und Liebe äußert. Was dieser „Glaubensgehorsam" beinhaltet, ist exemplarisch in der atl. Versuchungsgeschichte ausgedrückt: Der Mensch sollte „um des vertrauenden Gehorsams willen auf ein natürliches Verlangen verzichten und in diesem Verzicht die alles umfassende und alles begründende Gottheit seines Gottes anerkennen. Diese Haltung galt es einzuüben, und diese Übung sollte die grundlegende Aszese des geschaffenen und begnadeten Menschen sein. Die Ursünde bestand in der Verweigerung dieser Aszese."[221] Der Ruf in den Glaubensgehorsam, verbunden mit der Forderung zum Verzicht auf irdische Güter um der göttllichen Verheißung willen, der das AT durchziehe, radikalisiere sich im NT durch die Botschaft von der Nähe des Reiches Gottes in Jesus und durch seinen Ruf in die Nachfolge. So werde Christus zum „Urbild des christlichen asketes"[222]. „Die eschatologische Aszese des Christen, die Einübung in Glaube, Hoffnung und Liebe und daraus jeweils folgend die Drangabe eines Stückes Welt ‚um des Himmelreiches willen' ist notwendig Anteilnahme an der eschatologischen Existenz Jesu. Sie muß darum immer etwas vom Leuchten der Auferstehung, vom Glanz des neuen Himmels und der neuen Erde sichtbar machen." [223]

Im Verlauf der Kirchengeschichte diagnostiziert Wulf eine Einengung der Askese auf ihre moralische Seite und ein Verblassen ihres theologischen (und damit ihres eschatologischen und christologischen) Hori zonts, eine Entwicklung, die seiner Meinung durch Rationalismus und Aufklärung noch verstärkt wurden. Wulf beklagt auch, daß auf diese Weise Aszese und Mystik ihren Zusammenhang verloren haben. „Erst heute" werde „der theologische Horizont der christlichen Aszese wieder gewonnen".[224]

1.4.2.4. Anselm Grün

Noch stärker im Vordergrund seines Askeseverständnisses steht die Gottesbeziehung bei dem Benediktiner Anselm Grün.[225] Das eigentliche Ziel der Askese ist bei ihm nämlich „die Begegnung mit Gott" bzw. „die Erfahrung

---

[219] A.a.O., 113.
[220] A.a.O., 113ff. In ähnlicher Weise läßt K. Rahner, Über die evangelischen Räte, a.a.O., hier bes. 419ff., die „evangelischen Räte" vom Glaubensakt her bestimmt sein.
[221] F. Wulf, a.a.O.,113f.
[222] A.a.O., 116.
[223] A.a.O., 117.
[224] A.a.O., 120.
[225] Vgl. ders., Art. „Askese V. Systematisch-theologisch", in: LThK^3, Bd. 1, 1993, 1080-1082.

Gottes" und „das Einswerden mit Gott"[226]. Nach diesem Verständnis hängen freilich das „Einswerden mit Gott" und das „Gesundwerden" bzw. das „Ganzwerden"[227] des Menschen ganz eng zusammen.

Dieser Askese geht es um „Verwandlung": Der Mensch muß in bewußter Auseinandersetzung auch die problematischen Seiten seiner psychischen Grundstruktur als positive Kräfte annehmen; gerade in dieser Annahme aber wird es möglich, diese „Leidenschaften" zu formen und ihnen eine positive Orientierung zu geben.[228] A. Grün stützt sich hier ausdrücklich auf die Tiefenpsychologie C.G. Jungs. Demzufolge sind die Wege der Askese „immer auch Wege zum Unbewußten", d.h. „Wege, die den Menschen mit seinem Unbewußten in Berührung bringen und ihn so für das Geheimnis Gottes in seinem innersten Grund öffnen"[229]. So ist dann das Ziel der Askese auch bei A. Grün „der freie und reife Mensch, der zu sich selbst gefunden hat und gerade so offen geworden ist für Gott"[230]. Askese steht auch hier durchaus im Dienst der „Menschwerdung"[231], d.h. im Dienst der Erziehung zur reifen, freien und mündigen Person. Der Gedanke, daß der Mensch wahrhaft Mensch nur sein kann in der Beziehung zu Gott, spielt hier aber eine so zentrale Rolle, daß allgemein anthropologische, ethische und soziale Motive der Askese hinter dieser religiösen Motivation weitgehend zurücktreten.

1.4.2.5. Ertrag

Als Ertrag und Konsens dieser zeitgenössischen theologischen Sicht der Askese ist festzuhalten:

Die referierten zeitgenössischen Interpretationen der Askese sind sich einig in der Ablehnung einer dualistischen Weltsicht sowie einer Anthropologie, die alles Materielle und besonders den menschlichen Leib abwerten würden. Askese kann deshalb „niemals als Selbstzweck verstanden werden, sondern steht immer im Dienste eines bestimmten Wertbezuges"[232].

Unterschiede gibt es aber in der Blickrichtung: Askese kann – und dies tut die Mehrheit der Autoren – mehr aktiv gesehen werden a) unter dem Aspekt der Einübung von Freiheit und Verantwortung; b) unter dem Aspekt der „Funktionsertüchtigung"[233] ganz allgemein; c) unter dem Aspekt des Ver-

[226] Ders., a.a.O., 1080f. Ganz ausdrücklich bezeichnet Grün „die Begegnung mit Gott" und nicht „die Vollkommenheit" als Ziel der Askese (a.a.O., 1080), während in der zweiten Auflage des LThK D. Thalhammer gerade die christliche Vollkommenheit und darin auch die sittliche Seite, nämlich die Übung der christlichen Liebe, als Ziel der Askese bezeichnet (vgl. D. Thalhammer, Art. „Askese III. Theologisch", in: LThK, Bd. 1, 1957, 932-937).

[227] A.a.O., 1081.

[228] A.a.O.

[229] A.a.O., 1082.

[230] A.a.O., 1081.

[231] A.a.O., 1080.

[232] J. Gründel, Askese im Dienst einer geordneten menschlichen Entfaltung vor Gott, in: Lebendige Seelsorge 35 (1984), 7.

[233] R. Egenter, Askese in einer zeitgemäßen Spiritualität, a.a.O., 111.

zichtes (auf niedrigere Werte zugunsten eines höheren Wertes, z.B. im Hinblick auf die sogenannten evangelischen Räte).

Wenige, aber nicht unwesentliche Autoren (wie K. Rahner und F. Wulf) betonen stärker den Aspekt der „passio"; Askese ist dann die in Glaube, Hoffnung und Liebe vollzogene Übernahme auferlegter Verzichte und Mühen und damit glaubende Einübung ins Sterbenmüssen als letzten, endgültigen Schritt der Hingabe.

Unterschiede bestehen auch im Hinblick auf die Gewichtung religiös-individueller bzw. sozialer Motive.

Die genannten Aspekte schließen sich keineswegs aus, sie ergänzen sich teilweise sogar, müssen aber doch als unterschiedliche Ansatzpunkte festgehalten werden.

1.4.3. Askese im Kontext der ökologischen Krise

Seit dem Erscheinen des 1. Berichts des Club of Rome mit dem berühmt gewordenen Titel „Die Grenzen des Wachstums"[234] im Jahr 1972 wird Askese auch im theologisch-kirchlichen Bereich immer wieder im Zusammenhang mit den Fragen der Ökologie angemahnt. Zweifellos hatte man auch vorher schon im Zusammenhang mit den Problemen der modernen Konsumgesellschaft der Askese wieder verstärkt Bedeutung zugeschrieben. Jetzt aber bekommt Askese eine bis dahin unbekannte Dringlichkeit.

Aus der Fülle möglicher Beispiele seien zunächst zwei kirchliche Verlautbarungen vom Beginn der siebziger Jahre ausgewählt:

In seiner Eröffnungsansprache zur Herbstvollversammlung 1974 der Deutschen Bischofskonferenz beschäftigte sich Kardinal Döpfner eingehend mit den Fragen, die sich aus den Thesen des „Club of Rome" ergeben: „Die im Glauben grundgelegte Solidarität mit allen Menschen" zwinge die Christen sowohl im Hinblick auf die Lebenschancen künftiger Generationen als auch aus Rücksicht auf die „fundamentalen Bedürfnisse und unaufgebbaren Rechte" der Menschen in der Dritten Welt dazu, „die Grenzen der Natur und ihres Reichtums besser zu beachten, mögliche Grenzen des Wachstums anzuerkennen und erforderliche Einschränkungen zu akzeptieren"; dadurch erführen „Sinn und Notwendigkeit christlicher Askese ... eine neue Motivation"; christliche Askese müsse „heute auch dazu bereit sein, im Blick auf die menschliche Weltgemeinschaft Ansprüche zurückzustellen und solchen Bedürfnissen nicht nachzugehen, deren Erfüllung das Verhältnis der Menschen untereinander und das Verhältnis von Mensch und Umwelt belasten. ... Fortschritt, Wachstum, Konsum, Bedürfniserwartung und Befriedigung müssen ebenso neu verstanden werden wie Natur, Umwelt und Mit-

234 D. Meadows, Die Grenzen des Wachstums, Stuttgart 1972.

mensch."[235] In diesem Zusammenhang weist Döpfner auch den evangelischen Räten neue Bedeutung zu.

In ähnlicher Weise heißt es im Beschluß der Gemeinsamen Synode der Bistümer in der Bundesrepublik Deutschland „Unsere Hoffnung. Ein Bekenntnis zum Glauben in unserer Zeit": „Mit zunehmender Dringlichkeit erfahren wir heute, ... daß die Grenzen der wirtschaftlichen Expansion, die Grenzen des Rohstoff- und Energieverbrauchs, die Grenzen des Lebensraums, die Grenzen der Umwelt- und Naturausbeutung eine wirtschaftliche Entwicklung aller Länder auf jenes Wohlstandsniveau, das wir gegenwärtig haben und genießen, nicht zulassen. Angesichts dieser Situation wird von uns – im Interesse eines lebenswürdigen Überlebens der Menschheit – eine einschneidende Veränderung unserer Lebensmuster, eine drastische Wandlung unserer wirtschaftlichen und sozialen Lebensprioritäten verlangt, und dies alles voraussichtlich noch innerhalb eines so kurzen Zeitraums, daß ein langsamer, konfliktfreier Lern- und Anpassungsvorgang kaum zu erwarten ist. Es werden uns neue Orientierungen unserer Interessen und Leistungsziele, aber auch neue Formen der Selbstbescheidung, gewissermaßen der kollektiven Aszese abverlangt."[236] H. Gruhl[237] referiert ähnliche Äußerungen von dem katholischen Bischof Franz Kamphaus[238] und dem protestantischen Bischof Hans-Otto Wölber[239].

Von seiten der theologischen Wissenschaft war es John B. Cobb, der bereits relativ früh Askese unter einem dezidiert ökologischen Blickwinkel sieht; er stellt die heute geforderte „neue Form der Askese", die „ökologische Askese", älteren Formen der Askese (der leibfeindlichen Askese, die lange Zeit über die Kirchengeschichte prägte, sowie der ökonomisch bedingten Askese) gegenüber.[240] Ohne positiv an die Tradition der Askese an-

---

[235] Julius Kardinal Döpfner, Die Antwort der Kirche. Die Zukunft der Menschheit und die Bedingungen für ein künftiges menschenwürdiges Leben. (Ausschnitt aus der Eröffnungsansprache zur Herbstvollversammlung 1974 der Deutschen Bischofskonferenz), in: Bibel und Kirche 30 (1975), 85.

[236] Gemeinsame Synode der Bistümer in der Bundesrepublik Deutschland. Beschlüsse der Vollversammlung. Offizielle Gesamtausgabe I, Freiburg 1976, 110.

[237] Vgl. ders., Askese? Vernunft und Bescheidenheit würden schon genügen, in: G.-K. Kaltenbrunner (Hg.), Der asketische Imperativ. Strategien der Selbstbeherrschung, Freiburg 1985, 155-165.

[238] Vgl. a.a.O., 157. Kamphaus zitiert hier offensichtlich aus dem oben wiedergegebenen Beschluß der Gemeinsamen Synode der Bistümer.

[239] Bischof Hans-Otto Wölber schreibt: „Partiell wird es wohl um eine asketische Kultur gehen, also um Übereinkünfte angesichts von Grenzen. Unsere Sympathie für diese Erde sollte jedenfalls unsere Demut und unsere Verzichte einschließen. Auch müßte etwas dabei sein vom franziskanischen Ideal: Alle Kreatur ist Bruder und Schwester." (zit. n. H. Gruhl, a.a.O., 157).

[240] John B. Cobb, Der Preis des Fortschritts, München 1972, 81-89, Zit. 82. Daß Cobb als Vertreter der „Prozeßtheologie" (vgl. J.B. Cobb/D.R. Griffin, Prozess-Theologie, Göttingen 1979) der Prozeß-Philosophie Alfred Whiteheads verpflichtet ist, sei hier nur angemerkt und kann in diesem Zusammenhang nicht Gegenstand weiterer Überlegungen sein.

zuknüpfen, ist für ihn Askese ein Synonym für den sparsamen Umgang mit Rohstoffen und die Vermeidung von Umweltverschmutzung.

Inzwischen haben zahlreiche Moraltheologen und Sozialethiker in Veröffentlichungen zu Fragen der ökologischen Krise auf die Bedeutung der Askese verwiesen, so auf katholischer Seite beispielsweise J. Gründel[241], A. Auer[242] M. Rock[243], von seiten der evangelischen Theologie H. Ringeling[244], G. Altner[245], G.M. Teutsch[246]. Andererseits wird auch die traditionelle, individualethisch begründete Forderung nach Askese mit der ökologischen Problematik in Verbindung gebracht und bekommt von daher neue Plausibilität.[247]

J. Gründel sieht Askese vor allem unter dem Aspekt der „Einübung von Freiheit"; dazu gehören für ihn auch Kritikfähigkeit und Mündigkeit gegenüber der „Konsumwerbung" und der gesellschaftlichen „Manipulation", deren oberstes Gebot die Weckung und sofortige Befriedigung immer neuer Bedürfnisse ist; hier gelte es das „Nein-Sagen" zu lernen und sich des positiven Wertes von Grenzen bewußt zu werden.[248]

Auch A. Auer sieht Askese im Zusammenhang der „Freiheit" und der „Selbstverfügung" des Menschen, die durch das „Habenwollen" bedroht sind: In „jedem Verzicht überwindet" der Mensch „irgendeine Verfestigung seines Daseins und weitet damit den Spielraum seiner positiven Entfaltung aus"; nur wo der Mensch sich ein Stück Distanz bewahrt gegenüber den Dingen und den gebotenen Möglichkeiten, kann er noch frei wählen.[249] Auer zitiert in diesem Zusammenhang R. Guardini mit den Worten: „Nicht im Zugehen auf die Dinge, sondern mit dem Zurücktreten vor ihnen beginnt die Kultur. Erkennen, bewerten, entscheiden, formen und schöpferisches Hervorbringen – alles das hat zur ersten Voraussetzung jene Distanz, welche die Freiheit geistiger Bewegung ermöglicht."[250] Askese ist für Auer nicht eigen-

[241] Vgl. J. Gründel, Die Erde unserer Sorge anvertraut, Freising 1984, 50-55 u. bes. 56f.

[242] Vgl. A. Auer, Umweltethik. Ein theologischer Beitrag zur ökologischen Diskussion, Düsseldorf 1984, 78f.

[243] Vgl. M. Rock, Die Umwelt ist uns anvertraut, Mainz 1987, 108 – 112; ders., Art. „Askese", in: B. Stoeckle (Hg.), Wörterbuch der ökologischen Ethik, Freiburg 1986, 17-22.

[244] Vgl. H. Ringeling, Zurück zur Askese? Christliche Ethik und die Grenzen des Wachstums, in: ders., Neue Humanität. Beiträge zur theologischen Anthropologie, Gütersloh 1975, 112-123.

[245] Vgl. G. Altner, Schöpfung am Abgrund, Neukirchen-Vluyn, ^{2}1977, 175 u. 205; Altner beläßt es bei einem kurzen Hinweis.

[246] Vgl. G.M. Teutsch, Art. „Askese", in: ders., Lexikon der Umweltethik, Göttingen 1985, 10f.

[247] So bei F. Furger, Ethik der Lebensbereiche. Entscheidungshilfen, Freiburg 1985, 51 f. und B. Häring, Zucht und Maß, in: MySal. Bd. V, 285-288.

[248] J. Gründel, a.a.O., 56 f.

[249] A. Auer, Umweltethik, a.a.O., 78.

[250] R. Guardini, zit. n. A. Auer, a.a.O.; vgl. R. Guardini, Der unvollständige Mensch und die Macht, in: So1, 56 (zwischen der von mir sonst verwendeten vierten und der von Auer benutzten und hier zitierten ersten Auflage bestehen nicht nur Abweichungen im Hinblick auf die Seitenzahl, sondern auch geringfügige Abweichungen im Wortlaut).

ständiger Bestandteil eines ökologischen Ethos, sondern lediglich Mittel, das Grundgestalten eines solchen Ethos wie „Ehrfurcht, Rationalität und Genügsamkeit“[251] erst ermöglicht oder zumindest erleichtert.

Den Aspekt der Ermöglichung von freier Wahl betont auch M. Rock; er spricht von der „Freiwerdung zum Eigentlichen“; die „‚Technik der Askese‘“ liefere „das ethische Instrumentarium“, um den Einflüssen der Reklame gegenüber „besonnen“ reagieren zu können „und sich nicht etwas aufzwingen zu lassen, was überflüssig oder gar umweltschädlich ist“[252]. Anders als A. Auer aber bezeichnet M. Rock Askese als „öko-ethische Grundeinstellung“; er sieht Askese weitgehend deckungsgleich mit der vierten Kardinaltugend der Zucht und des Maßes. Seiner Meinung sind der „‚Kulturauftrag‘ des alten Testaments“, das „‚Bebauen‘ der Erde“ wie auch der „Vollzug menschlicher Herrschaft“ und „Kultur“ überhaupt nur möglich als „asketische Kultur“: „Herrschaft über die Erde führt zu deren Bedrohung und Veruntreuung, wenn sich die Menschen dem regulierenden Regulativ der ‚Askese‘ entziehen. Die heutige Umweltkrise ist entstanden, weil asketische Gesinnung und ‚angemessene‘ Praxis verlorengegangen sind.“[253] Die notwendige „Konsum-Askese ist weder Verzicht um des Verzichtes willen, noch Opfer um des Opfers willen, sondern ein zurückhaltender Umgang mit der Natur und ihren Ressourcen, damit das ökologische System Überlebenschancen hat“; sie ist begründet in der Einsicht, daß „die Natur und ihre ‚Ressourcen‘ nicht unerschöpflich“ sind und daß „wirtschaftliches Wachstum Grenzen hat“[254]. Rock prägt für den sparsamen Umgang mit Wärmeenergie auch den Begriff „Thermo-Askese“[255] und für eine freiwillige Geschwindigkeits-Beschränkung den Ausdruck „Tempo-Askese“[256].

In seiner positiv-kritischen Auseinandersetzung mit dem ersten Bericht des Club of Rome über die „Grenzen des Wachstums“ kommt H. Ringeling zu dem Schluß, „die christliche Tradition der Askese“ werde „tatsächlich zurückgewonnen werden müssen“, eine „bloße Predigt der Askese“ sei jedoch ungenügend. Vielmehr richte sich an die Kirchen die Frage: „Welches Lebensmodell habt ihr ... anzubieten, um der Forderung einer Askese – als kritischem Verzicht auf eine irrationale Steigerung des Bedürfnisses nach mehr und immer noch mehr Privatgütern – die Qualität einer neuen Verheißung besseren Lebens zu verleihen?“[257]

G.M. Teutsch sieht für die Askese im Zusammenhang von Umweltethik und Umweltschutz vier Zielrichtungen: den „Konsumverzicht in Bezug auf Produkte, die auf naturschädigende Weise gewonnen werden oder indirekt

[251] A. Auer, a.a.O.
[252] M. Rock, a.a.O., 108 u. 112.
[253] A.a.O., 108.
[254] A.a.O., 109.
[255] Ders., Art. „Askese“, a.a.O., 20.
[256] Ders., Die Umwelt ist uns anvertraut, a.a.O., 112.
[257] H. Ringeling, a.a.O., 122f.

zur Naturschädigung führen"; den „Aktionsverzicht in Bezug auf Vorhaben, die ... der Natur ... Schaden zufügen könnten"; den „Kultivierungsverzicht", der die „totale Verwandlung der Welt nach den Bedürfnissen des Menschen ... stoppt und der außermenschlichen Natur ihre sowieso schon zusammengeschrumpften Rückzugsgebiete beläßt"; und schließlich den „Verzicht auf weiteres Bevölkerungswachstum"[258].

Eine neuere monographische Darstellung der Askese bietet P. Lippert.[259] Er stellt seine Auseinandersetzung mit der Askese hinein in die Situation unserer Zeit, die er charakterisiert sieht durch die Spannung zwischen hedonistischer Konsumorientierung einerseits und den Ruf nach sittlicher Bekehrung andererseits. Der Kernpunkt seines Interesses liegt in der Untersuchung des Verhältnisses zwischen Selbstverleugnung und Selbstverwirklichung.[260] Im Anschluß an die Nachfolgeworte des Neuen Testamentes[261] stellt Lippert fest, daß Selbstverleugnung und Selbstverwirklichung sich nicht widersprechen, sondern zueinander gehören wie zwei Seiten einer Medaille: „Selbstverleugnung ist die unumgänglich aufgegebene Art und Weise der Selbstfindung."[262] Askese bestimmt er als „das auch gegen Widerstände durchgehaltene Bemühen des Menschen, der zu werden, der er sein soll (und sein will)." Spezifisch christlich gesehen ist Askese dann „die vom Menschen glaubend angenommene und auch gegen äußere und innere Widerstände gelebte Struktur seines Lebens, auf Jesu Osterschicksal einzugehen und sich so zu gewinnen; bereit zu sein, sich zu verlieren und so der zu werden, der er nach dem Ruf Gottes werden soll und werden kann und der er im Glauben werden will."[263] Lippert warnt vor einer Fixierung auf das Moment des Verzichtes: Christliche Askese sei nicht nur und nicht in erster Linie ein angestrengtes Sich-Bemühen; sie sei wesentlich „Annahme seiner selbst" und „Annahme der unausweichlichen Begrenzungen"[264]. „Sich lassen, um sich ergreifen zu lassen, dies zeigt sich uns als letztes Fundament christlicher Askese."[265] Vor allem das Stichwort von der „Annahme seiner selbst", aber auch die Rede von der „Annahme der unausweichlichen Begrenzungen" und vom Sich-Lassen, „um sich ergreifen zu lassen", weisen eine unübersehbare Nähe zu Formulierungen bzw. Grundgedanken R. Guardinis auf.

---

258 G.M. Teutsch, a.a.O., 11.

259 Vgl. P. Lippert, Wer sein Leben retten will. Selbstverwirklichung und Askese in einer bedrohten Welt, Mainz 1978.

260 Zur Frage der Selbstverwirklichung im Kontext christlicher Spiritualität vgl. auch A. Rotzetter, Selbstverwirklichung des Christen, Zürich 1983. Er warnt, a.a.O. 30 ff., vor einer asketischen Interpretation des Christentums und will, a.a.O. 229 ff., die Askese eher anthropologisch als biblisch begründet wissen.

261 (Mk 8, 34f. par)

262 P. Lippert, Wer sein Leben retten will, a.a.O., 9.

263 A.a.O., 63.

264 A.a.O., 67.

265 A.a.O., 65.

1.4.4. Die Wiederentdeckung der Askese in der protestantischen Theologie

Unübersehbar und bemerkenswert ist die Neubesinnung, die sich zur Zeit im Raum protestantischer Spiritualität und Theologie in bezug auf die Askese vollzieht.[266] Neben der allgemeinen ökumenischen Öffnung seit dem Anfang dieses Jahrhunderts, die einen Rückzug von der kontroverstheologischen Polemik ermöglichte und den Boden für einen fruchtbaren Dialog ebnete, sind es wohl im wesentlichen die neu auftretenden Probleme einer Überfluß-Gesellschaft und die Anzeichen der ökologischen Krise gewesen, die zu diesem Wandel geführt haben[267]; einen nicht geringen Einfluß dürften jedoch auch die zahlreichen geistlichen Gemeinschaften gehabt haben, die in diesem Jahrhundert im protestantischen Raum, etwa ab der Jahrhundertmitte meist auf ökumenischer Basis, entstanden sind, und die die Hochschätzung der evangelischen Räte im protestantischen Raum neu belebt haben.[268] Auf diesem Hintergrund mahnt M. Seitz dringend die Entwicklung einer „evangelischen Asketik“[269] an.

Anders als in der katholischen Theologie, wo die Lehre von der Askese immer eine gewisse, wenn auch wechselvolle Rolle gespielt hat, und es lediglich zu korrigieren und zu modifizieren, zu aktualisieren und zu konkretisieren galt (und auch heute gilt), sieht sich die protestantische Theologie in bezug auf die Askese heute vor einem gewissen – wenn auch nicht absoluten[270] – Neuanfang.[271]

In den ökumenischen Dialog als Aktiva einzubringen hat die protestantische Theologie jedoch zweifellos die Warnung vor einer moralisierenden, einseitig leistungsbezogenen Askese, die die evangeliumsgemäße Freiheit durch Vergesetzlichung verdunkeln würde. Gerade die Tradition der prote-

---

[266] Vgl. auch Anm. 3 dieses Kapitels.

[267] Vgl. M. Seitz, Art. „Askese. IX. Praktisch-theologisch“, in: TRE, Bd. IV, Lieferung 1/2, 250-259, 254f. u. 256; vgl. auch M. Honecker, Einführung in die Theologische Ethik. Grundlagen und Grundbegriffe, Berlin 1990, 92f.; T. Rendtorff, Ethik. Grundelemente, Methodologie und Konkretionen einer ethischen Theologie, Bd. 2, Stuttgart [2]1991, 231-236.

[268] Vgl. M. Seitz, a.a.O., 253. Vgl. auch I. Reimer (Hg.), Alternativ leben in verbindlicher Gemeinschaft. Evangelische Kommunitäten, Lebensgemeinschaften, Junge Bewegungen, Stuttgart [3]1986.

[269] A.a.O., 257.

[270] Sie kann durchaus zurückgreifen auf Ansätze einer asketischen Theologie und Praxis bei den Reformatoren selbst (und dann auch bei bestimmten Bewegungen und Gemeinschaften). Dazu vgl. M. Seitz, Art. „Askese. VII. Luther“, in: TRE, a.a.O., 239-241. Auch die „Augsburgische Konfession“ (vgl. CA XXIV) enthält neben der Ablehnung einer das Evangelium verdunkelnden veräußerlichten und vergesetzlichten asketischen Praxis durchaus die Lehre, daß jeder gehalten sei, „sich mit leiblicher Übung, als Fasten und ander Arbeit, also zu halten, daß er nicht Ursach zu Sunden gebe“ (Die Bekenntnisschriften der evangelisch-lutherischen Kirche, Göttingen [7]1976, 105f.).

[271] Vgl. M. Seitz, a.a.O., 250-259.

stantischen Theologie kann auf mögliche Gefahren hinweisen; sie kann helfen, die Askese in den Gesamtzusammenhang geistlichen Lebens einzubetten, sie wird die „Freiheit des Christenmenschen“ – und diese noch einmal in ihrer Geschenkhaftigkeit – in den Mittelpunkt einer Lehre von der Askese stellen.

1.5. Ansätze asketischer Praxis

Eine Bestandsaufnahme zum Thema „Askese – heute“ würde Wesentliches versäumen, würde sie sich auf theoretische und ausdrückliche Stellungnahmen zum Thema Askese beschränken. Wohl immer schon ging asketische Praxis der Reflexion über Askese voraus, so wie generell das Ethos, die gelebte sittliche Überzeugung der Ethik als wissenschaftlicher Reflexion ethischen Verhaltens vorausgeht. Angesichts der negativen Assoziationen, die mit dem Wort „Askese“ verbunden sind, ist damit zu rechnen, daß asketisches Verhalten häufig als sinnvoll und hilfreich praktiziert wird, ohne mit dem Begriff „Askese“ verbunden zu werden; in vielen Fällen wird eine solche Verknüpfung sogar ausdrücklich abgelehnt.

Asketische Praxis, die vielfach nicht als solche erkannt wird, liegt beispielsweise in den verschiedenen Formen des Fastens vor, die in den letzten Jahren wieder häufiger gepflegt werden (1.4.1.); asketisches Verhalten (im Sinn des Verzichts auf Konsumwünsche, Karriere, Besitz oder Bequemlichkeit) wird geübt im Zusammenhang mit der „Suche nach alternativen Lebensformen“[272] (1.4.2.); asketisch sowohl im Sinn des Verzichts wie auch im Sinn der Einübung erwünschter Verhaltensweisen sind nicht zuletzt auch die verschiedenen Formen der Meditation, die in den letzten drei Jahrzehnten einen boomartigen Aufschwung genommen haben (1.4.3.).

1.5.1. Fasten

Das katholische Kirchenrecht hat zwar immer an der Existenz von Fast- und Abstinenztagen festgehalten.[273] Die Wirkung dieser kirchenrechtlichen Vor-

[272] H.-E. Bahr, Alternative Lebensformen in der Ersten Welt, in: H.-E. Bahr und Reimer Gronemeyer (Hg.), Anders leben – überleben, Frankfurt/M. 1978, 12. Zu „alternativen“ Bewegungen im christlichen Kontext vgl. I. Reimer (Hg.), Alternativ leben in verbindlicher Gemeinschaft, a.a.O.

[273] Zum neuen (seit dem 25. 1. 1983 geltenden) Kirchenrecht vgl. N. Ruf, Das Recht der katholischen Kirche, Freiburg [5]1989, 313f.; zum früheren vgl. P. Mühlenbrock, Art. „Fasten. V. Kirchenrechtlich“, in: LThK, Bd. 4, 35f.

schriften dürfte jedoch von der in den letzten Jahren aufblühenden freiwilligen Fastenpraxis wenn schon nicht quantitativ, d. h. was die Zahl der sich aktiv beteiligenden Menschen betrifft, so doch auf jeden Fall qualitativ[274], also was die Intensität des Fastens angeht, weit übertroffen werden. Mag auch die Feststellung, Fasten sei „in“[275], auf das Gros der Bevölkerung (und auch noch auf die Mehrzahl der Kirchenmitglieder) bezogen etwas euphorisch sein –, daß „das Verständnis für das Fasten“ wieder zugenommen hat[276], „daß die Übersättigung, an der unsere westliche Welt leidet, zu einer Rückbesinnung auf das Fasten geführt hat“[277], ist unbestreitbar.

Charakteristisch für dieses neue Verständnis des Fastens ist, daß traditionelle Motivationen wie Buße und Abtötung ausdrücklich zurückgewiesen werden. Das neue Fasten ist „ein Angebot“, „kein Gebot“, es soll der Lebensfreude dienen, „nicht sie abtöten“[278]. Die körperliche und die spirituelle Dimension des Fastens sieht man in engem Zusammenhang.

1.5.2. Suche nach einem alternativen Lebensstil

‚Anders leben‘, ‚einfacher leben‘, ‚neuer Lebensstil‘, ‚alternative Lebensformen‘: solche Formulierungen – vor 20 Jahren noch eindeutig der sogenannten ‚Alternativszene‘ zugeordnet – haben breite Akzeptanz gewonnen.[279] Zumindest die Notwendigkeit von Veränderungen im Lebensstil ist allgemein anerkannt, wenn auch über das Ausmaß und die Gestalt dieses Stils die Meinungen sehr stark auseinandergehen; insbesondere besteht hier auch eine unübersehbare Diskrepanz zwischen Anspruch und Wirklichkeit: Das Reden davon ist Mode geworden; die Praxis aber widersetzt sich Veränderungen mit der ganzen Normativität des Faktischen.

Es waren vor allem ökologische Probleme, die dazu geführt haben, lange Zeit unbestrittene Lebens- und Konsumgewohnheiten in Frage zu stellen. Gleichzeitig trat auch die ungleiche Verteilung der Güter zwischen den Industrienationen der nördlichen Hemisphäre und den Entwicklungsländern Afrikas, Asiens und Lateinamerikas immer mehr ins öffentliche Bewußtsein. Dazu kamen aber auch Defizit-Erfahrungen einer auf Effizienz, Leistung,

---

[274] Das kirchenrechtliche Fastengebot (s.o.) ist sehr offen formuliert: „nur eine volle Mahlzeit“ und außerdem „zwei kleine Stärkungen“ (N. Ruf, a.a.O., 314).

[275] L. Kufner/B. Madlener/R. Lauermann, Fasten als Fest. Ein Werkbuch für Fastengruppen, München 1988, 7.

[276] N. Brantschen, Durch Fasten Freude am Leben finden, in: Engadiner Kollegium 1992, Die unersättliche Gesellschaft. Wieviel Konsum verträgt der Mensch, Freiburg 1992, 75.

[277] L. Kufner/B. Madlener/R. Lauermann, a.a.O.

[278] A.a.O., 15 bzw. 13.

[279] Für den christlichen Bereich vgl. A. Rotzetter, Zurück zu einem einfachen Lebensstil, in: Lebendige Seelsorge 35 (1984) 63-66; B. Scherer, Einfacher Lebensstil in der Christlichen Meditationsstätte Sonnenhaus Beuron – Dritte Welt, in: Lebendige Seelsorge 35 (1984), 67-69; J. Gründel, Die Erde – unserer Sorge anvertraut, Freising 1984, bes. 50-55.

Konsum und Besitz orientierten Gesellschaft: Der neue, alternative Lebensstil soll mehr an Kommunikation, Solidarität und Selbstbestimmung ermöglichen.[280]

Auf diesem Hintergrund wird der Verzicht auf bestimmte Bequemlichkeiten, auf den Einsatz bestimmter Techniken und auf die Erfüllung bestimmter Konsumwünsche zugleich auch als Gewinn bzw. als Befreiung erlebt. Naturverbundener zu leben, Dinge des Alltagsgebrauchs in Eigenarbeit zu verfertigen, Dinge gemeinsam zu gebrauchen, all dies erscheint vielen Menschen wieder neu als erstrebenswert.

Solche alternative Lebensformen mit Askese in Verbindung zu bringen, würde vielen als abwegig erscheinen, die solche Lebensformen befürworten bzw. praktizieren. Es kann jedoch kein Zweifel daran bestehen, daß Menschen im Rahmen solcher alternativer Lebensformen um bestimmter Ideale willen ganz beträchtliche Mühen auf sich nehmen und Verzichte leisten.

Die Intensität, mit der ein solcher neuer Lebensstil gelebt wird, ist natürlich äußerst unterschiedlich. Es gibt dauerhafte Gruppierungen mit festen Regeln und Verpflichtungen, lose und unverbindliche Zusammenschlüsse auf Zeit und einzelne, die ganz im Privaten einen einfacheren Lebenssstil versuchen.

Innerhalb christlicher Gemeinden wird insbesondere die Fastenzeit neu entdeckt und neu interpretiert als eine Zeit, wo man das ‚anders leben' bzw. das ‚einfacher leben' einüben kann:

Der Verzicht auf die ‚Berieselung' durch Radio und Fernsehen wird also ebenso sinnvoll und dem Geist der Fastenzeit entsprechend angesehen wie der mehr traditionelle Verzicht auf Nahrung, Alkohol und Nikotin. Es werden neue Wort-Kombinationen gebildet wie „Kilometer-Fasten", Energiefasten", Konsumfasten"[281] oder „Auto-Fasten"[282].

1.5.3. Meditations-Bewegung

In den letzten Jahrzehnten ist „das Interesse an allen Formen der Meditation geradezu sprunghaft angestiegen"[283]. Unübersehbar ist dabei die Bedeutung östlicher Meditationsformen, allen voran des Zen. Aber auch die

[280] Vgl. H.-E. Bahr, a.a.O., 9-15.

[281] J. Griesbeck, Weniger ist mehr. Ein Werkbuch für die Fastenzeit, München 1989, 10, 120, 122.

[282] So der Titel zweier Faltblätter zur Fastenzeit 1989 und 1990, hg. vom Diözesanrat der Katholiken der Erzdiözese München und Freising.

[283] A. u. W. Huth, Handbuch der Meditation, München 1990, 17.

[284] Zum Spezifikum christlichen Meditierens gegenüber den Formen fernöstlicher Meditation vgl. J. Gründel, Konkrete Formen christlicher Meditation, in: ders. (Hg.), Spiritualität, Meditation, Gebet, (= Theologisches Kontaktstudium, Bd. 2), München 1974, 187-196. Die ganze Bandbreite christlicher Meditationsformen zeigt K. Tilmann/H.-T. v. Peinen, Die Führung zur Meditation. Christliche Glaubensmeditation. Ein Werkbuch, Bd. 2, Zürich 1978.

abendländisch-christliche Tradition von Meditation und Kontemplation findet wieder stärkere Beachtung.[284] Abendländisch-christliche und östliche Meditationsformen werden vielfach miteinander verbunden, zum Teil eher naiv-synkretistisch, zum Teil auch behutsam und reflektiert.[285]

Gründe für dieses schwunghafte Interesse an Meditation dürften vielschichtig sein: In einer Zeit, die durch Hektik, Reizüberflutung, vielfache Zerstreuungsmöglichkeiten und Aktivismus gekennzeichnet ist, werden Schweigen, Stille, Konzentration und Kontemplation als Desiderate empfunden und gesucht. Eine tiefere Ursache dürfte jedoch auch darin zu suchen sein, daß Meditation und Kontemplation als Gegengewicht gegen einen immer mehr als problematisch empfundenen Rationalismus empfunden werden.[286] Dazu dürfte noch die schwindende Akzeptanz und Praxis traditioneller Formen der Spiritualität wie Gebet und Gottesdienst christlicher Prägung kommen; auf diesem Hintergrund wäre die Meditationsbewegung auch zu sehen als Ausdruck einer tiefgreifenden „Krise christlicher Frömmigkeit"[287].

1.6. Probleme, Aufgaben und Fragestellungen

Mit dem nun abzuschließenden Kapitel ist der Fragehorizont eröffnet, vor dem die Auseinandersetzung mit dem Werk Romano Guardinis zu geschehen hat.

Es ist zum einen deutlich geworden, daß in den letzten zwanzig bis dreißig Jahren die Forderung nach Askese wieder weit stärker erhoben und asketische Praxis weit stärker gepflegt wird als in der Zeit davor. Zum anderen läßt sich aber auch die historische Belastung dieses Begriffs und die fortbestehende Aversion gegen Einschränkungen und Verzicht nicht übersehen.

Es zeigt sich eine deutliche Diskrepanz zwischen der durch äußere sozialethische bzw. ökologische Herausforderungen, aber auch durch innere Erfahrungen der Übersättigung in einer lasziven Konsumgesellschaft nahegelegten Einsicht in die Notwendigkeit und Sinnhaftigkeit von Verzichten und Einschränkungen einerseits und einer entgegegesetzten gewohnheitsmäßi-

285 Vgl. z. B. H. M. Enomiya-Lasalle, Zen-Meditation für Christen, München ³1973; ders., Zen und christliche Mystik, Freiburg ³1986; ders., Zen und christliche Spiritualität, bearb. und hg. von R. Ropers u. B. Snela, München 1987.

286 Vgl. A. u. W. Huth, a.a.O., 29-39, bes. 30-33; vgl. auch K. Tilmann, Die Führung zur Meditation. Ein Werkbuch, Bd. 1, Zürich ⁷1976, 17-21.

287 J. Gründel, Krise christlicher Frömmigkeit, in: ders. (Hg.), Spiritualität, Meditation, Gebet, a.a.O., 11-26.

gen Einstellung andererseits, die eben solche Forderungen nur als Beschneidung persönlicher Freiheits- und Entfaltungsrechte sehen kann.

Angesichts des ausgeprägten Strebens nach Freiheit und Selbstentfaltung wird der Frage nach Zusammenhang oder Gegensatz von Askese und Selbstverwirklichung eine große Bedeutung zukommen. Über den bloßen Appell und den gutgemeinten Aufruf hinaus ist eine über die Alltags-Erfordernisse hinausgehende anthropologische, kulturphilosophische und – für den Bereich christlichen Lebens – theologische Reflexion und Begründung der Askese nötig. Guardini hat hier sowohl in seinem pädagogischen und spirituellen als auch in seinem anthropologischen und kulturphilosophischen Werk Zusammenhänge deutlich werden lassen, die zu bedenken und aufzugreifen sich lohnt.

Eine entscheidende Aufgabe moderner Aszetik liegt darin, eine Verbindung herzustellen zwischen der traditionellen (individualethischen) anthropologisch-theologischen Begründung der Askese und der sich heute von außen her aufdrängenden aktuellen (sozialethischen) ökologisch-sozialen Motivation. Gelingt dies nicht, bleiben beide Argumentationslinien letztlich fruchtlos. Gerade auch in dieser Hinsicht wird sich R. Guardini sowohl in seinen expliziten Aussagen zur Askese, noch stärker aber im impliziten Hintergrund seiner diesbezüglichen Aussagen als äußerst hilfreich und weiterführend erweisen.

R. Guardini ist ein Denker, der hier mehrfach Brücken schlagen kann. Sein Verständnis der Askese kann herausführen aus einer moralistischen Engführung; er öffnet diesem beladenen und auch tatsächlich fragwürdigen Begriff einen weiten anthropologisch-pädagogischen, spirituellen und kulturkritischen Horizont.

Guardinis Werk auf dem Hintergrund der skizzierten Fragestellung zu befragen und neu zu beleuchten, ist Aufgabe des nächsten Kapitels, der den Haupt- und Kernteil der vorliegenden Arbeit darstellt.

2. ASKESE BEI ROMANO GUARDINI

2.1. Romano Guardini: Zum Verständnis von Werk und Person

Was Romano Guardini über die Kunst des Interpretierens sagt, bleibt schwer zu erfüllende und doch unabweisbare Norm für jeden Umgang mit einem fremden Werk:

Zu „interpretieren, ... das heißt, in die Schule eines anderen Geistes zu gehen. Nicht ihn einzuordnen, sondern zu lernen; nicht ihn zu beurteilen, sondern sich für etwas noch nicht Gewußtes offen zu machen; nicht ihn unter den Maßstab des eigenen Wesens zu stellen, sondern bereit zu sein, über die eigenen Grenzen hinausgeführt zu werden."[1]

Selbstverständlich ist es Ziel dieser Studie, Gedanken kritisch zu sichten, zu werten und zu systematisieren; es geht nicht nur um Interpretation, sondern auch um Analyse, Weiterführung und Kritik. Dennoch sind Guardinis Prinzipien für den Umgang mit einem fremden Werk maßgebend und hilfreich – auch für diese Arbeit. Sie enthalten einerseits die Warnung, fremde Gedanken vorschnell in scheinbar Gewußtes und Bekanntes einzuordnen, andererseits aber auch die Ermutigung, auf die Begegnung mit wirklich Neuem und Weiterführendem gefaßt zu sein.

Um Romano Guardinis Beitrag zur Frage der Askese heute angemessen untersuchen zu können, müssen deshalb Besonderheiten seines Denkens und Wirkens – Ansatzpunkte, Grundgedanken, Anliegen und Methoden – sowie Züge seiner Biographie insoweit beleuchtet werden, als sie das Verständnis seines Werkes erleichtern können. Angesichts der Fülle und der Qualität der

[1] R. Guardini, Zu Rainer Maria Rilkes Deutung des Daseins. Eine Interpretation der zweiten, achten und neunten Duineser Elegie, Godesberg ³1948, 20. Zu Guardinis meisterhaft geübter Kunst der Interpretation vgl. H. Kunisch, Romano Guardini als Interpret. Ein Beitrag zum Wesen schöpferischer Arbeit, in: Stimmen der Zeit 195 (1977), 602-616, sowie (durchaus auch kritisch) ders., Interpretatio Christiana. Anlaß und Grundzüge der Deutung großer schöpferischer Gestalten durch Romano Guardini, in: J. Ratzinger (Hg.), Wege zur Wahrheit. Die bleibende Bedeutung von Romano Guardini, Düsseldorf 1985, 96-120; sowie W. Frühwald, „Die vielfach verdunkelte und verwirrte Wirklichkeit". Romano Guardinis Deutung der Welt aus dem Wort der Dichter, in: W. Seidel (Hg.), „Christliche Weltanschauung". Wiederbegegnung mit Romano Guardini, Würzburg 1985, 37-58. Erhellend für Guardinis eigenes Verständnis der Interpretation (von Dichtung) auch: ders., Bemerkungen über Sinn und Weise des Interpretierens, in: ders., Gegenwart und Geheimnis, Mainz-Paderborn ³1992, 231-243.

bereits vorliegenden Literatur kann allerdings auf eine allgemeine Biographie sowie auf eine umfassende Darstellung von Guardinis Schaffen verzichtet werden; dies erlaubt eine Konzentration auf jene Aspekte, die im Rahmen dieser Studie von Bedeutung sind.[2]

2.1.1. „Leben in ausgehaltener Spannung"

Romano Guardini und sein Werk lassen sich nur schwer charakterisieren und einordnen. „Leben in ausgehaltener Spannung"[3]: diese zunächst nicht biographisch gemeinte, sondern auf sein philosophisches Frühwerk „Der Gegensatz"[4] bezogene Überschrift scheint mir Wesentliches über ihn auszusagen. Wenn überhaupt etwas, dann kennzeichnet ihn dies am treffendsten, daß er ein Mensch war, der „weit auseinanderliegende Wirklichkeiten"[5] zu verbinden und Spannungen auszuhalten suchte und auch vermochte.[6] Er selbst sieht dies bereits angedeutet in seiner Biographie – nämlich in der Tatsache, daß er, der Italiener von Geburt und Abstammung, sich bewußt Deutschland zur Heimat wählte.[7]

Trotz einer nicht zu leugnenden persönlichen Vorliebe für das Mittelalter und für die untergehende ‚humane' Kultur stellt Guardini sich bewußt, wenn auch kritisch, auf die Seite des Kommenden und Neuen[8].

Seinen akademischen Lehrauftrag und seine schriftstellerische Begabung mit seelsorglicher und pädagogischer Tätigkeit zu verbinden, ist ihm ein zentrales Anliegen, obwohl es bei Kollegen und Freunden vielfach auf Unverständnis stieß, daß ein akademischer Lehrer seiner Qualifikation sich mit der Führung einer Jugendbewegung befaßte[9].

---

[2] Zur Biographie vgl. vor allem H.-B. Gerl, Romano Guardini 1885 – 1968. Leben und Werk, Mainz [3]1987. Zur ersten Information: W. Dettloff, Romano Guardini (1885-1968), in: H. Fries/G. Kretschmar (Hg.), Klassiker der Theologie, 2. Bd., München 1983, 318-330; H.R. Schlette, Art. „Guardini, Romano (1885-1986)", in: TRE, Bd. XIV, Berlin 1985, 294-297. Für einen allgemeinen Einblick in Werk und Wirkung (vor allem aus theologischer Perspektive) seien empfohlen: H.U.v. Balthasar, Reform aus dem Ursprung, München 1970; E. Biser, Interpretation und Veränderung: Werk und Wirkung Romano Guardinis, Paderborn 1979; A. Schilson, Perspektiven theologischer Erneuerung. Studien zum Werk Romano Guardinis, Düsseldorf 1986.

[3] H.-B.Gerl, Leben in ausgehaltener Spannung. Romano Guardinis Lehre vom Gegensatz, (als Nachwort) in: R.Guardini, Der Gegensatz, Mainz 1985, 217-235.

[4] Ders., Der Gegensatz, a.a.O.

[5] So R. Guardini selbst in seiner Dankrede mit dem Titel „‚Europa' und ‚Christliche Weltanschauung'" bei der Feier seines siebzigsten Geburtstages am 17. Februar 1955, in: ders., Stationen und Rückblicke, Würzburg 1965, 17.

[6] Vgl. H.-B. Gerl, a.a.O., 9-16, bes. 12.

[7] Vgl. ders., a.a.O., 11-17, sowie ders., Europa – Wirklichkeit und Aufgabe, in: So1, 238-240.

[8] Vgl. z.B. H.-B. Gerl, Romano Guardini, a.a.O., 338-342, oder auch Kap 2.4.1. der vorliegenden Studie.

[9] Vgl. Kap. 2.1.3.

Seine grundsätzliche und trotz vieler Enttäuschungen in Treue durchgehaltene Entscheidung für die Kirche geht einher mit einer Haltung, die unauffällig und loyal, aber unbeirrbar eigene und neue Wege geht – in der von kirchenoffizieller Seite als suspekt erachteten Jugendbewegung und der ebenso mit Skepsis beobachteten liturgischen Erneuerung, aber auch in seiner erfahrungsbezogenen, existentiellen und personalistischen Interpretation des Glaubens.[10]

Seine natürliche Affinität zum idealistischen platonisch-augustinischen Ansatz des Denkens[11] hindert ihn nicht, dessen spezifische Probleme und Gefahren klar zu sehen und die entgegengesetzte Denkrichtung, die sich mit den Namen Aristoteles und Thomas von Aquin verbindet, als notwendiges Gegengewicht anzumahnen.[12]

In einer beachtenswerten Studie (über Guardinis Deutung des Verhältnisses von Religion und Offenbarung) hat M. Brüske erst jüngst auf die vielfach übersehene Brisanz und „Kühnheit" von Guardinis „Gedankenführung" aufmerksam gemacht, in der er unüberbrückbar scheinende Alternativen in einem kreativen Neuansatz überwindet.[13]

Nicht zufällig steht ja am Anfang von Guardinis Denken die Beschäftigung mit dem Problem des Gegensatzes.[14] Guardini selbst schwankt eigenartig in der Bewertung dieses Versuches, aber gerade dies zeigt, wie wichtig ihm die dort niedergelegten Gedanken waren.[15]

Der Ausgangspunkt von Guardinis Gegensatzlehre, sein erkenntnistheoretisches Grundanliegen, liegt gerade nicht im Gegensatz, sondern in der Ver-

---

[10] Nach M. Müller (ders., Romano Guardini, in: H. Schwerte/W. Spengler (Hg.), Denker und Deuter im heutigen Europa, Oldenburg 1954, 66) versuchte Guardini einen eigenen Weg zwischen Modernismus und Neuscholastik zu gehen, wobei er einerseits „die Eigentümlichkeit religiöser Erfahrung in ihrer Unableitbarkeit aller Metaphysik und Psychologie gegenüber" herausstellen, andererseits aber auch wieder „die Eigenart christlichen Glaubens in seiner Unvergleichbarkeit gegenüber jeder allgemeinen religiösen Erfahrung ..." aufzeigen wollte. Zum Verhältnis von Glaube und Erfahrung bei R. Guardini vgl. insbesondere die Arbeit von H. Kleiber, Glaube und religiöse Erfahrung bei Romano Guardini, Freiburg 1985.

[11] Dazu vgl. z.B. G. Henner, Die Pädagogik im Denken Romano Guardinis, Paderborn 1990, 41-57.

[12] Dazu vgl. vor allem R. Guardini, Nachwort des Übersetzers, in: Felix Klein, Madeleine Sémer. 1874-1921, Mainz 1929, 253-295; ders., Die Bekehrung des Aurelius Augustinus, Mainz-Paderborn [4]1989, 29, 109, 111, 118, 135-138. Vgl. auch H. Mercker, Christliche Weltanschauung als Problem. Untersuchungen zur Grundstruktur im Werk Romano Guardinis, Paderborn 1988, 87-94; siehe auch Kap. 2.1.4.

[13] Vgl. M. Brüske, Die Aporie der Religion. Vorbemerkungen zur Theologie der Offenbarung im Werk Romano Guardinis, in: A. Schilson (Hg.), Konservativ mit Blick nach vorn. Versuche zu Romano Guardini, Würzburg 1994, 83-102, Zitat 83.

[14] Sie führte zunächst, 1914, zu einer kleinen, nur zwanzigseitigen Abhandlung über „Gegensatz und Gegensätze", (als Manuskript gedruckt, Freiburg 1914) dann, 1925, zum grundlegenden Werk mit dem Titel „Der Gegensatz. Versuche zu einer Philosophie des Lebendig-Konkreten" (Mainz 1925); (zitiert wird nach der 3. Auflage, Mainz 1985). Dazu vgl. auch H.-B. Gerl, Romano Guardini, a.a.O., 250-260.

[15] Vgl. H.-B. Gerl, a.a.O.

bindung zweier als gegensätzlich empfundener, aber doch zusammengehörender Erkenntnisprinzipien, nämlich des rationalistisch-begrifflichen auf der einen und des intuitiv-bildhaften auf der anderen Seite.[16] Ein Mangel des neuzeitlichen Wissenschaftsbetriebs besteht für Guardini darin, daß er die Forderung nach mathematischer Exaktheit der Begriffe und die Spezialisierung der Wissenschaftsbereiche so weit treibt, daß die Erkenntnis sich immer weiter vom zu Erkennenden in seiner Konkretheit und in seinem ursprünglichen Lebenszusammenhang entfernt. Das Desiderat besteht nach Guardini darin, einerseits das rational-begriffliche Denken so zu gestalten, daß es dem Konkret-Lebendigen noch gerecht wird, andererseits die intuitive „Schau" methodisch-wissenschaftlich so zu formen, daß sie nicht im Beliebigen bleibt, sondern begrifflich eindeutig wird.[17]

Neben dieser erkenntnistheoretischen Seite der Gegensatzlehre ist aber gerade für eine moraltheologische Fragestellung auch ihr anthropologischer Aspekt bedeutsam: Wenn das Leben polar gebaut ist, die Gegensätze aber auf einander bezogen sind und unabhängig von einander nicht bestehen können, so kommt alles darauf an, die Spannung zwischen zusammengehörenden Polen auszuhalten, das rechte Maß zu finden und Grenzen zu respektieren; dann wird aber sofort auch die Gefährlichkeit, ja Unmöglichkeit einseitiger Positionen und Haltungen deutlich.[18]

In unserem Zusammenhang sind unter den Spannungseinheiten, deren Verbindung Guardini gelang, drei von besonderer Bedeutung: die von Glaube und Welt, die von Logos und Ethos sowie die von Theorie und Praxis; ihnen soll in den folgenden Kapiteln im einzelnen nachgegangen werden.

2.1.2. Verbindung von Glaube und Welt. Zu Guardinis Begriff der „Weltanschauung"

In einer Hinsicht zumindest hat Romano Guardini nach eigener Aussage „nicht die Askese geübt, welche die Meister üben, wenn sie die kleinen Möglichkeiten übergehen, damit die großen herauskönnen"[19]: Er hat, wie er wiederum selbst – nicht ohne Selbstironie[20] – sagt, „wirklich viel – und vielerlei – geschrieben"[21] : unsystematisch, ohne Programm, vielmehr so, daß

---

[16] Vgl. M. Schlüter-Hermkes, Die Gegensatzlehre Romano Guardinis, in: Hochland 26 (1928/29), Bd. 1, 529-539, bes. 536ff.

[17] Vgl. R. Guardini, Der Gegensatz, a.a.O., 15-24, Zitat 25 (das Wort „Schau" ist dabei von Guardini selbst in Anführungszeichen gesetzt).

[18] Dazu siehe Kap. 2.3.6.3.

[19] Ders., Warum so viele Bücher? Rechenschaft über die eigene Schriftstellerei, am siebzigsten Geburtstag und vor Freunden, in: ders., Stationen und Rückblicke, a.a.O., 29.

[20] Ders., a.a.O., 26. Daß Selbstironie Guardini nicht fremd war, bezeugt auch W. Dirks, Einleitung des Herausgebers, in: R. Guardini, Der Blick auf das Ganze. Ausgewählte Texte zu Fragen der Zeit, hg. und erläutert von W. Dirks, München 1985, 9.

[21] R. Guardini, Warum so viele Bücher?, a.a.O., 26.

er aktuelle Aufgaben, konkrete Situationen, „die Begegnung mit Menschen" oder auch den „Anblick eines Kunstwerks" zum Anlaß nahm, „die Fragen zu beantworten, die sich daraus ergeben."[22]

Der Münchner Philosoph H. Kuhn interpretiert die Feststellung, Guardini sei „kein systematischer Denker", treffend, wenn er fortfährt: „Nicht, daß es bei ihm an prinzipiellen Auseinandersetzungen und Stellungnahmen fehlte. Aber die grundsätzliche Klärung ergibt sich jeweils aus einem konkreten Anlaß, und das leitende Interesse der Erörterung ist praktischer Art – das Interesse des Erziehers, des Seelsorgers, des politisch verantwortlichen Menschen oder auch des von einer großen Gestalt der Vergangenheit ergriffenen Hüters der Bildungstradition. ... Er läßt sich die Probleme in konkreter Form von dem praktischen Lebenszusammenhang geben, um sie dann zu ergreifen, zu durchleuchten und auf letzte Fragen hin transparent zu machen."[23]

So kann Guardini seine Schriften – „fast alle" – als „Gelegenheitsschriften" bezeichnen, ‚Gelegenheit' allerdings nicht als etwas Zufälliges oder Beliebiges verstanden, sondern als Ausdruck eines verborgenen „Logos", der „im Gang des eigenen Lebens" als „Sinngestalt wirksam ist"[24]. Nach außen hin mag dieses Schaffen aus der ‚Gelegenheit' heraus durchaus den Eindruck einer „enttäuschenden äußern Werkgestalt"[25] vermitteln. H. Mercker nennt das „literarische Erbe Guardinis" mit Recht „ebenso beeindruckend wie verwirrend": „Der Betrachter" stehe „vor einer unabsehlichen Fülle von Themen und Publikationsformen" mit „Querverbindungen, Überschneidungen und zahllosen Wiederholungen"[26]. Sobald man jedoch das „erkenntnisleitende(n) Interesse des Gesamtwerkes" in den Blick bekommt, nämlich das Anliegen der „Weltanschauung", so erhält, was zunächst als Chaos erschien, eine überzeugende Folgerichtigkeit.[27]

Zur Besonderheit von Romano Guardinis Denken gehört nämlich auch, daß es nicht einzuordnen ist unter die verschiedenen theologischen und philosophischen Fachdisziplinen. Seine Stärke liegt in dem fachübergreifenden, ganzheitlichen Erfassen von Welt, dessen nicht unmißverständliche Bezeichnung als „Weltanschauung" der Erklärung bedarf; handelt es sich doch bei

[22] A.a.O., 29.

[23] H. Kuhn, Romano Guardini. Der Mensch und das Werk, München 1961, 57.

[24] R. Guardini, Warum so viele Bücher, a.a.O., 30.

[25] H.U.v. Balthasar, Romano Guardini: Reform aus dem Ursprung, München 1970, 33.

[26] H. Mercker, Christliche Weltanschauung als Problem, Paderborn 1988, 10f. Vgl. auch ders., Bibliographie Romano Guardini (1885-1968), Paderborn 1978.

[27] Vgl. H. Mercker, Christliche Weltanschauung als Problem, a.a.O, 11-13, Zit. 11 bzw. 12. H. Mercker weist (a.a.O., 12f., Anm. 27) zu Recht darauf hin, daß „die Einschätzung von Guardinis Weltanschauungskonzept als prägendes Element seines Gesamtwerkes zunehmend Beachtung findet". Er verweist dabei (a.a.O.) auf H.U.v. Balthasar, Romano Guardini. Reform aus dem Ursprung, München 1970, 22-33; H.-B. Gerl, Romano Guardini, a.a.O., 267-276; H. Kleiber, Glaube und religiöse Erfahrung bei Romano Guardini, Freiburg 1985, 48-62; F. Wechsler, Romano Guardini als Kerygmatiker, Paderborn 1973, 123-153.

der von Romano Guardini geübten Methode der Weltanschauung um alles andere als um jenes unverbindliche, subjektive Konglomerat von ‚Anschauungen' und Weltdeutungen, das vielfach als Weltanschauung bezeichnet wird.[28]

Nur äußerst kurze Zeit, nämlich 2 Semester, lehrte Guardini Theologie im herkömmlichen Sinn, und zwar Dogmatik. Über einen Zeitraum von 40 Jahren hinweg, nämlich vom 1. 4. 1923 bis zu seiner Emeritierung im Jahr 1963 – unterbrochen nur in den Jahren des Zweiten Weltkriegs wegen der Aufhebung seines Berliner Lehrstuhls durch das Nazi-Regime – hatte er einen Lehrstuhl inne, dessen Umschreibung mit „Katholischer" (in Berlin) bzw. „Christlicher Weltanschauung"[29] (in Tübingen und München) ihm die Möglichkeit gab, einen ganz eigenen Stil des Denkens zu entwickeln, der offenbar zugleich seinen persönlichen Fähigkeiten[30] wie auch einem Desiderat der Zeit entsprach. So gelang es ihm unter der Bezeichnung „christliche Weltanschauung" eine ganz persönliche, zugleich aber auch exemplarische Weise der Erfassung der Wirklichkeit zu schaffen, deren Eigenart und deren herausfordernde Bedeutung noch nicht ausreichend begriffen und aufgegriffen worden sind.[31]

---

[28] Daß man das Wort „nur zögernd" ausspreche, „weil es in verschiedenster Weise gebraucht und mißbraucht" worden sei, gesteht Guardini selbst zu (ders., Religion und Offenbarung, Mainz-Paderborn ^{2}1990, 13).

[29] Die genaue Bezeichnung des Lehrstuhls lautete in Berlin „Religionsphilosophie und katholische Weltanschauung" (so übereinstimmend H.-B. Gerl, Romano Guardini, a.a.O., 141, und H. Mercker, Christliche Weltanschauung als Problem, a.a.O., 50, während R. Guardini, Berichte über mein Leben. Autobiographische Aufzeichnungen, Düsseldorf ^{4}1985, 37, die Lehrstuhlbezeichnung mit „katholische Religionsphilosophie und Weltanschauung" angibt); in Tübingen und München trug der Lehrstuhl die Bezeichnung „Religionsphilosophie und Christliche Weltanschauung" (vgl. H R. Schlette, Art. „Guardini, Romano", a.a.O., 295).
Über Genese, Umfeld und Geschichte dieses Lehrstuhls gibt sehr detailliert Aufschluß der von H.J. Schuster im Auftrag der „Guardini Stiftung" herausgegebene Sammelband „Guardini Weiterdenken" (Berlin 1993); vgl. dort insbesondere G. Wirth, Wie es zum Guardini-Lehrstuhl kam, a.a.O., 61-77; H. Mercker, Vorlesungen und Schriften Guardinis in seiner Berliner Zeit, a.a.O., 78-106; H. Maier, „Katholische Weltanschauung" – die Fortsetzung in Tübingen und München, a.a.O., 107-111; vgl. auch den Anhang mit Dokumenten zur Einrichtung des „Guardini-Lehrstuhls", zusammengestellt und einleitend erläutert von Günter Wirth, a.a.O., 245-272, sowie die Zusammenstellung der Vorlesungen und Lehrveranstaltungen Guardinis in Berlin, Tübingen und München, a.a.O., 273-285.
Eine instruktive Darstellung von Guardinis Weltanschauungs-Konzept in ihrem zeitgeschichtlichen Kontext bietet auch A. Knoll, Glaube und Kultur bei Romano Guardini, Paderborn 1994, 142-174.

[30] Trotz großer anfänglicher Unsicherheit, wie die Aufgabe anzupacken sei, hatte Guardini angesichts der Berufung auf den Berliner Lehrstuhl „das Gefühl, hier sei endlich das, wozu" er „berufen sei" (R. Guardini, Berichte über mein Leben, a.a.O., 38).

[31] Vgl. H. Mercker, a.a.O., bes. 11-13, 49 – 78, 132 – 170; vgl. auch H.-B. Gerl, Romano Guardini 1985-1968: Leben und Werk, 267-276; H. Fries, Nachwort und Deutung, in: R. Guardini, Vom Wesen katholischer Weltanschauung, Basel 1953, 41-94.

Guardini hat die ihm gestellte Aufgabe begriffen als „die beständige, sozusagen methodische Begegnung zwischen dem Glauben und der Welt“[32]. Das mag als selbstverständlich erscheinen, ist es aber nicht, wenn man das Wort „Begegnung“ ernst nimmt: Glaube und Welt sollen nicht ineinander verschmolzen oder zugunsten des jeweils anderen aufgelöst, sondern als eigenständige Wirklichkeit dem anderen gegenübergestellt werden: „In dieser Begegnung soll der Glaube Rede und Antwort stehen; Kräfte der Wahrheit aktuieren, die sonst geschlafen hätten – ebenso wie umgekehrt die Welt sich im Raum des Glaubens den entscheidenden Fragen stellen und die letzte Aufhellung erfahren soll.“[33] Guardini sah also „den Kern der Aufgabe“, um die er sich bemühte, in der „Erkenntnis dessen, was in der Begegnung des christlichen Glaubens, sagen wir richtiger, des glaubenden Menschen mit der wirklichen Welt deutlich wird“[34]. Denn Guardini war davon überzeugt, daß sich einerseits von der Offenbarung her „ein Blick auf die Welt, ..., ein Urteil über Werte öffnet, wie das sonst nicht möglich ist“, daß aber andererseits auch die Fragen, die „von der Welt und ihren Problemen her ... an die Offenbarung ergehen“, „Inhalte“ der Offenbarung „zum Reden bringen“, die sonst verborgen blieben.[35]

„Christliche Weltanschauung“ verstanden als „Begegnung des glaubenden Menschen mit der wirklichen Welt“[36] unterscheidet sich von Philosophie und Theologie im herkömmlichen Sinn in gleicher Weise.[37] Sie reflektiert das Ganze der Wirklichkeit, aber vom Standpunkt der Offenbarung aus. Sie denkt – gleich der Theologie – von der Offenbarung her, aber

---

[32] R. Guardini, „Europa“ und „Christliche Weltanschauung“, in: ders., Stationen und Rückblicke, a.a.O., 20.
Die entscheidende Anregung dazu kam von Max Scheler: „Sie müßten tun, was im Wort ‚Weltanschauung‘ liegt: die Welt betrachten, die Dinge, den Menschen, die Werke, aber als verantwortungsbewußter Christ, und auf wissenschaftlicher Ebene sagen, was Sie sehen. ... Untersuchen Sie doch zum Beispiel die Romane von Dostojewski, und nehmen Sie von Ihrem christlichen Standpunkt dazu Stellung, um so einerseits das betrachtete Werk, andererseits den Ausgangspunkt selbst zu erhellen.“ (R. Guardini, a.a.O., 19f.; dazu vgl. H.-B. Gerl, a.a.O., 142-144, sowie (zu Guardinis Verhältnis zu Scheler) auch 144-148.

[33] A.a.0., 21.

[34] A.a.0., 22.

[35] Ders., Wahrheit und Ironie. Dankrede bei der Feier des achtzigsten Geburtstags in der Münchner Universität am 17. Februar 1965, in: Stationen und Rückblicke, a.a.O., 43.

[36] R. Guardini, „Europa“ und „Christliche Weltanschauung“, in: a.a.O., 22.

[37] Insbesondere setzt sich Guardini ausdrücklich ab von der historisierenden geistesgeschichtlichen bzw. kultur-soziologischen Betrachtungsweise, wie sie sich bei „Dilthey, Troeltsch, Jaspers, Max Weber u.a.“ findet (ders., Sprache – Dichtung – Deutung, Mainz-Paderborn [2]1992, 9); dazu vgl. auch H. Mercker, Christliche Weltanschauung als Problem, a.a.O., 51. Die wissenschafts- und erkenntnistheoretischen Grundlagen seiner Konzeption einer „christlichen Weltanschauung“ hat Guardini dargestellt in seiner Berliner Antrittsvorlesung unter dem Titel „Vom Wesen katholischer Weltanschauung“, in: UC, 13-33; vgl. H. Mercker, a.a.O., 49-94.

nicht um diese zu interpretieren, sondern um die Welt deutend zu verstehen.[38]

„Weltanschauung", wie Guardini sie faßt, ist alles andere als ein abgeschlossenes System, das ein für allemal fertig wäre, alles andere als ein statisches, ideologisch fixiertes Denk-Gebäude; vielmehr ist mit dem Begriff „Weltanschauung" eine Aufgabe umrissen, die immer wieder neu zu leisten ist – immer wieder neu für jeden Aspekt der Wirklichkeit und immer wieder neu für jede geschichtliche Situation mit ihren spezifischen Erkenntnissen und Fragen.[39] Sie ist und bleibt ja „Begegnung", „Begegnung zwischen Welt und Mensch"[40]. Entscheidend ist allerdings, daß der Begegnende „zu Christus"[41] tritt; seinen weltanschauenden Blick sich zu eigen macht; nur von der Offenbarung her sind der Abstand und damit die Perspektive zu gewinnen, die die Welt sehen lassen „als das, was sie ist"[42].

„Weltanschauung" in diesem Sinn kann niemals nur abstrakte, unbeteiligte Erkenntnis sein. Was der Mensch in der Weise der „Weltanschauung" sieht, ist für ihn immer schon „Aufgabe, ... Aufforderung zu Werk und Nachfolge"[43].

Mit anderen Worten: Guardinis Anliegen ist es, „den Blick auf den Zusammenhang des christlichen Daseins"[44] wiederzugewinnen. Nicht, daß Guardini der neuzeitlichen Differenzierung der Wissenschaften – zuerst der

---

[38] Guardini selbst hat den Unterschied zwischen Fachtheologie und „christlicher Weltanschauung" immer wieder ausdrücklich betont (dies auch mit zunächst durchaus einleuchtenden Beispielen; vgl. ders., Religion und Offenbarung, a.a.O., 13f.). Gleichwohl ist unübersehbar – H. Mercker weist (a.a.O., 66-78) nachdrücklich darauf hin –, daß Guardinis Konzeption einer „Christlichen Weltanschauung" Defizite der Fachtheologie deutlich werden läßt. So ist auch J. Splett der Meinung, daß man zumindest heute, „nach dem Zweiten Vatikanum und seiner Pastoralkonstitution ... über ‚die Kirche in der Welt von heute' ... diese Aufgabenstellung" (der „Weltanschauung") „wohl stärker der Theologie selbst zuordnen" müsse. „Die Konfrontation von Offenbarungsaussagen mit der Welt- und Zeitwirklichkeit" sei „selbst noch eine wichtige Aufgabe der Kirche, ihres Amtes und ihrer Theologen, wenn auch die wissenschaftstheoretische Problematik dieses Sachverhalts noch manche Frage" aufwerfe (J. Splett, Zum Person-Begriff Romano Guardinis. Ein „Versuch" christlich-philosophischen Nach-denkens, in: W. Seidel (Hg.), „Christliche Weltanschauung". Wiederbegegnung mit Romano Guardini, Würzburg 1985, 86.

[39] Die prinzipielle Unabgeschlossenheit von Guardinis Theologie (und ihr suchender, situativer, um ‚Inkulturation' bemühter Charakter) ist treffend skizziert bei A. Knoll, „Die Seele wiederfinden" – Romano Guardini auf der Suche nach einer „anderen" Theologie, in: A. Schilson (Hg.), Konservativ mit Blick nach vorn. Versuche zu Romano Guardini, Würzburg 1994, 11-31.

[40] R. Guardini, Vom Wesen christlicher Weltanschauung, in: UC, 19.

[41] A.a.O., 24.

[42] A.a.O. In besonderer Weise gilt dies für das Verständnis des Menschen: „Nur wer Gott kennt, kennt den Menschen", so lautet der Titel eines Vortrags von R. Guardini, gehalten zu Beginn der Arbeitstagung des 75. Deutschen Katholikentags 1952 in Berlin, jetzt in überarbeiteter Fassung unter dem Titel „Den Menschen erkennt nur, wer von Gott weiß" in: ders., Gläubiges Dasein/Die Annahme seiner selbst, Mainz-Paderborn 1993, 81-114.

[43] R. Guardini, Vom Wesen katholischer Weltanschauung, a.a.O., 18.

[44] Ders., Freiheit, Gnade, Schicksal, München ^{6}1979, 11.

Trennung von Philosophie und Theologie, dann der Loslösung der empirischen Wissenschaften von der Philosophie, sowie in deren Gefolge der Differenzierung der Kulturbereiche – ihren Sinn und ihre Berechtigung absprechen würde; deren „methodischen Wert“[45] bestreitet er nicht. Er sieht jedoch auch das Dilemma, vor das diese Zersplitterung den Menschen stellt, insbesondere das Dilemma, in das der Daseinsvollzug des Christen geraten ist: Glaube und Welt sind sozusagen auseinandergedriftet; die „Einheit des Daseinsbewußtseins“ ist „weithin zerfallen“[46]. Insbesondere beklagt Guardini eine Verengung des Glaubens auf die Inhalte christlicher Anthropologie und Christologie, bei der die Realität der Schöpfung vernachlässigt wird und in deren Gefolge der Glaube sich „in die Innerlichkeit zurückgezogen und die Welt sich selbst überlassen“[47] hat. So sei ein Glaube entstanden, „der die Welt immer mehr aus sich herausverloren hat“ und der daher auch immer weniger imstande sei, „sie zu fassen und zu formen“[48]. Dies gilt nach Guardini für den Bereich der Theorie genauso wie für den der Praxis: Weder vermag dieser Glaube, die Welt aus dem Glauben heraus zu deuten und zu verstehen, noch gelingt ihm die „aus Wesen und Wahrheit heraus geleistete Rettung der so furchtbar bedrohten menschlichen Dinge“[49].

In dieser verhängnisvollen Aufspaltung liegen nach Guardini auch die Gründe für „die beunruhigende Unwichtigkeit und Leere weiter Bereiche des unmittelbar religiösen Denkens und Tuns“: „Der Reichtum der Offenbarung ist unerschöpfbar“, aber er wird zu wenig von „der Wirklichkeit der Welt“ her befragt; deshalb bleiben auch die „Möglichkeiten des Tuns, wie sie in der Gestalt und Kraft Christi liegen“ unentdeckt.[50] Guardini zufolge darf es eben „nicht sein, daß der Mensch die Welt erfahre und dann noch, außerdem, gläubig sei; ebensowenig aber, daß er glaube, und die Welt nur nebenher als nun einmal nicht erläßliches Realitätsfeld des Gläubigseins sehe“[51].

Demgegenüber gilt es „aus dem Ganzen heraus das Ganze zu denken“ und zu sehen, „daß alle Scheidungen nur methodischen Wert haben“[52]. Diese Ganzheitlichkeit kann freilich, das betont Guardini ausdrücklich, nicht mit dem Ruf „‚zurück zu‘ – weder zum Mittelalter noch zur frühchristlichen Zeit“ erreicht werden; „was in der langen Mühsal der vergangenen Jahrhun-

[45] A.a.O., 13.
[46] A.a.O., 11.
[47] A.a.O., 12.
[48] A.a.O., 13.
[49] A.a.O.
[50] A.a.O.
[51] R. Guardini, „Europa“ und „Christliche Weltanschauung“, in: a.a.O., 21. In dieser Formulierung zeichnet sich bereits Guardinis leidenschaftliches Eintreten für ein neues, radikaleres Verständnis christlicher Weltverantwortung ab, wie er es insbesondere in seinen „Theologische(n) Briefen an einen Freund“ (Paderborn [4]1985, bes. 7-14, 19-28, 32-34) skizziert; dazu vgl. auch Kap. 3.1. dieser Arbeit.
[52] R. Guardini, Freiheit, Gnade, Schicksal“, a.a.O, 13.

derte gewonnen worden ist: das kritische Gewissen, die Sorgfalt des Unterscheidens, der Ernst der Auseinandersetzung mit den aus der Wissenschaft kommenden Problemen", das alles „soll ... festgehalten werden"[53]. Nicht nach rückwärts, sondern nach „vorwärts" gilt es „über die Scheidungen hinaus zum Ganzen" zu finden[54]. Dabei sieht Guardini seine Bemühungen durchaus als „Versuche"[55], mit denen er nicht den Anspruch erhebt, diese Vorgabe bereits adäquat einzuholen.

Guardinis Unternehmen war[56] – und ist – in mehrfacher Weise kühn:

Er wagt es, den „Blick auf das Ganze"[57] zu richten, d.h. die Gesamtheit der Welt – näherhin: Welt, Mensch, Gott – in den Blick zu nehmen, in einer Zeit, in der die Spezialisierung der Einzelwissenschaften immer weiter fortschreitet.

Er versucht Glauben und Welt ins Gespräch miteinander zu bringen zu einer Zeit, in der der Glaube sich immer mehr von der Interpretation und der Gestaltung der Welt zurückzieht in einen theologisch-religiösen Binnenraum[58] und in der gleichzeitig eine religiöse Interpretation der Welt auf immer weniger Akzeptanz stößt.

Er wagt es schließlich auch, Wissenschaft zu treiben unter Verzicht auf wissenschaftliche Gepflogenheiten wie z.B. die genaue Zitation anderer Autoren und unter Verzicht auf Detailwissen.

Es ist offensichtlich, daß genau in dieser Eigenart von Guardinis Denken, das sich der Einordnung in eine Fachdisziplin entzieht, auch die Tatsache begründet liegt, daß er in den Fachwissenschaften nicht die Beachtung fand[59], die ihm eine breite Öffentlichkeit durchaus schenkte[60]. Dies ist, auch

---

[53] A.a.O., 13f.

[54] A.a.O., 14.

[55] A.a.O., 14. Zu den spezifischen Schwierigkeiten und Problemen von Guardinis Versuch vgl. H. Mercker, Christliche Weltanschauung als Problem, a.a.O., bes. 138-158.

[56] Zur geistesgeschichtlichen Einordnung von Guardinis Entwurf (insbesondere im Hinblick auf dessen systematische Grundlegung in seiner Berliner Antrittsvorlesung „Vom Wesen christlicher Weltanschauung") vgl. H. Fries, Nachwort und Deutung, in: R. Guardini, Vom Wesen katholischer Weltanschauung, Basel 1953, 41-94.

[57] So der Titel einer von W. Dirks herausgegebenen Sammlung von Texten Guardinis (R. Guardini, Der Blick auf das Ganze, a.a.O.).

[58] Dies ist gesagt im Blick auf den zeitlichen Kontext, in dem Guardini selbst stand. Spätestens seit dem 2. Vatikanischen Konzil (vgl. vor allem dessen Pastoralkonstitution „Gaudium et spes") – sowie auch schon bei seinen theologischen Wegbereitern – läßt sich zweifellos eine neue Zuwendung zur Welt erkennen; dies bedeutet andererseits noch nicht, daß die von Guardini genannten Tendenzen und Schwierigkeiten überwunden und der von ihm formulierte Anspruch eingelöst wären.

[59] Er sei „unter die Fachleute gefallen", so hat nach W. Dirks (ders., Einleitung des Herausgebers, in: a.a.O., 9) Guardini selbst – nicht ohne Selbstironie, aber doch enttäuscht – diese Situation gedeutet. Vgl. auch H. Mercker, a.a.O., 9f.

[60] Dies zeigt schon die breite Palette der Ehrungen, von denen neben verschiedenen Ehrendoktoraten hier nur der Friedenspreis des deutschen Buchhandels (1952), der Orden „Pour le Mérite" (1958) und der Erasmus-Preis (1962) genannt sein sollen; vgl. H.-B. Gerl, Romano Guardini, a.a.O., 352-356.

wenn in den letzten Jahren sich so etwas wie eine Guardini-Renaissance abzuzeichnen scheint[61], zusammen mit Guardinis von heutigen wissenschaftlichen Gepflogenheiten abweichendem Arbeitsstil immer noch ein Handikap für jede wissenschaftliche Auseinandersetzung mit seinem Werk – auch für diese Arbeit. Andererseits ist sowohl sein Beitrag speziell zur Thematik der Askese wie auch sein Denkansatz überhaupt derart lohnend, daß der Ertrag die Inkaufnahme der Schwierigkeiten rechtfertigt.

Der die Grenzen der Fach- und Kulturbereiche überwindende „Blick auf das Ganze“[62] wird heute ja mehr und mehr als Desiderat empfunden.[63] Auch die heute allenthalben zu Tage tretenden fundamentalistischen Tendenzen sind wohl zumindest zu einem guten Teil ein Reflex des von Guardini angemahnten Defizits, insofern sie den – freilich kurzschlüssigen und untauglichen – Versuch darstellen, die Dichotomie zwischen religiöser und profaner Weltsicht zu überwinden.[64]

2.1.3. Verbindung von Theorie und Praxis. Guardini als Lehrer und Erzieher

Vielen seiner Zeitgenossen war Guardinis Engagement in der Jugendbewegung (und für sie) unverständlich, ja suspekt.[65] Daß Guardini für den Quickborn – aber auch darüber hinaus für die katholische Jugendbewegung überhaupt – von kaum zu überschätzender Bedeutung war, darf als bekannt

---

[61] Eine nicht unwichtige Rolle scheinen hier auch die mit der hundertsten Wiederkehr seines Geburtstages im Jahr 1985 verbundenen Feierlichkeiten und Veröffentlichungen gespielt zu haben.

[62] Vgl. den Titel des von W. Dirks herausgegebenen Auswahlbandes mit Texten R. Guardinis (R. Guardini, Der Blick auf das Ganze, a.a.O.).

[63] Als Versuch, „das Ganze als Ganzes“ bzw. die „Einheit der Wirklichkeit“ zu denken, will z.B. Th. Görnitz (ders., Vorwort, in: C.F.v.Weizsäcker, Die Sterne sind glühende Gaskugeln, und Gott ist gegenwärtig, Freiburg 1992, 8 f.) das Werk C.F.v. Weizsäckers verstehen.

[64] Vgl. u. a. Th. Görnitz, a.a.O., 7-9.
Nach den Soziologen A. Shupe und J. Hadden „umfaßt der Fundamentalismus folgende Aspekte: (1) die Ablehnung der im Zuge der Modernisierung entstandenen radikalen Trennung von sakralem und säkularem Bereich und (2) einen Plan, diese institutionelle Aufspaltung rückgängig zu machen und auf diese Weise der Religion ... wieder einen zentralen Stellenwert zu geben“ (zit. n. J. Coleman, Fundamentalismus als weltweites Problem, in: Concilium 28 (1992), 222 f.).
Die „Säkularisierung der Kultur und die Privatisierung des Glaubens“, die „den Glauben öffentlich stillgelegt und die Kultur anderen Mächten überlassen“ haben, bringt auch J. Moltmann (ders., Fundamentalismus und Moderne, in: Concilium 28 (1992), 273) in Verbindung mit dem weltweiten Phänomen des Fundamentalismus und er stellt (a.a.O.) fest: „Man muß nicht zu religiös einheitlichen und totalitären Glaubensstaaten zurückkehren wollen, um die Unverbindlichkeit der religiösen Verbindlichkeit in der modernen Gesellschaft zu beklagen.“

[65] Vgl. Berichte über mein Leben, a.a.O., 36.

vorausgesetzt werden.[66] Guardini bekennt jedoch auch umgekehrt, daß der Kontakt mit der Jugendbewegung und die Arbeit in ihr für ihn selbst „Folgen gehabt" habe „wie wenige Dinge sonst"[67]. Bei seinem ersten Besuch auf Burg Rothenfels zu Ostern 1920 sei in sein Leben „eine starke Welle von dem eingeströmt, was Jugendbewegung heißt", obwohl er doch damals „selber schon gar nicht mehr so jung" gewesen sei.[68]

Wie wichtig ihm diese Arbeit in der Jugendbewegung war, wird in kaum zu übertreffender Weise deutlich in einer Episode, die er in seinen „autobiographische(n) Aufzeichnungen" berichtet: Als man ihm zu verstehen gab, er könne „kaum auf eine Professur rechnen", wenn er „weiter in der Jugendbewegung, also beim Quickborn und in der Rothenfelser Arbeit tätig sein würde", gab er zur Antwort, „in diesem Falle" würde er sich „für Rothenfels entscheiden".[69]

Es wäre durchaus lohnend, die Jugendbewegung stärker als dies bisher in der einschlägigen Literatur geschieht, auf Parallelen und Beziehungen zu heutigen technik- und gesellschaftskritischen Lebensstilbewegungen zu untersuchen. Hier können nur einige Züge der Jugendbewegung angedeutet werden, die eine unübersehbare Affinität zur Frage der Askese besitzen und die insbesondere für das Verständnis von Guardinis diesbezüglichen Gedankengängen bedeutsam sind.

Ausgehend von der Erfahrung des Wanderns standen Werte wie Naturverbundenheit, Einfachheit, Echtheit und Kameradschaft hoch im Kurs. Eng damit verbunden waren eine kritische Haltung gegenüber bürgerlichen Werten und Traditionen, Distanz und Skepsis gegenüber Technik und städtischer Kultur sowie die Betonung von Freiheit und innerer Wahrhaftigkeit.[70] F.

---

[66] Zum Quickborn und zu Guardinis Rolle im Quickborn und für die Jugendbewegung überhaupt vgl. vor allem: J. Binkowski, Jugend als Wegbereiter. Der Quickborn von 1909-1945, Stuttgart 1981; F. Henrich, Die Bünde katholischer Jugendbewegung. Ihre Bedeutung für die liturgische und eucharistische Erneuerung, München 1968, 56-138; H.-B. Gerl, Romano Guardini, a.a.O., 153-249; W. Kindt (Hg.), Die deutsche Jugendbewegung 1920 bis 1930. Die bündische Zeit, Düsseldorf 1974 (= Dokumentation der Jugendbewegung III), 684-696.

[67] Ders., Burg Rothenfels: Rückblick und Vorschau. Nachschrift der Rede Romano Guardinis bei der Gedenkfeier am Pfingstmontag, in: Burgbrief, Burg Rothenfels am Main, Brief 2/1949, 11. Auch in seiner fragmentarischen Biographie (ders., Berichte über mein Leben, a.a.O., 104) bezeichnet er seine Teilnahme an der zweiten Bundestagung des Quickborn auf Burg Rothenfels als „eine Begegnung", die für seine „seelsorgliche Arbeit so wichtig werden sollte wie kaum etwas anderes sonst"; die dort, a.a.O., angekündigte Absicht, „ausführlich" über das zu berichten, „was die folgenden neunzehn Jahre im Zusammenhnag mit Bund und Burg an Einsichten, Arbeiten und geistigen Zusammenhängen bringen sollten", hat Guardini allerdings nicht ausgeführt.

[68] Ders., Burg Rothenfels: Rückblick und Vorschau, a.a.O.

[69] Ders., Berichte über mein Leben, a.a.O., 36.

[70] Vgl. O. Köhler, Art. „Jugendbewegung", in: LThK, Bd. 5, 1181 f. Aufschlußreich – gerade im Hinblick auf den „Quickborn" – sind auch die einschlägigen Passagen in den Lebenserinnerungen Josef Piepers: ders., Noch wußte es niemand. Autobiographische Aufzeichnungen 1904-1945, München 1976, 40-67, bes. 40-44.

Messerschmid, einer der engsten Mitarbeiter und Freunde R. Guardinis, bezeichnet als Grundzug aller Bünde der Jugendbewegung etwas, das man innerhalb der Jugendbewegung selbst den „Ausstand aus der Gesellschaft" nannte: „die Weigerung, sich einfach anzupassen, Traditionen ungeprüft zu übernehmen; der Wille zum eigenverantworteten, reflektierten, sinnerfüllten Dasein, was immer das heißen mochte"[71].

Immer mehr wurde auch schon dezidiert Kritik geübt am beginnenden Konsumdenken, am Materialismus und an der Technisierung aller Lebensbereiche. Kulturkritik und Jugendbewegung gingen so eine enge Verbindung ein: „Unsere Zeit, die eine Menge von neuen Kulturgütern geschaffen hat, ist im Grund doch ohne Kultur, weil der Mensch, einst Herr über die Dinge, nun ihr Sklave geworden ist, ... Ein ruheloses Hasten und Jagen um den Erwerb immer neuer Güter, ..., ein seelenloses, mechanisches Arbeiten im Dienste der großen Maschine der Gütererzeugung hat den König der Schöpfung zum Knecht herabgewürdigt. ... Die Jugend nun ... wendet sich deshalb mit Entschiedenheit gegen den modernen Zeitgeist und seine seelenlosen, unwahrhaften Formen. Sie sucht die Freiheit wieder zu gewinnen von der erdrückenden Last irdischer Güter, die Freiheit von der fast unbezähmbaren Flut der Bedürfnisse, sie sucht den wahren Wert der Dinge wieder zu fassen, der ihnen in der Hinordnung auf Gott zukommt", so konnte man beispielsweise in einer Zeitschrift des Bundes „Neudeutschland" im Jahr 1924 lesen.[72]

Guardinis Verbindung mit der Jugendbewegung reicht schon in seine Mainzer Kaplanszeit zurück, wo man ihm (1915) die Leitung der „Juventus" übertragen hatte, eines zunächst (1890) „als Ersatz für die im Kulturkampf verbotene Marianische Kongregation" gegründeten Gymnasiasten-Zirkels, der aber (seit 1905) mehr und mehr „das Lebensgefühl der Jugendbewegung", wie es der Wandervogel prägte, in sich aufgenommen hatte.[73] Guardini selbst förderte diese Entwicklung, – wie er selbst sagt, noch „ohne zu wissen, was Jugendbewegung sei"[74]; dies trägt ihm freilich die Gegnerschaft eines einflußreichen Domkapitulars, später auch der Lehrer und eines Teils der Eltern ein.[75]

Auf der einen Seite Einfachheit, Natürlichkeit und Naturverbundenheit (insbesondere beim Wandern erlebt und eingeübt und verbunden mit dem Verzicht auf Alkohol und Nikotin), auf der anderen Seite Selbstverantwor-

---

[71] F. Messerschmid, Katholische Jugendbewegung, in: W. Kindt (Hg.), Die deutsche Jugendbewegung 1920 bis 1933, a.a.O., 680.

[72] H. Feneberg, Sinn und Wille zur Jugendbewegung, in: Kreuzfahrt, Heft 1, 1924, 30 f.

[73] H.-B. Gerl, Romano Guardini, a.a.O., 96. Vgl. auch R. Guardini, Berichte über mein Leben, a.a.O., 28 f. und 102, sowie H. Ruffin, Guardini und die Mainzer „Juventus", in: W. Heist (Hg.), Romano Guardini. Der Mensch – Die Wirkung – Begegnung, Mainz 1979, 75-77.

[74] R. Guardini, Berichte über mein Leben, a.a.O., 29.

[75] Vgl. a.a.O., 29f. sowie 115; H.-B. Gerl, a.a.O., 101-103.

tung, Freiheit und der Aufbau eines eigenen „Jugendreichs“, das waren die Ideale der „Juventus“.[76] Unter Guardinis Einfluß steigt das Niveau der geistigen Auseinandersetzung mit kulturellen, politischen und religiösen Fragen: In der „Sonntagsstunde“ geht es dabei mehr um Fragen der Lebenspraxis, um Tugenden und geistige Haltungen; H.-B. Gerl sieht darin „in manchem eine Frühform der ‚Briefe über Selbstbildung‘“[77]. In der von R. Guardini neu eingeführten vierzehntäglichen „Akademie“ werden „erstaunlich anspruchsvolle Vorträge“ zu theologischen, kulturgeschichtlichen und literarischen Themen gehalten; auch hier spricht Guardini wieder über „Haltungen“: z.B. über „Wie betrachtet man ein Bild?“, „Verhältnis zum anderen Geschlecht“ oder „Der Soldat und die Kameraden und Vorgesetzten“.[78] Einige Mitglieder der Mainzer „Juventus“ sind es schließlich auch, die durch ihre begeisterten Berichte von ihren Erfahrungen auf Burg Rothenfels den Kontakt zum Quickborn herstellen[79], bereits bevor Guardini zum zweiten deutschen Quickborntag im August 1920 offiziell eingeladen wird.[80]

Trug schon die „Juventus“ mit ihrem Verzicht auf Alkohol und Nikotin und mit ihren Idealen überhaupt asketische Tendenzen, so trifft dies in weitaus stärkerem Maß auf den Quickborn zu, bei dessen Entstehung der Alkohol-Abstinenz zentrale Bedeutung zukam.[81] Die Askese darf allerdings auch beim Quickborn keineswegs auf Fragen des Alkohol- und Nikotin-Verzichts eingeengt verstanden werden: Man erinnert sich an Franz von Assisi und die Anfänge der franziskanischen Bewegung[82] und spricht „vom Reichtum der Armut und von der Armut des Reichtums“[83]. Nur wer bereit ist, einen „Weg der Selbstzucht, Selbstbeherrschung, Selbsterziehung“[84] zu gehen, kann wirklich dazugehören. Interessant sind auch die Kriterien, nach denen die Teilnehmer an den Tagungen, die der „Verinnerlichung, Vertiefung, Vergeistigung“[85] der Quickborn-Arbeit dienen, ausgewählt werden sollen: Nur „Träger des Quickborngeistes“ will man „zur Burg schicken, nicht Träger der Quickbornnadel. Solche, denen Quickborn mitschaffen bedeutet und nicht bloß mitsingen und mittanzen. Solche, die Zucht und Ordnung gelernt, die arbeiten und gehorchen können und wollen. Solche, die Wanderart und

[76] Aufbau, Ziele, Ideen und Praxis der „Juventus“ schildert R. Guardini selbst sehr eindrücklich in: ders., Aus einem Jugendreich, Mainz ²1921.
[77] H.-B. Gerl, Romano Guardini, a.a.O., 96f.
[78] A.a.O., 98.
[79] Vgl. R. Guardini, Burg Rothenfels: Rückblick und Vorschau, a.a.O., 11.
[80] Vgl. J. Binkowski, Jugend als Wegbereiter, a.a.O., 74.
[81] Vgl. J. Binkowski, a.a.O., 51-83, bes. 53-55; F. Henrich, a.a.O., 56-70; H. Hoffmann, Im Dienste des Friedens. Lebenserinnerungen eines katholischen Europäers, Stuttgart 1970, 160-186, hier bes. 160-166.
[82] Vgl. als signifikantes Beispiel H. Hoffmann, Zur Einführung, in: ders. (Hg.), Wehender Geist. Der zweite deutsche Quickborntag, Burg Rothenfels 1920, 6 u. 8.
[83] H. Hoffmann, a.a.O., 9.
[84] H. Hoffmann, Ein Schlußwort, in: ders. (Hg.), a.a.O., 120.
[85] A.a.O., 119.

Fahrtenbrauch geübt haben in mancher Fahrt. Solche, denen jeder Getreidehalm heilig ist und jede Frucht des Feldes und der Bäume. Solche, die Rücksicht auf andere zu üben gewohnt sind. ...“[86].

Anders als die „Juventus“ stand der Quickborn von Anfang an in unmittelbarem Zusammenhang mit der Jugendbewegung, viel stärker als die „Juventus“ verstand er sich als ganzheitliche Bewegung der Lebensreform in kritischer Absetzung zu gesellschaftlichen Verfallserscheinungen und in der Verantwortung für „Volk und Vaterland“[87]. Nach den Vorstellungen Bernhard Strehlers, des maßgeblichen Gründers des Quickborn, war „Jugendbewegung der Anfang zur Lebensbewegung“, sollten seine Mitglieder „beständig unterwegs“ sein „nach ‚dem neuen Menschen‘ und dem ‚neuen Volk‘“.[88]

Guardini griff bereitwillig diese Ideale auf und führte sie weiter; dies in mehrfacher Hinsicht: Guardini stieß zum Quickborn zu einem Zeitpunkt, als die Frage virulent wurde, wie denn die jugendbewegten Ideale des Quickborn von den ins Berufsleben eintretenden Älteren in die Wirklichkeit des Berufs, der Gesellschaft und des Erwachsenendaseins überhaupt übersetzt werden könnten.[89] Eine der Stärken Guardinis lag nun gerade darin, diese Älteren ansprechen zu können; für ihre Interessen trat er ein; seinem Einfluß war es zu verdanken, daß die Jugendbewegung tatsächlich den Schritt zur Kulturbewegung tun konnte.[90] Ein wichtige Rolle spielte in diesem Zusammenhang die von Guardini wesentlich mitgetragene Zeitschrift „Schildgenossen“, die im Oktober 1920 zum ersten Mal erschien[91] und vom siebten Jahrgang an den Untertitel „Zeitschrift aus der katholischen Lebensbewegung“[92] trug.

Eine weitere Problematik, zu deren Klärung Guardini ganz maßgeblich beitrug, war die des Verhältnisses von Freiheit und Gehorsam. Hier galt es, einerseits die Freiheits-Ideale der Jugendbewegung aufzugreifen, andererseits ihre Einbindung in die Gemeinschaft der Kirche mit ihren Strukturen und Traditionen zu ermöglichen. Der Philosoph Max Müller – in seiner Jugend selbst Mitglied zuerst des „Quickborn“, dann des Bundes „Neudeutschland“[93] – hat Guardinis diesbezügliche Rolle zutreffend umschrie-

---

[86] H. Hoffmann, a.a.O., 120 (ein im Original offensichtlich vergessenes Komma wurde vom Verf. ergänzt). Wenn hier von „Zucht und Ordnung“ gesprochen wird, und wenn in der Jugendbewegung generell der Rolle des „Führers“ große Bedeutung beigemessen wurde, muß man sich vergegenwärtigen, daß diesen Begriffen die schreckliche Geschichte ihres Mißbrauchs damals noch bevorstand.

[87] Paul Pfister, zit. n. B. Strehler, Aus dem Werden und Leben Quickborns, Würzburg 1927, 11.

[88] B. Strehler, a.a.O., 16.

[89] Das Ringen um diese Fragen spiegelt sich exemplarisch wider im Bericht über das Bundesthing 1930; vgl. o.V., Bundesthing 1930, in: Quickborn 17 (1930), Juni, 2-5.

[90] Vgl. auch ders., Burg Rothenfels: Rückblick und Vorschau, a.a.O., 12f.

[91] Vgl. H.-B. Gerl, Romano Guardini, a.a.O., 193-204.

[92] A.a.O., 194.

[93] Vgl. die „Persönliche Notiz“ (o. Verf.) in: H. Rombach (Hg.), Die Frage nach dem Menschen. Aufriß einer philosophischen Anthropologie (Festschrift für Max Müller zum 60. Geburtstag), Freiburg 1966, 491.

ben, wenn er feststellt, es sei Guardini „in einzigartiger Weise" gelungen, „die revolutionäre und ungeschichtliche Radikalität dieser Jugend mit dem Sinn für Form und Maß, mit erlebter Geschichtlichkeit" und mit der „in ihrer Notwendigkeit begriffenen Autorität zur Synthese zu bringen ..."; Guardini habe diese Jugend sehen gelehrt, „wie Freiheit sich in der Erfahrung von Bindung und Autorität erfüllen kann und wie Leben nach ihm gemäßen Formen verlangt"[94].

Ein dritter Punkt, in dem Guardini der Jugendbewegung Entscheidendes gab, war die Begegnung von Jugendbewegung und Liturgischer Bewegung, die für beide von maßgeblicher Bedeutung wurde: die Liturgische Bewegung bekam so erst ihre Breitenwirkung und ihre eigentliche Dynamik; das religiöse Suchen der Jugendbewegung fand so einen zukunftsweisenden Ausdruck und eine geistige Mitte.[95]

Zugespitzt auf die Frage nach der Askese läßt sich Guardinis Wirken dahingehend zusammenfassen, daß er maßgeblich dazu beitrug, daß das asketische Bemühen, das zunächst vor allem in der Alkohol- und Nikotin-Abstinenz zum Ausdruck kam, sich ausweiten und vertiefen konnte – in spezieller Weise in der „liturgische(n) Bildung"[96] und in den „geistliche(n) Übungen"[97], aber auch in einer umfassenden „Selbst-

---

[94] M. Müller, Romano Guardini, in: H. Schwerte/W. Spengler (Hg.), Denker und Deuter im heutigen Europa, Oldenburg 1954, 67.
Sehr viel kritischer wird Guardinis Haltung in Fragen der Autorität und des Gehorsams von U. Bröckling gesehen. Dessen Vorwurf, die von Guardini und dem Quickborn vertretene Linie in der Autoritätsfrage habe kirchlich, politisch und ökonomisch gesehen systemstabilisierend gewirkt und weise wegen ihrer autoritären und repressiven Elemente eine gewisse Affinität zum heraufziehenden Nationalsozialismus auf, verkennt nicht nur den ‚Sitz im Leben' und die von Max Müller (s.o.) treffend skizzierte tatsächliche Wirkung der diesbezüglichen Äußerungen Guardinis; er ist auch in sich selbst nicht schlüssig, insofern er eigene in andere Richtung weisende Überlegungen, die das kritische Potential von Guardinis Gehorsamsverständnis erkennen lassen, nicht gebührend würdigt; vgl. U. Bröckling, Katholische Intellektuelle in der Weimarer Republik. Zeitkritik und Gesellschaftstheorie bei Walter Dirks, Romano Guardini, Carl Schmitt, Ernst Michel und Heinrich Mertens, München 1993, 38-55 u. 158f., bes. 51f. u. 159 (zum kritischen Potential von Guardinis Gehorsamsverständnis 51f.). Ähnlich kritisch wird Guardinis damaliges Sprechen von Kirche, Autorität und Gehorsam von Th. Ruster gesehen; vgl. Th. Ruster, Vom „Sinn der Kirche". Guardinis Reaktion auf den Bedeutungsverlust der römisch-katholischen Religion in der Moderne, in: A. Schilson (Hg.), Konservativ mit Blick nach vorn. Versuche zu Romano Guardini, Würzburg 1994, 103-114; auch er verkennt m. E. aber die eigentliche Zielrichtung von Guardinis Aussagen und übersieht völlig die differenzierenden Zwischentöne, die sich in Guardinis Verständnis der Kirche wie des Gehorsams durchaus finden, wenn er Guardini vorwirft, er habe einem „kirchlichen Absolutismus" das Wort geredet (a.a.O., 113).

[95] Dazu vgl. H.-B. Gerl, Romano Guardini, a.a.O., 204 ff.; M. Marschall, In Wahrheit beten. Romano Guardini – Denker liturgischer Erneuerung, St. Ottilien 1986, 39-47, bes. 44-47.

[96] R. Guardini, Liturgische Bildung, in: Liturgie und Liturgische Bildung, Mainz-Paderborn ²1992, 19-110; „Liturgische Bildung. Versuche" erschien erstmals 1923 als Quickborn-Schrift (Burg Rothenfels am Main).

[97] R. Guardini, Wille und Wahrheit. Geistliche Übungen, Mainz-Paderborn ⁶1991 (Mainz ¹1933).

bildung"[98], die alle Bereiche des Lebens erfassen wollte. Diese Entwicklung hatte zweifellos schon vor ihm begonnen, ja war teilweise von Anfang an intendiert; dennoch war es wohl zu einem guten Teil das Verdienst Guardinis – Frucht seiner Grundlagenarbeit, aber auch seiner Fähigkeit zu vermitteln und auszugleichen –, daß die Entwicklung in diese Richtung dauerhaft und erfolgreich war.[99]

Hier wird in der Praxis bereits sichtbar, was später der systematische Befund bestätigen wird: Die Selbstbildung als ganzheitlicher Prozeß der Selbstwerdung und die positive Einübung grundlegender menschlicher Haltungen ist für Guardini stets wichtiger als die Seite des Verzichts.

Guardinis „Meisterschaft als Pädagoge" und die für ihn typische Verbindung von Theorie und Praxis charakterisiert Ernst Tewes – gerade im Hinblick auf seine „Führerrolle auf Burg Rothenfels" – treffend, wenn er sagt: „Ihn hat nie die abstrakte Wissenschaft interessiert – auch nicht als Universitätslehrer, der er in Bonn, Berlin, Tübingen und München war. Ihn hat immer der Mensch und sein Schicksal in den Bann gezogen; allerdings in steter Reflexion darüber, wer der Mensch ist, wie er in der Zeit und in der Geschichte steht. Wenn wir ihn einen Pädagogen nennen, dann in dem Sinn jener großen Fähigkeit, daß er Menschen in die unmittelbare Begegnung mit der Wahrheit und in die eigene Freiheit führte, ...; er war Pädagoge im Sinne des Sokratischen."[100]

2.1.4. Verbindung von Logos und Ethos: Der Grundansatz von Guardinis Ethik

Guardinis Bedeutung für die Liturgische Bewegung und für die katholische Jugendbewegung ist bekannt, seine Leistungen als Gestalt- und Literatur-Interpret werden geschätzt, er fand – wenn auch in geringerem Maß – Beachtung als Philosoph, vor allem als Religionsphilosoph, sowie als Pädagoge – von der Anerkennung seines Wirkens als Seelsorger, Prediger und akademischer Lehrer einmal ganz abgesehen. Als Ethiker jedoch ist Guardini bisher weitgehend unbekannt. Bei einem ersten Blick auf seine Veröffentlichungen entdeckt man in der Tat nur wenige Titel, die man ohne weiteres dem Bereich der Ethik zuordnen würde: „Tugenden"[101] vor allem, „Das Gute, das

[98] R. Guardini, Briefe über Selbstbildung, Mainz ²1930; die Briefe waren zunächst (Burg Rothenfels am Main, 1921-1924) als Einzelhefte unter dem Titel „Gottes Werkleute. Briefe über Selbstbildung" erschienen.

[99] Vgl. J. Binskowski, a.a.O., 85-122, sowie 155; H.-B. Gerl, Romano Guardini, a.a.O., 153-239.

[100] E. Tewes, Romano Guardini, in: G. Gruber/F. Bauer, Kirche ohne Vorzimmer. Begegnungen mit dem Münchener Regionalbischof Ernst Tewes, Planegg 1986, 43.

[101] R. Guardini, Tugenden. Meditationen über Gestalten sittlichen Lebens, Mainz-Paderborn ³1987 (Würzburg ¹1963).

Gewissen und die Sammlung"[102], „Die Lebensalter. Ihre ethische und pädagogische Bedeutung"[103], vielleicht auch die „Briefe über Selbstbildung"[104] – wenn man diese eben nicht eher der Pädagogik zuordnet. Auch Titel, in denen von „Freiheit"[105] oder „Verantwortung"[106] die Rede ist, verweisen auf ein ethisches Interesse; innerhalb von Guardinis Gesamtwerk fallen sie jedoch tatsächlich schon aufgrund ihres geringen Umfangs nicht derart ins Gewicht, daß sich aus ihnen Guardinis Zuständigkeit für eine ethische Fragestellung ableiten ließe. Angesichts dieser Sachlage mag es überraschen, daß zahlreiche, wenn auch verstreute Tagebuchnotizen[107] und andere Äußerungen Guardinis[108] deutlich werden lassen, welche Bedeutung die Ethik für ihn hatte – dies anscheinend in zunehmendem Maß.[109] Die Ethik-Vorlesung[110] bezeichnet er selbst einmal als „eine Art Synthese" seiner „Arbeit überhaupt"[111]. Die Herausgabe einer „Ethik" rangiert auch an erster Stelle unter einer größeren Anzahl von Projekten, die Guardini in den Tagebuchnotizen vom 31. Mai 1953 als das „Größte" bezeichnet, das „ja noch zu leisten" sei, obwohl er manchmal denke, „es müßte eine wunderbare Befreiung sein, sagen zu dürfen: ich brauche nichts mehr zu schreiben. Es ist genug."[112]

---

[102] Mainz [4]1953 ([1]1929).

[103] Würzburg [1]1953, jetzt (um zwei Beiträge erweitert) enthalten in: ders., Gläubiges Dasein/Die Annahme seiner selbst, Mainz-Paderborn 1993, 115-174 bzw. 115-192.

[104] [2]Mainz 1930. Die Briefe erschienen zunächst (Burg Rothenfels am Main, 1921-24) als Einzelhefte unter dem Titel „Gottes Werkleute".

[105] Die Bibliographie von H. Mercker weist nicht weniger als 14 Titel aus, in denen der Begriff Freiheit vorkommt; es handelt sich allerdings teilweise um Auszüge aus anderen Schriften und größtenteils um ausgesprochene Kleinschriften; vgl. ders., Bibliographie Romano Guardini (1885-1968), Paderborn 1978, 426.

[106] Hierzu finden sich in der Bibliographie von H. Mercker, a.a.O., 459, 6 verschiedene Titel.

[107] Vgl. R. Guardini, Wahrheit des Denkens und Wahrheit des Tuns. Notizen und Texte 1942-1964, aus nachgelassenen Aufzeichnungen hg. von Felix Messerschmid, Paderborn [4]1985, 34, 36 f., 59, 62, 64 f., 69, 75, 81, 89 f.

[108] Vgl. vor allem ders., Die Lebensalter und die Philosophie. Aus einer Ethikvorlesung, in: Die Lebensalter, a.a.O., 175-183.

[109] Einem Brief von K. Mohlberg OSB vom 17. 2. 1955 (zu Guardinis 70. Geburtstag) zufolge hatte Guardini allerdings schon in seiner Bonner Zeit eine Ethik ausgearbeitet „in der Schublade", die freilich – wohl durch die Kriegswirren – verschollen ist (zit. n. H.-B. Gerl, Romano Guardini, a.a.O., 135).

[110] Guardini hat in den Jahren 1950 bis 1962 an der Universität München dreimal in jeweils mehrsemestrigen Zyklen über „Grundfragen der Ethik" bzw. über „Ethik als Lehre von der sittlichen Aufgabe" oder über „Das sittliche Leben" gelesen; den Fragen einer spezifisch christlichen Ethik ging Guardini darüberhinaus in mehreren Anläufen nach, von denen er nur einen in einem viersemestrigen Zyklus (SS 1957 bis WS 1958/59) unter dem Titel „Struktur und Ethos der christlichen Existenz"zu Ende geführt hat; dazu vgl. H. Mercker, Bibliographie Romano Guardini, a.a.O., 69-129, sowie ders., Erläuterungen zur Edition, in: R. Guardini, Ethik. Vorlesungen an der Universität München, aus dem Nachlaß hg. von H. Mercker unter Mitarbeit von M. Marschall, Bd. 1, Mainz-Paderborn 1993, XXIII.

[111] R. Guardini, Die Lebensalter und die Philosophie, a.a.O., 175.

[112] Ders., Wahrheit des Denkens und Wahrheit des Tuns, a.a.O., 34.

Diese beiden, zunächst einmal gegenläufigen Befunde, nämlich die geringe Zahl von autorisierten Veröffentlichungen zu dezidiert ethischen Problemen einerseits, das ausgeprägte Interesse an ethischen Fragestellungen andererseits, lassen sich jedoch relativ leicht zur Deckung bringen, wenn man die ganz spezifische Art und Weise bedenkt, in der Guardini Ethik versteht und betreibt. Bei Guardini lassen sich eben dogmatische, anthropologische, kulturphilosophische, pädagogische und ethische Aspekte kaum voneinander trennen. Anthropologische Sachverhalte haben sofort ethische Konsequenzen; ethische Aussagen werden immer anthropologisch rückgebunden. Ethik verliert nie die pädagogische Fragestellung aus dem Auge, und Pädagogik gibt es nicht ohne einen ethischen Horizont. In unserem Zusammenhang ist insbesondere auch der Zusammenhang zwischen Kulturkritik und Ethik von Bedeutung.[113]

Auch hier wieder beweist und bewährt sich der ganzheitliche Charakter seines Denkens; er bringt zweifellos methodische und begriffliche Unschärfen mit sich, ist dafür aber näher am praktischen Lebensvollzug und vermeidet, methodisch auseinanderzunehmen, was der Sache nach zusammengehört.

Fragen der Normenbegründung beschäftigen Guardini kaum; Kasuistik liegt ihm fern. Sein Ansatz ist mehr der einer anthropologisch orientierten Tugendethik. Wichtiger als die Findung konkreter Normen ist ihm die Sichtbarmachung von Werten und Werthierarchien, die Gewissens- und die Charakterbildung. Seine Ethik kreist mehr um die Frage „Wie kann ich sein?“ als um die Frage „Was soll ich tun?“.[114]

Guardini erinnert an den (prinzipiellen, ontologischen, nicht wertmäßigen) Vorrang des Logos vor dem Ethos[115], d. h. des Erkennens vor dem Wollen, des Seins vor dem Tun; dies bedeutet bei ihm aber gerade keine einander ausschließende Entgegensetzung, sondern vielmehr die lückenlose Verbindung von beidem. Auch in der Ethik kommt wieder sein polares Denken zum Tragen, das verlangt, das Ethos an den Logos, den Imperativ an den Indikativ, den Willen an die Wahrheit, die Norm an den Wert zurückzubinden. Deshalb kann er auch warnen vor der Überanstrengung des Moralischen und vor dem bloß appellativen ‚Moralisieren‘.[116]

[113] Dazu und zum Folgenden vgl. G. Henner, Die Pädagogik im Denken Romano Guardinis, Paderborn 1990, 243-299, sowie P. Schmidt, Die pädagogische Relevanz einer anthropologischen Ethik. Eine Untersuchung zum Werk Romano Guardinis, Düsseldorf 1973, 17-59 u.129-182.

[114] Mit diesen beiden Fragen lassen sich nach D. Mieth die unterschiedlichen Ansätze von Tugendethik bzw. normativer Ethik charakterisieren; vgl. ders., Die neuen Tugenden. Ein ethischer Entwurf, Düsseldorf 1984, 9.

[115] Guardini entwickelt diesen Gedanken vom „Primat des Logos über das Ethos“ zwar erstmals im Kontext seines Liturgie-Verständnisses, und in der Liturgie sieht er diesen Primat auch exemplarisch verwirklicht (vgl. ders., Vom Geist der Liturgie, Freiburg ^{2}1991, 129-143; Zit. 127); er schreibt ihm jedoch – wie a.a.O deutlich wird – durchaus allgemeine Geltung zu.

[116] Vgl. z.B. ders., Vom Geist der Liturgie, a.a.O., 129-143.

Bei einem Denker, der der Askese „weltgeschichtliche Bedeutung“[117] beimißt, mag es zunächst – auf dem Hintergrund des landläufigen negativ gefärbten Askesebegriffs – überraschen, daß er dem Glück ethische Bedeutung beimißt, ja das Glücksstreben als ethischen Grundimpuls verteidigt. Er kann dies, weil für ihn Glück und Verwirklichung des Guten zusammenfallen.[118]

Guardini setzt sich damit entschieden ab von der Pflichtethik Kants, der er vorwirft, sie verliere in ihrer Reduktion des Sittlichen auf den Aspekt des Willens bzw. der Gesinnung den Bereich des Seins aus dem Auge.[119] Guardini verteidigt demgegenüber die sittliche Bedeutung – und bleibende Berechtigung – von ethischen Grundkategorien und Leitvorstellungen, wie sie in den Begriffen „Vollkommenheit“, „Tugend“ (im aristotelischen Sinn der ‚Tüchtigkeit‘) oder „vita beata“ (= „seliges Leben“) zum Ausdruck kommen.[120] Gut ist für Guardini eben nicht allein wie bei Kant „der gute Wille“ bzw. „die gute Gesinnung“[121]. Das Gute ist für Guardini vielmehr durchaus ein Aspekt der Realität; als gut kann ein Wert und seine Verwirklichung bezeichnet werden; das Gute kann aber auch eingehen nicht nur in das aktuelle Verhalten, sondern auch in die Grundhaltung, in das Sein eines Menschen. Hier steht Guardini unübersehbar in der Tradition der Scholastik. Er kommt damit aber auch neueren ethischen Konzeptionen nahe, die die Bedeutung einer sittlichen Grundentscheidung oder Grundoption und deren Ausfaltung und „Gestaltwerdung“ in „Grundhaltungen“ hervorheben.[122]

Nach Guardini muß Ethik deshalb mehr sein als nur eine „Lehre vom Verbotenen“ und mehr als eine dürre „Pflichtenlehre“[123]. Sittliches Handeln besteht für Guardini nicht im „Ausführen einer Vorschrift“; es erfordert vielmehr die „schöpferische Verwirklichung von etwas, was noch nicht ist“[124]; das Gewissen ist für ihn „etwas Schöpferisches“[125]. Die Gefahr landläufiger, gängiger Vorstellungen von Moral sieht Guardini darin, daß „die ethische

---

[117] R. Guardini, Askese als Element der menschlichen Existenz, in: R. Guardini/E. Spranger, Vom stilleren Leben, Würzburg 1956, 46.

[118] Vgl. vor allem ders., Die Bekehrung des Aurelius Augustinus. Der innere Vorgang in seinen Bekenntnissen, Mainz-Paderborn ⁴1989, 58f-65; vgl. auch ders., Ethik, a.a.O., 23-27. Den Versuch, eine Ethik konsequent vom Gedanken des Glücks aus zu konzipieren, hat in jüngster Zeit R. Spaemann vorgelegt; vgl. ders., Glück und Wohlwollen. Versuch über Ethik, Stuttgart 1989. Aber auch allgemein findet das Glück auch als ethisches Kriterium wieder mehr Beachtung; vgl. z.B. G. Bien (Hg.), Die Frage nach dem Glück, Stuttgart 1978; G. Greshake, Glück und Heil, in: CGG, Bd. 9, 101-146; W. Korff, Wie kann der Mensch glücken? Perspektiven der Ethik, Stuttgart 1985, (darin vor allem den Aufsatz „Die Frage nach dem Glück als Frage nach einer humanen Ethik“, a.a.O., 9-32).

[119] Vgl. ders., Vom Geist der Liturgie, a.a.O., 132 ff.

[120] Ders., Die Bekehrung des Aurelius Augustinus, a.a.O., 58 f.

[121] A.a.O., 58.

[122] Vgl. B. Häring, Frei in Christus. Moraltheologie für die Praxis des christlichen Lebens, (Sonderausgabe), Bd. 1 , Freiburg 1989, 171-224; Zit. 199.

[123] Ders., Tugenden, a.a.O., 10 bzw. 11.

[124] Ders., Das Gute, das Gewissen und die Sammlung, a.a.O., 24.

[125] A.a.O., 39.

Norm als etwas gesehen“ wird, „das von außen her an einen rebellierenden Menschen herankommt“[126]. Demgegenüber betont Guardini die Attraktivität des Guten; er versteht das Gute gerade als das, dessen „Verwirklichung“ den Menschen erst „eigentlich zum Menschen macht“[127].

Ethik ist für Guardini daher „mehr als nur eine Untersuchung des Sollens und Nichtdürfens und der daraus sich ergebenden besonderen Probleme“; in der Ethik geht es Guardini vielmehr „um eine Deutung des menschlichen Daseins überhaupt, wie sie von der sittlichen Verpflichtung her möglich wird, ..., und von der Würde, welche diese Verpflichtung ihm gibt“.[128]

Dementsprechend liegt die Stärke Guardinis in ethischer Hinsicht nicht im normativen Bereich, sondern in seiner Analyse und Deutung grundlegender sittlicher Phänomene (wie Gewissen, Freiheit, Verantwortung) und – darauf aufbauend – in der Darstellung menschlicher Grundvollzüge, Lebensphasen und Lebensbereiche mit den in ihnen liegenden sittlichen Aufgaben und Möglichkeiten einerseits, Gefährdungen und Versuchungen andererseits. Guardini ging – wie F. Henrich im Hinblick auf das erst jetzt veröffentlichte Ethik-Manuskript feststellt – „nicht von abstrakten Begriffen aus, sondern von der Wirklichkeit der Menschen, von den Phänomenen, den Zuständen, Einrichtungen und Denkweisen“[129], die ihm aus Geschichte und Gegenwart entgegentreten.

Guardinis Ethik-Konzept verdankt zweifellos entscheidende Anregungen der sogenannten Wertethik im allgemeinen und Max Scheler im besonderen. Aber auch in der Ethik erweist sich Guardini als eigenständiger Denker, der sich in keine Schulrichtung einordnen läßt. Obwohl Guardinis Affinität zu Platon unübersehbar ist[130], verzichtet er – anders als die klassische Wertethik – darauf, ein An-sich-sein der Werte, losgelöst von der kategorialen Welt der Dinge, zu postulieren. Die Frage nach dem sittlich Guten kann immer nur im Blick auf die konkrete Wirklichkeit gelöst werden. In diesem Punkt hält sich Guardini ganz an Thomas von Aquin, auf den er sich auch ausdrücklich bezieht, wenn er auf die Frage: „Was aber ist das Gute?“ antwortet: „Das jeweils Vernünftige; das situationsgemäß Richtige.“[131] J. Pieper berichtet in einer kurzen, aber eindrucksvollen Reminiszenz, wie diesbezügliche Formulierungen Guardinis ihn befähigten, die in ihm bereitliegenden, aber noch unstrukturierten Gedanken über die Ethik Thomas von Aquins, in denen er dann das „Gute“ als das „Wirklichkeitsgemäße“ bestimmt hat, schließlich auszuformulie-

126 Ders., Tugenden, a.a.O., 10.
127 A.a.O.
128 Ders., Die Lebensalter und die Philosophie, in: a.a.O., 79.
129 F. Henrich, Vorwort, in: R. Guardini, Ethik, a.a.O., Bd. 1, XXI.
130 Vgl. u.a. H. Mercker, Christliche Weltanschauung als Problem, a.a.O., 87-94.
131 R. Guardini, Das Gute, das Gewissen und die Sammlung, a.a.O., 39; vgl. auch ders., Lebendige Freiheit, in: ders., Unterscheidung des Christlichen, 96.

ren.[132] Insofern A. Auer sich in seinem Versuch der Grundlegung einer „autonome(n) Moral im christlichen Kontext"[133] ausdrücklich auf J. Pieper bezieht[134], muß Guardini als unbewußter Wegbereiter dieses Versuchs gelten. Noch stärker als A. Auer dies tut[135], macht Guardini allerdings immer wieder deutlich, daß schon die Erkenntnis der Wirklichkeit mit ihren ethischen Forderungen nicht voraussetzungslos ist. Für Guardini verbietet sich somit die direkte Ableitung konkreter Normen aus der Offenbarung ebenso wie die strikte Trennung von Weltethos und Heilsethos; nur im Licht der Offenbarung erschließt sich für Guardini die Wirklichkeit mit ihren Forderungen voll.

Damit zeigt sich ein weiterer Bereich, in dem Guardini Gegensätze verbindet und mit klarem Blick die Vorzüge und Nachteile entgegengesetzter Möglichkeiten erkennt und benennt: Guardinis Affinität zur platonisch-augustinischen Denkform, die man im Gegensatz zur eher als rationalistisch und realistisch zu bezeichnenden aristotelisch-thomasischen Linie ganz grob als eher intuitionistisch und idealistisch charaktierisieren könnte, ist offensichtlich. Schon seine Beschäftigung mit Platon[136], Augustinus[137], Anselm von Canterbury[138], Bonaventura[139] und Pascal[140] läßt das Interesse an dieser

---

[132] Vgl. J. Pieper, „Bedeutende Fördernis durch ein einziges Wort". Romano Guardini zum 70. Geburtstag, in: ders., Tradition als Herausforderung. Aufsätze und Reden, München 1963, 321-325, Zitat 324. Zu der Ansprache Guardinis, auf die Pieper sich hier bezieht, vgl. R. Guardini, Von Goethe und Thomas von Aquin und vom klassischen Geist. Eine Erinnerung, in: ders., In Spiegel und Gleichnis, Mainz-Paderborn [7]1990, 20-25.

[133] A. Auer, Autonome Moral und christlicher Glaube, 2. Auflage, mit einem Nachtrag zur Rezeption der Autonomievorstellung in der katholisch-theologischen Ethik, Düsseldorf 1989, 212.

[134] A.a.O., 16f.

[135] Vgl. ders. a.a.O., 17. Auer spricht hier davon, daß „menschliches Erkennen" der „Askese" bedürfe, „durch die alle ‚Vorurteile' zurückgehalten werden und die Wirklichkeit allein zum Maß des Erkennens wird" – ein Gedanke, den Guardini selbst immer wieder betont; vgl. z.B. ders., Das Gute, das Gewissen und die Sammlung, a.a.O., 30-34.

[136] Vgl. R. Guardini, Notizen zu einem Wesensbild des platonischen Denkens, in: UC, 534-544; ders., Der Tod des Sokrates. Eine Interpretation der platonischen Schriften Euthyphron, Apologie, Kriton und Phaidon, Mainz-Paderborn [5]1987 (Berlin [1]1943); bemerkenswert auch sein Rekurs auf Platon in seiner Dankrede bei der Feier des 80. Geburtstages, vgl. ders., Wahrheit und Ironie, in: ders., Stationen und Rückblicke, a.a.O., 43-50.

[137] Vgl. R. Guardini, Die Bekehrung des Aurelius Augustinus, a.a.O.; ders., Anfang. Eine Interpretation der fünf ersten Kapitel von Augustins Bekenntnissen, Kolmar 1944; ders., Vom Denken und Leiden des heiligen Augustinus, in: UC, 569-577.

[138] Vgl. vor allem Guardinis Bonner Antrittsvorlesung mit dem Titel „Anselm von Canterbury und das Wesen der Theologie", in: ders., Auf dem Wege. Versuche, Mainz 1923, 33-65.

[139] Über Bonaventura schrieb Guardini sowohl seine Dissertation (ders., Die Lehre des heil. Bonaventura von der Erlösung. Ein Beitrag zur Geschichte und zum System der Erlösungslehre, Düsseldorf 1921) als auch seine Habilitationsschrift (ders., Systembildende Elemente in der Theologie Bonaventuras. Die Lehren vom lumen mentis, von der gradatio entium und der influentia sensus et motus, Leiden 1964); vgl. außerdem ders., Eine Denkergestalt des hohen Mittelalters: Bonaventura, in: UC, 459-472.

[140] Vgl. ders., Christliches Bewußtsein. Versuche über Pascal, Mainz-Paderborn [4]1991 (Leipzig [1]1935); ders., Die religiöse Entscheidung im Leben Pascals, in: Hochland 30 (1932-33), Bd. 1, 23-34, 167-175.

Denkrichtung erkennen; schließlich stehen auch Scheler und die ihm nahestehende Richtung der deutschen Wertphilosophie sowie der Phänomenologie in gewisser Hinsicht in der Tradition Platons. Um so bemerkenswerter ist daher, mit welcher Klarheit und Deutlichkeit Guardini auch um die Gefahren dieser Geistesrichtung weiß. Als ihren Vorzug sieht er, daß sie das Sein der Dinge nicht von ihrem Gutsein, von ihrem „Werthaft-Sein“ trennen kann und will[141], daß sie eine besondere Sensibilität für Wert und Unwert mit sich bringt, eine besondere Offenheit für alles Absolute, für das Vollkommene und Ideale, auch für die Beziehung zum „höchste(n) Gut“[142], zur Transzendenz, zu Gott.

Die Gefahr dieser geistigen Grundveranlagung aber besteht nun für Guardini darin, daß sie „vor der Wirklichkeit mit ihren Unzulänglichkeiten in ein Reich reiner Wesenheiten“ flieht, so „die endliche Wirklichkeit“, „das Feld ‚causae secundae‘“ und den Bereich der Geschichte mißachtet und die „Verwirklichung“ vernachlässigt. Der „Idealismus“ verwandelt sich dann in „Irrealismus“. „Es entsteht ein unechtes Verhältnis zwischen dem Menschen und dem Absoluten. Die Verwirklichung fällt aus ...“[143]. Der „Aufstieg“ ins „Ewige, Absolute“ kommt hier „zu früh“, „zu rasch“, er wird „zu leicht genommen“. Und genau hier sieht Guardini „die Überlegenheit der aristotelischen Geisteshaltung über die platonische: In ihrem Realismus; in ihrer ursprünglichen Fühlung mit dem Empirisch-Konkreten; darin, daß ihr Weg länger, und anders ernst nehmend durch das Endliche geht.“ Denn: „Das Ewige wird richtig erst gesehen, wenn der Geist sich müht, in allem Ernst auch dem Zeitlichen gerecht zu werden. Die causa prima tritt in ihrer eigentlichen Majestät erst voll hervor, wenn den causae secundae ihr Recht geschieht. Wenn die irdische Aufgabe ernst genommen wird, die zugemessene Zeit, die gegebene Wirklichkeit mit ihren Kräften und Grenzen; wenn die Aufgabe des Ewigen gesehen wird im Gegenwärtigen. Das heißt aber: Wenn der Mensch nicht phantastisch, sondern geschichtlich lebt.“[144] Damit wird Guardini zum überzeugenden Warner vor religiös-idealistischen Kurz- und Fehlschlüssen, mit denen unter Verzicht auf eine gründliche Analyse der Wirklichkeit und ohne realistische Güterabwägung aus religiösen Gewißheiten direkt praktische Normen abzuleiten versucht wird.[145]

---

[141] R. Guardini, Nachwort des Übersetzers, in: F. Klein, Madeleine Sémer. 1874-1921, Mainz 1929, 255; zum Ganzen vgl. a.a.O., 253-295.

[142] A.a.O., 259.

[143] A.a.O., 261.

[144] A.a.O., 262.

[145] Die von P. Becher kritisch vorgetragene Ansicht, Guardini vertrete „nach wie vor eine auf christlichem Platonismus basierende Ethik“, erweist sich auf diesem Hintergrund als deutliche Fehlinterpretation (P. Becher, Mensch und Technik im Denken Friedrich Dessauers, Martin Heideggers und Romano Guardinis, Frankfurt u.a. 1974, 453). Ebenso erweist sich die von M. Knapp, Die Christologie Romano Guardinis im Kontext seiner These vom Ende der Neuzeit, in: Theologie und Glaube 83 (1993), 353f., ausgesprochene Befürchtung des „Integralismus“ als gegenstandslos bzw. als deutliches Mißverständnis (Zitat, a.a.O., 353).

Umgekehrt wendet sich Guardini freilich auch dagegen, die platonische Geistesrichtung zu diskreditieren, hält sie doch bei aller Gefahr das Wissen darum hoch, daß der Mensch fundamental auf das Absolute bezogen ist, während der aristotelische Realismus seinerseits in der Gefahr steht, das Endliche zu verabsolutieren und die Transzendenz aus dem Auge zu verlieren.[146] Für Guardini kommt es darauf an, keine der beiden Strukturen zu verabsolutieren, keiner ihre Berechtigung – auch im Raum des Christlichen – abzusprechen. Die Aufgabe besteht vielmehr darin, die Einseitigkeit und Gefahr der jeweils eigenen Denkstruktur zu erkennen und mit ihr zu „ringen"[147].

2.1.5. Askese und Biographie: Die Grundentscheidung

Wenn am Schluß dieser biographischen Hinführung versuchsweise die Frage gestellt werden soll, ob sich Verbindungslinien finden lassen zwischen dem Menschen Romano Guardini und dem Anliegen der Askese, wenn also gefragt wird, welche Rolle die Askese in Guardinis Leben gespielt hat, so ist zunächst eindeutig festzustellen:

Romano Guardini war kein ‚Asket', in diesem eingeengten, heute landläufig negativ qualifizierten Sinn des Wortes. Einige biographische Details, die Cunibert Mohlberg OSB, ein Freund Romano Guardinis aus der ersten Zeit der liturgischen Bewegung, überliefert, zeigen ganz im Gegenteil einen sehr lebensfrohen Guardini, der im Klostergarten Kirschen stibitzt, der auch genießen und sich an kleinen Dingen freuen kann.[148] Guardini kennt zwar aus seiner Jugend sehr intensiv die „Not der Skrupulosität"[149], die er selbst in Zusammenhang mit seiner ihn lebenslang begleitenden Neigung zur Schwermut bringt, aber er scheint dieser Skrupulosität gegenüber durch die Hilfe eines klugen Seelsorgers in seiner Studentenzeit Freiheit und klares Urteil gewonnen zu haben.[150] Vielleicht darf man in der Entschiedenheit, mit der Guardini gegen moralische Ressentiments und gegen einen düsteren Moralismus die Freude an der Verwirklichung des Guten betont, einen Reflex dieses inneren Weges sehen.

[146] Vgl. a.a.O., 263 ff.

[147] A.a.O., 269. Eine wichtige Rolle spielt das ‚Ringen' um die Gefahren und Chancen beider Denk-Strukturen naturgemäß auch in Guardinis Auseinandersetzung mit Augustinus; vgl. ders., Die Bekehrung des Aurelius Augustinus, a.a.O., bes. 109-119, 132-138.

[148] Cunibert Mohlberg OSB, Ein neues Buch von Romano Guardini: (Vorschule des Betens). Unediertes aus seinem Leben, in: nicht identifizierter Zeitungsausschnitt, (1943), im Guardini-Nachlaß der Bayerischen Staatsbibliothek, (Ana 342), Schachtel 11, Mappe „Ordo". Von dieser heiteren und lebensfrohen Seite Guardinis berichtet auch W. Baier in seinen „Erinnerungen aus der Zeit um und mit Romano Guardini" in: Internationale katholische Zeitschrift 22 (1993), 250-267, bes. 256.

[149] R. Guardini, Berichte über mein Leben. Autobiographische Aufzeichnungen, Düsseldorf 1985, 81.

[150] Vgl a.a.O., 81f.

In Berührung mit asketischen Idealen kommt Guardini zweifellos durch seine Beziehungen zum benediktinischen Mönchtum[151], durch seine Leitungsfunktion im abstinenten Mainzer Schülerbund „Juventus" und vor allem durch seine führende Rolle im „Quickborn".[152] Innerhalb des „Quickborn" gehörte Guardini allerdings wiederum nicht zu den eifrigsten Verfechtern des Alkoholverzichtes[153]. In den immer neu aufflammenden Auseinandersetzungen um die Abstinenz versuchte er eine tiefere Ebene zu gewinnen, die auch Differenzierungen zuließ; er scheint durchaus Verständnis gehabt zu haben für erwachsen gewordene Mitglieder, die den Verzicht auf Alkohol nicht mehr radikal einhalten wollten oder dies aufgrund ihres gesellschaftlichen Umfelds nicht mehr tun zu können glaubten.[154] Gleichwohl stand er selbst zumindest in seiner Berliner Zeit auch in der Öffentlichkeit zur Abstinenzverpflichtung des „Quickborn".[155]

Daß Guardini nicht unerhebliche Teile seines Einkommens an Bedürftige weiterleitete, erwähnt B. Gerl verschiedentlich.[156] Die Atmosphäre der Jugendbewegung mit ihrer natürlichen Einfachheit scheint auf Guardini abgefärbt oder in ihm einen natürlichen Partner gefunden zu haben – welche von beiden möglichen Deutungen eher zutrifft, wage ich nicht zu beurteilen. Von den ersten Jahren in Berlin, als Guardini nur „zwei winzige Zimmerchen in Potsdam" bewohnte, berichtet F. Messerschmid: „Konnte man von den nächtlichen Gesprächen nicht mehr nach Berlin zurück, bekam man sein Schlaflager auf einer Matratze auf dem Fußboden, die noch zu einem Teil unter den Tisch geschoben werden mußte. Wir fühlten uns dennoch sehr wohl in der Zimmerstraße 4: franziskanische Existenz sagte uns Studenten zu, lag aber auch Guardini nicht fern."[157]

Die entscheidende Antwort auf die Frage nach Guardinis persönlicher Affinität zur Thematik der Askese muß jedoch in einer anderen Richtung ge-

---

[151] Während seiner Tübinger Studienjahre, aber auch darüber hinaus, ist ihm die Benediktinerabtei Beuron ein Ort, an dem er wichtige Impulse und Inspirationen erhält. Er wird (im Jahr 1909) selbst Oblate des Hl. Benedikt, d.h. er verpflichtet sich zu einem Leben im Geist der Ordensregel (außerhalb der eigentlichen Klostergemeinschaft) und wird Mitglied der klösterlichen Gebetsgemeinschaft. Vgl. H.-B. Gerl, Romano Guardini, a.a.O., 64-66.

[152] Siehe Kap. 2.1.3.

[153] Vgl. die wohl etwas vergröbernde Bemerkung bei H. Hoffmann, Im Dienste des Friedens, a.a.O., 184, als „geborener Italiener" habe Guardini „für Abstinenz kaum Verständnis" gehabt. Dazu vgl. auch die (sich vielleicht sogar auf die gleiche Äußerung Guardinis beziehende) Notiz Romano Guardinis „Zur Frage der Enthaltsamkeit", in: Quickborn 12 (1924), Heft 1, 20, in der sich Guardini zwar loyal auf den „Standpunkt Quickborns" stellt, aus der sich aber auch ergibt, daß eine Bemerkung Guardinis „über Abstinenz in Italien" von einigen im Sinn einer Relativierung der Abstinenzverpflichtung auch in Deutschland verstanden worden war.

[154] Vgl. J. Binkowski, Jugend als Wegbereiter, a.a.O., 109-116.

[155] Vgl. R. Guardini, Berichte über mein Leben, a.a.O., 43.

[156] Vgl. H.-B. Gerl, a.a.O., 195, Anm. 96, sowie 301.

[157] F. Messerschmid, Romano Guardini, in: W. Heist (Hg.), Romano Guardini. Der Mensch – Die Wirkung – Begegnung, Mainz 1979, 17.

sucht werden. Auch Guardini selbst hat in seinen Gedanken zur Askese den Bereichen des Essens und Trinkens wie des Besitzes relativ wenig Beachtung geschenkt. Wichtiger waren für ihn Aufgaben der Selbsterziehung und der Selbstbildung in einem umfassenden Sinn, Fragen des Umgangs mit der Technik und der Macht, Askese schließlich als Übung der Stille und der Sammlung. So muß man grundsätzlicher fragen, um an den Kern von Guardinis ureigenster asketischer Lebenshaltung zu gelangen; man muß sein Lebenswerk befragen.

Aber auch hier wieder gilt zunächst: ‚asketische' Züge sind auf den ersten Blick nicht zu erkennen, im Gegenteil. Was sein Schaffen angeht, bekennt Guardini selbst, wie bereits erwähnt, mit hintergründigem Humor, er habe „nicht die Askese geübt, welche die Meister üben, wenn sie die kleinen Möglichkeiten übergehen, damit die großen herauskönnen"[158], er habe seine Kräfte nicht auf einige wenige große Werke konzentriert, sondern habe „wirklich viel – und vielerlei – geschrieben"[159], unsystematisch und ohne Programm, je nach den Aufgaben und Fragen, vor die er sich gerade gestellt sah. Es stellt sich allerdings die Frage, ob hinter diesem vordergründigen Mangel an Askese sich nicht eine Askese von höherem Wert verbirgt, nämlich der Verzicht auf große, ehrgeizige Pläne – und die Bereitschaft, sich den Forderungen des Augenblicks zu stellen. In dieser Bereitschaft zeigt sich eine Hingabe an Menschen und Aufgaben, die letztlich bedingt ist in der Hingabe an Gott selbst. Es ist ja Jesu Wort von der Hingabe des Lebens, das Guardini trifft und fasziniert und nach einer Zeit tief empfundener Orientierungslosigkeit seine Lebensentscheidung finden läßt – eine Entscheidung zur Hingabe an Gott, die sich im Verständnis Guardinis notwendig in der Bindung an die Kirche[160] realisiert:

„Es wird wohl auf den Satz hinauskommen: ‚Wer seine Seele festhält, wird sie verlieren; wer sie aber hergibt, wird sie gewinnen'", so sagt er damals zu seinem Freund Karl Neundörfer. „Die Interpretation, die in der Übersetzung von Mt. 10, 39 lag, sagt, worauf es mir ankam. Es war mir allmählich klar geworden, daß ein Gesetz bestehe, wonach der Mensch, wenn er ‚seine Seele behält', das heißt in sich selber bleibt und als gültig nur annimmt, was ihm unmittelbar einleuchtet, das Eigentliche verliert. Will er zur

[158] Ders., Warum so viele Bücher?, a.a.O., 29.

[159] A.a.O., 26.

[160] Ohne den Bezug zur Kirche in ihrer Konkretheit und Geschichtlichkeit bliebe der Glaube und die Hingabe nach Guardinis Verständnis der subjektiven Beliebigkeit ausgeliefert. Wohl am klarsten und eindringlichsten formuliert Guardini diesen Gedanken unter dem Titel „Kirche und Dogma – Weg in die Freiheit", in: M. v. Galli/M. Plate (Hg.), Kraft und Ohnmacht. Kirche und Glauben in der Erfahrung unserer Zeit, Frankfurt/M., 1963, 32-47; vgl. auch ders., Berichte über mein Leben, a.a.O., 72; sowie ders., Vom Sinn der Kirche. Fünf Vorträge, Mainz-Paderborn [5]1990, bes. 63-79. Zu Guardinis Sicht und Deutung der Kirche vgl. E.-M. Faber, Kirche zwischen Identität und Differenz. Die ekklesiologischen Entwürfe von Romano Guardini und Erich Przywara, Würzburg 1993, 111-116.

Wahrheit und in der Wahrheit zum wahren Selbst gelangen, dann muß er sich hergeben."[161] Wenn irgendwo, dann ist der Ansatzpunkt von Guardinis eigener asketischer Orientierung hier in dieser Grundentscheidung zur Hingabe zu suchen. Nicht umsonst kann ja gerade in neueren Versuchen einer biblisch-theologischen Grundlegung christlicher Askese der Glaube selbst als die „eigentliche und grundlegende Askese oder ‚Übung' des Christen" bezeichnet und diese „Glaubensaszese" als „das Sicheinüben in die Hingabe an den souveränen, waltenden und unverfügbaren Gott" beschrieben werden.[162]

Wieviel aber dieser Weg in das „Einverständnis mit Gott"[163] und das immer neue Hinhören auf Gottes Anruf in der jeweiligen Situation auch an konkreter Askese im Sinn der Selbstüberwindung, der Übung und Einübung erfordern, davon spricht Guardini grundlegend und ausführlich, und zwar nicht nur in seinem fundamentalen ethischen Entwurf über „Das Gute, das Gewissen und die Sammlung"[164], dieser Zusammenhang durchzieht vielmehr als ‚cantus firmus' seine ganze Pädagogik und Ethik.

2.2. Askese bei R. Guardini: Begriff und Bedeutung

2.2.1. Das Thema Askese im Rahmen von Guardinis Gesamtwerk

Nach Ausweis der Bibliographie von H. Mercker sind – vom gleichnamigen Kapitel in Guardinis „Tugenden"[165] einmal abgesehen – lediglich drei Veröffentlichungen R. Guardinis ausdrücklich dem Thema Askese gewidmet; alle drei gehen auf einen Rundfunkvortrag aus dem Jahr 1955 zurück und folgen ihm – mit unterschiedlichen Ergänzungen, Kürzungen und stilistischen Veränderungen – weitgehend.[166] Auch das Kapitel über Askese in Guardinis

[161] R. Guardini, Berichte über mein Leben, a.a.O., 71.

[162] F. Wulf, Art. „Aszese (Aszetik)", in: SM, Bd. 1, 361 f.

[163] R. Guardini, Das Gute, das Gewissen und die Sammlung, a.a.O., 51.

[164] A..a.O., 63-91.

[165] R. Guardini, Tugenden. Meditationen über Gestalten sittlichen Lebens, Mainz-Paderborn ³1987, 82-91.

[166] Es sind dies: a) R. Guardini, Grundformen der Askese, in: Frankfurter Hefte 11 (1956), 40-45 u. 200-204; b) ders., Askese als Element der menschlichen Existenz, in: R. Guardini u. E. Spranger, Vom stilleren Leben, Würzburg 1956, 23-48, (zitiert: Askese); c) Ohne Ruhe wird nichts Wesentliches. Eine Betrachtung über Askese und Umwelt, in: Deutsches Volksblatt, 1956, (Nr. 262), 10. Nov. Dabei ist Fassung a) die umfangreichste; sie ist gegenüber dem Rundfunkvortrag um ein ganzes Kapitel über die Problematik der Technik, betitelt „Das Problem der Macht und die Askese", erweitert; Fassung c) gibt als Zeitungsartikel nur einen Teil des Vortrags wieder, und zwar den mehr aktuell-praktischen. (Der Rundfunkvortrag wurde im Jahr 1985 anläßlich des 100. Geburtstages von Romano Guardini wieder gesendet und ist unter dem Titel „Gedanken über moderne Askese" auch als Cassette verfügbar).

Ethik-Manuskript[167] stimmt – von geringfügigen Veränderungen abgesehen – mit diesen Veröffentlichungen überein. Aus der bibliographischen Übersicht geht freilich auch hervor, daß Guardini bereits in seiner Berliner Zeit, und zwar im Sommersemester 1929, eine einstündige Vorlesung mit dem Titel „Askese und Christentum" gehalten hat. Manuskripte aus dieser Zeit sind nicht mehr erhalten; die Nachforschung nach Vorlesungsmitschriften blieb ohne Erfolg.
Rein vom Umfang der veröffentlichten Titel her scheint Guardinis Beitrag zum Thema Askese also eher rudimentär zu sein. Das Bild wandelt sich aber sofort, wenn man registriert, in wievielen Zusammenhängen die Askese bei Guardini dem Wort oder der Sache nach erscheint, und vor allem, welche Bedeutung Guardini ihr dabei jeweils beimißt.[168]

Für Guardini geht es bei der Askese „um derart Wichtiges, daß jeder als Mensch verloren ist, der es nicht lernt"[169]. Und im Hinblick auf die epochalen und globalen Probleme unserer Zeit schreibt Guardini der Askese geradezu „weltgeschichtliche Bedeutung" zu[170].

2.2.2. Abgrenzung gegenüber Fehlformen und Mißdeutungen

Guardini ist sich der großen Unschärfe und der negativen Assoziationen, mit denen der Begriff Askese belastet ist[171], sehr deutlich bewußt. In seiner monographischen Behandlung der Askese grenzt Guardini daher das von ihm vertretene christliche Verständnis der Askese gegen fünf mögliche Verstehens- und Motivationshintergründe ab, die in der Geschichte der Askese eine große Rolle gespielt haben, die er aber ausdrücklich ausgeschlossen wissen will, da sie mit der christlichen Botschaft nicht zu vereinbaren oder psychologisch destruktiv sind. Die fünf Verständnisweisen der Askese, die Guardini ausdrücklich ablehnt, sind:

1. Die Askese des Buddhismus: Ihr Ziel sei es, das Dasein zum Erlöschen zu bringen, weil es als Leiden durchschaut ist.

Demgegenüber fordere ein christliches Verständnis „nicht, die Welt aufzuheben, sondern sie zum Guten zu kehren", weil sie als von Gott geschaf-

---

[167] Vgl. R. Guardini, Ethik. Vorlesungen an der Universität München, aus dem Nachlaß hg. von H. Mercker unter Mitarbeit von M. Marschall, Mainz-Paderborn 1993, Bd. 1, 399-420.

[168] Dies wird in Kap 2.3. und in Kap 2.4. zu entfalten sein.

[169] R. Guardini, Askese, 41.

[170] A.a.O., 46.

[171] Vgl. Kap. 1. In einer schriftlichen Auskunft an mich (Brief vom 22. 12. 1990), für die hier ausdrücklich gedankt sei, schreibt Erich Görner, von 1932 bis 1935 Sekretär Guardinis in Berlin, Guardini habe das Wort „Askese" in seinen Büchern wenig erwähnt (dies gilt tatsächlich für die Zeit bis zum 2. Weltkrieg, nicht mehr für die Schriften der fünfziger und sechziger Jahre), da er es als „zu sehr belastet" empfunden habe.

fen „sinnvoll und gut“ sei, wobei auch und gerade das Leiden „Werte, sogar solche höchsten Ranges“ schaffe[172].

2. *Die dualistisch motivierte Askese:* Sie scheide die Welt in zwei Prinzipien, nämlich in die Materie, die als böse, und in den Geist, der als gut angesehen werde. Daher lehne sie all das ab, was mit der Materie verbunden ist, so vor allem den Leib und die Sinne. Nach christlichem Verständnis aber gebe es kein böses Prinzip; auch die Materie, der Leib, die Sinne, „das Leben des Geschlechts“ seien „von Gott geschaffen“ und trügen „göttliche Wahrheit in sich“[173]. Darum laute die Aufgabe nicht, „reiner Geist, sondern guter und echter Mensch zu werden“[174].

3. *Die Askese als Mittel der Magie:* Durch sie versuche der Mensch, sich übersinnliche Kräfte anzueignen und Einfluß auf göttliche und dämonische Mächte auszuüben. Dieser Form der Askese liege die nicht zu leugnende Erfahrung zugrunde, daß der „gesammelte“, „unabhängige“ und „seiner selbst mächtige“ Mensch größere Möglichkeiten der Einwirkung auf Menschen und Zustände besitze als der „zerstreute, an die Dinge gebundene, im Genuß aufgehende“[175]. Insofern enthalte diese Form der Askese einen Funken Wahrheit; wo sie sich aber auf magische Macht im eigentlichen Sinn richte, sei sie zu sehen als „Verbindung verdorbener religiöser Vorstellungen mit einem fragwürdigen Herrschwillen und suggestiven, vielleicht parapsychischen Begabungen“, „soweit solche Bemühungen nicht einfachhin als Täuschung oder Unsinn betrachtet werden müssen“[176].

4. *Die puritanische Askese:* Sie habe „in der Geschichte eine große Rolle gespielt“ und ihre „reinste Ausprägung im Calvinismus erfahren“[177] Ihre Wurzeln lägen in der Anschauung, daß der Mensch durch die Sünde durch und durch böse geworden sei und das „Verhältnis zum Eigentlich-Guten verloren“ habe; deshalb sei der Freude in jedem Fall zu mißtrauen und der „Schwerpunkt des Lebens ganz in religiösen Ernst, Arbeit und Pflichterfüllung zu setzen“[178].

Demgegenüber hält Guardini daran fest, daß der Mensch bei aller „Auflehnung gegen Gottes Ordnung“ nicht vollends verderbt ist; in ihm sei auch

[172] A.a.O., 25. Guardini hat sich intensiv mit der Gestalt Buddhas auseinandergesetzt; er sieht in ihm „ein großes Geheimnis“, den „Einzigen ..., der den Gedanken eingeben könnte, ihn in die Nähe Jesu zu rücken“, einen Menschen von einer „erschreckenden, fast übermenschlichen Freiheit“, die aber wohl (Guardini enthält sich eines abschließenden Urteils) letzlich nur der radikalen „Erkenntnis der Nichtigkeit der gefallenen Welt“ entspringe, während die Freiheit Christi ihren Grund in der Verankerung in der Liebe Gottes habe (R. Guardini, Der Herr, Würzburg 1937, 410f.). Zu Guardinis Beschäftigung mit Buddha vgl. auch H.-B. Gerl, Romano Guardini, a.a.O., 305f., sowie 281, wo sich der Hinweis auf eine einschlägige Vorlesung Guardinis (WS 1937/38) findet.

[173] R. Guardini, Askese, 25.

[174] A.a.O., 26.

[175] A.a.O., 27.

[176] A.a.O.

[177] A.a.O.

[178] A.a.O., 27f.

„Verlangen nach dem Heil und Sehnsucht nach Gott“[179]. Daher könne es nicht um eine Abwertung alles Irdischen gehen; die Aufgabe bestehe vielmehr darin, „Gut und Böse zu unterscheiden, die Beziehung zum heiligen Gott zu suchen, seiner Gnade sich zu öffnen und in Zuversicht das Rechte zu tun“[180]. Die Freude aber, „die geistige wie die körperliche“, gehört nach Guardini „in die Ordnung des Daseins hinein“. Allerdings müsse sie „geformt werden“: „einmal durch das Maß; zum anderen dadurch, daß jeweils das Höhere über das Geringere gestellt wird“.[181]

5. Die in einem Ressentiment begründete Askese[182]*:* Unverarbeitete negative Erfahrungen, Schwierigkeiten oder Enttäuschungen können einen Menschen dazu verleiten, Dinge oder Werte, die ihm unerreichbar waren, abzuwerten. Daraus „entsteht dann eine schlimme Art von Askese, nämlich die Ablehnung des Schönen und Freudigen aus innerem Groll gegen das Leben“[183]; demgegenüber gilt es Guardini zufolge, die erfahrenen Enttäuschungen „doch noch in eine letzte Bejahung auf(zu)nehmen, das Leben als Ganzes an(zu)erkennen und aus dem, was ist, das Bestmögliche zu machen“[184].

2.2.3. Askese und Menschenbild

Es sind aber nicht nur bestimmte geschichtliche oder individuelle Fehlformen, die ein Verständnis – und damit auch die Akzeptanz – der Askese verhindern. Vielmehr sind das Unverständnis für die Askese und die Ablehnung gegen sie nach Guardini wesentlich begründet in einem falschen Menschenbild, das den Menschen rein aus seinen „biologischen Voraussetzungen heraus“ als „‚natürliches‘ Wesen“[185] verstehen will und dabei die im Menschen neu erscheinende Dimension des Personalen übersieht. Dieses neuzeitliche Menschenbild schwankt in merkwürdiger Weise zwischen einem „grundsätzliche(n) Optimismus“, der damit rechnet, daß der Mensch

---

[179] A.a.O., 28.

[180] A.a.O.

[181] A.a.O.

[182] Askese als Folge eines ungeheuren Ressentiments gegen das Leben: das war das polemische Deutungsmuster F. Nietzsches (siehe Kap. 1.1.2.3.). In der kritischen Auseinandersetzung mit Nietzsche hatte M. Scheler hier zu differenzieren versucht (siehe Kap. 1.1.2.4.). Guardini hat sich zeit seines Lebens eingehend mit Nietzsche beschäftigt; von Scheler hat er entscheidende Anregungen erhalten; dazu vgl. H.-B. Gerl, Romano Guardini (1885-1968). Leben und Werk, Mainz [3]1987, z.B. 61 u. 370 bzw. 130 u.142-148; speziell zu Guardinis Auseinandersetzung mit Nietzsche vgl. H.-B. Gerl, Unterscheidung aus Verstehen. Romano Guardini und Nietzsche, in: H.J. Schuster (Hg.), Guardini Weiterdenken, Berlin 1993, 193-202.

[183] A.a.O., 29.

[184] A.a.O., 28 f.

[185] A.a.O., 30.

von Natur aus einfachhin gut ist und nur durch soziale Einflüße von außen her in seinem Gutsein beeinträchtigt werden kann, und einem ebenso pauschalen „Pessimismus", der letztlich Existenz und Möglichkeit des Guten – und damit jeden Sinn – leugnet.[186] Beide Formen[187] dieses naturalistischen Menschenbildes kennen „den eigentlichen Ernst der sittlichen Qualität nicht", sie gehen der „eigentlichen Aufgabe aus dem Weg", „Gut und Böse zu unterscheiden; für das Gute und gegen das Böse zu kämpfen; die immer neu zu beginnende Arbeit an der Welt zu leisten".[188] In ihnen ist kein Raum für die Dimension des Geistig-Personalen, kein Raum für Freiheit, Entscheidung und Verantwortung, deshalb auch kein Ort für Askese. Dem stellt Guardini sein eigenes Menschenbild gegenüber: Als Person, die von ihrem Wesen her „im Anruf Gottes steht", „kann er der Welt gegenübertreten, sittliche Unterscheidung vollziehen, dem Bösen widerstehen, das Gute durchsetzen – freilich sich auch dem Guten versagen und das Böse wählen. Das heißt: er ist geschichtliches Wesen, lebt in Geschichte und schafft Geschichte."[189] Hier wird bereits sichtbar, wie sehr Guardinis Verständnis der Askese rückgebunden ist an sein Personverständnis und darin noch einmal an sein Verständnis der Freiheit; dem soll in Kap. 2.3. weiter nachgegangen werden. Vom soeben ausgeführten Gedanken der Schwierigkeit der sittlichen Aufgabe führt der Weg aber auch direkt zu Guardinis erster allgemeiner Fassung des Begriffs Askese.

2.2.4. Begriffsbestimmung

Guardini bestimmt – im Anschluß an das oben angedeutete Menschenbild – Askese zunächst ganz allgemein als die „Mühe", die der Mensch auf sich

[186] A.a.O., 30f. Als Beispiele für diese pessimistische Weltsicht nennt Guardini, a.a.O., 31, die „Skepsis des 17. und 18. Jahrhunderts", Schopenhauer und Nietzsche sowie den „französischen Existentialismus". Daß man diese Diagnose im Hinblick auf die genannten Beispiele differenzieren müßte, steht außer Frage, kann aber in unserem Zusammenhang unberücksichtigt bleiben; es ist auch für Guardinis Gedankengang unerheblich. Guardini geht es hier offensichtlich mehr um die Wirkung, welche die genannten geistigen Strömungen und Denker auf das allgemeine Bewußtsein ausübten, als um eine differenzierte Analyse ihres Denkens.

[187] Daß beide Sichtweisen nebeneinander bestehen bzw. dialektisch ineinander umschlagen können, ist für Guardini Anzeichen dafür, daß der Mensch grundsätzlich nicht richtig gesehen wird, solange geistige Phänomene wie Freiheit und Verantwortung nicht genügend gewürdigt werden; dies wiederum ist nach Guardini in vollem Maß nur von der Offenbarung her möglich, vgl. vor allem ders., Nur wer Gott kennt, kennt den Menschen, in: Zentralkomitee der deutschen Katholiken (Hg.), Gott lebt. Der 75. Deutsche Katholikentag, Paderborn 1953, 43-53 (jetzt auch in überarbeiteter Fassung unter dem Titel „Den Menschen erkennt nur, wer von Gott weiß", in: ders., Gläubiges Dasein/Die Annahme seiner selbst, Mainz-Paderborn 1993, 81-114, bes. 83-100).

[188] R. Guardini, Askese, 31.

[189] A.a.O.

zu nehmen hat, wenn er das Gute verwirklichen will; daß die Verwirklichung des Guten nicht ohne „Mühe" möglich ist, liegt begründet einerseits in „Schwierigkeiten, wie sie für jede Aufgabe in der Sache selbst liegen", andererseits auch in inneren Widerständen.[190] Diese wiederum haben ihre Wurzel in der erbsündlichen Verfaßtheit des Menschen: Gott hat den Menschen als Person in die Freiheit gestellt. Hat er aber „einmal in entscheidender Weise das Böse gewählt"[191], so wirkt dies in alles spätere Geschehen mithinein und bestimmt sein Dasein. „Dadurch ist ein Zustand geworden, in dem der Mensch die Forderung des erkannten Guten nicht einfachhin annimmt, sondern die Neigung zeigt, sie zu vernachlässigen, ja ihr zu widerstehen."[192] Guardinis Verständnis der Erbsünde soll in Kapitel 2.3.5. nachgegangen werden; es stellt einen Aspekt seiner Anthropologie, aber auch seiner Kulturphilosophie dar, der bisher – meines Erachtens zu Unrecht – wenig Beachtung gefunden hat.

Fürs erste bedeutet das Faktum der Erbsünde in unserem Zusammenhang, daß die „Verwirklichung, die das Gute erfordert, der Übergang aus dem Erkennen in das Tun, in die Haltung, in das Sein, ... nicht nur gegen die Passivität eines Stoffes, sondern auch gegen den Widerstand eines Nichtwollens, ja eines Gegenwollens durchgesetzt werden" muß.[193] „Diese Tatsache mit Nüchternheit zu sehen, aus ihr die nötigen Folgerungen zu ziehen und gegen die widerstrebenden Tendenzen im eigenen Wesen durchzusetzen", genau dies bedeutet für Guardini „Askese"; so kann Guardini feststellen, es sei „nicht einzusehen, wie redliche und wirklichkeitsgerechte Sittlichkeit ohne sie" – die Askese – „möglich sein solle"[194].

Erscheinungsweisen dieser so zunächst einmal ganz allgemein als „Mühe" bei der Verwirklichung des sittlich Guten qualifizerten Askese sind vor allem der „Verzicht" und die Überwindung von Bequemlichkeit; Guardini spricht hier auch von „Strenge" oder „Härte" gegen sich selbst.[195] Zu dieser „Mühe" gehört aber auch das wachsame Hören auf die „feineren Stimmen" des Gewissens[196] und überhaupt die Übung der Stille, der Sammlung, der Meditation und der Kontemplation.[197]

Wenn im Zusammenhang mit Askese von „Strenge" oder „Härte" gegen sich selbst die Rede ist, könnte leicht der Gedanke an selbstquälerische Bußübungen und masochistische Tendenzen wach werden, wie sie in der

[190] A.a.O., 29.
[191] A.a.O., 31f.
[192] A.a.O., 32.
[193] A.a.O., 32.
[194] A.a.O.
[195] A.a.O., 32f.
[196] A.a.O., 33. Zur Bildung des Gewissens vgl. auch ders., Das Gute, das Gewissen und die Sammlung, Mainz [4]1953, bes. 40-48, 67-91. Vgl. auch Kap. 2.3.4.2. dieser Arbeit.
[197] Vgl. z.B. R. Guardini, Das Gute, das Gewissen und die Sammlung, a.a.O., 61-91. Dazu vgl. auch Kap. 2.2.7. dieser Arbeit.

Frömmigkeitsgeschichte aller Zeiten und auch heute wieder neu[198] anzutreffen sind. Guardini selbst allerdings ist von derlei Assoziationen weit entfernt; für ihn äußern sich „Strenge“ und „Härte“ gegen sich selbst als Entschiedenheit und Durchhaltevermögen, wo es gilt zu wählen und die Wahl durchzusetzen. „Härte“ und „Strenge“ sind eingebunden in eine Ethik, die ausgeht von der Anziehungskraft des Guten.

2.2.5. Die Notwendigkeit der Askese: Vier Argumentationsstränge

Guardinis Aussagen zur Askese lassen sich – und das gilt wohl mehr oder weniger für sein gesamtes Denken – nur schwer systematisieren. Seine Begründungen für die Notwendigkeit und Bedeutung der Askese lassen sich aber doch in vier Argumentationssträngen zusammenfassen: einem anthropologischen, einem theologischen, einem wertphilosophischen und einem kulturphilosophischen. Die Unterscheidung eines anthropologischen und eines theologischen Argumentationsbereichs verkennt keineswegs, daß Guardinis Anthropologie immer von der Offenbarung, also von der Theologie her denkt; dennoch lassen sich direkt offenbarungsbezogene Aussagen von solchen abheben, die – wenn auch nicht in ihrer vollen Bedeutung, so doch zumindest in ihrer äußeren Gegebenheit – auch einer philosophischen Anthropologie zugänglich sind.

2.2.5.1. Das anthropologische Argument

Guardini stützt sich in seiner Begründung für die Notwendigkeit der Askese ganz zentral auf das anthropologische Grundphänomen, das sich mit A. Gehlen als „Instinktreduktion“[199] oder als „Plastizität des menschlichen Antriebslebens“[200] bezeichnen läßt. Das Phänomen selbst ist ein Grunddatum der Anthropologie.[201] Unterschiedlich ist allerdings, wie es begrifflich gefaßt und begründet wird.[202] Im Unterschied zu A. Gehlen, der das Phänomen im-

[198] Vom Gebrauch von „Werkzeugen der Selbstkasteiung“ beim Opus Dei berichtet z.B. P. Hertel, Opus Dei, in: W. Beinert (Hg.), „Katholischer“ Fundamentalismus. Häretische Gruppen in der Kirche?, Regensburg 1991, 151.
W. Beinert macht in einer instruktiven Dokumentation auf die aggressive „Kriegsmetaphorik“ aufmerksam, in der Lefebvre-Bewegung, Engelwerk und Opus Dei die Forderungen des geistlichen Lebens beschreiben; vgl. ders., Der „Katholische“ Fundamentalismus und die Freiheitsbotschaft der Kirche, in: ders. (Hg.), a.a.O, 91f, Zitat 91.

[199] A. Gehlen, Der Mensch. Seine Natur und seine Stellung in der Welt, Bonn [5]1955, z.B. 27, 56, 357 und passim sowie ders., Anthropologische Forschung, Hamburg 1961, 60ff. und passim.

[200] Ders., Der Mensch, a.a.O., 380.

[201] Vgl. z.B. O.H. Pesch, Frei sein aus Gnade. Theologische Anthropologie, Freiburg 1983, 53f.

[202] Vgl. W. Pannenberg, Anthropologie in theologischer Perspektive, Göttingen 1983, 32-39.

mer wieder beschreibt, der aber bei seiner Erklärung bewußt auf den Begriff „Geist“ verzichtet[203], argumentiert Guardini ausdrücklich und konsequent vom „Geist“ her.[204] Guardini wendet sich gegen den Versuch, den Menschen rein von der Natur her zu verstehen, von den natürlichen Abläufen und Entwicklungen her, wie sie auch beim Tier zu beobachten sind. Im Menschen „ist etwas wirksam, das sich im Tier nicht findet; so offenkundig wirklich und wirksam, daß man schon blind sein muß, um es nicht zu sehen: der Geist. Er bringt alles, was ‚Natur‘ heißt in eine neue Situation“[205]. Für die Triebe bedeutet dies zunächst eine quantitative Steigerung, dann aber auch eine qualitative Veränderung, die sich als Entgrenzung und Vertiefung wie auch als nahezu grenzenlose Möglichkeit der Verbindung mit anderen Trieben kennzeichnen läßt. Die Triebe „werden stärker, tiefer, gewinnen viel weitere Möglichkeiten des Forderns und Antwortens – zugleich verlieren sie aber den Schutz der organischen Ordnungen, in die sie beim Tier gebunden und gesichert sind; werden ungeregelt und in ihrem Sinn gefährdet“.[206]

Guardini gebraucht den Begriff „Trieb“ in einem sehr allgemeinen und weiten Sinn, gleichbedeutend mit dem von ihm in diesem Zusammenhang ebenfalls gebrauchten Ausdruck „Lebensimpuls(e)“[207]. Das vielfältige Spektrum der Triebe umfaßt nach ihm nicht nur die „physischen“ , sondern auch die „geistigen“ Triebe wie den „Drang nach Geltung und Ansehen, nach Macht in all ihren Formen“, nach „Geselligkeit und Gemeinschaft“, nach „Freiheit und Bildung“, oder das „Verlangen nach Wissen und künstlerischem Schaffen, und so fort“[208]; die Triebe werden „in allen Bereichen und Formen“[209] des menschlichen Lebens wirksam.

---

203 Vgl. A. Gehlen, Der Mensch, a.a.O., 21, sowie ders., Anthropologische Forschung, a.a.O., 16ff., 141-143.

204 Die Rede vom „Geist“ in diesem anthropologischen Zusammenhang läßt zweifellos an M. Scheler denken; vgl. ders., Die Stellung des Menschen im Kosmos, in: ders., Späte Schriften, hg. von M. Frings, Bern 1976, (= Ges. Werke, Bd. 9), 7-71, bes. 31ff. Zugleich ist aber auch nicht zu übersehen, wie Guardini in entscheidenden Punkten anders denkt als Scheler: Zunächst stellt Guardini den „Geist“ schon einmal nicht – wie Scheler – dem „Leben“, sondern der „Natur“ gegenüber, vor allem aber wird der „Geist“ bei Guardini nie in der Weise mit dem Göttlichen identifiziert, wie dies Scheler (a.a.O., 70) tut. Der menschliche „Geist“ ist bei Guardini zwar „capacitas Dei“, „die Fähigkeit, Gott zu fassen“, aber eben geschaffener Geist (vgl. ders., Lebendiger Geist, 140, in: UC 121-144) nicht aber Ort der „Gottwerdung“ (M. Scheler, a.a.O., 70).

205 R. Guardini, Tugenden, a.a.O., 83.

206 A.a.O.

207 A.a.O. Vgl. auch ders, Die Existenz des Christen, Paderborn [2]1977, 161; dort gibt Guardini folgende Definition des Begriffes „Trieb“: „Darunter verstehen wir einen Impuls, der in der physischen wie psychischen Organisation des betreffenden Lebenwesens begründet ist und das Verhalten dieses Wesens in eine bestimmte Richtung, auf ein bestimmtes Objekt zu in Bewegung bringt.“ Vgl. dazu V. Eid, Art. „Trieb“, in PLS 1302-1305, dessen Verständnis des Begriffs „Trieb“ mit dem Guardinis weitgehend übereinstimmt und der, a.a.O., 1303, den „Trieb“ als „jenes spontane Energiepotential“ definiert, „das den Menschen aus sich heraus auf die soziale Wirklichkeit zutreibt“.

208 Ders., Tugenden, a.a.O., 86.

209 A.a.O., 85.

Beim Menschen nun sind diese „Triebe" – so Guardini – aus der Ordnung und Festlegung, die sie beim Tier besitzen, in eine „eigentümliche Freiheit"[210] gesetzt; diese bedeutet zugleich „Intensivierung"[211] und Differenzierung, aber auch Unsicherheit.

Für den Menschen ergibt sich daraus die Aufgabe, „seine Triebe in freigewollter Ordnung zu halten und die Neigung zu Unmaß oder falscher Auswirkung zu überwinden"[212]. Askese heißt in diesem Zusammenhang „sich selbst in Ordnung zu halten", bedeutet „Übung in der richtigen Führung des Lebens". Der Mensch kann seinem Menschsein nur gerecht werden, wenn er sich dieser Aufgabe der bewußten Gestaltung seiner Triebe stellt. Daher kann Guardini feststellen, „„Askese"" bedeute, „daß der Mensch sich entschließe, als Mensch zu bestehen".[213]

Dabei tritt Guardini entschieden zwei möglichen Mißverständnissen entgegen: Weder sind die Triebe an sich schlecht, noch steht der Geist den Trieben als Gegner gegenüber. Diese Klarstellung ist von prinzipieller Bedeutung – auch Guardini selbst legt Gewicht auf sie –, liegt doch hier der Ansatzpunkt für zahlreiche Fehlentwicklungen der christlichen Geistes- und Frömmigkeitsgeschichte, aber auch für naturalistische oder vitalistische Gegenreaktionen.

Guardini sieht die Triebe des Menschen ganz und gar positiv: nämlich als „Energievorrat"[214] des Menschen. Sie sind es, die den Menschen „zur freien Begegnung mit der Weite und dem Reichtum der Welt" führen.[215] „Sie zu schwächen wäre so viel, wie das Leben zu schwächen; das Leben aber ist gut." Daher liegt das Ziel der Askese nicht darin, das Triebleben zu bekämpfen, sondern „es in die gemäße Ordnung zu bringen".[216]

Hier stellt sich das Problem der „„Sublimation""[217]: Für Guardini besteht die Aufgabe nicht darin, die Triebe – verstanden als ‚Antriebe' oder „Lebensimpulse"[218] – in grundsätzlicher, aber schwer faßbarer Weise irgendwie zu vergeistigen; er denkt in dieser Hinsicht – im Anschluß an die psychoanalytischen Erkenntnisse S. Freuds – konkret und situationsbezogen: Dort, wo der Befriedigung eines Triebes „Hindernisse entgegenstehen" – seien sie „physischer, sozialer" oder „ethischer Art" – sind zwei Dinge zu leisten: zum einen gilt es, sich wahrheitsgemäß der Realität und „dem Sinn der Situation" zu stellen; zum andern muß die „gegenstandslos gewordene Trieb-

[210] A.a.O., 83.
[211] Ders., Die Existenz des Christen, a.a.O., 163.
[212] Ders., Tugenden, a.a.O., 84.
[213] A.a.O.
[214] A.a.O., 85
[215] A.a.O., 84
[216] A.a.O., 85.
[217] R. Guardini, Sigmund Freud und die Erkenntnis der menschlichen Wirklichkeit, in: So2, 90 u. 93.
[218] Ders., Tugenden, a.a.O., 83.

Energie auf einen anderen, aber psychologisch überzeugenden Gegenstand" gerichtet werden.[219] „Geschieht das nicht; bleibt die Situation unverstanden, weil der Betreffende ihr nicht gewachsen ist, oder die Lebensführung vor der Mühe des Verstehens, Verzichtens und Um-Richtens ausweicht; verdrängt sie also den Verzicht, statt ihn zu lösen – dann entsteht aus der unerfüllten Forderung des Triebes eine Störung."[220]

Ausdrücklich weist Guardini die Meinung zurück, der „Geist" sei „„Widersacher des Lebens'"[221], sein Wesen sei es, den Trieb zu zerstören. In der Auffassung Guardinis steht der Geist überhaupt nicht in einem antagonistischen Verhältnis zu den Trieben; vielmehr ist es gerade erst der Geist, der den Trieb zu der ihm möglichen „Vollkommenheit, auch und gerade als Trieb" führt: „Der Geist gibt dem Trieb einen neuen Sinn. ... Er setzt ihn in Beziehung zur Welt der Werte, wie auch zu dem, was sie trägt, der Person; hebt ihn dadurch in den Bereich der Freiheit."[222]

Guardini vertritt keinen psychophysischen Parallelismus; Körperliches und Geistiges stehen sich nicht „als zwei mehr oder weniger geschlossene Systeme" gegenüber, sondern stehen in lebendigster Wechselwirkung: die „geistigen Akte", „also Denken, Werten, ethisches Entscheiden" und „künstlerisches Schaffen", sind „nicht nur von physiologischen Vorgängen getragen und von Emotionen begleitet, sondern auch von seelischen Elementen bestimmt..., die selbst unbewußt bleiben. Ebenso wie umgekehrt das biopsychische Leben des Menschen immer im Bereich des Geistes steht, durch ihn Einflüsse erfährt, ja von ihm her in Krisen gelangen kann, die den Menschen als solchen charakterisieren."[223]

---

[219] Ders., Sigmund Freud und die Erkenntnis der menschlichen Wirklichkeit, a.a.O., 90.

[220] A.a.O.

[221] Ders., Tugenden, a.a.O., 84. Es ist nicht klar, auf wen Guardini mit diesem anonymen Zitat anspielt: Es erinnert an den Titel von Ludwig Klages (1872-1956) bekanntem Werk „Der Geist als Widersacher der Seele", Bonn [6]1983 ([1]1929-32). Interessanterweise glaubt A. Gehlen, Anthropologische Forschung, a.a.O., 15, M. Scheler genau in diesem Sinn verstehen zu sollen: der „Geist" sei „ihm in seinen letzten Lebensjahren ... als eine Art Widersacher des Lebens" erschienen. Inwieweit diese Interpretation M. Scheler gerecht wird, kann hier nicht abschließend beantwortet werden; immerhin sei darauf hingewiesen, daß Scheler selbst (Die Stellung des Menschen im Kosmos, a.a.O., 67) dieses Verständnis – wohl in dem Wissen, daß es sich nahelegen könnte – ausdrücklich ablehnt: „Geist und Leben sind aufeinander hingeordnet – es ist ein Grundirrtum, sie in eine ursprüngliche Feindschaft, in einen ursprünglichen Kampfzustand zu bringen." Vgl. auch ders., a.a.O., 66: „Einen solchen dynamischen und feindlichen Gegensatz zwischen Leben und Geist anzunehmen, verbietet uns schon die eine Tatsache, daß dem Geist als solchem überhaupt keinerlei Kraft und Macht, ... zukommt". Guardinis Klarstellung könnte sich auch auf Nietzsche beziehen, in dessen vielschichtigem Verständnis des Geistes Guardini auch die Kritik an „dem Zerrbild des Geistes" erkennt, der „die Wirklichkeit ertötet, hemmt und lähmt" und der zum „Gegenspieler des lebendigen Menschen" wird (R. Guardini, unveröffentlichtes Typoskript „Nietzsche", Stabi, Ana 342, 19). Zu Guardinis intensiver Beschäftigung mit Nietzsche vgl. H.-B. Gerl, Romano Guardini, a.a.O, z.B. 61, 281, 338, 370, sowie dies., Unterscheidung aus Verstehen, in: a.a.O., 193-202, bes. 196-199.

[222] R. Guardini, Tugenden, a.a.O., 84.

[223] R. Guardini, Sigmund Freud und die Erkenntnis der menschlichen Wirklichkeit, a.a.O., 88.

Aufgrund der psychoanalytischen Erkenntisse S. Freuds glaubt Guardini drei Vorstellungen vom Menschen ausschließen zu können: „das aus zwei je in sich geschlossenen Bereichen zusammengesetzte Parallelwesen; das idealistische Geistwesen, dem, als herabziehender oder verunreinigender Rest, das Körperliche anhängt; aber auch – und das nun trotz Freud, jedoch, ..., in Konsequenz seines eigenen Ansatzes – das bloß bio-psychische Menschentier, in welchem, als nicht mehr verstehbare Paradoxien, die ‚geistig' genannten Vorgänge spuken."[224]

Askese steht damit bei Guardini in einem von Grund auf positiven Zusammenhang. Natürlich dient Askese auch der Abwehr überschießender, maßloser oder chaotischer Triebimpulse. Guardini setzt aber noch früher, tiefer und positiver an: nämlich bei der Aufgabe, Grunddaten des Menschseins wie Freiheit und Verantwortung, Welt- und Wertoffenheit bewußt zu realisieren. Denn der Mensch lebt nur „wirklich und voll", „wenn er die Verantwortung kennt, die er hat; das Werk vollbringt, das auf ihn wartet; den Menschen genügt, die ihm anvertraut sind"[225]. So läßt sich Askese dann auch charakterisieren als „dieser beständige Schritt über das eigene Wünschen hinaus in die Aufgabe", wobei das Wort „Aufgabe" hier in einem ganz grundlegenden Sinn gemeint ist, nämlich als die sittliche Aufgabe schlechthin, das „Richtige ... zu erkennen und zu wählen, das Falsche wegzutun"[226].

2.2.5.2. Das wertphilosophische[227] *Argument*

Im Aufbau von Guardinis phänomenologisch orientierter und erfahrungsbezogener Ethik spielt der Begriff des Wertes eine tragende Rolle.[228] Im Hin-

---

[224] A.a.O., 89. Zur Problematik des Verhältnisses zwischen Geist und Körper vgl. H. Jonas, Macht oder Ohnmacht der Subjektivität? Das Leib-Seele-Problem im Vorfeld des Prinzips Verantwortung, Frankfurt/M. 1987; sowie als guten Einblick in die gegenwärtige Diskussion H. Hastedt, Das Leib-Seele-Problem, Frankfurt/M. 1988.

[225] R. Guardini, Tugenden, a.a.O., 89.

[226] A.a.O.

[227] Wenn hier das Wort „wertphilosophisch" gebraucht wird, dann in einem ganz unspezifischen Sinn. Keinesfalls soll Guardini einer bestimmten wertphilosophischen Schule zugeordnet werden; am nächsten steht er zweifellos der auf M. Scheler aufbauenden phänomenologischen Richtung der Wertphilosophie, ohne aber in deren Gefahr, die Loslösung des Wertbereichs vom Seinsbereich, zu verfallen. Den Begriff Wert gebraucht er in einem nicht streng definierten, aber wohl von Scheler her inspirierten Sinn; zu Guardinis Wertbegriff vgl. ders., Ethik, a.a.O., 13-27. Zur Problematik des Wertbegriffs allgemein vgl. J.B. Lotz, Art. „Wert", in: LThK, Bd. 10, 1058f., sowie W. Wolbert, Art. „Wert", in: NLcM, 857 860. Zur Wertphilosophie vgl. J.B. Lotz, Art. „Wertphilosophie", in: LThK, Bd. 10, 1061-1063. Zu grundlegenden Fragen einer Wertethik vgl. R. Egenter, Über die sittliche Bedeutsamkeit von Werten, in: Salzburger Jahrbuch für Philosophie, Bd. V/VI (1961/62), München-Salzburg 1961, 351-363.

[228] Vgl. R. Guardini, Ethik, a.a.O., bes. 13-32, 97-104. Guardinis Orientierung am ‚Wert' wird auch darin deutlich, daß er im Hinblick auf die verschiedenen Lebensbereiche, in denen sich die sittliche Haltung zu verwirklichen hat, von der „Welt der sittlichen Werte" und – spezieller – von „Wertfiguren des persönlichen Lebens" bzw. von „Wertfiguren des Werklebens" spricht; vgl. ders. a.a.O., 513, 523, (Bd. 2) 725.

blick auf die Begründung der Askese erinnert Guardini daran, daß der Mensch immer vor der Notwendigkeit der Wahl steht, d.h. daß er wählen muß zwischen Gütern und Werten, die er nicht gleichzeitig, sondern nur alternativ, bestenfalls nach einander, in vielen Fällen aber für immer einander ausschließend, erlangen bzw. verwirklichen kann – sei es daß die Werte einander tatsächlich entgegenstehen, sei es daß nur eben Zeit und Kräfte des Menschen zu beschränkt sind, um alle zu realisieren. Auch wer sich nicht bewußt entscheidet, wählt: dann eben das, was weniger Anstrengung kostet oder das, was die Mehrzahl wählt; er wird zum Mitläufer ohne eigene Entscheidung.

Guardini geht dabei davon aus, daß es höhere und niedrigere Werte gibt[229], und daß, um einen höheren Wert zu verwirklichen, auf die Verwirklichung niedrigerer Werte verzichtet werden muß. Einen solchen Verzicht zu leisten, bezeichnet er als Askese.[230] Askese kann in diesem Zusammenhang aber auch bedeuten, zunächst einmal die „feineren Stimmen“[231] des Gewissens so zu schulen, daß Wertkonkurrenzen überhaupt wahrgenommen werden, und dann den Willen so zu üben, daß er im rechten Augenblick fähig ist, die richtige Entscheidung durchzusetzen.[232] Askese dient unter wertphilosophischem Aspekt also der Fähigkeit, „das Geringere um des Höheren willen zu opfern“[233] bis hin zur „Selbstpreisgabe des Lebens um des zu erringenden Höheren willen“[234].

In diesen Zusammenhang ordnet Guardini auch seine Begründung der „Evangelischen Räte“ ein: „Wer nach jener letzten Gemeinsamkeit mit Gott verlangt, von welcher das Evangelium spricht, kann inne werden, daß von ihm der Verzicht von Werten gefordert wird, die zu den edelsten des irdischen Lebens gehören.“[235] Guardini weitet dabei den Blick über die Verwirklichung der „evangelischen Räte“ in den verschiedenen Ordensgemeinschaften auf das alltägliche Leben eines jeden Christen, wenn er darauf hinweist, daß „die richtige Verwirklichung der zentralen Lebenswerte in Ehe, Besitz und Selbstverfügung im Grunde nur aus den gleichen Haltungen und Kräften heraus möglich ist wie der vollkommene Verzicht“.[236]

2.2.5.3. Das theologische Argument

Ein weiteres Argument für die Unerläßlichkeit der Askese ist für Guardini die Lehre der christlichen Offenbarung von der Erbsünde: Seit „der Mensch

---

229 Vgl. auch ders, Welt und Person, Mainz-Paderborn [6]1988, 61-65.
230 Vgl. ders., Tugenden, a.a.O., 85f.; ders., Grundformen der Askese, a.a.O., 204; ders., Askese, 47.
231 R. Guardini, Askese, 33.
232 R. Guardini, Tugenden, a.a.O., 85f.
233 R. Guardini, Die Macht. Versuch einer Wegweisung, Mainz-Paderborn [7]1986, 184.
234 R. Guardini, Der Gegensatz. Versuche zu einer Philosophie des Lebendig-Konkreten, Mainz [3]1985, 105, Anm. 26.
235 R. Guardini, Askese, 47.
236 A.a.O., 48.

einmal in entscheidender Weise das Böse gewählt und es so in einer alles spätere Geschehen mitbestimmenden Weise in sein Dasein aufgenommen hat", ist er geneigt, „die Forderung des erkannten Guten" nicht einfach anzunehmen, sondern „sie zu vernachlässigen, ja ihr zu widerstehen."[237] Das heißt, daß die Verwirklichung des Guten „nicht nur gegen die Passivität eines Stoffes, sondern auch gegen den Widerstand eines Nichtwollens, ja eines Gegenwollens durchgesetzt werden" muß. „Mit dieser Tatsache muß jede Ethik rechnen, wenn sie nicht phantastisch werden will."[238]

Mit anderen Worten: Askese ist notwendig, weil der Mensch aufgrund der Erbsünde die Tendenz in sich trägt, sich der Verwirklichung des Guten zu widersetzen; und sie besteht dementsprechend darin, diese „Tatsache mit Nüchternheit zu sehen, aus ihr die nötigen Folgerungen zu ziehen und gegen die widerstrebenden Tendenzen im eigenen Wesen durchzusetzen".[239] Guardinis Verständnis und Deutung der Erbsünde ist im Rahmen der anthropologisch-theologischen Grundlegung[240] der gebührende Platz einzuräumen.

2.2.5.4. Das kulturphilosophische Argument

Eine besondere Dringlichkeit und Brisanz erhält Guardinis Begründung der Askese im Hinblick auf die Aufgaben und Herausforderungen, die sich für den Menschen aus den Möglichkeiten der Technik und aus den Versuchungen der Macht ergeben.[241] Diesem Aspekt der Askese kommt bei Guardini besonderes Gewicht zu. Die Begründung der Notwendigkeit der Askese in den Problemen der Technik und der Macht ist freilich nicht in der Weise eigenständig und ursprünglich, wie dies bei der anthropologischen, wertphilosophischen und theologischen Motivation der Askese der Fall ist; sie setzt vielmehr diese Argumentationsstränge voraus, baut auf ihnen auf und spitzt sie auf unsere zeitgeschichtliche Situation zu. Man könnte auch sagen, in seinem kulturkritischen Plädoyer für die Askese wende Guardini das anthropologische Argument der Notwendigkeit einer bewußten Gestaltung und Formung der Triebimpulse auf ein bestimmtes Spektrum geistiger Triebe an, nämlich den „Trieb nach Macht und Gewinn"[242]. Dabei muß man sich klar sein, daß Guardini „Macht" in einem umfassenderen Sinn versteht als nur im Sinn der politischen Macht: Macht, das ist für ihn jede Möglichkeit der Erkenntnis und der Gestaltung[243].

---

[237] A.a.O., 31f.
[238] A.a.O., 32.
[239] A.a.O.
[240] Vgl. Kap. 2.3.5.
[241] Guardinis Sicht der Technik und der Macht und ihrer Problematik wird im Rahmen seines Kulturverständnisses in Kap. 2.2. (speziell 2.2.3. und 2.2.5.) ausführlicher thematisiert werden. An dieser Stelle beschränke ich mich darauf, die Struktur dieses Argumentationsstranges zu skizzieren.
[242] R. Guardini, Der unvollständige Mensch und die Macht, in: So1, 55.

2.2.5.5. Unterschiede in der Gewichtung

Guardini hat die hier skizzierten Argumentationsstränge in den verschiedenen Zusammenhängen, in denen er über Askese spricht, sehr unterschiedlich gewichtet: Im Rahmen seines Buches über die Tugenden argumentiert er vor allem von der Aufgabe der Triebgestaltung und von der Rangordnung der Werte her (also anthropologisch und wertphilosophisch); Erbsünde und Problematik der Technik spielen hier keine Rolle.[244] In dem (aus dem Rundfunkvortrag hervorgegangenen) Aufsatz über „Askese als Element menschlicher Existenz“[245] dagegen findet sich sehr nachdrücklich das von mir als ‚theologisch‘ klassifizierte Argument; die kulturkritische Argumentation nimmt hier gleichfalls einen sehr weiten Raum ein. Letzteres ist naturgemäß auch in den kulturkritischen Schriften der Fall; hier finden sich aber auch das anthropologische und das wertphilosophische Argument.[246] Die unterschiedlichen Akzentsetzungen lassen sich leicht aus dem Zusammenhang heraus erklären; ihre Begründung muß nicht in einer irgendwie gearteten Entwicklung im Denken Guardinis gesucht werden.

2.2.6. Verwirklichungsbereiche und Konkretionen

2.2.6.1. Traditionelle Formen der Askese

Als praktische Beispiele für die Verwirklichung der Askese nennt Guardini selbstverständlich auch die traditionell bekannten Bereiche wie Essen und Trinken oder den Umgang mit Genußmitteln, er beschränkt sich hier aber auf eine kurze Erwähnung.[247] Das muß um so mehr Erstaunen hervorrufen, als Guardini über viele Jahe hinweg das geistige Haupt einer ‚abstinenten‘ Jugendbewegung war, die den Verzicht auf Nikotin und Alkohol auf ihre Fahnen geschrieben hatte.[248] Schon dieser Befund deutet darauf hin – und dies wird im Lauf der Untersuchung immer deutlicher werden –, daß Guardinis Wertschätzung der Askese nicht von der Abwehr gegen etwas bestimmt ist; der Akzent liegt bei ihm vielmehr auf dem Aspekt der ‚Selbstbildung‘, auf der geistigen Formung des Subjekts oder besser der ‚Person‘.

---

243 Vgl. Kap. 2.4.5.1.

244 Vgl. ders., Tugenden, a.a.O., 82-91.

245 Vgl. Anm. 2.

246 Es seien hier die Stellen in den kulturkritischen Schriften genannt, in denen Guardini explizit von der Notwendigkeit und Bedeutung der Askese spricht: ders., Das Ende der Neuzeit, Mainz-Paderborn [10]1986, 78; ders., Die Macht, a.a.O., 172; ders., „Sorge um den Menschen“, in: So1, 12; ders., Die Kultur als Werk und Gefährdung, in: So1, 36-40; ders., Der unvollständige Mensch und die Macht, in: So1, 58 (sowie implizit 59-70); ders., Die Verantwortung des Studenten für die Kultur, in: R. Guardini/W. Dirks/M.Horkheimer, Die Verantwortung der Universität, Würzburg 1954, 32.

247 R. Guardini, Tugenden, a.a.O., 90.

248 Vgl. Kap. 2.1.3.

Auch das Verhalten gegenüber Besitz und materiellen Gütern wird von Guardini in nur sehr geringem Umfang thematisiert, allerdings in einem entscheidenden Zusammenhang, nämlich im Hinblick auf die vermeintlichen Sachzwänge der Ökonomie.[249]

Mehr Gewicht legt Guardini auf das, was man etwas salopp als „zwischenmenschliche Askese“ oder – besser – mit H. Gauly als „Askese der Beziehung“[250] bezeichnen könnte. Er weist darauf hin, daß jede Beziehung – sei es in einer Freundschaft, sei es in einer Ehe – der ständigen Bemühung und „Wachsamkeit“ bedarf[251]. „Selbstsicherheit“ und „Lässigkeit“[252], die sich einfach auf eine anfänglich vielleicht überstark erlebte gefühlhafte Übereinstimmung und Sympathie verlassen wollten, würden die immer bestehen bleibenden Unterschiede und die sich aus ihnen mit der Zeit ergebenden Spannungen übersehen. Hier liegen Aufgaben, die gemeistert sein wollen: Askese heißt dann „dem Anderen Raum geben, der zu sein, der er eben ist“, ihn „annehmen“ als den, „der er ist“, und damit „dem entsagen, was nicht sein kann“[253]; Askese bedeutet hier auch Bereitschaft zur Selbstkritik sowie die Bereitschaft, die Fehler des anderen „mit den Augen der Freundschaft“[254] zu sehen. Es gilt, auf die „verlogenen Kinovorstellungen“ zu verzichten und zu realisieren, „daß nach dem „Zu-einander-finden in der ersten Liebe die Aufgabe überhaupt erst beginnt“[255]. „Das zu wollen, und es gegen die Empfindlichkeit, Trägheit, Enge der eigenen Natur durchzusetzen, ist ... Askese.“[256]

2.2.6.2. *„Moderne Askese“[257]: Der Bereich der Technik*

Die quantitativ meisten und qualitativ detailliertesten Konkretionen aber finden sich eindeutig in dem Bereich, den man zunächst einmal grob als Bereich der ‚modernen Technik‘ umreißen könnte.[258] Hier nennt Guardini 4 Beispiele: „moderne Askese“ muß sich bewähren angesichts der Probleme der Geschwindigkeit, des Lärms, der Reizüberflutung und des Automatismus.

249 R. Guardini, Askese, 45 u. 48.
250 H. Gauly, Askese der Beziehung, in: Lebendige Seelsorge 35 (1984), 40.
251 R. Guardini, Tugenden, a.a.O., 87.
252 A.a.O.
253 A.a.O.
254 A.a.O.
255 A.a.O. Über die Aufgabe, den anderen anzunehmen, wie er ist, ihn freizugeben in sein Eigensein und für seine eigene Entwicklung, und so miteinander zu wachsen, vgl. auch R. Guardini, Zwei Reden zur Trauung, in: ders., Spiegel und Gleichnis. Bilder und Gedanken, Mainz [7]1990, 49-55, bes. 54f.
256 Ders., Tugenden, a.a.O., 87.
257 „Gedanken über moderne Askese“, so lautete der Titel von Guardinis Rundfunkvortrag im August 1955 (vgl. Anm. 2).
258 Dies gilt für die Mehrzahl der expliziten Aussagen zur Askese, vor allem für „Askese als Element der menschlichen Existenz“ (parallel dazu – vgl. Anm. 2 – auch für „Grundformen der Askese“), nicht für das Kapitel „Askese“ in „Tugenden“, a.a.O., 82-91.

In der „Geschwindigkeit der Bewegung" sieht Guardini dabei ein „charakteristisches Fortschrittsmoment der Technik", „einen sich beständig stärker betonenden Faktor des heutigen Lebens": „Der Verkehr, die Abfolge der Verrichtungen im Beruf, das Nacheinander der Eindrücke usw. werden immer schneller; die Dauer, das Währen nimmt beständig ab." Das bedeutet aber auch einen Verlust an „Intensität und Tiefgang des Erlebens", an „Ruhe und Tiefe". Dabei ist Ruhe mehr als die „Abwesenheit von Bewegung", sie ist vielmehr „selbst etwas Wesentliches: der andere Pol des Zeit-Elements. Erst Bewegung und Ruhe zusammen sind das Ganze: Form der Lebensverwirklichung. Ohne Ruhe wird nichts Wesentliches. Keine lebendige Aneignung eines Bildes, keine echte Erkenntnis, keine von innen her wirkliche Beziehung zu einem anderen Menschen; kein aus dem Gültigen heraus gestaltetes Werk verwirklicht sich ohne sie."[259]

Das in diesem Zusammenhang immer wieder vorgebrachte Argument der Zeitersparnis z.B. beim Autofahren läßt Guardini nicht als ernstzunehmende Begründung gelten. Scheinbar sachliche Gründe verdecken für ihn nur tiefer liegende unbewußte Motive wie die „Lust an der Bewegung selbst, die sich zum Bewegungsrausch steigern kann", hinter der noch einmal der Wunsch stehen kann, „aus der eigenen inneren Verworrenheit einen Aus-Weg ins Offene zu finden – das heißt, sich selbst davonzulaufen".[260] Askese hieße in diesem Fall: „die Motive für die Schnelligkeit durchschauen, den Bewegungszwang lösen und Ruhe schaffen – und dann vor die echten Aufgaben treten".[261]

Wie durch die Geschwindigkeit die Ruhe, so ist durch den „Lärm" die „Stille" gefährdet. Auch sie ist wieder mehr als nur die „Abwesenheit von Wort und Ton", vielmehr „selbst etwas, dessen der Mensch bedarf, um Beziehung zum Gültigen zu gewinnen, Fühlung mit dem eigenen Innern zu halten, geistig wie nervenmäßig gesund zu bleiben. Durch das beständige Sprechen, Tönen, Lärmen wird der Mensch aus sich selbst hinausgedrängt. Sein inneres Zentrum zerfällt. Und er verliert auch das echte Wort; denn das Schweigen gehört zum Sprechen, wie das Einatmen zum Ausatmen. Erst Schweigen und Wort zusammen sind das Ganze: Form der Wahrheitsverwirklichung."[262] Ähnlich dem Rausch der Geschwindigkeit hat auch der Lärm oft die Funktion, eine innere Leere zu übertönen oder Größengefühle zu erzeugen, wie z. B. im Fall des Motorenlärms. Ausführlicher geht Guardini auf die Versuchungen des Radiogeräts ein; das in diesem Zusammenhang Gesagte läßt sich problemlos auf das Fernsehen übertragen: „Es ist ein

[259] R. Guardini, Askese, 36. Guardinis Sicht von Ruhe und Bewegung als zwei einander entgegengesetzte aber zusammengehörige und im Lebensvollzug miteinander zu verbindende Pole ist voll zu verstehen nur auf dem Hintergrund seiner „Gegensatzlehre"; dazu vgl. Kap. 2.3.6.3.

[260] R. Guardini, Askese, 37.

[261] A.a.O.

[262] A.a.O., 38.

Apparat, den wir benutzen, sobald es Sinn hat; doch nicht mehr als das. Bei Vielen ist er aber der Herr: Retter aus geistiger Platzangst; Zwang in den Nerven. Wir müssen lernen, ihn zu gebrauchen und dann abzustellen. Und oft gewinnen wir, wenn wir ihn überhaupt nicht anstellen. Auch das wäre Askese: Überwindung der Angst vor dem Bei-sich-Sein; Herrschaft über den Zwang, den der Knopf dort ausübt."[263]

Die Gefahr der Reizüberflutung (als Beispiele dienen Guardini die Illustrierten, die Wochenschau im Kino, wiederum das Radio, aber auch Plakate, Schaufensterauslagen, Reklame und überhaupt die Vielzahl wechselnder Eindrücke in einer Stadt) sieht Guardini darin, „daß die Sinne – das heißt aber doch, jene Organe, mit denen der Mensch ‚Welt' aufnimmt – verschlissen werden"; der Mensch verliert die Fähigkeit, wirklich „zu sehen"; er erfaßt nur noch „Sensationen", „Reize, Effekte", nichts „Sinnhaftes, von innen heraus Gestaltetes, keine ‚Welt'".[264] „Eine Masse von Eindrucksfragmenten stürzt auf ihn ein, und das Eigentliche, das Innewerden des Wirklichen in seiner Größe, Tiefe, Mächtigkeit nimmt ab. Das Paradox tritt ein, daß die Menge des Immer-Neuen, Stärker-Reizenden den Gegeneindruck hervorruft: der Eintönigkeit und Wesenlosigkeit."[265] Askese würde hier bedeuten, sich von dem „Sensationsgepeitsche" nicht hetzen zu lassen, „zwischendurch eine Illustrierte nicht zu betrachten, das Radio nicht anzudrehen, das Kino nicht zu besuchen – und das alles aber nicht, weil es schlecht wäre, sondern weil man frei sein will".[266]

Noch mehr ins Grundsätzliche geht, was Guardini als viertes Anwendungsbeispiel der Askese im Bereich der technischen Welt anführt: die Gefahr der Vermassung und der Manipulation; die Gefahr, daß der Mensch unter einem ungeheuren Anpassungsdruck seinen Selbstand verliert. Guardini geht dabei aus von dem Phänomen des „Automatismus"[267] als einem Charakteristikum der technischen Welt. Und er weist darauf hin, daß die Mechanisierung und Standardisierung aller Vorgänge die Tendenz hat, auf den Menschen überzugreifen. Die Technik als System funktioniert am reibungslosesten, wo auch der Mensch berechenbar geworden ist, wo er der Norm entsprechend und mechanisch ‚funktioniert'. Denn „sobald Einer aus sich selbst heraus denkt, handelt, lebt, stört er sofort irgendeinen Ablauf"[268]. Deshalb versucht man ständig, die Menschen zu beeinflussen, indem man „durch das Nachrichtenwesen die Vorgänge in ein bestimmtes Licht bringt; durch Zeitung und Radio die gewünschten Urteile einredet usw."; so ist der Mensch in Gefahr, „gelebt zu werden, statt selbst zu leben; zu hören, was

[263] A.a.O., 38f.
[264] A.a.O., 39.
[265] A.a.O., 40.
[266] A.a.O.
[267] A.a.O.
[268] A.a.O.

gedacht werden soll, statt selbst zu denken; Urteile und Handlungen suggeriert zu bekommen, statt selbst Initiative zu haben"[269]. Askese ist hier „Gegenwehr gegen die Angleichung" oder „die Übung im Willen selbst zu sein".[270] Dabei geht es nicht darum, um jeden Preis anders zu sein oder zu handeln als andere; es geht darum, sich „selbst ein Urteil zu bilden; mit den eigenen Augen zu blicken; mit den eigenen Händen seine Umgebung zu formen – oder aber, wo Rat und Vorbild nötig sind, sich die richtigen zu wählen".[271] Letztlich geht es bei dieser Askese darum, „sein eigenes Zentrum" zu suchen, um „von dort aus an die Welt" heranzutreten[272]; zu lernen, zu sich selbst stehen und Widerspruch aushalten zu können.

Mit diesen nachdrücklichen Empfehlungen der Askese in bezug auf bestimmte Möglichkeiten und Versuchungen der Technik ist der eigentliche Kern von Guardinis Gedanken zur Askese in der modernen Welt allerdings noch keineswegs erreicht. Askese im Hinblick auf die technische Welt hat bei Guardini noch einen „tieferen, radikaleren" Sinn.[273] Wenn es nach Guardinis Verständnis der Askese ganz wesentlich um „Distanz"[274] gegenüber vermeintlich selbstverständlichen oder zwangsläufigen Triebimpulsen oder Handlungsabläufen und damit um Freiheit, um Entscheidung und Wahl geht, dann ist Askese nirgends so notwendig wie dort, wo der Gang des angeblichen Fortschritts und seine vorgeblichen Sachzwänge Entscheidung, Verantwortung und freie Wahl unmöglich zu machen scheinen. Um die hier notwendige Freiheit zu erringen, muß der Mensch lernen, „sich aus dem Spiel der Instinkte, aus dem Kalkül des Vorteils, aus dem Trieb zur Herrschaft zu lösen und in den Raum echter Verantwortung einzutreten"[275]. Askese heißt hier, „den Trieb nach Macht und Gewinn durch Entsagung und Selbstüberwindung zu bändigen"[276], sie zielt darauf, daß der Mensch „Herr" wird „über seine eigene Macht"[277]. Die hier angedeutete – und für Guardinis Sicht zentrale – Dimension der Askese ist im Zusammenhang seiner kulturkritischen Überlegungen zu entfalten.[278]

2.2.6.3. Askese und religiöses Leben

Im Rahmen seiner monographischen Abhandlungen über Askese[279] behandelt Guardini das Gebiet des religiösen Lebens nur am Rande. Er weist auf

---

[269] A.a.O.
[270] A.a.O., 41.
[271] A.a.O.
[272] A.a.O.
[273] A.a.O.
[274] A.a.O., 45.
[275] R. Guardini, Grundformen der Askese, a.a.O., 204.
[276] R. Guardini, Der unvollständige Mensch und die Macht, in: So1, 55.
[277] R. Guardini, Das Ende der Neuzeit, a.a.O, 78.
[278] Vgl. Kap. 2.4.
[279] Ich zähle darunter (vgl. Kap. 2.2.1.) „Askese als Element menschlicher Existenz", a.a.O., „Grundformen der Askese", a.a.O., sowie das Kapitel über „Askese" in „Tugenden", a.a.O.

die Notwendigkeit der Selbsterziehung und „Einübung“, ja der „Selbstüberwindung“ auch in diesem Bereich hin: „Der Mensch wird nicht mit Gewalt zu Gott getrieben.“[280] Und er skizziert mit wenigen Worten den Sinn der „evangelischen Räte“: „Wer nach jener letzten Gemeinsamkeit mit Gott verlangt, von welcher das Evangelium spricht, kann inne werden, daß von ihm der Verzicht von Werten gefordert wird, die zu den edelsten des irdischen Lebens gehören. ...: Wenn du eine letzte Innigkeit der göttlichen Liebe gewinnen willst, mußt du die irdische opfern und das einsame Leben wählen. Wenn du den vollen Reichtum der Gotteserfahrung gewinnen willst, mußt du die Güter der Erde weggeben und arm werden. Wenn du die höchste Freiheit gewinnen und für Gott offen werden willst, mußt du auf die Verfügung über dich selbst verzichten und dich unter fremde Weisung stellen.“[281] Bemerkenswert an Guardinis Begründung von Ehelosigkeit, Besitzlosigkeit und Gehorsam ist zunächst, daß er die Güter, auf die der Mensch mit der Übernahme der entsprechenden Gelübde verzichtet, in keiner Weise abwertet, sondern im Gegenteil zu den „edelsten des irdischen Lebens“ zählt. Zu weitergehenden Überlegungen könnte sein kurzer Hinweis Anlaß geben, daß auch „Ehe, Besitz und Selbstverfügung im Grunde nur aus den gleichen Haltungen und Kräften heraus“ richtig gelebt werden können, aus denen der „vollkommene Verzicht“ möglich ist.[282] Damit relativiert Guardini die über viele Jahrhunderte hinweg aufgerichtete Unterscheidung zwischen dem Stand der „Vollkommenheit“ und dem Stand der gewöhnlichen Gläubigen und verweist beide auf die gemeinsame Glaubensgrundlage.[283] Daß beim Verzicht auf derart fundamentale „Lebenswerte“ wie „Selbstverfügung“, eheliche Partnerschaft (mit geschlechtlicher Erfüllung) und Besitz auch die Gefahr der „Selbsttäuschung und Unnatur“ gegeben ist, leugnet Guardini dabei nicht.[284]

Was Guardini im Zusammenhang mit dem Thema „Askese“ nur relativ kurz andeutet, kann und muß freilich ergänzt werden durch eine Vielzahl von Betrachtungen und Überlegungen über religiöses Leben, in denen immer die Aspekte der Einübung und der Selbsterziehung eine eminente Rolle spielen, ohne daß das dabei Gesagte in ein Schema der

[280] R. Guardini, Tugenden, a.a.O., 89f.
[281] Ders., Askese, 47.
[282] A.a.O., 48.
[283] Nach P.M. Zulehner stellen die evangelischen Räte eine Verdichtung christlichen „Lebenswissen(s)“ im Hinblick auf jene fundamentalen Lebensbereiche dar, die sich umschreiben lassen als „a) Zuwendung, Eros, Agape, Sexualität; b) Autorität, Macht, Freiheit; c) Besitz, Vermögen.“ Auf diesem Hintergrund stellt Zulehner fest. „Zu lange waren“ die „Ratschläge Jesu für eine christliche Lebensstilisierung den religiösen Experten vorbehalten worden, also Ordensleuten und Priestern. Dem Fußvolk der Kirche hat man sie nicht zugemutet, sie sollten vielmehr in ‚Unvollkommenheit‘ bewundern, was die ‚religiösen Virtuosen‘ im Stand der ‚Vollkommenheit‘ lebten.“ (P.M. Zulehner, Helft den Menschen leben. Für ein neues Klima in der Pastoral, Freiburg 1978, 12 bzw. 40, vgl. auch 37-42.
[284] A.a.O.

„Aszetik“[285] eingeordnet würde. Dies gilt für seine Schriften zur „liturgische(n) Bildung“[286], wie auch für seine Anregungen zum persönlichen spirituellen Leben[287] und natürlich für seine „geistliche(n) Übungen“[288].

Guardinis Empfehlungen zum Gebet fügen in bemerkenswerter und charakteristischer Weise scheinbar gegensätzliche Elemente zusammen: Auf der einen Seite weist Guardini nachdrücklich auf die Notwendigkeit von Ordnung, Regelmäßigkeit und Übung für das Gebetsleben hin, auf der anderen Seite gesteht er der Individualität und der Situation des Beters einen großen Spielraum zu. Das Plädoyer für Disziplin und Regel ist bei ihm frei von Zwanghaftigkeit und Schematismus und geht einher mit einem ausdrücklichen Verständnis für situationsbedingte Schwierigkeiten.

Immer wieder tritt er der Meinung entgegen, das Gebet sei nur echt, wenn es ganz frei und spontan aus dem Herzen ströme „wie die Quelle aus dem Erdreich. Nur was von selbst hervorspringt, sei gut, alles übrige aber eine gekünstelte Sache.“[289] Demgegenüber erinnert Guardini realistisch an die zahlreichen Widerstände, die sich gegen das Gebet erheben[290] und an die Notwendigkeit von „Ordnung, Zucht und Arbeit“[291] in allen Bereichen des Lebens. Das Gebet braucht Vorbereitung, Sammlung und Regelmäßigkeit; deshalb gibt es auch beim Gebet durchaus so etwas wie ‚Übung‘[292]. Auf der anderen Seite gesteht Guardini auch zu, daß es zu bestimmten Zeiten einfach nicht gelingt, sich zu sammeln, weil die Zeit oder die Ruhe oder die innere Haltung dazu fehlt. Dann ist Ehrlichkeit wichtig. Nicht die äußere Pflichterfüllung ist letzter Maßstab, sondern das ehrliche Stehen vor Gott.[293]

2.2.7 Askese und Meditation

In einem eigentümlichen, schwer systematisierbaren Verhältnis stehen bei Guardini die Begriffe Askese und Meditation (bzw. Kontemplation) zueinander. Nach traditionellem katholischen Verständnis wären die Formen der

[285] Zum Begriff und zur Tradition der Aszetik vgl. K. Truhlar, Art. „Aszetik“, in: LTHK, Bd. 1, 986-973.

[286] R. Guardini, Liturgische Bildung, in: ders., Liturgie und liturgische Bildung, Mainz-Paderborn ²1992, 19-110; vgl. auch ders., Besinnung vor der Feier der heiligen Messe, Mainz ⁶o.J. (1. Aufl., noch in 2 Bänden, 1939; 4. durchgesehene und um ein Kapitel gekürzte Aufl. 1947), bes. 19-71; ders., Von heiligen Zeichen, Mainz 1988 (¹1933, vorher, seit 1920 bzw. 1922 als Folge in der Zeitschrift „Quickborn“ bzw. in Einzelheften). Siehe auch Kap. 2.3.7.5.

[287] Vgl. vor allem ders., Vorschule des Betens, Mainz-Paderborn ⁹1990 (¹Einsiedeln 1943).

[288] Vgl. ders., Wille und Wahrheit. Geistliche Übungen, Mainz-Paderborn ⁶1991 (¹1933). Siehe auch Kap. 2.3.7.4.

[289] R. Guardini, Briefe über Selbstbildung, Mainz ²1930, 146 (¹⁴1986, 66).

[290] Vgl. a.a.O., 144-147, sowie ders, Vorschule des Betens, a.a.O., 11-40 u. 152-161.

[291] Ders., Vorschule des Betens, a.a.O., 12.

[292] Vgl. vor allem a.a.O., 11-16.

[293] Vgl. Briefe über Selbstbildung, a.a.O., 162..

Meditation (bzw. der Kontemplation) innerhalb der Aszetik (der Lehre von der Askese) abzuhandeln.[294] Ein modernes, von den östlichen Meditationsformen her beeinflußtes Verständnis würde (sofern man dieses Wort überhaupt gebrauchen wollte) eher dazu neigen, Askese (verstanden als Verzicht oder Selbstdisziplin) als notwendige Voraussetzung des Meditierens zu sehen, wobei dann die Meditation und ihre Ziele das Hauptgewicht besäßen.

Guardini, der weder eine systematische Darstellung der Askese noch der Meditation beabsichtigt, stellt beides, Meditation und Askese, einfach als zwei Dinge, die „eng zusammen" gehören, nebeneinander.[295] Dabei darf nicht vergessen werden, daß in der Mitte der fünfziger Jahre, als der betreffende Vortrag „Kultur als Werk und Gefährdung" entstand[296], die Begriffe „Kontemplation" oder „Meditation" noch keineswegs derart in Mode waren wie heute. Guardini rechnet noch damit, daß sie genauso „Anstoß erregen" – und „ihn hoffentlich erregen" – wie auch das Wort Askese.[297] Ausdrücklich wehrt Guardini ein Verständnis des Wortes „kontemplativ"[298] ab, das in die Richtung eines verstiegenen „Mystizismus" ginge. Er empfiehlt auch keine bestimmten Methoden, Techniken oder Übungen. Es geht ihm einzig darum, daß der Mensch in sich „eine echte Innerlichkeit" ausbildet, „die den veräußerlichenden und zerstreuenden Tendenzen der Zeit zu widerstehen vermag". Meditation im Sinn Guardinis hat das Ziel, daß „der personale Kern" des Menschen „eine Festigung" erfährt, „die ihn fähig macht", gegenüber „Parole und Propaganda" eine feste „Position zu beziehen"[299]. Zugleich geht es darum, den modernen Menschen aus der Einseitigkeit des bloß Zweck-Rationalen zu befreien, in der „der Ernst der Person und ihre Verantwortung nach Möglichkeit ausgeklammert" werden, demgegenüber hat die Meditation das Anliegen, daß wieder „der ganze Mensch" zum Zuge kommt.[300] Der moderne Mensch ist nach Guardini „unvollständig" geworden[301]: Innerhalb der letzten 500 Jahre hat er einseitig die nach außen gewandte „aktive" Seite seines Wesens entwickelt; was ihm fehlt, ist die Übung des „kontemplativen" Verhaltens. Das „aktive ... Verhalten ... ist jenes, in welchem der Mensch von sich weg in die Dinge hinausgeht. Es richtet sich auf ein Ziel,

[294] Vgl. z. B. L. v. Hertling, Lehrbuch der aszetischen Theologie, Innsbruck 1930, bes. 195-213 und 272-293; G. Thils, Christliche Heiligkeit. Handbuch der aszetischen Theologie für Ordensleute, Priester und Laien, München 1961, bes. 608-633.

[295] Ders., Die Kultur als Werk und Gefährdung, in: So1, 34; vgl. auch a.a.O., 31ff.

[296] Der Vortrag wurde zunächst unter dem Titel „Das Risiko der Kultur" auf der Kölner Hochschulwoche am 22. Januar 1957 und dann unter dem oben genannten Titel anläßlich der Gründungsfeierlichkeiten der Katholischen Akademie in Bayern am 1. Februar 1957 gehalten.

[297] A.a.O., 31.

[298] A.a.O., 32. Die Wörter „kontemplativ" und „meditativ" bzw. „Kontemplation" und „Meditation" gebraucht Guardini ohne Unterschied.

[299] A.a.O.

[300] A.a.O., 32f.

[301] Ders., Der unvollständige Mensch und die Macht, in: So1, 47.

greift an und wird ebendamit, kraft jenes Gesetzes der Zweiseitigkeit, vom Objekt ergriffen..." Das „kontemplative Verhalten" dagegen „sucht die eigene Mitte; faßt in ihr Stand; gewinnt Distanz zu den Dingen und ist ihnen gegenüber frei". Mit der Überbetonung des „aktiven" und der Vernachlässigung des „kontemplativen" Elements hat die Fähigkeit des Menschen abgenommen, „in sich selbst zu stehen, Stellung zu nehmen, zu urteilen"; ebenso ist die Fähigkeit geringer geworden, „zu überblicken, zum Sinn durchzudringen, Ordnung zu schaffen", so daß der Mensch „sich von Tag zu Tag rückhaltloser an das ausliefert, was um ihn her vor sich geht".[302] Im einzelnen macht Guardini diese Gesamtdiagnose von der „Unvollständigkeit des Menschen"[303] fest an fünf Symptomen:

1. Der Mensch von heute kann nicht mehr schweigen: „Gerede" und „Lärm" nehmen zu; das „Wort" wird „immer dünner und wohlfeiler", es verliert an „Ernst, Tiefe und menschlicher Fülle".[304]

2. Der Mensch hat verlernt zu ruhen: Er ist immer nur tätig; „er dringt vor, kämpft, erobert, arbeitet, gestaltet. Er wird Herr der Dinge, Baumeister, Regent, Gesetzgeber der Welt". Aber nur aus der Ruhe bekommt das Handeln des Menschen „seine Frische, seine Sicherheit, das Neue und Schöpferische."[305]

3. Dem modernen Menschen fällt es schwer, mit sich allein zu sein, wirklich „bei sich" zu sein: Was der Mensch in der Begegnung mit Menschen und Dingen in der Außenwelt erfährt, darüber muß er sich „Rechenschaft" geben, das muß er innerlich verarbeiten und sich aneignen. Die Bewegung nach außen braucht als Gegenpol die Bewegung nach innen. Die „Fähigkeit zur Rückkehr ins Innere, zum Alleinsein mit sich" wird aber immer geringer. Dieses „Immer-draußen-Sein", diese zunehmende „Verflüchtigung des Innenbereichs" ist nach Guardini „vor allem daran schuld, daß der moderne Mensch so leicht von der Propaganda regiert, in Organsiationen gepackt und – trotz alles Redens von Demokratie – durch Staat und Behörde beherrscht werden kann".[306]

4. Quantitativ gesehen nimmt das Wissen ständig und bedrohlich schnell zu – und zwar „Wissen" verstanden als intellektuelles „Haben und Beherrschen" – und dies „in einem so ungeheuerlichen Maß, daß es den Menschen förmlich überstürzt ..., „jenes Tiefere aber, das aus dem inneren Durchblicken und Durchleben hervorgeht, das Verstehen des Wesens, das Begreifen aus dem Ganzen heraus, das Erfahren des Sinnes, wird schwächer. Das alles kann nämlich nur im inneren Gegenüber der Kontemplation gewonnen werden; die aber braucht Stille, Ruhe, Sammlung. Das Wissen wächst; die Wahrheit nimmt ab".[307]

---

[302] A.a.O., 51.
[303] A.a.O., 47.
[304] A.a.O., 48.
[305] A.a.O., 48f.
[306] A.a.O., 49f.
[307] A.a.O., 50.

5. Damit schwindet aber auch die Fähigkeit des Menschen, Werte zu erfahren, „die Rangordnung der Werte zu sehen, zwischen Mittel und Zweck, Hauptsache und Nebensache zu unterscheiden und zu einem echten Urteil zu gelangen", denn all dies „setzt Konzentration voraus".[308]

Folge dieser „Unvollständigkeit des heutigen Menschen"[309], dieser einseitigen Entwicklung des „Aktivismus" und der Unterentwicklung der kontemplativen Seite, ist, daß der Mensch „seinem eigenen Werk verfallen ist".[310] Er hat nicht mehr jenen Abstand, jenen Überblick und jene Freiheit, die es ihm erlauben würden, bewußte und freie Entscheidungen zu treffen und den Gang der Geschichte wirklich zu bestimmen. Die geforderte „neue Sicherheit des Standorts, die Freiheit des Sehens und Tuns" kann der Mensch „nur wiedergewinnen, wenn er jenes Element" – nämlich die Kontemplation – „in sich kräftigt: wieder lernt, zu schweigen; sich zu sammeln; seiner selbst mächtig zu werden; Abstand zu gewinnen; den Sinn der Vorgänge zu sehen; nicht aus dem Gedränge der Vorteile und Parolen, sondern aus dem Wesen der Dinge heraus zu entscheiden undsofort."[311] Es ist eine „echte Re-Volution", die hier gefordert ist: Eine „Wende der Erkenntnis und der Bewertung muß sich vollziehen", die erlaubt, der „Logik von Macht und Apparatur", der Eigendynamik und den angeblichen Sachzwängen eines vermeintlichen Fortschritts entgegenzutreten und die „Knechtung" die von ihnen ausgeht, aufzubrechen.[312]

Guardinis Sicht dessen, was er – in einer eigentümlichen Wort-Schöpfung – „‚Kultur-Meditation'"[313] nennt, hat also ganz ausdrücklich und vordringlich kulturelle, gesellschaftliche, sozialethische Implikationen und ist vollkommen verschieden von dem oft sehr stark individualistisch, ja subjektivistisch ausgerichteten Verständnis eines modisch gewordenen Meditationsbetriebs.[314]

Meditation in diesem Sinn zielt darauf, die Entwicklungen, die Strukturen und die immer wieder als Sachzwänge tabuisierten Zusammenhänge technischer, wirtschaftlicher und gesellschaftlicher Entwicklungen aus der notwendigen Distanz heraus zu bewerten und an echten Maßstäben zu messen. Sie ist geradezu das Gegenteil jener „Psychotechnik, mit welcher die modernen ‚Seelen-Ingenieure' Haltung und Stimmung der Arbeitenden beeinflussen, damit ihre Leistungen noch genauer, noch rascher, noch besser vor sich gehen".[315]

---

[308] A.a.O., 51.
[309] A.a.O., 47.
[310] A.a.O., 58.
[311] A.a.O.
[312] A.a.O., 59.
[313] Ders., Die Kultur als Werk und Gefährdung, a.a.O., 32.
[314] Der weite Horizont von Guardinis Meditationsverständnis wird sehr deutlich auch bei Th. Schreijäck, Zur Logik der Inkulturation des Christlichen. Anmerkungen zum Meditationsverständnis von Romano Guardini, in: A. Schilson (Hg.), Konservativ mit Blick nach vorn. Versuche zu Romano Guardini, Würzburg 1994, 150-157.
[315] Ders., Der unvollständige Mensch und die Macht, a.a.O., 59.

Guardinis Konzept der „,Kultur-Meditation'" ist – das betont er eigens – kein „spezifisch-religiöses Verhalten"[316], es ist nicht gebunden an bestimmte religiöse oder weltanschauliche Vorstellungen; Meditation in diesem Sinn ist vielmehr notwendiger Bestandteil einer jeden Kultur,die diesen Namen verdient und in der es „Freiheit und Verantwortung" von „Personen" geben soll[317].

Guardini sieht durchaus die Gefahr, daß Meditation „in esoterische Geheimnistuerei oder in reformistische Künstlichkeiten" abgleitet, oder daß es auch auf diesem Gebiet wieder eine rein äußerliche Betriebsamkeit mit „Vortragsfolgen, Arbeitswochen, Bücher(n) und Broschüren und Artikel(n)" geben könnte, „in denen der neue Fund zu einer Sensation ausgewalzt würde" und er hat keine fertigen Rezepte, wie diesen Gefahren zu begegnen sei. Aber er sieht „eine sehr ernsthafte Aufgabe der Erwachsenenbildung" darin, Formen der Meditation im oben beschriebenen Sinn zu entwickeln.[318]

Auch wenn Guardini die Frage der Form und der Methoden einer solchen Meditation ganz offen läßt, ist doch nicht zu übersehen, daß der Praxis der Meditation, wie sie in Indien oder im fernen Osten geübt wird, sein Respekt, wenn nicht seine Bewunderung gilt. Jedenfalls dient ihm die Praxis der Meditation in diesen Ländern als Beleg für die Bedeutung wie für die Möglichkeit der Meditation.[319] Insbesondere verweist er auf Gandhi, in dem sich ja Askese und Meditation zu einer Einheit verbunden haben: „Wir fangen an, mit zögernder Hoffnung auf Indien zu schauen. Fragen uns, ob da nicht vielleicht ein neuer Faktor in die Weltpolitik tritt, der mehr bedeuten könnte, als nur ein anderes Interessenzentrum und eine andere Verhandlungstechnik? Ob sich da nicht eine Haltung herausarbeitet, die bei Gandhi begonnen hat, der als Narr verlacht wurde, in Wahrheit aber die Freiheit Indiens begründet hat? Das Neue aber daran wäre, daß Menschen sich in den Besitz aller Wissenschaft und Technik setzten, aber aus einem vollständigeren Menschentum heraus dächten und handelten, als es das der veräußerlichten und verhetzten westlichen Welt ist – und der östlichen, sofern sie westliche Gedanken mit asiatischer Menschenverachtung verbindet."[320]

Konkret macht Guardini drei Vorschläge, wie das „kontemplative Element" in das Leben eingebracht werden könnte: er empfiehlt, sich „einmal im Jahr" Zeit für „geistliche Übungen" zu nehmen, innerhalb der Woche den Sonntag als „Tag wirklicher Ruhe" zu gestalten und an jedem Tag „eine Viertelstunde der Stille" auszusparen.[321]

---

[316] Ders., Die Kultur als Werk und Gefährdung, a.a.O., 32.
[317] A.a.O., 34.
[318] A.a.O.
[319] Vgl. ders., Der unvollständige Mensch und die Macht, a.a.O., 60f., 62f.
[320] Ders., Die Kultur als Werk und Gefährdung, A.a.O., 37f.
[321] Ders., Der unvollständige Mensch und die Macht, a.a.O., 61ff. Zur Form der von Guardini selbst gestalteten „Geistliche(n) Übungen" vgl. ders., Wille und Wahrheit. Geistliche Übungen, Mainz ^{6}1991 (vgl. auch Kap. 2.3.7.4.); zur Bedeutung des Sonntags vgl. ders., Der Sonntag – gestern, heute, immer, in: So1, 176-210 (vgl. auch Kap. 2.4.3.5.)

Den Inhalt der „geistlichen Übungen" wie auch der täglichen Viertelstunde bestimmt Guardini bewußt offen, nicht festgelegt auf traditionell christliche Formen oder Gedanken. Er betont, mit „geistlichen Übungen" sei „nichts kirchlich Definiertes gemeint, sondern etwas, das jeden angeht": „Eine Gelegenheit, zu hören und zu bedenken, wann ein Mensch innerlich in Ordnung ist und wann verwirrt; welche Anlagen es in ihm gibt, welche davon entwickelt sind und welche verkümmert. Auch wäre Gelegenheit, zu lernen, wie man ruhig wird und sich entspannt; wie man sich sammelt, offen und aufmerksam wird. In diese Empfänglichkeit würden wesentliche Gedanken gestellt: aus Schriften weiser Menschen, aus Werken der Dichter, aus der heiligen Schrift ..."[322] Und in der „Viertelstunde" brauchte man „nichts Besonderes zu unternehmen. Nur die Gedanken hinaustun, die mit Geschäftsführung und Konstruktionsbüro zusammenhängen; sich lösen und in sich selbst still werden – und da, je nach den Voraussetzungen persönlicher Überzeugung, etwas Gutes hineinnehmen. Das kann ein Kunstblatt sein – eins, still betrachtet; kein durchgeblätterter Band! – oder ein Gedicht; ein Satz aus dem ‚Tao-te-king' oder aus Goethes ‚Maximen und Reflexionen'; freilich auch, und damit erst das Eigentliche: ein Wort der heiligen Schrift ..."[323]

In der Sicht Romano Guardinis stehen Meditation und Askese also in einem engen Zusammenhang: sie gehören zusammen und ergänzen sich gegenseitig – sowohl im Hinblick auf den einzelnen und seine persönliche Formung und Entwicklung (d.h. seine Selbsterziehung und Selbstbildung) als auch im Hinblick auf die gesellschaftlichen und politischen Erfordernisse einer verantwortlichen Gestaltung der Zukunft.[324] Askese und Meditation sind dabei nicht identisch[325]; sie sind auch nicht jeweils dem anderen über- oder untergeordnet, sondern sie stehen nebeneinander, besser gesagt: sie greifen Hand in Hand, brauchen und fördern sich gegenseitig. Bei der Askese liegt der Akzent der Betrachtung auf der Überwindung, der Härte, dem Verzicht; bei der Meditation steht der Aspekt der Sammlung, der Konzentration, der Ruhe im Vordergrund.

---

[322] Ders., Der unvollständige Mensch und die Macht, a.a.O., 62.

[323] A.a.O., 64f.

[324] Zur Zusammengehörigkeit von Askese und Meditation als „notwendige Grundhaltungen" im Hinblick auf einen verantworteten Umgang mit der Technik vgl. auch P. Becher, Mensch und Technik im Denken Friedrich Dessauers, Martin Heideggers und Romano Guardinis, Frankfurt 1971, 139-146, Zit. 139.

[325] Eine solche Identität behauptet M. Lechner, der sogar von einer „definitorischen Gleichsetzung von Kontemplation und Askese" durch Guardini spricht, ohne daß der von ihm angeführte Beleg aussagekräftig wäre (ders., Die Theologie des Maßes. Studien zur kulturgeschichtlichen Bedeutung der Askese bei Romano Guardini, St. Ottilien 1991, 302, Anm. 206, vgl. auch 299). M. Lechner sieht zweifellos zu Recht in der „Fähigkeit zur Distanz" (a.a.O., 299) die entscheidende Gemeinsamkeit von Askese und Kontemplation. Die „Gleichsetzung" übersieht aber, in wie unterschiedlicher Weise dieser Abstand von den Dingen gelebt, erlebt und eingeübt werden kann und muß.

Meditation kann eine Form der Askese sein; dennoch läßt sie sich nicht einfach in die Askese einordnen; denn ihr eignen Aspekte der Geschenkhaftigkeit (der Absichtslosigkeit und der Gelassenheit), die sich nur schwer unter dem Begriff Askese subsumieren lassen. Ähnliche Probleme der Zuordnung und der Abgrenzung sind in der Tradition bekannt von dem Begriffspaar ‚Aszetik und Mystik'[326] her. Mit Guardini auf eine lückenlose Systematik zu verzichten, dafür aber die praktischen Bezüge her- und die lebendigen Zusammenhänge darzustellen, erweist sich zweifellos als die fruchtbarere Vorgehensweise.

2.3. Anthropologisch-theologische und pädagogische Grundlagen der Askese im Werk Romano Guardinis

Guardinis Anthropologie erweist sich als Konkretion der ganz spezifischen Denk- und Arbeitsweise, die Guardini unter der Bezeichnung „Weltanschauung" entwickelt hat und die in Kapitel 2.1.2. bereits skizziert wurde; hier, in der Anthropologie, kommt sein fachübergreifender Blick in besonderer Weise zum Tragen. Philosophische, theologische und pädagogische Aspekte greifen beständig ineinander.

„Nur wer Gott kennt, kennt den Menschen", dieser Titel seines Vortrags bei der Arbeitstagung des 75. Deutschen Katholikentags 1952 in Berlin[327] zeigt deutlich die Bedeutung, die Guardini der Offenbarungswahrheit für das Verständnis des Menschseins beimißt. Gleichzeitig steht Guardini aber auch im philosophischen Kontext seiner Zeit: Er greift Anregungen, Fragestellungen und Methoden der Lebensphilosophie, der Existenzphilosophie und vor allem der Phänomenologie auf – dies jedoch in eigenständiger Form, so daß es sich verbietet, ihn einer dieser philosophischen Richtungen einzuordnen.[328] Guardini verfolgt auch sehr aufmerksam Entwicklungen und Erkenntnisse der Humanwissenschaften, vor allem der Soziologie[329], der Psychologie und der Psychoanalyse, der Medizin und der Biologie, und be-

---

[326] Vgl. K. Truhlar, Art. „Aszetik", in: LThK, Bd. 1, 968-973, bes. 968f.

[327] In: Zentralkomitee der deutschen Katholiken (Hg.), Gott lebt. Der 75. Deutsche Katholikentag, Paderborn 1953, 43-53; in überarbeiteter Fassung unter dem Titel „Den Menschen erkennt nur, wer von Gott weiß" jetzt in: ders., Gläubiges Dasein/Die Annahme seiner selbst, Mainz-Paderborn 1993, 81-114.

[328] Vgl. G. Henner, Die Pädagogik im Denken Romano Guardinis, Paderborn 1990, 70-84.

[329] Vgl. die aufschlußreiche Studie von M. Hermanns, Guardinis soziologisches Denken im Berlin der Vorkriegszeit, in: H.J. Schuster (Hg.), Guardini Weiterdenken, Berlin 1993, 179-192.

zieht sie in sein Denken ein, auch wenn er vor einer Isolierung und Überinterpretation dieser Erkenntnisse und vor einer dadurch drohenden Reduktion des Menschen auf die Ebene der „„Natur'"[330] immer wieder warnt.[331] So verbindet er in einer ganz spezifischen Weise Tendenzen der zeitgenössischen Philosophie und humanwissenschaftliche Erkenntnisse mit Einsichten aus der abendländischen Tradition der Metaphysik[332] und aus der christlichen Offenbarung. Diese Verbindung ist Guardinis Spezifikum, das, was den Reiz und die Originalität seines Denkens ausmacht; sie birgt in sich natürlich auch ihre ganz spezifischen Schwierigkeiten.[333] Der Ansatz bei den Phänomenen trägt jeweils nur ein bestimmtes Stück, um dann in die Offenheit für das – bestätigende oder korrigierende – Wort der Offenbarung zu münden. Die Frage jedoch, wieweit die Phänomene selbst tragen und wo die Antwort der Offenbarung einsetzt, ist äußerst schwierig zu beantworten. Guardini legt in dieser Beziehung keinen Wert auf eine methodologische oder erkenntnistheoretische Scheidung; er behauptet vielmehr ganz im Gegenteil gerade die Unmöglichkeit einer derartigen Trennung zwischen einer „natürlichen" und einer „theologischen" Anthropologie[334]: nach christlicher Überzeugung gibt es den „bloß-natürlichen Menschen" nicht; alle „Natur" ist „wesentlich und notwendig ... auf die Gnade bezogen. ... So sind alle anthropologischen Fragen von vornherein auf Christus bezogen."[335] Es ist Guardi-

---

[330] Ders., z.B. Askese, 31.

[331] Guardinis positive Rezeption natur- und humanwissenschaftlicher Ergebnisse wird in der Regel weniger zur Kenntnis genommen als seine kritische Grenzziehung gegenüber überzogenen Geltungsansprüchen dieser Wissenschaften. Ein instruktives Beispiel für seine differenzierte und differenzierende Auseinandersetzung mit den Humanwissenschaften ist sein Vortrag anläßlich der Gedenkfeier zur 100. Wiederkehr des Geburtstags von Sigmund Freud (am 7. Juli 1956) unter dem Titel „Sigmund Freud und die Erkenntnis der menschlichen Wirklichkeit" in: R. Guardini, So2, 85-102.

[332] Metaphysisches Denken muß ja nicht objektivistisch und essentialistisch enggeführt werden. Wenn K. Demmer, Die Wahrheit leben. Theorie des Handelns, Freiburg 1991, 48, eine Ergänzung der statischen „Substanzmetaphysik" durch eine „Subjektmetaphysik" fordert, die Raum hat für die Geschichtlichkeit und „Prozeßhaftigkeit" personalen Lebens, so scheint mir darin Guardinis Umgang mit der Tradition der Metaphysik verblüffend genau charakterisiert. (Zum Zusammenhang bei K. Demmer vgl. auch ders., a.a.O., 21-23, 46-49).

[333] Vgl. dazu vor allem H. Mercker, Christliche Weltanschauung als Problem. Untersuchungen zur Grundstruktur im Werk Romano Guardinis, Paderborn 1988.

[334] Insofern trifft der Vorwurf einer unreflektierten Verquickung von Glaubensaussagen und empirisch-anthropologischen Erkenntnissen, wie er – allerdings bereits mit Einschränkungen – von D. Höltershinken erhoben wird, auf Guardini gerade nicht zu; vgl. D. Höltershinken, Anthropologische Grundlagen personalistischer Erziehungslehren. M Buber, R. Guardini, P. Petersen. Eine vergleichende Untersuchung, Weinheim u.a. 1971, 97-102.

[335] R. Guardini, unveröffentlichtes Vorlesungsmanuskript im Besitz der Bayerischen Staatsbibliothek (Ana 342) mit dem Titel „Der Mensch. Grundzüge einer christlichen Anthropologie", 1; das Manuskript dürfte Ende der dreißiger Jahre entstanden sein (Seite 405 enthält eine Datierung vom 17. Januar 1939). Den christologischen Ansatz von Guardinis Anthropologie hat vor allem A. Schilson, Perspektiven theologischer Erneuerung. Studien zum Werk Romano Guardinis, Düsseldorf 1986, 158-198, herausgearbeitet.

nis „Arbeitshypothese“[336], daß sich bestimmte Gegebenheiten der Wirklichkeit, und zwar gerade solche des „geistig-personalen“[337] Bereichs wie Freiheit und Liebe oder überhaupt die personale Qualität des Menschen, erst voll erschließen, wenn sie „durch einen entsprechenden Offenbarungsinhalt hochgetragen, frei gemacht, geborgen werden“[338].

Guardini ist sich dabei im übrigen „genau bewußt, wie sonderbar dieser Anspruch“ (nämlich, daß die menschliche Existenz sich erst im Licht der Offenbarung voll erschließt) „sich für den anhören muß, der dem Glauben nur objektiv oder gar ablehnend gegenübersteht“; er selbst hält diesen Anspruch aber für unverzichtbar; „der Erörterung der Probleme selbst“ obliege es, „zu zeigen, inwieweit jener Anspruch sich rechtfertigen kann – sei es auch nur dadurch, daß auf dem angedeuteten Wege das Phänomen des Menschen in seiner Größe herauskommt.“[339]

So sehr also Guardinis Menschenbild von der Offenbarung geprägt ist, so sehr seine Anthropologie mit A. Schilson gesprochen eine „Anthropologie ‚von oben‘“[340] ist: sie geht nicht von letzten Glaubenssätzen ausgehend deduktiv, sondern tatsächlich – zumindest ein gutes Stück weit – phänomeno-

---

[336] R. Guardini, Lebendiger Geist, in: UC, 128.

[337] A.a.O., 130. Guardini nennt, a.a.O.,: „Gott; und zwar der wirkliche Gott, nicht nur ‚das Absolute‘, oder der Begriff eines irgendwie gearteten ‚Letzten‘. Die Person; und zwar die lebendige Person, nicht nur das logische Subjekt, oder das psychologische Aktzentrum. Geist; und zwar der lebendige Geist. Ferner alles, was sich mit diesen Gegebenheiten an Werten, Forderungen, Ordnungen verbindet: Freiheit, Liebe; die verschiedenen Wesensformen der menschlich-persönlichen Beziehung, wie Ehe, Freundschaft, Staat; die Grundphänomene der Geschichte, also etwa die verschiedenen Formen personaler Begegnung, des Handelns und Entscheidens usf. Es ist jener Bereich, in welchem die Probleme unserer eigentlichen, menschlichen Existenz liegen, und in welchem die Entscheidung über ebendiese Existenz fällt.“

[338] A.a.O., 131. Vgl. I.U. Dalferth/E. Jüngel, Person und Gottebenbildlichkeit, in: CGG, Bd. 24, 77-99, bes. 60: „Wahre Erkenntnis des ganzen und nicht nur des wirklichen Menschen gibt es nicht ohne von Gott ermöglichte Erkenntnis Gottes.“ Von der „‚Disclosure-Erfahrung‘“ des Glaubens „im Sinn einer vollständigeren Seins- und Welterschließung“ spricht auch E. Biser; „diese gläubige Weltsicht“ sei „wohl niemals“ umfassender ausgearbeitet worden als „in dem als ‚Christliche Weltanschauung‘ konzipierten Lebenswerk Guardinis“ (ders., Die Kreativität des Glaubens, in: LcV2, 187).

[339] R. Guardini, (unveröffentl. Manuskript) Der Mensch, a.a.O., 10. Auf die derzeit nahezu aporetische Situation der philosophischen Anthropologie kann im Rahmen dieser Arbeit nicht weiter eingegangen werden; zu dieser Thematik vgl. P. Eicher, Die anthropologische Wende. Karl Rahners philosophischer Weg vom Wesen des Menschen zur personalen Existenz, Freiburg/Schweiz 1970, bes. 1-6; O.H. Pesch, Frei sein aus Gnade. Theologische Anthropologie, Freiburg 1983, 48-52; J. Römelt, Art. „Mensch“, in: NLcM, 472-481, bes. 477f.; J.-P. Wils, Anthropologie, in: J.-P. Wils/D. Mieth (Hg.), Grundbegriffe der christlichen Ethik, Paderborn 1992, 162-181.

[340] A. Schilson, Perspektiven theologischer Erneuerung, a.a.O., 167.

logisch[341] vor; sie trägt unabhängig vom Glauben an die Offenbarung so weit, wie eben Guardinis Analyse der Phänomene als zutreffend erkannt wird, auch wenn ihre Wahrnehmung, Interpretation und Explikation von Einsichten des Glaubens gelenkt, inspiriert, erleichtert oder überhaupt erst ermöglicht war.

Eine umfassende Darstellung von Guardinis Anthropologie ist hier weder beabsichtigt noch in diesem Rahmen überhaupt möglich.[342] Es sollen lediglich die Züge seines theologisch-anthropologischen und pädagogischen Denkens erarbeitet werden, die für die moraltheologische Frage nach der Askese virulent sind. Gerade eine derartige Skizze kann sich nicht auf den relativ geschlossenen Entwurf „Welt und Person“[343] beschränken, sondern wird neben den ebenfalls grundlegenden und zusammenhängenden Abhandlungen mit theologisch-anthropologischer Fragestellung wie „Die Existenz des Christen“[344] und „Freiheit, Gnade, Schicksal“[345] notwendig auch sein interpretatorisches Werk, seine spirituellen[346] und pädagogischen Schriften sowie verschiedene kleinere Abhandlungen miteinbeziehen müssen, wie sie sich vor allem in dem Sammelband „Unterscheidung des Christlichen“[347], aber auch sonst verstreut in seinem Werk finden. Besonders unter ethisch-pädagogischen Gesichtspunkten, aber auch ganz allgemein, bildet Guardinis phänomenologisch und existentiell ansetzende Ethik[348] eine wichtige Quelle anthropologischer Einsichten.[349] Von grundlegendem Interesse für jede

---

[341] Dies nicht im Sinne der strengen Methodik, wie sie insbesondere von E. Husserl entwickelt worden ist, sondern in dem mehr allgemeinen Sinn, daß die Erfahrung, eben das, was sich zeigt, zum Ausgangspunkt des Denkens gemacht wird. Zu Guardinis Verständnis und Praxis der Phänomenologie vgl. auch G. Henner, a.a.O., 80-84; H.-B. Gerl, Romano Guardini, a.a.O., 144-148; F. Wechsler, Romano Guardini als Kerygmatiker, Paderborn 1973, 29-34.

[342] Obwohl es zahlreiche Untersuchungen zu Guardinis Personverständnis gibt (vgl. die erste Anmerkung zu Kap. 2.3.1.) steht eine umfassende Darstellung seiner Anthropologie im Ganzen noch aus; eine solche müßte auch auf das in dieser Hinsicht sehr instruktive nachgelassene Vorlesungsmanuskript „Der Mensch“, a.a.O., zurückgreifen.

[343] Ders., Welt und Person. Versuche zur christlichen Lehre vom Menschen, Mainz-Paderborn [6]1988.

[344] Ders., Die Existenz des Christen, Paderborn [2]1977 (Es handelt sich um die von Guardini noch vorbereitete, aber erst 10 Jahre später aus dem Nachlaß herausgegebene Wiedergabe von Vorlesungen der Jahre 1958 bis 1961.)

[345] Ders., Freiheit, Gnade, Schicksal. Drei Kapitel zur Deutung des Daseins, München [6]1979.

[346] Hier erscheinen mir für unseren Zusammenhang insbesondere seine unter dem Titel „Wille und Wahrheit“ erschienenen „Geistliche(n) Übungen“ (Mainz-Paderborn [6]1991) instruktiv.

[347] Ders., Unterscheidung des Christlichen. Gesammelte Studien. 1923-1963, Mainz [2]1963, (abgek. UC).

[348] R. Guardini, Ethik. Vorlesungen an der Universität München, aus dem Nachlaß herausgegeben von H. Mercker unter Mitarbeit von M. Marschall, 2 Bde., Mainz-Paderborn 1993.

[349] Den „anthropologische(n) Bedingungen“ „für die Möglichkeit des ethischen Phänomens“ widmet Guardini ausdrücklich ein eigenes Kapitel seiner Ethik (vgl. a.a.O., 131-275, Zitat 131); aber nicht nur dieses ist anthropologisch bedeutsam.

Anthropologie ist auch Guardinis Gegensatzlehre[350]. Nicht übersehen werden darf bei Guardini schließlich die enge Verbindung zwischen Anthropologie und Kulturkritik.[351] Für unsere Fragestellung empfiehlt es sich jedoch, die kulturkritischen Schriften ausführlich eigens (nämlich in Kapitel 2.4.) zu untersuchen; daher werden sie vorerst nur ergänzend herangezogen. Hingewiesen werden muß endlich auch auf die Existenz zweier unveröffentlichter Manuskripte dezidiert anthropologischen Inhalts (im Guardini-Nachlaß in der Bayerischen Staatsbibliothek), die sich zwar zu großen Teilen mit Veröffentlichungen Guardinis (vor allem mit „Welt und Person") überschneiden bis decken, die aber bestimmte Aspekte und Zusammenhänge klarer und deutlicher werden lassen und auf die zurückzugreifen sich lohnt.[352]

Für die vorliegende moraltheologische Thematik muß neben einer Skizzierung der Grundlagen von Guardinis Personverständnis den Aspekten der Freiheit und der Verantwortung und ihrer Verwirklichung in der sittlichen Aufgabe eine besondere Bedeutung beigemessen werden (Kap 2.3.1. bis 2.3.4). Hier müssen sodann auch die besonderen Umstände beleuchtet werden, denen die Realisierung des Guten der Erbsündenlehre der Offenbarung zufolge gegenübersteht (Kap. 2.3.5.). Im Hinblick auf die Problematik von Verzicht, Einschränkung und Maßhaltung ist der Bedeutung und der Interpretation der Grenze im Denken R. Guardinis besondere Aufmerksamkeit zu schenken (Kap. 2.3.6.). Am Ende dieser anthropologisch-theologischen Grundlegung der Askese müssen schließlich die pädagogischen Aspekte von Guardinis Anthropologie sowie Guardinis theoretische und praktische Impulse für die Pädagogik bedacht werden (Kap. 2.3.7.).

2.3.1. Der Mensch als Person

Guardinis Personverständnis gehört zu den Bereichen seines Denkens, über die es bereits zahlreiche Untersuchungen gibt.[353] Die vorliegende Arbeit

---

[350] Ders., Der Gegensatz. Versuche zu einer Philosophie des Lebendig-Konkreten, Mainz [3]1985.

[351] Zum Zusammenhang zwischen philosophischer Anthropologie und Kulturkritik im allgemeinen und bei Guardini im besonderen vgl. P. Schmidt, Die pädagogische Relevanz einer anthropologischen Ethik. Eine Untersuchung zum Werk Romano Guardinis, Düsseldorf 1973.

[352] Es handelt sich um das bereits zitierte Vorlesungsmanuskript „Der Mensch. Grundzüge einer christlichen Anthropologie" sowie um die Mappe „Christliches Dasein" (beide Bayerische Staatsbibliothek, Ana 342).

[353] Insbesondere seien genannt: U. Berning-Baldeaux, Person und Bildung im Denken Romano Guardinis, Würzburg 1968; L. Börsig-Hover, Das personale Antlitz des Menschen. Eine Untersuchung zum Personbegriff bei Romano Guardini, Mainz 1987; H. Kleiber, Glaube und religiöse Erfahrung bei Romano Guardini, Freiburg 1985, 63-87; H. Lenz, Der bejahende Ruf Gottes – die Basis des Menschen. Verständnis, Vollzug und Gefährdung der Person nach Romano Guardini, in: Lebendiges Zeugnis 40 (1985), 25-43; A. Schilson, Perspektiven theologischer Erneuerung, a.a.O., 158-198; Th. Schreijäck, Bildung als

kann sich daher auf diejenigen Grundzüge konzentrieren, die in engerer Beziehung zu Guardinis Interpretation der Askese stehen.

2.3.1.1. Kritik an reduktionistischen Menschenbildern

Wo Guardini den Sinn der Askese systematisch begründet, setzt er ein mit einer Kritik jener Sicht des Menschen, die ihn aus der Natur ableiten und ganz von ihr her verstehen will; dieses naturalistische Verständnis des Menschen nämlich ist es, das nach Guardini wesentlich dazu beiträgt, daß Notwendigkeit und Bedeutung der Askese nicht richtig erkannt werden.[354] Daß „der Mensch nicht vom Begriff der Natur her gedacht werden kann und seine Geschichte nicht aufgrund des Begriffs des Fortschritts (der Evolution)", ist der eine von zwei Punkten, um die Guardinis „Gedanken" nach eigener Aussage immer wieder „kreisen"[355]. Diesem deterministischen Menschenbild gegenüber wird Guardini nicht müde, die Phänomene der Freiheit und der Verantwortung zu betonen.

Insbesondere übt Guardini Kritik am Menschenbild des Positivismus und des Materialismus, des Idealismus und des Existentialismus:[356]

Gegenüber Positivismus und Materialismus insistiert er auf der Bedeutung des Geistes, der nicht vom Materiellen abgeleitet werden kann. Er weist immer wieder darauf hin, daß durch die Wirklichkeit des Geistes auch die biophysischen und psychologischen Lebensvollzüge des Menschen, insbesondere seine Triebstruktur, eine andere Qualität bekommen haben. Während das Tier sich gesund entwickelt und sein Wesen entfaltet, indem es einfach seinen Trieben folgt, würde das Ausleben der Triebe beim Menschen ins Chaos, ja in die Zerstörung führen, da im Umfeld des Geistes die Triebe

---

Inexistenz, Elemente einer theologisch-anthropologischen Propädeutik zu einer religionspädagogischen Bildungstheorie im Denken Romano Guardinis, Freiburg 1989, bes. 77-165; J. Splett, Zum Person-Begriff Romano Guardinis. Ein „Versuch" christlich-philosophischen Nach-denkens, in: W. Seidel (Hg.), „Christliche Weltanschauung". Wiederbegegnung mit Romano Guardini, Würzburg 1985, 80-109.

Zum Personbegriff und zu seiner Geschichte im allgemeinen vgl. G. Greshake, Die theologische Herkunft des Personbegriffs, in: G. Pöltner (Hg.), Personale Freiheit und pluralistische Gesellschaft, Freiburg 1981, 75-86; J. Gründel, Person und Gewissen, in: LcV1, 63-85, bes. 63-65; D. Ritschl, Art. „Person", in: A. Eser u.a. (Hg.), Lexikon Medizin, Ethik, Recht, Freiburg 1989, 791-800; H. Rotter, Art. „Person", in: NLcM, 580-588; J. Splett, Art. „Person", in: PLS, 981-984.

[354] R. Guardini, Tugenden. Meditationen über Gestalten sittlichen Lebens, Mainz-Paderborn [3]1987, 82ff., sowie A, 29ff.

[355] R. Guardini, Wahrheit des Denkens und Wahrheit des Tuns. Notizen und Texte 1942-1964, aus nachgelassenen Aufzeichnungen herausgegeben von F. Messerschmid, Paderborn [4]1985, 110; der andere dieser beiden Punkte ist „die immer wieder sich aufdrängende Unbegreiflichkeit, daß Gott das Endliche will und sich auf es bezogen hat – wie das sein könne ..." (a.a.O.).

[356] Zum Folgenden vgl. ders., Das Ende der Neuzeit. Ein Versuch zur Orientierung, Mainz-Paderborn [10]1986, 67-69; ders., Den Menschen erkennt nur, wer von Gott weiß, in: a.a.O., 83-88.

aus der sichernden Ordnung der Instinkte herausfallen und größere Intensität und Formbarkeit erhalten, bis hin zu „Maßlosigkeit und Beliebigkeit“[357]: Diese Erscheinung ist ambivalent: sie bedeutet einerseits Gefährdung und Unsicherheit, ermöglicht aber andererseits auch erst die freie „Begegnung mit der Weite und dem Reichtum der Welt“[358]: „Beim Tier sind die Triebe ‚Natur‘; der Geist macht aus ihnen das, was wir ‚Kultur‘ nennen, das Wort als Ausdruck von Verantwortung und Überwindung verstanden“[359].

Aber auch das Menschenbild des Idealismus wird nach Guardini der Wirklichkeit nicht gerecht; es läßt ja in letzter Konsequenz keinen Raum für menschliche Freiheit, für Entscheidung und Verantwortung. Wenn der Idealismus den Geist im Menschen mit dem absoluten Geist identifiziert und auf diesen „die Kategorie der Entwicklung“ anwendet, so ist der „Prozeß des absoluten Geistes ... der Gang der Welt, und der Mensch ist in diesen Gang hineingenommen“[360]. Dann gibt es auch nicht Geschichte im wirklichen Sinn. Demgegenüber hält Guardini fest: Der Mensch „ist endliches Wesen, aber echte Person; unaufhebbar in seiner Eigenständigkeit, unverdrängbar in seiner Würde, unvertretbar in seiner Verantwortung. Und die Geschichte geht nicht so, wie die Logik eines Weltwesens sie vorschreibt, sondern wie der Mensch sie in Freiheit bestimmt.“[361]

Dem Existentialismus schließlich hält Guardini entgegen, daß er in der Überbetonung der Freiheit „keine Voraussetzungen“ des Menschseins mehr anerkennt, „weder Wesen noch Norm“, und den Menschen so ins „Ort- und Ordnungslose“ hinauswirft.[362]

Der neuzeitlichen Anthropologie insgesamt macht Guardini den Vorwurf, sie sehe immer nur Einzelheiten, „Eigenschaften, Zusammenhänge, Strukturen“[363], könne aber den Menschen in seinem Kern nicht erreichen: „Man spricht vom Menschen, aber er wird nicht wirklich gesehen. Die Bewegung geht auf ihn zu, aber er wird nicht erreicht. Man hantiert mit ihm, aber er kommt nicht in den Griff. Man erfaßt ihn statistisch, ordnet ihn in Organisationen ein, gebraucht ihn zu Zwecken, aber es zeigt sich das seltsame, grotesk-furchtbare Schauspiel, daß alles an einem Phantom geschieht. Noch wenn der Mensch Gewalt erfährt, wenn er mißbraucht, entstellt, zerstört wird, ist er nicht das, worauf die Intention der Gewalt sich richtet.“[364]

Die Sorge und das Bemühen, den transzendentalen Charakter des Menschen, seine Personalität und seine wesenhafte Bezogenheit auf Gott, in der Vielzahl kategorialer Bestimmungen nicht in Vergessenheit geraten zu las-

---

[357] R. Guardini, Tugenden, a.a.O., 83.
[358] A.a.O., 84.
[359] A.a.O.
[360] Ders., Das Ende der Neuzeit, a.a.O., 68.
[361] A.a.O.
[362] A.a.O.
[363] A.a.O., 69.
[364] A.a.O.

sen, durchzieht Guardinis Werk von Anfang an.[365] Die angeführte Passage aus „Das Ende der Neuzeit" jedoch zeigt mit der Schärfe ihrer Diktion, die deutlich die Erfahrungen des Zweiten Weltkriegs und der nationalsozialistischen Schreckensherrschaft widerspiegelt, deutlich Guardinis wachsende Besorgnis und die zunehmende Dringlichkeit seines Anliegens – so vor allem, wenn er fortfährt:

„Den Menschen der neuzeitlichen Anschauung gibt es nicht. Immerfort macht sie den Versuch, ihn in Kategorien einzuschließen, in die er nicht gehört: mechanische, biologische, psychologische, soziologische – alles Variationen des Grundwillens, aus ihm ein Wesen zu machen, das ‚Natur' ist, und sei es Geistnatur. Nur eines sieht sie nicht, was er doch zuerst und unbedingt ist: endliche Person, die als solche existiert, auch wenn sie es nicht will, auch wenn sie ihr eigenes Wesen leugnet. Angerufen von Gott, in Begegnung mit den Dingen und mit anderen Personen. Person, welche die herrliche und furchtbare Freiheit hat, die Welt zu bewahren oder zu zerstören, ja sich selbst behaupten und erfüllen, oder preisgeben und zugrunde richten zu können."[366]

Deutlicher als in diesem Zitat läßt sich kaum mehr zeigen, wie sehr Guardinis Kulturkritik und Ethik zurückgebunden sind an seine Anthropologie, genauer gesagt an sein Personverständnis.

2.3.1.2. Personalität als Selbstand und Beziehung im Angerufensein durch Gott

Die Personalität des Menschen verbirgt sich, solange er als sachhaftes Objekt genommen wird; erst wo nicht mehr gefragt wird: „Was ist das da?", sondern vielmehr: „Wer ist Dieser da?"[367] erschließt sie sich, aber als „Geheimnis"[368]: „Person ist jene Tatsache, die immer wieder das existentielle Staunen hervorruft"[369].

Den Kern der Personerfahrung beschreibt Guardini als Erfahrung der „Selbstgehörigkeit"[370], d.h. die Person erfährt sich und wird erfahren als Wesen, das „in sich selbst steht und über sich selbst verfügt"[371]:

---

[365] Vgl. z.B. seinen Aufsatz aus dem Jahr 1926 „Über Sozialwissenschaft und Ordnung unter Personen", in: UC, 34-63.

[366] Ders., Das Ende der Neuzeit, a.a.O., 69. Speziell zu Guardinis Kritik an einer positivistisch verengten, rein empirisch-quantitativ vorgehenden, „apersonalen Sozialwissenschaft" vgl. M. Hermanns, Guardinis soziologisches Denken im Berlin der Vorkriegszeit, in: a.a.O., 179-192, Zit. 189.

[367] R. Guardini, Welt und Person, a.a.O., 121.

[368] A.a.O., 130.

[369] A.a.O., 129.

[370] A.a.O., 131. Damit steht Guardini natürlich in einer langen Tradition; vgl. L. Börsig-Hover, Das personale Antlitz des Menschen. Eine Untersuchung zum Personbegriff bei Romano Guardini, Mainz 1987, 66-70.

[371] R. Guardini, Welt und Person, a.a.O., 121. Im Rückgriff auf seine Schichtenlehre (vgl. a.a.O., 110-131), die im Menschen die vier Stufen „Gestalt", „Individualität", „Persönlichkeit" und schließlich „Person" im eigentlichen Sinn unterscheidet, spezifiziert Guardini,

Personsein heißt, „daß ich von keinem anderen gebraucht werden kann, sondern Selbstzweck bin". Es heißt auch, daß ich „im Verhältnis zu mir selbst mit mir allein bin", daß ich „von keinem anderen vertreten werden kann, sondern für mich stehe; von keinem anderen ersetzt werden kann, sondern einzig bin".[372] Damit ist aber bei Guardini gerade keine monadenhafte Autarkie oder Autonomie gegeben. Vielmehr ist der Mensch angelegt und angewiesen auf ein „Du". Aber auch hier gilt wieder: „Zum Du wird mir der andere erst dann, wenn die einfache Subjekt-Objekt-Beziehung aufhört. Der erste Schritt zum Du ist jene Bewegung, welche die ‚Hände wegnimmt'"[373] und damit den Raum eröffnet, in dem der Eigenwert und die Eigenständigkeit der Person sichtbar werden können. „Die personale Liebe beginnt entscheidenderweise nicht mit einer Bewegung zum anderen hin, sondern von ihm zurück"[374] Und nur, wo ich den andern nicht als Objekt sehe, sondern „freigebe und ... zu meinem Du werden lasse", werde ich selbst vom „gebrauchenden oder kämpfenden" Subjekt zum Ich.[375]

Bezüglich der Frage nach der Bedeutung, die das „Du" für das Werden der Person hat, vertritt Guardini, wie F. Wechsler zurecht feststellt, „eine mittlere Stellung zwischen der traditionellen ontologischen Personauffassung und dem aktualistischen Personalismus"[376]: „in der Ich-Du-Beziehung aktuiert" sich die Person, aber sie „entsteht" nicht erst aus ihr.[377]

Wirklich konstitutiv für das Personsein des Menschen aber ist Guardini zufolge die Beziehung der endlichen Person des Menschen zur absoluten Person Gottes: „Gott ist das schlechthinnige Du des Menschen."[378] „Der Mensch existiert nicht aus sich, sondern von Gott her und auf Gott hin. Und nicht so, daß es seinem Belieben anheim gestellt wäre, diese Beziehung zu verwirklichen, er aber, abgesehen davon, ob und wie er es tut, einfachhin Mensch bliebe, sondern die Beziehung ist wesenhaft. Sein Menschsein be-

---

a.a.O., 121, das Wesen des Menschen noch einmal als „gestalthafte(s), innerliche(s), geistig-schöpferische(s) Wesen". Zum Schichtenmodell, auf dessen Darstellung ich in unserem Zusammenhang verzichten zu können glaube, vgl. L. Börsig-Hover, a.a.O., 53-66, sowie G. Henner, a.a.O., 127-132.

[372] R. Guardini, Welt und Person, a.a.O., 122; vgl. auch a.a.O., 164: „‚Person' wurde als die Tatsache bestimmt, daß der Mensch in sich stehe, aus sich handle, für sich verantwortlich und in Würde Zweck seiner selbst sei."

[373] A.a.O., 134.

[374] A.a.O.

[375] A.a.O.

[376] F. Wechsler, Romano Guardini als Kerygmatiker, Paderborn 1973, 85, Anm. 84. „Das relations-bestimmte Personverständnis" Romano Guardinis beleuchtet (auf dem Hintergrund der verschiedenen Strömungen des dialogischen Personalismus) sehr instruktiv auch B. Langemeyer, Der dialogische Personalismus in der evangelischen und katholischen Theologie der Gegenwart, Paderborn 1963, 193f., 247-266, Zitat 247.

[377] R. Guardini, Welt und Person, a.a.O., 136.

[378] A.a.O., 144.

steht letztlich in ihr; und die Entscheidung, die er ihr gegenüber fällt, fällt er seinem Menschsein gegenüber. So viel er Gott aufgibt, verliert er sich selbst."[379]

Während nämlich die übrige Schöpfung von Gott „einfachhin, als unmittelbares Objekt seines Wollens" geschaffen ist, schafft Gott die Person „durch einen Akt, der ihre Würde vorwegnimmt und ebendamit begründet, nämlich durch Anruf."[380]

2.3.1.3. Der Mensch zwischen Autonomie und Heteronomie

Die Personalität des Menschen so in seiner Gottesbeziehung zu begründen hat theoretische wie praktische Konsequenzen:

In erkenntnistheoretischer Hinsicht ist damit gesagt, daß der Mensch nur richtig gesehen wird, wenn sein Bezogensein auf Gott mitgesehen wird. Im Hinblick auf die ethische Praxis bedeutet diese theozentrische Sicht des Menschen, daß sittliches Handeln nur in der Gottesbeziehung seine letzte Fundierung finden kann. Sittlichkeit läßt sich dann nicht ohne Schaden von der Gottesbeziehung abtrennen. Damit ist aber nicht unbedingt ein Verdikt über die Entwürfe einer „autonomen Moral im christlichen Kontext"[381] verbunden, die versuchen, in Fragen der Findung konkreter Normen der Autonomie der menschlichen Vernunft Rechnung zu tragen. Worauf es lediglich ankommt, ist, daß die Autonomie nicht absolut, sondern relational gefaßt wird, d.h. als von Gott geschenkt und vor Gott zu verantworten. Inwieweit die theonome Verankerung der Sittlichkeit sich auswirkt auf die inhaltliche Seite des Ethos, dies ist eine Frage, die auch unter den Vertretern einer „autonomen Moral" noch diskutiert wird.[382] Bei aller Betonung der Bedeutung der Gottesbeziehung für das Verständnis und für das Handeln des Menschen weist gerade auch Romano Guardini wiederholt auf die

---

379 Ders., Die Sinne und die religiöse Erkenntnis. Zwei Versuche über die christliche Vergewisserung, Würzburg 1950, 8.

380 Ders., Welt und Person, a.a.O., 144.

381 A. Auer, Autonome Moral und christlicher Glaube, zweite um einen Nachtrag erweiterte Aufl., Düsseldorf 1984, 207; vgl. auch die dort, Anm. 3, angegebene Literatur.

382 Vgl. F. Böckle, Fundamentalmoral, München 1977, 287-302, bes. 297ff., der die modifizierende Funktion des Glaubens für das Ethos stärker betont als Auer (vgl. A. Auer, a.a.O). Zur Problematik vgl. auch A. Holderegger, Art. „Autonomie", in: NLcM, 59-66, sowie K.-W. Merks, Autonomie, in: J.-P. Wils/D. Mieth, Grundbegriffe der christlichen Ethik, Paderborn 1992, 254-281, bes. 272ff.; einen guten Überblick über den derzeitigen Stand der Diskussion bietet E. Gillen, Wie Christen ethisch handeln und denken. Zur Debatte um die Autonomie der Sittlichkeit im Kontext katholischer Theologie, Würzburg 1989. Wie offen die Fronten zwischen „Glaubensethik" und „autonomer Moral" – noch oder neuerdings wieder – sind, zeigt der Aufsatz von W. Göbel, Kognitivismus in der „Glaubensethik", Nonkognitivismus in der „autonomen Moral". Erkundungen im rationalen Kontinuum zwischen den widerstreitenden Begründungsmodellen theologischer Ethik, in: G. Mertens/W. Kluxen/P. Mikat (Hg.), Markierungen der Humanität. Sozialethische Herausforderungen auf dem Weg in ein neues Jahrtausend, Paderborn 1992, 47-58.

„Gefahr des religiösen Kurzschlusses“[383] hin, der aus religiösen Sachverhalten vorschnell innerweltliche Konsequenzen ableitet. Guardini spricht auch derart deutlich und nachdrücklich von der fundamentalen Bedeutung des Gewissens und von der Bedeutung der Sachgerechtigkeit[384], daß er als Gewährsmann einer fundamentalistischen Glaubensethik nicht in Frage kommt. Ganz im Gegenteil: Guardini warnt geradezu vor der Gefahr einer „überwuchernde(n) Religiosität“, durch welche „die Divinationskraft des Gewissens gelähmt und seine Entscheidungsfähigkeit beirrt werden“ können.[385] In diesem Zusammenhang spricht Guardini dem Kampf um eine relative Autonomie des Weltlichen durchaus ihre Berechtigung zu: Damit, daß gesagt werde, „die Autonomie sei eine Auflehnung gegen Gott oder ein Abfall von ihm“, sei „die Sachlage nur zur Hälfte erfaßt“. Es müsse auch gefragt werden, ob in jenem Willen zur Autonomie „nicht auch elementare Regungen positiver Art liegen, für welche in der Neuzeit die Stunde gekommen ist, und ob das Christentum – nicht durch Veränderung seiner Grundposition, sondern innerhalb ihrer – ihnen legitimen Raum gegeben hat.“[386] Diese differenzierte Sicht der Autonomie, die sich nicht nur in dem von mir zitierten bisher unveröffentlichten Manuskript, sondern auch in den verschiedensten Veröffentlichungen – wenn auch nur verstreut und eher beiläufig – findet[387], ist in der Guardini-Rezeption teilweise zu wenig beachtet worde.[388]

[383] R. Guardini, Manuskript „Der Mensch“, a.a.O., 78; hier, a.a.O., stellt Guardini unmißverständlich klar: „In Wahrheit ist dadurch, daß Christus als die umfassende Gestalt erfahren oder erkannt ist, kein einziges Problem des konkreten Denkens und Schaffens, keine einzige Aufgabe der Welt gelöst; sondern nur die Ebene, der Maßstab und die Kraft gegeben, um die eigentlichen Lösungen zu ringen“; vgl. auch a.a.O., 144; vom religiösen „Kurzschluß“ spricht Guardini auch in: ders., Die Bekehrung des Aurelius Augustinus, Der innere Vorgang in seinen Bekenntnissen, Mainz-Paderborn [4]1989, 109 u. 138.

[384] Vgl. vor allem ders., Das Gute, das Gewissen und die Sammlung, Mainz [4]1953, bes. 21, 26, 29ff., 37-39, 63.

[385] R. Guardini, Manuskript „Der Mensch“, a.a.O., 144; das sonst ungebräuchliche Wort „Divinationskraft“ könnte man in diesem Zusammenhang etwa mit „Hellsichtigkeit“, „Vorstellungskraft“ oder auch „Klarheit“ wiedergeben.

[386] A.a.O., 241; vgl. auch a.a.O., 145: „So gibt es die besondere Gegenwehr gegen das Religiöse. Den Kampf des Menschen um seine ‚natürliche‘ Freiheit; um sein kulturelles Schaffen; um die Gesundheit seines Seins und Werkes gegen den Bann des Religiösen. Den Kampf um die saubere, der Verantwortung fähige Existenz ... um die Welt und ihre Mündigkeit; um die Verantwortung und das Recht des Weltlichen. Und ihr eigentlicher Sinn besteht nicht in der Ablehnung des Religiösen als solchem, sondern seiner bannenden Vormacht sowohl wie seiner Degenerationserscheinungen.“

[387] Vgl. z.B. R. Guardini, Welt und Person, a.a.O., 24-26.

[388] Dies trifft insbesondere zu für J. F. Schmucker-von Kochs Guardini-Interpretation; vgl. ders., Autonomie und Transzendenz. Untersuchungen zur Religionsphilosophie Romano Guardinis, Mainz 1985, bes. 158f. Den Vorwurf der „pauschale(n) Ablehnung des Autonomiegedankens“ durch R. Guardini erhebt bedauerlicherweise (und seinerseits äußerst pauschal) auch M. Knapp in seinem ansonsten durchaus weiterführenden Beitrag über „Die Christologie Romano Guardinis im Kontext seiner These vom Ende der Neuzeit“, in: Theologie und Glaube 83 (1993), 338-356, hier 353f.

Die entscheidende Klärung liegt für Guardini in der Einsicht, daß Gott für den Menschen eben kein „Anderer", kein ‚heteros' (= griechisch: der andere) ist.[389] Im Hinblick auf Gott versagt die sonst überall gültige Alternative zwischen Identität und Andersheit, und deshalb auch die Alternative zwischen Autonomie und Heteronomie: Gott ist mit dem Menschen genausowenig identisch, wie er für ihn einfachhin ein anderer ist. Gott ist ja gerade der, durch dessen Zuwendung, durch dessen „Anruf" der Mensch erst zum Ich wird: Dadurch, daß Gott „sich mir mit der rufenden Macht seiner Liebe zuwendet, werde ich Ich und stehe in mir. Meine Eigentlichkeit liegt in ihm, nicht in mir."[390]

Der „Glaube an die Schöpfung" (gemeint ist: der Glaube an die Tatsache des Geschaffenseins) stellt den Menschen somit vor die Aufgabe, „Gott gegenüber die rechte Haltung zu lernen. Zu lernen, daß er ist, souverän, unabhängig von der Welt, ihr Schöpfer und Herr. Aber nicht der Andere, sondern Jener, dessen Dasein macht, daß ich sein könne; der so geartet ist, daß, je stärker er in meinem Leben zur Geltung kommt, desto reiner ich Ich-selbst bin."[391]

2.3.1.4. Menschsein als Aufgabe

So lebt der Mensch wesentlich in der Weise des „Auf-Hin"[392] – das heißt zunächst: hin auf Gott, darin und deshalb aber auch hin auf die Begegnung mit Menschen und die Verwirklichung von Werten; hier zeichnet sich bereits die Aufgabe der „Selbstüberschreitung"[393] ab, auf die noch zurückzukommen sein wird.[394]

Festzuhalten bleibt zunächst, daß für Guardini Menschsein – und dabei gerade noch einmal die Sinnspitze und eigentliche Würde des Menschseins, nämlich die Personalität des Menschen – zugleich Gabe und Aufgabe ist. Guardini ist sicher weit davon entfernt, das Personsein des Menschen von menschlicher Leistung abhängig zu machen; die Personwürde ist dem Menschen von Gott unwiderruflich und unzerstörbar geschenkt; dennoch kann

---

389 R. Guardini, Freiheit, Gnade, Schicksal, a.a.O., 92.

390 R. Guardini, Manuskript „Der Mensch", a.a.O., 229. Aufschlußreich ist hier auch die ausführliche Darstellung dieser Problematik unter der Überschrift „Die Antinomien des ‚Existierens aus Erlösung'" in Guardinis unveröffentlichtem Manuskript mit dem Titel „Christliches Dasein" (Bayerische Staatsbibliothek, Ana 342, 1-13); bei diesem Manuskript handelt es sich um zwei Kapitel (überschrieben „Christliches Dasein" bzw. „Die Vollendung"), die offensichtlich als Kapitel 6 bzw. 7 in einen größeren Zusammenhang gehören; aller Wahrscheinlichkeit nach bilden sie die Fortsetzung des bereits öfter zitierten Vorlesungsmanuskriptes mit dem Titel „Der Mensch", a.a.O., das mit Kapitel 4 endet; ein Kapitel 5 fehlt.

391 Manuskript „Der Mensch", a.a.O., 232f.

392 A.a.O., 326; vgl. auch ders., Nur wer Gott kennt, kennt den Menschen, a.a.O., 52, sowie 48: „Das Von-Gott-her und Auf-Gott-hin begründet" das Wesen des Menschen.

393 Manuskript „Der Mensch", a.a.O., 306.

394 Vgl. Kap. 2.3.4.3.

ihr mehr oder weniger gut entsprochen werden, ja sie kann auch verfehlt werden: Der Mensch ist „Mensch in dem Maße, als er erkennend und gehorchend, das Du-Verhältnis zu Gott verwirklicht. Tut er das nicht, so hört er nicht auf, Person zu sein, weil er mit seinem Dasein selbst, über das er keine Gewalt hat, Antwort auf den Ruf des Schöpfers ist; aber er tritt mit seinem Willen in Widerspruch zu seinem eigenen Wesen und wird so zu einem Unding, dessen Endgültigkeit die Verdammnis ausmacht."[395]

Damit ist alles Streben nach Selbstwerdung und Selbstverwirklichung auf eine Sinnmitte verwiesen: sie liegt in der Realisation und Entfaltung der Personalität des Menschen und darin noch einmal in der Verwirklichung der Du-Beziehung zu Gott. Zugleich ist aber bereits das Phänomen der menschlichen Freiheit in den Blick gekommen.

2.3.2. Das Geheimnis der Freiheit

2.3.2.1. Phänomenologie der Freiheit

Guardinis Studie „Lebendige Freiheit"[396] zeigt deutlich die für ihn charakteristische Verbindung von phänomenologischem Ansatz und theologischer Weiterführung und Vertiefung. Aufschlußreich ist vor allem die doppelte Differenzierung, die Guardinis phänomenologische Analyse in dem oft sehr unreflektiert gebrauchten Begriff der Freiheit zutage fördert.

Die abstrakte Frage nach der theoretischen Möglichkeit einer nicht-determinierten Handlung weist Guardini als „unfruchtbar"[397] ab; er setzt vielmehr ganz bei der subjektiven Erfahrung von Freiheit an.[398] Dieses Freiheitserlebnis hebt sich deutlich von Erfahrungen der Unfreiheit ab und läßt sich nach Guardini zunächst einmal als Selbstgehörigkeit und Initiativkraft umschreiben. Dabei unterscheidet Guardini zwischen zwei grundlegenden Freiheitserfahrungen, nämlich erstens der „Erfahrung der freien Wahl"[399] und zweitens der Erfahrung, in der jemand eine Handlung als authentische Verwirklichung seiner selbst erlebt. In der ersten erfährt der Mensch: „Ich bin

---

[395] Ders., Welt und Person, a.a.O., 144.

[396] R. Guardini: Lebendige Freiheit, in: UC, 82-101. Die dort sehr komprimiert vorgetragenen Gedanken hat Guardini später in „Freiheit, Gnade, Schicksal", a.a.O., 17-109, noch einmal in einer erheblich ausführlicheren Fassung vorgelegt. Zu Guardinis Freiheitsverständnis vgl. auch die instruktive Studie von G. Böning, Strukturen der Freiheit. Eine Interpretation von Guardinis Verständnis der Freiheit, in: A. Schilson (Hg.), Konservativ mit Blick nach vorn. Versuche zu Romano Guardini, Würzburg 1994, 49-67.

[397] Ders., Lebendige Freiheit, a.a.O., 86.

[398] So auch in seiner „Ethik", a.a.O., 139-144. Dort, a.a.O., 141f. geht Guardini dann aber doch auf das Problem der Kausalität ein; er unterscheidet (a.a.O., 142) „zwei Arten der Verursachung": erstens die naturgesetzliche „physikalische, biologische, psychologische" Ursachenreihe und zweitens die freie „aus dem inneren Anfang hervorgehende, produktive" Verursachung.

[399] Ders., Lebendige Freiheit, a.a.O., 87.

mein eigener Herr"; in der zweiten: „Ich bin ich selbst"[400]. In der ersten besteht die Freiheit gerade in der inneren Distanz gegenüber dem möglichen Objekt meiner Handlung; es geht darum, gegenüber der Handlung möglichst indifferent zu sein[401]; in der zweiten dagegen gibt es gerade keine Indifferenz; der Mensch erlebt die Handlung gerade deshalb als frei, weil er „,nicht anders kann'" – nicht aus „physischem oder psychischem Zwang", sondern weil diese Handlung Ausdruck seiner selbst ist.[402]

Freiheit zu erfahren im Vollzug eines Aktes ist aber nur die eine Seite der Freiheitserfahrung: nämlich die „psychologische"[403]; zu dieser gehört notwendig die andere, die „axiologische"[404] Seite, d.h. die Erfahrung der Freiheit auf der Ebene des Freiheits-Inhalts.[405] Die Möglichkeit der freien Wahl wie auch des authentischen Selbst-Ausdrucks ist ja zunächst einmal so lange „etwas Abstraktes", rein Formales, als der Inhalt dieser Freiheit unbeachtet bleibt; ihren „lebendigen Sinn" erhält Freiheit erst auf dem Hintergrund der Frage, zu was einer sich da entscheidet bzw. was einer da ausdrückt.[406] Mit anderen Worten: „Es hat keinen Sinn, Freiheit ,von' zu fordern, wenn vorher nicht die Freiheit ,zu', nämlich zu den großen Werten der personalen Existenz gesehen und gewollt ist."[407]

Guardini verfolgt diese Freiheitserfahrung durch 5 (hierarchisch gestufte) Lebensbereiche hindurch; er unterscheidet zwischen Freiheitserfahrungen auf der Sachebene, auf der Ebene der Werte, auf der personalen, sittlichen und schließlich auf der religiösen Ebene.[408] Für jede Ebene gilt: Der Mensch erlebt Freiheit in dem Maß als sein Handeln den in diesem Bereich geltenden Gesetzen gehorcht.[409]

Im Umgang mit den Dingen (und auch mit dem eigenen Körper) erlebt der Mensch Freiheit, wenn er die zugrundeliegenden Sachgesetzlichkeiten (z.B. in der Handhabung eines Werkzeugs) durchschaut, respektiert und be-

---

400 A.a.O., 89.

401 Diese Freiheitserfahrung ist z.B. auch das Ziel des stoischen Ethos der Apatheia; sie steht auch hinter dem asketischen Ideal der „sancta indifferentia", worauf Guardini, a.a.O., 88, in einer kurzen Bemerkung hinweist.

402 A.a.O., 89.

403 A.a.O., 91.

404 A.a.O.

405 Guardini sieht, a.a.O., diese Zusammengehörigkeit von Akt und Inhalt im Bereich der Freiheitserfahrung als „Sonderfall" einer Gesetzmäßigkeit des Lebens überhaupt: „Daß Leben nicht nur einfach vor sich geht, sondern sich an Inhalten verwirklicht. Daß unser Dasein und Handeln und Leiden und Besitzen und Schaffen, und was immer, zu seinem eigentlichen erst wird durch den Inhalt, den es realisiert."

406 A.a.O.

407 R. Guardini, Freiheit. Eine Gedenkrede, Sol, 122.

408 Vgl. a.a.O., 92-101.

409 Diesen Gedanken betont Guardini besonders auch in seinem unveröffentlichten Vorlesungs-Manuskript „Der Mensch", a.a.O., 301-305, bes. 303ff.; dort, a.a.O., 304f., sagt er: „Der Mensch wird frei und in der Freiheit Herr seiner selbst, wenn er nicht das Freie, sondern das Rechte will, wenn er nicht sein Wesen sucht, sondern die an ihn ergehende Forderung vernimmt und ihr genügt."

herrscht; andernfalls stellen sich die „Dinge ...quer“[410]. Gewinnt der Mensch diese „Freiheit der Sachgerechtigkeit“, „wird ihm die Welt zum Kosmos“, sie wird „frei machende Ordnung“; „Gewinnt er sie nicht, so bleibt sie ihm Chaos; alles ist von sperrenden Dingen und querlaufenden Geschehnissen zugestellt.“[411]

Eine zweite Stufe der Erfahrung von Freiheit (auf der inhaltlichen, axiologischen Ebene) liegt im Bereich der geistigen Werte: die Erkenntnis der Wahrheit, die Begegnung mit einem Kunstwerk, die Verwirklichung des Rechts (auch und gerade gegen utilitaristische Erwägungen[412]) können „als Befreiung erfahren“[413] werden: „Im Erkennen der Wahrheit wird etwas in mir seiner selbst mächtig. Etwas in mir kommt zu sich, wird gelöst, weitet sich, entfaltet sich, erhält seinen eigenen Raum, in dem es leben kann.“[414]

Freiheit im Bereich der personalen Beziehungen kann der Mensch sowohl im Verhältnis zum anderen als auch im Verhältnis zu sich selbst erfahren, in der Gemeinschaft wie in der Einsamkeit; beide Verwirklichungsformen sind gleich wichtig und notwendig. Im Verhältnis zum anderen Menschen kommt es darauf an, die Form der Beziehung zu finden und zu verwirklichen, die der Situation und dem Wesen der betreffenden Menschen entspricht. Gelingt dies, dann wird die Beziehung als etwas „Stärkendes, Erfüllendes, Sicherndes“ und „zugleich als Befreiung“ erfahren: „Darin, daß ich zum anderen Menschen so stehe, wie es ihm gegenüber und hier und jetzt richtig und recht ist, gewinne ich eine Weite, eine Bewegungsoffenheit, eine Freiheit. Jedes richtig gesprochene, aus der Forderung der personalen Situation heraus richtig gesprochene Du und Wir schafft Freiheit.“[415] Dies schließt die offene und ehrliche Gegnerschaft nicht aus; entscheidend sind nicht Art oder Intensität der Beziehung, sondern allein Stimmigkeit und Klarheit. „Alle ungeordnete, verbogene Beziehung hingegen, alle nicht erfüllte, zurückgedrängte, unerlöste Beziehung fesselt; setzt Hindernisse; engt ein.“[416]

So wesentlich die Freiheitserfahrung im Raum der Gemeinschaft für die Selbstwerdung des Menschen auch sein mag – denn nur indem das Selbst „das ‚Du‘ vollzieht“ und „in Gemeinschaft und Ganzheit eintritt, erwacht es zum eigentlichen ‚Ich‘“[417] –, sie bliebe unvollständig, würde sie nicht ergänzt (und zugleich erst in ihrer ganzen Tiefe ermöglicht und gesichert) durch die „Freiheitsverwirklichung“[418] im Raum der Einsamkeit. In ihr geht es darum, „daß ich mich zu mir wende, zu mir komme, mir selbst standhalte, mich prüfe

[410] Ders., Lebendige Freiheit, a.a.O., 92.
[411] A.a.O., 93.
[412] vgl. ders., Freiheit, Gnade, Schicksal, a.a.O., 42-46.
[413] Ders., Lebendige Freiheit, a.a.O., 94.
[414] A.a.O.
[415] A.a.O., 95.
[416] A.a.O.
[417] Ders., Freiheit, Gnade, Schicksal, a.a.O., 47.
[418] Ders., Lebendige Freiheit, 96.

und verantworte, mich in Auftrag nehme“[419]; hier „erschließt sich“ dem Menschen „die lebendige Mitte“[420]. Ohne diese Erfahrung „wird der Mensch unmündig und uneigentlich“, der Mensch „verlernt, in sich selbst zu stehen und wird zum bloßen Element übergeordneter Mechanismen“[421]. Deshalb ist dieses „Eingehen in die Einsamkeit, in den Raum des ‚Ich-selbst mit mir-selbst“ „Pflicht“ – auch wenn es „oft sehr schwer“ fällt, weil der Mensch dabei „den Mächten und Spannungen seines Innern“ begegnet und „mit den bedrängenden Forderungen des Gewissens in Berührung“ kommt oder auch mit „der eigentümlichen Leere, die den Umgang mit dem Selbst so mühsam, ja unerträglich macht, daß jede äußere Tätigkeit, die von ihm wegführt, willkommen erscheint“[422].

Hier kommt dann auch wieder die transzendentale Verwiesenheit des Menschen zum Tragen: „Letztlich kann die echte Einsamkeit nur ‚vor Gott‘ verwirklicht werden. Sobald das vergessen wird, verwandelt sie sich in die Haltung der Autonomie oder des All-Rausches und wird zu einer neuen Verfallenheit.“[423]

Unübersehbar liegt hier ein besonderes Anliegen R. Guardinis. In zahllosen Zusammenhängen erinnert er an die Bedeutung des Erfahrungsraumes Einsamkeit und an seine Bedeutung für die Selbstwerdung und Entfaltung des Menschen.[424] Er sieht diesen Erfahrungsraum gerade in unserer Zeit bedroht, sowohl durch die Möglichkeiten der Zerstreuung und der Ablenkung, denen der moderne Mensch ausgesetzt ist, wie auch durch die Phänomene einer Massengesellschaft mit ihren Mechanismen der Organisation und der Einordnung.[425] Hier besteht nach Guardini die Aufgabe, gegenzusteuern und das Alleinsein-Können neu zu üben. Frei ist der Mensch in dieser Hinsicht, wenn er sich souverän zwischen den beiden Polen der „Einsamkeit des Beisichseins“ und der „Gemeinsamkeit des Mitanderenseins“[426] bewegen kann.

Eine vierte Stufe der Freiheitserfahrung eröffnet sich im Bereich des Sittlichen. Hier kommt es darauf an, das Gute zu verwirklichen, wobei Guardini unter Berufung auf Thomas von Aquin das Gute als das „jeweils Vernünftige, das heißt in der konkreten Situation Geforderte“[427] bestimmt. Nur oberflächlich betrachtet kann es auch als Unabhängigkeit, als Entlastung und Befreiung erlebt werden, in der bloßen „Durchsetzung des eigenen Willens“ zu tun, „was gefällt und nützt“; in Wirklichkeit bleibt der Mensch in sich selbst befangen, ja gerät immer tiefer in „die Abhängigkeit vom eigenen verfan-

[419] Ders., Freiheit, Gnade, Schicksal, 48.
[420] A.a.O.
[421] A.a.O.
[422] A.a.O., 50.
[423] A.a.O.
[424] Vgl. z.B. ders., Das Gute, das Gewissen und die Sammlung, a.a.O., bes. 79-81.
[425] Vgl. z.B. ders., Der unvollständige Mensch und die Macht, in: So1, bes, 47-51.
[426] Ders., Lebendige Freiheit, a.a.O., 96.
[427] A.a.O.

genen Selbst"[428], wenn er dem Spruch seines Gewissens zuwiderhandelt. Nur „im Weggehen vom unmittelbaren Selbst mit seinen Wünschen und im Hinübergehen zur reinen Forderung, oft durch Kampf, Selbstüberwindung und Opfer hindurch"[429] läßt sich wirklich Freiheit finden.

Eine fünfte und letzte Stufe der Freiheitserfahrung schließlich liegt in der Gottesbeziehung, d.h. im Bereich „der religiösen Erfahrung und im religiösen Akt"[430]. Die „Teilnahme am Unendlichen ... löst die letzte Fessel; jene, die in der Geschöpflichkeit selbst liegt, die Fessel der bloßen Endlichkeit; ohne aber die Geschöpflichkeit aufzuheben oder sie auch nur trügerisch zu verschleiern. Die Teilnahme an Gottes Unendlichkeit, an seinem ewigen, endgültigen, heiligen Leben ist endgültige Ausweitung, Erfüllung, Befriedung."[431] Gott kann geradezu beschrieben werden als jener, „der dem, der ihm naht, endgültige Erfüllung, und ebendarin endgültige Lösung gibt"; ihre vollste und reinste Verwirklichung findet diese Freiheitserfahrung in dem, was das Neue Testament „Freiheit der Kinder Gottes" nennt.[432]

2.3.2.2. Das Wechselspiel von Freiheit und Gnade

In diesem Zusammenhang thematisiert Guardini auch die Frage nach dem Verhältnis zwischen menschlicher Freiheit und göttlicher Gnade – eine Problematik, die für die Frage nach Sinn und Bedeutung der Askese eine nicht geringe Rolle spielt, wie insbesondere die Auseinandersetzungen um den Pelagianismus, aber auch die reformatorische Skepsis gegen die Askese zeigen: wer der menschlichen Freiheit wenig zutraut und die Bedeutung der Gnade einseitig hervorhebt, für den wird Askese bedeutungslos. Guardini sieht es als ein Problem der bisherigen Diskussion, wie sie sich in den unterschiedlichen Standpunkten z.B des Pelagianismus oder der Reformatoren, in maßvollerer Form in den Gnadensystemen des Molinismus und des Thomismus artikuliert haben, daß sie „die göttliche und die menschliche Initiative zu sehr als gesonderte Momente"[433] betrachten. Guardini sieht „das Eigentümliche des Verhältnisses" demgegenüber „gerade darin, daß der Mensch durch das Walten Gottes zu sich selbst kommt und frei wird; daß umgekehrt Gottes Wirken die Bereitschaft des Menschen voraussetzt und sich in dem Maße entfaltet, als dieser sich öffnet und mitgeht"[434]. Er spricht so von der „unlöslichen Einheit eines einzigen existentiellen Vorgangs"[435],

[428] Ders., Freiheit, Gnade, Schicksal, a.a.O., 57.
[429] A.a.O., 56.
[430] A.a.O., 59.
[431] Ders., Lebendige Freiheit, a.a.O., 99.
[432] A.a.O.
[433] Ders., Freiheit, Gnade, Schicksal, a.a.O., 84.
[434] A.a.O., 85.
[435] A.a.O., 85f.

in dem die Initiative Gottes und die Initiative des Menschen einander nicht als Konkurrenten gegenüberstehen: Es ist gerade die Gnade Gottes, durch die der Mensch zu seiner Freiheit befreit wird; andererseits ist aber auch „die ganze Eigenkraft des Menschen aufgerufen“[436], zuerst seine Entscheidung, dann aber auch „Übung, Überwindung und Loslösung“[437], damit Gottes Gnade zur Entfaltung kommen kann.

Dabei zeigt sich dann, daß gerade die „Realisation der christlichen Forderungen“[438] noch einmal in die Freiheit führt, in den Zustand, „in welchem der Glaubende durch Gottes Gnade, aber auch durch Großmut, Zucht und Opfer von allem Geschaffenen unabhängig, für Gottes Wahrheit und Wertfülle ganz offen und Herr seiner ganzen Anfangskraft ist“[439] – dies freilich „für unser irdisches Dasein“ immer nur als „Grenzwert“, als „Ziel“[440], dessen endgültige Verwirklichung noch aussteht. Christliche Freiheit hat daher eschatologischen Charakter; sie ist „nichts Fertiges, sondern werdend“: „Schon von der natürlichen Freiheit mußte betont werden, daß sie kein fertiger Apparat, sondern etwas Lebendiges ist und also im beständigen Tun, Bilden und Überwinden verwirklicht werden muß. Das gleiche gilt, und in neuer Weise, von der christlichen.“[441] Ihre endgültige Vollendung aber kommt durch Christus. „Die neue Freiheit ist schon jetzt da; sie ist in der Taufe erwacht und wächst im täglichen christlichen Leben. Aber sie ist unvollkommen und schwach. Über ihr liegt die Hülle des Widerspruchs, und auch für sie muß die endgültige Offenbarung und Vollendung kommen. Das geschieht durch Christus. Wenn er wiederkommt, der Geschichte ein Ende zu setzen und sie zu richten, wird sich die eigentliche Befreiung vollziehen: die Befreiung des Menschen, und durch den Menschen die aller Dinge.“[442]

Hier zeigt sich noch einmal, was es für unseren Zusammenhang ganz wesentlich festzuhalten gilt, nämlich daß das Phänomen der Freiheit nach dem Verständnis R. Guardinis eben nicht nur vor die Aufgabe stellt, das Richtige zu tun; die Freiheit erweist sich vielmehr selbst als Aufgabe, als etwas, das zwar als „Anlage und als Möglichkeit“ gegeben ist, das aber entwickelt, gebildet, geübt werden muß, um „lebendiges Können“ zu werden. Hier sind „innere Aufrichtigkeit und sicher gewordene Übung“, „innere Wahrhaftigkeit und Überwindungskraft“ nötig, damit die Wahlfreiheit nicht zum „Ergriffenwerden von irgendeinem Motiv“, die Freiheit im Ausdruck seiner selbst nicht zum beliebigen „Zur-Geltungkommen irgendeiner peripheren

[436] A.a.O., 86.
[437] A.a.O.
[438] A.a.O.
[439] A.a.O.
[440] Ders., Lebendige Freiheit, a.a.O., 100.
[441] Ders., Freiheit, Gnade, Schicksal, a.a.O., 88.
[442] A.a.O.

Zuständlichkeit“ verkommt. „Man muß zur Freiheit frei werden.“[443] Freiheit „wird erst wirklich durch Tun, durch Übung, durch Bildung“; Freiheit ist für Guardini „ein Habitus, der erworben, der entwickelt werden muß“.[444] Zugleich ist aber auch exemplarisch deutlich geworden, wie bei Guardini die zunächst noch ganz auf allgemein menschliche Erfahrungen bezogene Analyse eines existentiellen Phänomens hineinmündet in spezifisch christliche Deutungen, wobei auch diese Deutungen noch einmal durchaus erfahrungsbezogen bleiben, rekurrieren sie doch in unserem Fall im wesentlichen auf die paulinische Glaubenserfahrung.[445]

2.3.3. Personale Verantwortung

2.3.3.1. Verantwortung als ethischer Schlüsselbegriff

Seit dem „ersten Weltkrieg“[446] und verstärkt nach dem „Zweiten Weltkrieg“[447] ist der Begriff der Verantwortung zu einem „Grundwort unserer Sprache“[448], ja zu einem „ethischen Zentralbegriff“[449] geworden; er „nimmt in der gegenwärtigen Ethik-Diskussion eine Art Schlüsselfunktion ein“[450]. Stärker als der statische Begriff der Pflicht trägt er der Geschichtlichkeit des Menschen und der Situationsbezogenheit sittlichen Handelns Rechnung.[451] Vor allem aber findet er dort Verwendung, ist nachgerade zu einem „wissen-

---

[443] Ders., Lebendige Freiheit, a.a.O., 90. In Guardinis frühen Vorträgen „Vom Sinn der Kirche“, aber auch noch in seinem nachgelassen Werk „Die Existenz des Christen“ ist es ganz dezidiert die Kirche, die den Menschen zur wahren Freiheit führt, weil sie in ihrer umfassenden Katholizität nicht nur örtliche und zeitliche Bedingtheiten, sondern auch psychologische und charakterliche Einseitigkeiten in der Weite einer umfassenden Gemeinschaft und letztlich als Trägerin der göttlichen Offenbarung überschreitet; vgl. R. Guardini, Vom Sinn der Kirche. Fünf Vorträge, Mainz-Paderborn [5]1990 ([1]1922), 63-79, sowie ders., Die Existenz des Christen, Paderborn [2]1977, 411-424, bes. 421-424. Auf die Problematik dieser sehr prinzipiellen (und damit die doch auch bedingten konkreten Erscheinungsweisen von Kirche ausblendende) Sicht der Kirche kann hier nicht näher eingegangen werden; zur Kritik vgl. E.-M. Faber, Das Kirchenbild Guardinis: Impulse und Grenzen, in: A. Schilson (Hg.), Konservativ mit Blick nach vorn. Versuche zu Romano Guardini, Würzburg 1994, 68-80, bes. 75-80.

[444] Ders., Lebendige Freiheit, a.a.O., 91. In Guardinis Ethik-Manuskript finden sich am Ende eines Kapitels über die Freiheit als noch auszuführende Gedanken die Stichworte „Die Bildung der Freiheit ... Wille und Mut zur Freiheit d.h. zur Verantwortung ... Das Freier-Werden. Übung ... Opfer ... Askese ...“ (ders., Ethik, a.a.O., 144; Auslassungszeichen und Interpunktion – allerdings mit Absätzen – in dieser Form bei Guardini).

[445] Zu Guardinis Paulus-Interpretation vgl. vor allem ders., Das Christusbild der paulinischen und johanneischen Schriften, Mainz-Paderborn [3]1987, 45-116, hier bes. 93-106.

[446] So J. Schwartländer, Art. „Verantwortung“, in: HphG, 1577.

[447] So G. Holotik, Art. „Verantwortung“, in: NLcM,, 821.

[448] J. Schwartländer, a.a.O.

[449] G. Holotik, a.a.O.

[450] A. Holderegger, Verantwortung, in: J.-P. Wils/D. Mieth (Hg.), Grundbegriffe der christlichen Ethik, a.a.O., 199.

[451] Vgl. J. Schwartländer, a.a.O., 1577-1580; A. Holderegger, a.a.O., 199-202.

schaftlichen und alltagssprachlichen Modewort“[452] geworden, wo die räumlich und zeitlich schwer abzusehenden Handlungsfolgen einer hochtechnisierten, global vernetzten, in ihren Entscheidungsstrukturen aber anonymisierten Zivilisation in den Blick kommen.[453]

Auch bei R. Guardini taucht das Wort Verantwortung genau in diesem Zusammenhang vermehrt auf. Während dem Begriff aber sonst „eine gewisse Unschärfe“[454] anhaftet, insbesondere was die Instanz angeht, vor der eine Handlung zu ‚ver-antworten‘ ist, steht für Guardini fest: „Die Verantwortung besteht wesentlich auf Gott hin“, und zwar deshalb, weil „zu der Frage, welcher das Ich Antwort stehen muß, nur ein Ich fähig ist, das in seiner Wirklichkeit mit der Norm identisch ist, nämlich Gott“.[455] Die in Frage stehende Antwort ist dem zu geben, von dem der Mensch radikal und fundamental angerufen ist.[456] Guardini faßt Verantwortung konsequent dialogisch und personal; das heißt, es geht wirklich um Frage und Antwort; und gefragt wird im letzten nicht nach einem Geschehen und seinen Ursachen, sondern nach der Person, die gehandelt hat, nach ihren Motiven und Absichten: „Ich werde gefragt und soll antworten; genauer, mich ver-antworten, das heißt so antworten, daß ich selbst in die Antwort hineinkomme,...“.[457]

Was aber die Verantwortung für andere und für anderes angeht, so liegt ihre eigentliche Wurzel und zugleich ihr Ernstfall für Guardini im Herrschaftsauftrag Gottes an den Menschen, wie er in Gen 1, 26ff. formuliert ist (bzw. im Auftrag, den Garten Eden zu bebauen und zu behüten, in Gen 2, 15). Der Mensch hat Gott darüber Rechenschaft abzulegen, wie er mit der

---

452 A. Holderegger, a.a.O., 199.

453 Vgl. A. Holderegger, a.a.O., 199-202. Insbesondere ist hier zu verweisen auf den „Versuch einer Ethik für die technologische Zivilisation“, den H. Jonas unter dem Titel „Das Prinzip Verantwortung“, Frankfurt/M. 1984, vorgelegt hat; dort, a.a.O., 8f. schreibt er: „Im Zeichen der Technologie aber hat es die Ethik mit Handlungen zu tun (wiewohl nicht mehr des Einzelsubjekts), die eine beispiellose kausale Reichweite in die Zukunft haben, begleitet von einem Vorwissen, das ebenfalls, wie immer unvollständig, über alles ehemalige weit hinausgeht. Dazu die schiere Größenordnung der Fernwirkungen und oft auch ihre Unumkehrbarkeit. All dies rückt Verantwortung ins Zentrum der Ethik, und zwar mit Zeit- und Raumhorizonten, die denen der Taten entsprechen.“

454 A. Holderegger, a.a.O., 199.

455 R. Guardini, Freiheit, Gnade, Schicksal, a.a.O., 25. In diesem Zusammenhang ist auf Guardinis Sicht des Jüngsten Gerichts hinzuweisen, das er, Theologische Briefe an einen Freund, Paderborn ^{4}1985, 29-31, konsequent als Dialog, als Frage und Antwort, versteht: Gott „befragt den Menschen und dieser ver-antwortet sich .. Der Mensch wird ganz offen .. Antwortet mit seinem offengewordenen Sein.“ Aber auch umgekehrt: „Der Mensch darf selbst fragen .. Ja, Gott fordert ihn auf zu fragen. Das Warum zu sprechen, das in der Zeit nie eine Antwort bekommt..“ (a.a.O., 30).

456 Vgl. ders., Welt und Person, a.a.O., 143-145; ders., Verantwortung. Gedanken zur jüdischen Frage, München 1952, 35. Vgl. auch L. Börsig-Hover, Das personale Antlitz des Menschen, a.a.O., 96-102.

457 R. Guardini, Freiheit, Gnade, Schicksal, a.a.O., 25. Dazu vgl. R. Egenter, Art. „Verantwortung“, in: LThK, 669f., der in ähnlicher Weise den personalen und dialogischen, religiös begründeten Charakter der Verantwortung hervorhebt.

ihm anvertrauten Schöpfung umgegangen ist. Es ist eine „ungeheure Verantwortung, die daraus kommt".[458]

Dieses Bewußtsein der Verantwortung als menschliche Grunderfahrung beschreibt Guardini als personales Einstehen für eine Handlung mit ihren Folgen über die rein juridische Haftung, ja über jede äußerliche Zuschreibung hinaus: „Ich habe nicht nur ... die Folgen der Handlung zu tragen, sondern auch dafür einzustehen, daß sie überhaupt zustandegekommen ist. Ich hafte für das, was sie an Gutem und Schlimmem bewirkt. Und nicht nur äußerlich, juridisch, sondern innerlich, mit dem Kern meines Seins. Der Sinncharakter, das Sinngewicht der Handlung fallen auf mich selbst zurück."[459]

2.3.3.2. Dimensionen der Verantwortung – heute

Die Verantwortung in der oben skizzierten Bedeutung tritt nun, aufgrund der gegebenen technischen Möglichkeiten und angesichts der mit ihnen einhergehenden radikalen Gefährdung der Lebensgrundlagen, in ein neues Stadium; richtiger gesagt: die dem Menschen eigene Verantwortung wird erst jetzt in ihrer ganzen Tragweite erkannt. Aufgrund seiner personalen Sicht der Verantwortung und aufgrund seines Verständnisses der Welt als Schöpfung ist der Christ hier in besonderer Weise gefordert. Guardini fordert einen fundamentalen Bewußtseinswandel, ein neues Weltverhältnis und ein neues Verständnis der dem Menschen von Gott gegebenen Verantwortung, wenn er feststellt:

„Die Situation der Gesamtgeschichte; das Stadium, in das die Macht des Menschen und deren Möglichkeiten der Zerstörung getreten sind, zwingt den Christen, sein Verhältnis zur Welt einer genauen Prüfung zu unterziehen. Bisher hat das christliche Bewußtsein Aufgaben ‚in' der Welt erkannt, positive und negative; nicht aber – oder doch nicht deutlich genug – ist ihm klar geworden, daß ihm die Welt als solche zur Aufgabe gesetzt und in die christliche Verantwortung gegeben ist."[460]

Hier liegt für Guardini ein „‚Versäumnis'" des Christentums, ja sogar „wirkliche Schuld"[461]: es hat die Welt weithin sich selbst überlassen. Der Christ sah die Welt lediglich als „Raum ..., in dem er sich ‚vor der Sünde hüten' und in einem abstrakten Sinne ‚seine Pflicht' tun soll", während er doch „gerufen ist, sie als Welt in ihrem Wesen und Wert zu ‚bewahren und zu be-

[458] Ders., Pro mundi vita - Die Verantwortung des Christen für die Welt, in: R. Egenter u.a. (Hg.), Statio orbis. Eucharistischer Weltkongreß 1960 in München, Bd. 1, München 1961, 94; vgl. auch ders., Die Macht, a.a.O., 110-113; ders., Theologische Briefe an einen Freund, a.a.O., 32-34.

[459] A.a.O., 23f.

[460] Ders., Zur Theologie der Welt, in: So1, 80.

[461] A.a.O., 78.

bauen' (Gen 2,15)"[462], ja mehr noch: es ist sein Auftrag, dafür zu „sorgen", „daß es mit der Welt richtig werde"[463].

Diese Verantwortung ist in ihrer Konkretheit und Tragweite kaum zu überschätzen: „Vielleicht hängt eines Tages die Rettung der Welt im elementarsten Sinne – ihre Rettung vor dem Untergang – davon ab, ob der Christ sie in seine Verantwortung nimmt und für sie einsteht."[464] Den „fromm und weise" erscheinenden Gedanken, die Welt müsse ohnehin einmal untergehen und so komme es nur darauf an, „daß der Mensch sich glaubend und betend und liebend Gott zuwende", lehnt Guardini entschieden als „Versuchung" ab, „die von jenen bösen Mächten ausgeht, welche die Welt Gott aus der Hand nehmen wollen."[465]

2.3.3.3. Träger der Verantwortung

Radikaler und umfassender als in der soeben umschriebenen Weise läßt sich Verantwortung nicht fassen. Auch in einer anonymen Massengesellschaft und angesichts globaler Probleme – auch oder gerade in einer Kultur ausdifferenzierter Subsysteme – hält Guardini zunächst daran fest, daß Verantwortung sich „in jedem Einzelnen" „realisieren" muß[466]: „Die eigentlichen Entscheidungen fallen im Innern – dort, wo der Mensch im Ernst der Wahrheit vor Gott steht."[467] Die Askese hat in diesem Zusammenhang die Funktion, „im Haushalt des eigenen Wesens die Kräfte der Einsicht, der Freiheit und der Verantwortung gegen Trieb und Trägheit" zu steigern.[468]

Dennoch stellt auch Guardini die Frage nach „Institutionen", die in besonderer Weise „Verantwortung übernehmen"[469] könnten für den Gang der Kultur, für die „unzähligen Wechselwirkungen" in ihr, ja für die „Möglichkeit ... eines sinnvollen, menschenwürdigen Lebens" überhaupt[470]. Seine Antwort, die der Universität hier eine wichtige Funktion einräumt[471], kann und

---

462 A.a.O., 77f; vgl. auch die ganz ähnliche Formulierung in ders., Die Existenz des Christen, a.a.O., 492.

463 Ders., Zur Theologie der Welt, a.a.O., 81; vgl. auch ders., Der Glaube in unserer Zeit, in: Sol, 93-115, hier 106-110; ders., Theologische Briefe an einen Freund, a.a.O., 19-28.

464 Ders., Zur Theologie der Welt, a.a.O., 80f.

465 A.a.O., 81. Die Frage des Weltverhältnisses, also der angemessenen Haltung des Menschen gegenüber der Welt, die hier bereits deutlich anklingt, wird – ihrer eminenten Bedeutung für Motivation und Sinndeutung der Askese wegen – in Kap. 3.1.1. noch einmal zusammenfassend thematisiert werden.

466 Ders., Die Verantwortung des Studenten für die Kultur, in: Ders.; W. Dirks; M. Horkheimer, Die Verantwortung der Universität, Würzburg 1954, 33.

467 A.a.O., 15.

468 A.a.O., 32.

469 A.a.O., 33.

470 A.a.O., 30f.

471 Sie ist ja gegeben im Kontext eines Vortrags, der sich mit der „Verantwortung des Studenten für die Kultur" (a.a.O., 5) befaßt und der auf dem dritten deutschen Studententag in München am 3. Mai 1954 gehalten wurde.

will freilich nicht als abschließende Lösung des Problems gesehen werden.[472]

Keinen Zweifel läßt Guardini jedoch daran, daß – wie oben bereits angeklungen – der Kirche und den Christen in besonderer Weise Verantwortung dafür zukommt, daß die Schöpfung, Gottes Werk, nicht zerstört, sondern in seinem Sinn gestaltet werde.[473] In geradezu erschütternder Eindringlichkeit skizziert Guardini die Größe dieser Verantwortung in seinen „Theologischen Briefen an einen Freund", wo sich Formulierungen finden wie: „Gott zieht den Menschen in sein Vertrauen. Übergibt ihm seine Welt .. [...] Was ist nun das Gute? .. Die sittliche Aufgabe? Aus der Kraft der Erlösung heraus aufs neue die Welt ‚bebauen und bewahren'. Nicht bloß in der Welt ‚seine Pflicht tun' .. Vielmehr die Welt in die Verantwortung nehmen. [...] In die Hand des Menschen gegeben, daß die eigentliche Welt werde .. die Welt der Ewigkeit."[474]

2.3.4. Der Mensch vor dem Anspruch des Guten

2.3.4.1. Die Attraktivität des Guten und die Ambivalenz der Moral

In Guardinis grundlegender Abhandlung über „Das Gute, das Gewissen und die Sammlung"[475] stellt Guardini eine zunächst verblüffende Diagnose der ethischen Situation[476]: die „sittliche Entwurzelung" liege weniger darin begründet, „daß die sittliche Aufgabe als zu schwer empfunden würde", sondern vielmehr darin, „daß sie zu klein gesehen wird; daß man sie ungeistig und langweilig sieht".[477] Diese überraschende Aussage macht Guardinis Sicht des Ethischen schlagartig deutlich. Die Verwirklichung des sittlich Guten ist „unendlicher Reichtum"[478]. Entgegen einer Sicht, die Sittlichkeit einengt auf die Erfüllung bestimmter Regeln und Gebote, sieht Guardini sittliches Handeln als kreativen Prozeß: „Das Gute zu vollbringen bedeutet ... ein wirkliches Schaffen ..., schöpferische Verwirklichung von etwas, das noch nicht ist"[479]. Dementsprechend hart ist seine Kritik an „einer rationali-

---

[472] Dazu vgl. auch Kap. 2.4.2.7.

[473] Vgl. ders., Theologie der Welt, a.a.O., 76-81; ders., Der Glaube in unserer Zeit, a.a.O., 106-110; ders., Theologische Briefe an einen Freund, a.a.O., 19-28, 32-34; ders., Pro mundi vita – Die Verantwortung des Christen für die Welt, a.a.O., 90-96.

[474] Ders., Theologische Briefe an einen Freund, a.a.O., 33f.; es handelt sich um den nur fragmentarisch ausgeführten vierten Brief „Von der Verwirklichung der christlichen Verantwortung für die Welt"; vgl. auch den zweiten Brief „Von der christlichen Verantwortung für die Welt", a.a.O., 19-28, sowie den sechsten Brief „Teilhard de Chardin als Symptom", a.a.O., 46-49.

[475] Mainz ^{4}1953.

[476] Die erste Auflage erschien 1929.

[477] A.a.O., 22.

[478] A.a.O., 23.

[479] A.a.O., 24.

stischen Ethik“, am „Kantischen Formalismus“ und an einer „schematisierten Moral“, unter deren Einfluß das sittliche Leben „verarmt“, „langweilig“, ja „weithin öde“ geworden sei[480].

Natürlich besitzt das Gute, das sittlich Gesollte, verpflichtenden, normativen Charakter; Guardini betont aber daneben besonders die Werthaftigkeit des Guten, man könnte auch sagen seine Attraktivität. Das Gute ruft den Menschen an; es „drängt an mein Gewissen, ..., will ermessen, bejaht, vollbracht sein“; es ist mir „anvertraut“[481]. Immer wieder legt er Nachdruck auf die Feststellung, daß das Gute „kein totes Gesetz“[482] ist und sittliches Handeln mehr als die Erfüllung von Vorschriften. In der Erkenntnis und Verwirklichung des Guten geht es „um den endgültigen Sinn meines Seins“[483].

Daß sich Guardini gleichwohl der Ambivalenz der Moral bewußt ist, kommt an den verschiedensten Stellen zum Ausdruck. Die möglichen Gefahren der Moral benennt er besonders deutlich, aber keineswegs ausschließlich, in seinem unveröffentlichten Manuskript „Der Mensch“: Hier spricht er von dem Druck, der entsteht, wenn „bestimmte zeitlich oder soziologisch bedingte Interpretationen des Sein-Sollenden, die sich objektiviert haben, sich behaupten, obwohl die Wirklichkeit unter ihnen weitergegangen ist“; er weist darauf hin, daß „keine echte Interpretation der Wirklichkeit“ zustandekommt, wenn der Blick zu sehr auf das abstrakte Gesetz gerichtet ist; eine Gefahr sieht Guardini auch darin, daß „die entgegennehmende gehorchende Komponente im sittlichen Verhalten“ die „divinatorische und schöpferische“ verdrängt; denn dann besteht „keine Beziehung“ mehr „zu dem immerfort sich neu entfaltenden Dasein“, die Zukunft gerät aus dem Blick.[484] Schließlich warnt Guardini vor einem „Moralismus“, „der alles nur unter den Bestimmungen von Gut und Böse, Erlaubt und Unerlaubt sieht, und die Beziehung zum Wirklichen mit seiner Sinnfülle verliert“; gegenüber einer derartigen Engführung des Moralischen spricht Guardini dem Amoralischen und der „Selbstbehauptung gegen das Ethische“ sogar eine gewisse Berechtigung zu.[485]

Im Hinblick auf die von ihm diagnostizierte Krise der Moral stellt Guardini neben der aus Formalismus und Legalismus erwachsenen Gleichgültigkeit auch eine „Ratlosigkeit“ und Unsicherheit in ethischen Fragen fest, de-

---

480 A.a.O., 24f. Vgl. auch ders., Die Bekehrung des Aurelius Augustinus. Der innere Vorgang in seinen Bekenntnissen, Mainz-Paderborn [4]1989, 58-65, bes. 63, Anm 19.

481 Ders., Das Gute, das Gewissen und die Sammlung, a.a.O., 25.

482 A.a.O., 23

483 A.a.O., 37.

484 Der Mensch. Grundzüge einer christlichen Anthropologie, im Guardini-Nachlaß in der Bayerischen Staatsbibliothek (Ana 342), 140.

485 A.a.O., 140f. Hier, a.a.O., 141, charakterisiert Guardini, den „Moralismus“ in deutlicher Kritik an einer reinen Gesinnungsethik auch als „jene Gesinnung, welche das Gute als solches will und das eigene Selbstbewußtsein darauf gründet, anstatt das jeweils Richtige zu tun, worin ja das Gute besteht.“

ren Ursachen er einerseits im „Subjektivismus“ seiner Zeit, andererseits auch in der Erstarrung des traditionellen sittlichen Denkens sieht.[486] Ganz charakteristisch ist nun, von wo hier Guardini Lösung und Klärung erwartet: natürlich auch vom ethischen Diskurs, von der Arbeit des „Suchens, Denkens, Austauschens“; das „Wichtigste aber“ scheint ihm, „daß überhaupt die Kräfte sittlichen Schaffens ermutigt werden: Daß der Mensch die sittliche Aufgabe in ihrer Größe sowohl wie in ihrer Fülle sehe. Daß er seiner Kräfte innewerde. Daß er aufrichtig seine Gesinnung läutere, und dann eben in Zuversicht anfasse.“[487] Vordergründig könnten solche Sätze als Ausdruck einer Gesinnungsethik interpretiert werden, die rein auf die innere Gesinnung abstellen, die Frage der Sachgerechtigkeit, der objektiven ethischen Richtigkeit aber unberücksichtigt lassen.[488] Dies würde jedoch die Zielrichtung Guardinis völlig verfehlen. Die Sachgerechtigkeit des Handelns ist für Guardini wesentlicher, integrierender Bestandteil sittlicher Gutheit. Was er aber herausstellt, ist, daß nicht erst die Verwirklichung, sondern auch schon die Erkenntnis des sittlich Richtigen Voraussetzungen hat und Anforderungen an den Menschen stellt. Welches Maß an innerer Bereitschaft zum Loslassen eigener Interessen und zum Hinhören und Sich-Einlassen auf Wirklichkeit jede Erkenntnis der Wahrheit in den Augen R. Guardinis erfordert, hat jüngst S. Waanders in einer Studie über Guardinis Wahrheitsverständnis eindrucksvoll herausgearbeitet.[489] Es ist – wie Waanders zutreffend feststellt – die vielfach vergessene „Dimension der menschlichen Aneignung“[490] von Wahrheit mit ihren spezifischen sittlichen Anforderungen, die Guardini in Erinnerung rufen will. Dies alles spielt hinein auch in sein Verständnis des Gewissens.

2.3.4.2. Das Gewissen: Funktion, Bedeutung, Gefährdung

In Übereinstimmung mit der Tradition benennt Guardini zwei verschiedene Funktionen des Gewissens, eine transzendentale, die man als Wahrnehmungsfähigkeit des Guten ganz allgemein bezeichnen könnte, und durch die der absolute Anspruch der Verpflichtung wahrgenommen wird, und eine kategoriale, deren Aufgabe es ist, im Hinblick auf eine ganz konkrete Situation festzustellen, „was hier das Rechte und ebendamit das

---

[486] Ders., Das Gute, das Gewissen und die Sammlung, a.a.O., 26f.

[487] A.a.O., 27.

[488] Zur auf Max Weber zurückgehenden Unterscheidung von „Gesinnungsethik“ und „Verantwortungsethik“ vgl. z.B. J. Gründel, Normen im Wandel. Eine Orientierungshilfe für christliches Leben heute, München ^{2}1984, 189f.; W. Korff, Die Frage nach dem Glück als Frage nach einer humanen Ethik, in: ders., Wie kann der Mensch glücken? Perspektiven der Ethik, München 1985, 9-32.

[489] Vgl. S. Waanders, Unterwegs zur Wahrheit. Ein Versuch über das Denken Romano Guardinis, in: A. Schilson (Hg.), Konservativ mit Blick nach vorn, Würzburg 1994, 35-48.

[490] Ders., a.a.O., 45.

Gute ist“[491]. Guardini ist es wichtig, daß neben dieser zweiten, konkretnormfindenden, ‚ethischen‘ Bedeutung im engeren Sinn, die andere, mehr allgemeine und ins Religiöse hineinreichende Rolle des Gewissens als „Organ für das Sein-Sollende überhaupt“[492], ja letztlich als „Organ für Gott“[493] nicht übersehen wird. Guardini kann hier anknüpfen an die Tradition der Mystik, die vom „Seelengrund“ spricht, bzw. an die mittelalterliche Scholastik, die den Begriff der „Schneide des Geistes“[494] prägte. Für die konkrete Gewissensentscheidung mißt Guardini der Situation eine entscheidende Rolle zu. Dabei ist zu beachten, daß die Situation nicht individualistisch verengt werden darf; vielmehr müssen nach Guardini alle Gegebenheiten, die persönlichen wie die geschichtlichen, kulturellen und sozialen miteinbezogen werden.[495]

In diesem Zusammenhang muß auch von den möglichen Gefährdungen der Gewissensfunktion gesprochen werden; Guardini nennt deren drei: zwei, welche die Funktionsfähigkeit des Gewissens generell betreffen, und eine, die inhaltlich auf die jeweilige Situation bezogen ist. Was die Funktion des Gewissens ganz allgemein angeht, bestehen zwei entgegengesetzte Möglichkeiten: das Gewissen kann „oberflächlich, leichtfertig, stumpf“[496] werden; es kann aber auch als überfeinertes, ängstliches oder skrupulöses Gewissen „Pflichten sehen, wo keine sind“ und die „Anforderungen über das rechte und mögliche Maß hinaustreiben“[497]. Im Hinblick auf einen konkreten Gewissensspruch schließlich besteht die Gefahr, daß bestimmte für die Beurteilung der in Frage stehenden Handlung relevante Sachverhalte ausgeblendet bzw. nicht richtig wahrgenommen werden. Bemerkenswert ist, wie stark Guardini in bezug auf alle drei Gefährdungen tiefenpsychologisch, d.h. un-

---

[491] R. Guardini, a.a.O., 29. Zur scholastischen Unterscheidung zwischen „synteresis“ („als allgemeiner Anlage der Moralfähigkeit“) und „conscientia“ („als der Fähigkeit, die moralische Erkenntnis anwenden zu können“) vgl. D. Mieth, Gewissen, in: J.-P. Wils/D. Mieth, Grundbegriffe der christlichen Ethik, a.a.O., 228 (Zitat a.a.O.); K. Golser, Art. „Gewissen“, in: NLcM, 281; H. Weber, Allgemeine Moraltheologie. Ruf und Antwort, Graz 1991, 195f.

[492] R. Guardini, Das Gute, das Gewissen und die Sammlung, a.a.O., 64.

[493] A.a.O., 46.

[494] A.a.O., 46 u. 64. Diese Akzentuierung ist zweifellos ein Nachhall von Guardinis eingehender Beschäftigung mit Bonaventura, über den er sowohl in seiner Dissertation (Die Lehre des heiligen Bonaventura von der Erlösung. Ein Beitrag zur Geschichte und zum System der Erlösungslehre, Düsseldorf 1921) als auch in seiner Habilitationsschrift (Systembildende Elemente in der Theologie Bonaventuras. Die Lehren vom lumen entis, von der gradatio entium und der influentia sensus et motus, hg. von W. Dettloff, Leiden 1964) gearbeitet hat; zur Gewissenslehre vgl. ders., Systembildende Elemente, a.a.O., bes. 37-39 u. 89.

[495] Zur Schwierigkeit, die Situation mit ihren unterschiedlichen und oft widersprüchlichen Anforderungen angemessen zu deuten vgl. ders., Das Gute, das Gewissen und die Sammlung, a.a.O., 30-34. Zu Guardinis „situative(r) Auslegung des Guten“ allgemein vgl. G. Henner, Die Pädagogik im Denken Romano Guardinis, a.a.O., 250-254, Zitat 250.

[496] R. Guardini, Das Gute, das Gewissen und die Sammlung, a.a.O., 40.

[497] A.a.O., 41.

ter Hinweis auf unbewußte Triebkräfte argumentiert[498]: „Wir fassen die Situation nicht auf wie ein photographischer Apparat den Gegenstand. ... Wir selbst, mit unserer Natur, ... mit unseren offenbaren und geheimen Beweggründen stecken schon in dem Blick, den wir auf die Dinge richten. ... So deuten wir die Situation nach unseren bewußten und unbewußten Wünschen. ... Die neuere Seelenlehre hat gezeigt, wie tief die Akte der Gegenstandserfassung vom unbewußten Wollen beeinflußt sind."[499]

In den angedeuteten Gefährdungen der Gewissensfunktion wird bereits deutlich, daß das Gewissen im Menschen nicht ein für allemal fertig vorliegt, sondern „etwas Lebendiges"[501] ist, das wachsen und reifen muß.[500] In diesem Reifungsprozeß sieht Guardini ein enges, unauflösbares Zusammenspiel von Natur und Gnade. Hier kann man das „Letzte und Eigentliche ... nicht machen"[502]. Große Bedeutung schreibt Guardini der „Erfahrung" zu: es kommt darauf an, daß der Mensch in der Begegnung mit der Vielfalt der Wirklichkeit einen „Vorrat an Geschehnissen" und „Möglichkeiten des Vergleichs" in sich aufnimmt; so werden „seine Maßstäbe, Gesichtspunkte, Gewohnheiten durch die eigene Erfahrung in Kritik genommen; aufgelockert; zurechtgewiesen"[503]. Aber auch hier gibt es noch einmal ein Wechselspiel zwischen äußerer Erfahrung und innerem Reifen, da Erfahrung ja nicht automatisch geschieht, sondern innere Wachheit und Lebendigkeit voraussetzt. Die Gnade wiederum ist „zu erwarten in Bereitschaft; zu erbitten in nicht nachlassendem Gebet"[504]. Gewissensbildung ist so weniger Sache eines guten ‚Gewissensspiegels', sie ist nicht einfach intellektualistisch und voluntativ zu vollziehen, sondern eher Sache eines lebendigen und wahrhaftigen Lebensvollzugs.[505] Das heißt andererseits gerade wieder nicht, daß man nichts für sie tun könnte und müßte: das „innere Wachsein"[506] und die erforderliche Aufmerksamkeit lassen sich üben; der „Übung der Sammlung" widmet Guardini gerade in diesem Zusammenhang ein eigenes Kapitel[507].

[498] Nach Guardinis eigenen Angaben fällt die Zeit seiner „ersten Begegnung" mit den Schriften Sigmund Freuds in die Mitte der zwanziger Jahre (R. Guardini, Sigmund Freud und die Erkenntnis der menschlichen Wirklichkeit, in: ders., So2, 85); die hier referierten Ausführungen entstanden vor dem Oktober 1928 (vgl. ders., Das Gute, das Gewissen und die Sammlung, a.a.O., XVI).

[499] R. Guardini, Das Gute, das Gewissen und die Sammlung, a.a.O., 42.

[500] A.a.O., 67.

[501] Zu den Fehlformen des Gewissens und zur Aufgabe der Gewissensbildung vgl. auch ders., Ethik, Bd. 1, a.a.O., 97-129, bes. 122-129.

[502] A.a.O.

[503] A.a.O., 68.

[504] A.a.O., 69.

[505] Die innere Beziehung von „Sittlichkeit und Wahrhaftigkeit" macht K. Demmer zur Grundlage eines bemerkenswerten ethischen Entwurfs; vgl. ders., Die Wahrheit leben. Theorie des Handelns, Freiburg 1991, bes. 132-182, Zitat 132.

[506] R. Guardini, Das Gute, das Gewissen und die Sammlung, a.a.O., 73.

[507] A.a.O., 61-91.

In der Sorge um eine verantwortete Gewissensbildung, ja mehr noch in der Sorge, das Gewissen könne das in einer bestimmten Situation objektiv Gesollte auch verfehlen, trifft Guardini sich mit einem zentralen Anliegen der Enzyklika „Veritatis splendor“ Papst Johannes Paul II.[508] Auch für Guardini ist die Kirche die Instanz, die den Menschen aus der Einseitigkeit seiner subjektiven Tendenzen und Interessen vor die objektive Wahrheit und damit in die Freiheit führt.[509] Um so bemerkenswerter ist, daß Guardini gerade dort, wo er am ausführlichsten und intensivsten das Gewissen thematisiert, nicht auf die Kirche und ihre Lehrautorität verweist, sondern ganz auf die sachgerechte Erfassung der Situation einerseits[510] und auf das personale „Einvernehmen mit Gott“[511] andererseits setzt. Anders als die Enzyklika „Veritatis splendor“, die dies ablehnen zu müssen glaubt[512], weist Guardini dem Gewissen durchaus kreativ-schöpferische Qualität zu: „Etwas Großes also bedeutet das Gewissen; etwas Schöpferisches. Ein Erschauen und Verwirklichen von etwas, was noch nicht war. Ein Hineingestalten des Ewig-Guten in die strömende Zeit.“[513] Diese Hochschätzung des Gewissens hängt damit zusammen, daß Guardini – wie bereits mehrfach gezeigt[514] – die Verwirklichung des Guten als eine ungeheuer anspruchsvolle, nur im ganz persönlichen Hinhören auf den Anruf Gottes zu vollziehende Aufgabe sieht, die in ihren Anforderungen weit über die Befolgung von allgemeinen Geboten und Verboten hinausgeht.[515]

2.3.4.3. Die Aufgabe der Selbstüberschreitung

Wenn der Mensch – wie dies immer wieder deutlich wurde – in der Weise des „Auf-hin“[516] lebt, das heißt bezogen auf die Begegnung mit Personen, bezogen in besonderer Weise auf Gott[517], und hingeordnet auf Werte, dann sind „Selbstüberschreitung“[518], Hingabe und Opfer Grundvollzüge des

---

[508] Vgl. Johannes Paul II., Enzyklika „Veritatis splendor“, Verlautbarungen des Apostolischen Stuhls 111, hg. vom Sekretariat der Deutschen Bischofskonferenz, Bonn 1993, 56-64.

[509] Vgl. z.B. R. Guardini, Vom Sinn der Kirche, a.a.O., 63-79; ders., Die Existenz des Christen, a.a.O., 411-424, bes. 421ff.

[510] Vgl. ders., Das Gute, das Gewissen und die Sammlung, a.a.O., bes. 21f., 30-34, 37-39.

[511] Ders., a.a.O., 35.

[512] Vgl. Johannes Paul II, Enzyklika „Veritatis splendor“, a.a.O., 56-58. In diesem Zusammenhang kann nur das Faktum konstatiert werden; die hier in Frage stehende Problematik muß im Rahmen dieser Arbeit auf sich beruhen bleiben.

[513] R. Guardini, Das Gute, das Gewissen und die Sammlung, a.a.O., 39.

[514] Siehe oben Kap. 2.3.4.1. sowie auch Kap. 2.1.4.

[515] Zur zeitgenössischen Diskussion um Würde und Funktion des Gewissens und um sein Verhältnis zum kirchlichen Lehramt vgl. z.B. J. Gründel, Person und Gewissen, in: LcV1, 63-85, bes. 70-85; R. Schlund, Schöpferisches Gewissen. Orientierung zu aktuellen Fragen, Freiburg 1990. Zur Moralpädagogik vgl. J. Gründel, Entfaltung des kindlichen Gewissens. Anregungen für Eltern und Lehrer, München 1973.

[516] R. Guardini, unveröffentlichtes Manuskript „Der Mensch“, a.a.O., 286, 288 u. öfter.

[517] Vgl. a.a.O., 315-333.

[518] A.a.O., 306.

Menschseins. Selbstwerdung im Sinn R. Guardinis vollzieht sich dann gerade in der „Bewegung der Liebe“, in der „der Mensch in großen Entscheidungen, die sein ganzes Leben bestimmen, sein Dasein zu einem anderen Mittelpunkt hinüberorientiert“; dazu gehört auch, daß er „aus dem Selbst in das Du, in die Idee, in das Werk auswandert“ und „dieses Hinübergehen immer aufs neue in der beständig vollzogenen Relation der Liebe und des Dienstes verwirklicht“[519]. Erst in diesem Akt der „Selbstüberschreitung“[520] wird der Mensch „er selbst; findet sein eigenes Dasein; realisiert seine eigene Gestalt“[521].

Es zeigt sich jedoch, daß gerade dieser an sich fundamentale Vollzug der Selbstüberschreitung im Menschen auf Widerstände stößt, und zwar nicht nur auf solche, die ihn in berechtigter und gesunder Weise vor einer chaotischen und selbstschädigenden Form der Hingabe schützen, sondern auch solche, die an sich notwendige und gebotene Schritte erschweren oder sogar verhindern. Im Licht der Offenbarung erweisen sich diese Widerstände als Auswirkungen der Sünde, die in jedem Menschen von Anfang an wirksam ist und in der christlichen Tradition als Erbsünde bezeichnet wird.[522]

2.3.5. Der Mensch in Unordnung: Die Ursünde und die Folgen.

Die Lehre von der Erbsünde[523] spielt in Guardinis Menschenbild eine wichtige, bisher allerdings eher vernachlässigte Rolle. Er behandelt sie in zwei Fassungen eingehend und mit großem Nachdruck.[524] Die Bedeutung, die er ihr beimißt, wird unterstrichen durch Bemerkungen in den Briefen an seinen Freund Josef Weiger, in denen er der Theologie vorwirft, sie habe „den Ge-

[519] A.a.O., 300.
[520] A.a.O., 306.
[521] A.a.O., 300.
[522] Vgl. a.a.O., 306-309.
[523] Trotz der Problematik dieses Begriffs ist es kaum möglich und auch wenig sinnvoll, ihn zu streichen oder zu ersetzen; vgl. J. Gründel, Schuld und Versöhnung, Mainz 1985, 111. Im folgenden soll daher auch auf die häufig – so z.B. von K. Rahner – gebrauchten Anführungszeichen verzichtet werden; vgl. K. Rahner, Grundkurs des Glaubens. Einführung in den Begriff des Christentums, Freiburg 1976, 113-121, bes. 118. Zur Problematik als solcher vgl. ders., Art. „Erbsünde“, in: SM, 1104-1117; P. Schoonenberg, Der Mensch in der Sünde, in: MySal, Bd. II, 845-938; C. Schütz, Perspektiven der Erbsünde, in: M. Löhrer/C. Schütz/D. Wiederkehr (Hg.), Mysterium Salutis. Ergänzungsband. Arbeitshilfen und Weiterführungen, Zürich 1981, 341-347; K.-H. Weger, Theologie der Erbsünde. Mit einem Exkurs „Erbsünde und Monogenismus“ von K. Rahner, Freiburg 1970 (= Quaestiones disputatae, hg.von K. Rahner u. H. Schlier, Bd. 44).
[524] Vgl. vor allem ders., Die Existenz des Christen, a.a.O., 109-195, sowie ders., Der Anfang aller Dinge, Mainz-Paderborn ^{3}1987, 53-116. Die in „Der Anfang aller Dinge“, a.a.O., wiedergegebenen „Meditationen“ sind im wesentlichen (von Überleitungen und einzelnen Formulierungen abgesehen) identisch mit den in Heft 11-16 der Sammlung von Guardinis Universitätspredigten „Wahrheit und Ordnung“, Würzburg 1956-1959, enthaltenen Predigten.

danken des Paradieses nicht ernst genug genommen", sie habe „zugelassen, daß aus der menschlichen Existenz im Paradies eine Kinderangelegenheit geworden" sei, sie habe „vergessen, daß der Begriff des Paradieses eine beständig wirksame Korrektur, ein Abhebungshintergrund für das Verständnis des Daseins bildet, wie es nun geworden ist"[525]. Guardini sieht hier für die Theologie die Aufgabe, die christliche „Lehre von der Urschuld und der Erbsünde und ihren Folgen" „realistisch" zu durchdenken „und zu Forschungsgebieten wie der Tiefenpsychologie, der Soziologie usw. in Beziehung" zu setzen[526]. Guardini ist sich dabei durchaus der Schwierigkeiten bewußt, auf welche die Rede von der Erbsünde heute stößt; er zitiert aber zustimmend Pascal, der sowohl die Schwierigkeit als auch den Wert der Erbsündenlehre in prägnanten Formulierungen festhält, wenn er sagt: „Erstaunliche Sache jedoch, daß das unserer Einsicht fremdeste Geheimnis, nämlich das der Vererbung der Schuld (der Erbsünde) eine Sache sei, ohne die wir keine Einsicht in uns selbst haben können. Denn ohne Zweifel gibt es nichts, was unserer Vernunft größeren Anstoß gibt, als zu sagen, die Schuld des ersten Menschen habe die schuldig gemacht, die so weit von dieser Quelle entfernt sind, daß sie unfähig scheinen, an ihr Anteil zu haben ... Sicherlich stößt uns nichts so roh wie diese Lehre. Und trotzdem! Ohne dieses Geheimnis, das unbegreiflichste von allen, sind wir uns selbst unverstehbar. Der Knoten unserer Verfassung empfängt seine Knüpfungen und seine Windungen in diesem Abgrund; so daß der Mensch ohne dieses Geheimnis unverständlicher ist als dieses Geheimnis dem Menschen unverständlich ist".[527]

Fragt man, worin denn nun der damit behauptete „Lebenswert"[528] dieses Dogmas bestehe, so erscheinen mindestens zwei Punkte als wesentlich:

Als erstes geht es Guardini hier wohl um eine realistische Sicht des Menschen, die einem illusorischen Optimismus, der die Möglichkeiten des Menschen zum Guten überschätzt und die Gefährdungen übersieht, ebenso widersteht wie einem fatalistischen Pessimismus, der das Böse kurzerhand als naturgegeben hinnimmt. Demgegenüber hält die Lehre von der Erbsünde einerseits an der ursprünglichen Gutheit des Menschen fest, andererseits erin-

[525] Ders., Theologische Briefe an einen Freund, a.a.O., 17f.

[526] A.a.O., 58.

[527] Pensees, Ausg. Brunschvicg, ^{4}1912, fr. 434, 532, zit. n. R. Guardini, Die Existenz des Christen, a.a.O., 168.

[528] Daß er – damals etwas völlig Neues – nach dem „Lebenswert der Dogmen" fragte, war es, was Guardini (vgl. ders., Berichte über mein Leben. Autobiographische Aufzeichnungen, aus dem Nachlaß hg. von F. Henrich, Düsseldorf 1984, 84) in seiner Studienzeit an dem Tübinger Dogmatiker Wilhelm Koch besonders schätzte. An diesen, wenn auch „unzulänglich(en)", Versuch knüpft Guardini in seiner Einführung zu „Die Existenz des Christen", a.a.O., 3-12, Zit. 4, ausdrücklich an. Guardini macht freilich auch immer wieder deutlich, daß Wahrheit nicht der Nützlichkeit untergeordnet werden kann (vgl. z.B. ders., Freiheit, Gnade, Schicksal, a.a.O., 42-46). Zu Guardinis Verständnis des Dogmas vgl. ders., Vom Leben des Glaubens, Mainz 1935, 143-158.

nert sie auch immer an die Widerstände und Schwierigkeiten, die der Verwirklichung des Guten deshalb entgegenstehen, weil der Mensch in seiner Freiheitsentscheidung immer beeinflußt und mitbestimmt ist durch eine „Freiheitsgeschichte"[529], in der es das Böse, in der es menschliche Schuld gibt. So gesehen weist die Erbsündenlehre auf die Schwierigkeit der sittlichen Aufgabe hin. W. Pannenberg hat darauf hingewiesen, daß der „Verfall der Erbsündenlehre" zu einer Verengung des Sündenverständnisses auf die einzelne „Tatsünde" und damit zu einem oberflächlichen Moralismus führen muß, der seinerseits dann zurecht die Kritik an Moralismus und Pharisäertum herausfordert.[530] Den Ernst der sittlichen Aufgabe herauszustellen, ohne vordergründig zu moralisieren, dies entspricht Guardinis Intentionen in hohem Maß.

Als zweites ist darüberhinaus gerade für das Denken R. Guardinis auch die inhaltliche Bestimmung der Ursünde als ein Sein-Wollen wie Gott von Bedeutung.[531]

Guardinis Interpretation der Erbsünde in allen Einzelheiten darzustellen, ist hier weder möglich noch beabsichtigt. Es sollen aber die Punkte skizziert werden, die von zentraler Bedeutung sind und für die ethische Fragestellung ertragreich erscheinen.

2.3.5.1. Zum Verständnis der Ursünde

Entscheidend ist, daß Guardini Ursünde durchaus als geschichtlich wirksames Ereignis versteht. Er wendet sich ausdrücklich dagegen, sie mythologisch oder psychologisch aufzulösen; sie ist geschichtliche, in die Geschichte hineinwirkende und in der Geschichte fortwirkende Tat des Menschen. Guardinis Formulierungen müssen allerdings nicht unbedingt im Sinn des Monogenismus[532] verstanden werden, auch wenn seine Darlegungen diese

---

[529] K. Rahner, Grundkurs des Glaubens, a.a.O., 114.

[530] W. Pannenberg, Systematische Theologie, Bd. 2, Göttingen 1991, 269, vgl. auch 269f. Die „antimoralistische Funktion der Lehre von der Allgemeinheit der Sünde" sei „oft unterschätzt worden", meint W. Pannenberg, a.a.O., 273.
Zur Wiederentdeckung von „Erfahrungsinhalt und Sinn der Erbsündenlehre" im Bereich der evangelischen Theologie vgl. auch G. Freund, Sünde im Erbe. Erfahrungsinhalt und Sinn der Erbsündenlehre, Stuttgart 1979.

[531] Nicht umsonst gipfelt Guardinis Kritik an der Neuzeit genau darin, daß der Mensch sein Autonomie-Streben gegen Gott durchsetzt bzw. durchsetzen zu müssen glaubt (vgl. z.B. ders., Das Ende der Neuzeit, a.a.O., 44; ders., Theologische Briefe an einen Freund, a.a.O., 59-61).

[532] Die Auffassung, die heute lebende Menschheit stamme von einem einzigen ersten Menschenpaar ab, die lange Zeit selbstverständlich, aber unausdrücklich die christliche Theologie bestimmt hatte, wurde noch 1950 von Papst Pius XII. in der Enzyklika „Humani generis" gegen den von der Evolutionstheorie her sich nahelegenden Polygenismus verteidigt (DS 3897), weil dieser mit dem Dogma der Erbsünde unvereinbar schien. Auch K. Rahner (vgl. ders., Art. „Monogenismus", in LThK, Bd. 7, 561f., sowie ders., Theologisches zum Monogenismus, in: SzTh, Bd. 1, Einsiedeln 1954, 253-322) hat zunächst noch den Monogenismus vertreten, wenn auch mehr aus metaphysischen Überlegungen heraus als auf-

Sicht nahezulegen scheinen. Dies ist nicht die Fragestellung, die Guardini bewegt: Die „Erblichkeit“ der „Erbsünde“ ist für ihn nicht auf biologischem Weg durch Zeugung gegeben, sondern durch die geistig-soziale Abhängigkeit der Menschen voneinander.[533] Für die Frage des Verhältnisses von Glaube und Wissenschaft gilt nach Guardini grundsätzlich – er formuliert dies aber bemerkenswerterweise gerade im Zusammenhang seines Erbsündenverständnisses –, daß die „Interpretation der Offenbarung willens sein“ muß, „jedes Ergebnis der Wissenschaft, das wirklich ein solches ist, in seinem vollen Gewicht zu nehmen“, daß aber auf „der anderen Seite ... mindestens die Bereitschaft bestehen“ muß, „die aus einer so tiefen und langen Erfahrung kommende Aussage der Offenbarung als ‚Arbeitshypothese‘ zu nehmen und zu fragen, ob nicht von ihr her gewisse Gegebenheiten des menschlichen Bewußtseins besser, ja überhaupt erst wirklich verstanden werden können“.[534]

Ganz entschieden lehnt Guardini aber alle Deutungen ab, welche die Ursünde als notwendigen Schritt des Menschen in seiner individuellen oder kollektiven Entwicklung sehen, sei es als Schritt zu einem kritischen Unterscheidungsvermögen, sei es als Entdeckung und Erfüllung des Sexualtriebes oder sei es als Schritt in die Mündigkeit des reifen, erwachsenen Menschen.[535] Vielmehr ist diese Ursünde nach Guardini in keiner Weise notwendig; sie ist das Überflüssige schlechthin; sie ist radikal böse.[536]

Inhaltlich gesehen faßt Guardini die Ursünde als Auflehnung gegen Gott, als Ungehorsam und Hybris; der Mensch will sein wie Gott; den Baum der Erkenntnis sieht Guardini als Symbol für Gottes Souveränität.[537] Damit ist

grund des biblischen und dogmengeschichtlichen Befunds. Inzwischen aber hat sich in der Theologie die Ansicht durchgesetzt, daß die – richtig verstandene – Erbsündenlehre durchaus nicht von der Annahme des Monogenismus abhängig ist; die Einheit der Menschheit und die Allgemeinheit der Verstrickung in die Sünde läßt sich nicht nur auf biologischem Weg durch Zeugung begründen, sondern – dies sogar plausibler – durch die reale, geschichtliche Interdependenz aller Menschen. Vgl. J. Gründel, Schuld und Versöhnung, a.a.O., 108-111; K. Rahner, Erbsünde und Evolution, in: Concilium 3 (1967), 459-465; P. Schoonenberg, a.a.O., 845-938, bes. 922-927; K.-H. Weger, a.a.O., 56-75. Auch das Lehramt scheint „den Widerstand gegen einen Polygenismus aufgegeben“ zu haben, so K.Rawer/K.Rahner, Weltall-Erde-Mensch, in: CGG, Bd. 3, Freiburg 1981, 61. Am Zusammenhang der Erbsündenlehre mit dem Monogenismus festhalten zu sollen, glauben R. Spaemann, Über einige Schwierigkeiten mit der Erbsündenlehre, in: Chr. Schönborn/A. Görres/R. Spaemann, Zur kirchlichen Erbsündenlehre. Stellungnahmen zu einer brennenden Frage, Einsiedeln 1991, 37-66, hier 47-49, sowie Chr. Schönborn, Die kirchliche Erbsündenlehre im Umriß, in: a.a.O., 70-102, hier 76.

533 Vgl. ders., Die Existenz des Christen, a.a.O., 165-174.

534 A.a.O., 146.

535 Vgl. a.a.O., 116-121; ders., Der Anfang aller Dinge, a.a.O., 53-60.

536 Dies betont Guardini besonders nachdrücklich in dem bereits zitierten Brief an J. Weiger; vgl. R. Guardini, Theologische Briefe an einen Freund, a.a.O., 16f.

537 „Malzeichen von Gottes Hoheit“, sagt Guardini (ders., Der Anfang aller Dinge, a.a.O., 60).Dieser eher traditionellen Sichtweise scheint auf den ersten Blick E. Drewermanns mit einer überwältigenden Fülle von Material belegte These radikal zu widersprechen, „das Thema, das Motiv und die Folge“ des „Abfalls“ des Menschen von Gott sei die Angst;

zugleich gesagt, daß die sexuelle bzw. generell die triebmäßige Erfüllung, die personale Mündigkeit und die Erkenntnis an sich gerade nicht im Bereich des Verbotenen lagen; all dies konnte und sollte im Einklang mit Gottes Willen verwirklicht werden; die Schuld lag allein darin, daß die ersten Menschen „die Grundwahrheit des Daseins umstürzen" wollten, in der allein Gott „aus eigenem Recht Herr der Welt" ist, „der Mensch aber ... Herr von Gottes Gnaden".[538] Dabei hält Guardini auch daran fest, daß der Mensch „das Böse ... nicht aus der Anfangskraft seiner eigenen Freiheit in das Dasein gebracht" hat, sondern daß „das Böse" von außen „an den Menschen herangetreten" ist[539], in Gestalt einer geistigen Macht; es sei wichtig zu wissen, „daß es Wesen gibt, die den Menschen und durch ihn die Welt von Gott wegreißen wollen: Satan und die Seinen."[540]

Wenn man wie Guardini an der Geschichtlichkeit der Erbsünde festhält und damit auch den Paradieseszustand als reale geschichtliche Möglichkeit sieht, ergibt sich freilich die Frage, wie sich die in der biblischen Urgeschichte behauptete Freiheit von Leiden und Tod in Einklang bringen läßt mit einer evolutiven Welt, in der ein todfreier Mensch nicht vorstellbar ist. Guardini versteht die Veränderung, die sich durch die Erbsünde im Menschen im Hinblick auf den Tod vollzogen hat, als Veränderung der Sichtweise des Menschen. Selbstverständlich wäre auch im – zunächst von Gott gewollten – paradiesischen Zustand der unzerstörten Beziehung zwischen Mensch und Gott der Mensch nicht einfach unsterblich gewesen; aber der Mensch hätte den Tod (und tödliche Widrigkeiten wie Krankheit, Naturkatastrophen usf.) anders wahrgenommen; der „biologische Tod" hätte – wie J. Gründel formuliert – „für den Menschen ohne Sünde eine andere Bedeutung

---

ders., Strukturen des Bösen, Teil 3, München ³1982, 570. Insofern aber der Teufelskreis der Angst nur durch einen Schritt ins Vertrauen, präziser gesagt durch den Schritt in die Gottesbeziehung, überwunden werden kann, besteht auch nach E. Drewermann „die eigentliche Daseinsschuld darin, ... die Endlichkeit des Daseins nicht vom Unendlichen her anzunehmen, sondern umgekehrt ... die Endlichkeit des Daseins in einem fiktiven Wie-Gott-sein-Wollen" zu „verunendlichen"; so gesehen bleibt auch bei E. Drewermann „das Sein-Wollen-Wie-Gott die eigentliche theologische Bestimmung menschlicher Schuld"; ders., Art. „Sünde/soziale Sünde. A. Sünde", in: P. Eicher (Hg.), Neues Handbuch theologischer Grundbegriffe. Erweiterte Neuausgabe in 5 Bänden, München 1991, 92.

[538] R. Guardini, Die Existenz des Christen, a.a.O., 156. Auch als Verrat an „Gottes Vertrauen" und als Versuch, Gott „die Welt aus der Hand zu nehmen", beschreibt Guardini die Ursünde (ders., Johanneische Botschaft. Meditationen über Worte aus den Abschiedsreden und dem ersten Johannesbrief, Würzburg 1962, 125).
Bemerkenswerterweise folgt Guardini hier der Linie des Thomas von Aquin und nicht der des Augustinus, der das Wesen der Erbsünde in der Konkupiszenz (= „Begierlichkeit"), vor allem in der „sexuellen Begierlichkeit" gesehen hat (O.H. Pesch, Frei sein aus Gnade, a.a.O., 138); davon ist bei Guardini keine Rede; das gestörte Verhältnis zwischen Frau und Mann (s. u.) (und auch dies wieder ganzheitlich-personal und nicht vordergründig sexuell verstanden) ist Folge der Ursünde, nicht ihr Wesen.

[539] Ders., Der Anfang aller Dinge, a.a.O., 62.

[540] A.a.O., 63.

erhalten ... als bei dem in der Begierlichkeit und Knechtschaft der Sünde gefangenen Menschen“[541].

Guardini rekurriert dabei auf Erkenntnisse der Biologie über die „Umwelt“ von Lebewesen, die später auch die Kybernetik und die Systemtheorie beeinflußt haben.[542] Dabei geht es um die Tatsache, daß Lebewesen in ihrer Wahrnehmung und in ihrem Verhalten nie auf die Gesamtheit des Wirklichen, sondern immer nur auf einen Ausschnitt der Gesamtwelt – eben ihre „Umwelt“ bezogen sind. Nur was sich in diesem Ausschnitt abspielt, nehmen sie wahr, nur auf diesen Ausschnitt bezieht sich ihr Verhalten. Diese Einsicht in die Existenz einer für jedes Lebewesen spezifischen und seinen Wahrnehmungs- und Aktionsbereich begrenzenden „Umwelt“ erlaubt es, den Begriff des Paradieses nicht im Sinn eines geographisch umgrenzten Raumes, sondern eben im Sinn einer solchen „Umwelt“ zu verstehen. Denn auch der Mensch tritt der Gesamtwelt „in einer auswählenden und formenden Verhaltensweise gegenüber“; er „modelliert aus der Gesamtwelt, die sich nach allen Seiten hin ins Unabsehliche erstreckt, eine kleinere, um ihn her geschlossene Sonderwelt heraus. Diese Sonderwelt ist charakterisiert durch die Auswahl, die geschieht, indem Bestimmtes gesehen und aufgenommen, anderes übersehen und ausgelassen wird; durch die Zwecke, die verfolgt, und die Akzente der Bedeutung, welche auf die verschiedenen Momente gesetzt werden. So baut sich um jedes Volk, jede soziale Gruppe, jeden Menschentypus, aber auch um jeden Einzelnen eine Eigenwelt auf, in welcher sein Wesen sich nicht weniger charakteristisch ausdrückt als in der Struktur seiner Anlagen und dem Gang seiner Entwicklung. Diese Umwelt bildet das Zwischenglied zwischen dem Welt-Gesamt und dem persönlichen Dasein; die Weise, wie der jeweilige Mensch die Gesamtwelt erfährt, versteht, in Besitz nimmt, sich zuformt.“[543]

Das Paradies ist also nicht im Sinn eines geographischen Raumes, sondern eher im Sinn eines Zustandes oder besser noch als Ausdruck eines bestimmten Verhältnisses (zu Gott, zum Menschen, zu den Dingen) zu verstehen[544]; es ist „Bild für jene Verfassung“ des Menschen, in die er von Gott zunächst hineingestellt worden war[545]. Was also in der Vertreibung aus dem Paradies als Folge der Ursünde geschieht, ist kein äußerer Ortswechsel hinaus aus einem realen Garten Eden, überhaupt keine Veränderung der äußeren Wirklichkeit, sondern die Veränderung des Ausschnitts, den der Mensch aus dieser äußeren Wirklichkeit herausschneidet und zu seiner spezifischen

541 J. Grundel, Schuld und Versohnung, a.a.O., 111.

542 Vgl. ders., Die Existenz des Christen, a.a.O., 101-108. Vgl. J. v. Uexküll, Umwelt und Innenwelt der Tiere, Berlin ²1921; ders., Theoretische Biologie, Berlin ²1928; ders./G. Kreszat, Streifzüge durch die Umwelten von Tieren und Menschen. Ein Bilderbuch unsichtbarer Welten. Bedeutungslehre, Hamburg 1956.

543 R. Guardini, Die Existenz des Christen, a.a.O., 102.

544 Vgl. a.a.O., 134.

545 A.a.O., 202.

„Umwelt" macht – „Umwelt" nun eben verstanden als Wahrnehmungs- und Aktionsbasis.[546]

2.3.5.2. *Die Folgen der Erbsünde*

Folge der Erbsünde ist nach Guardini „eine bis in den Kern gehende Verstörung des Menschenwesens".[547] Diese zunächst sehr globale und vieldeutige Aussage muß jedoch differenziert werden. Sie bedeutet bei Guardini keineswegs, daß der Mensch zur Erkenntnis und zum Tun des Guten nicht mehr fähig wäre; sie besagt lediglich, daß das Gute nicht mehr leicht und selbstverständlich erkannt und getan wird, daß die Erkenntnis des Guten getrübt ist und daß seine Verwirklichung gegen Widerstände geleistet werden muß. Der Mensch, sein Erkenntnisvermögen, seine Neigungen und Triebe sind in „Unordnung"[548] geraten.

Für die individuell-persönliche wie auch für die kulturell-soziale Entwicklung und Entfaltung des Menschen bedeutet dies, daß nicht nur von der Freiheit des Menschen her „die Möglichkeit, sondern von der Verstörung her die Wahrscheinlichkeit des Fehlgehens besteht, welches Fehlgehen dann als Faktum in der Geschichte weiterwirkt"[549]. Möglichkeit, ja Wahrscheinlichkeit von Irrtum, Fehlentwicklung und Schuld sind nun nicht nur „durch die Mannigfaltigkeit der äußeren Dinge und die Freiheit des Menschen bedingt, sondern auch und vor allem durch den Widerspruch zwischen dem Willen zum Richtigen, der immer zugleich Entsagung und Überwindung bedeutet, auf der einen Seite und der Auswirkung der Triebe in Unvernunft und Unordnung auf der anderen."[550]

Diese auf die Erbsünde zurückgehende „Verstörung" des Menschen, wie Guardini sie diagnostiziert, wirkt sich aus in seinem Verhältnis zur Welt, zu sich selbst und zu Gott; insbesondere wird sie sichtbar in der Unordnung der Triebe, in der Beziehung zwischen den Geschlechtern, im Verhältnis des Menschen zum Tod und in geistiger Blindheit:

Fremdheit und Verfallensein

Im Verhältnis des Menschen zur Welt und in der Weise, wie er sein Dasein erfährt, erkennt Guardini eine merkwürdige Ambivalenz: auf der einen Seite findet der Mensch sich in der Welt in eigenartiger Weise heimatlos, unge-

---

[546] In einer Fußnote weist Guardini darauf hin, daß die „Vorstellung vom Paradies ... in *christlicher* Deutung als ‚Rückprojektion' des eschatologischen ‚Neuen Himmels' und der ‚Neuen Erde' in den Anfang" verstanden werden kann (ders., a.a.O., 108).

[547] A.a.O., 205. Das Wort „Verstörung" gebraucht und diese „Verstörung" beschreibt Guardini in diesem Zusammenhang immer wieder; vgl. z.B. auch ders., Johanneische Botschaft, a.a.O., 80-82, 126f.

[548] Ders., Die Existenz des Christen, a.a.O., 193.

[549] A.a.O.

[550] A.a.O.

borgen, fremd, ja ortlos; auf der anderen Seite empfindet er sich auch immer wieder als der Welt verfallen, Dingen, Aufgaben und anderen Menschen distanzlos ausgeliefert. „Der Arbeitende gerät in den Bann der Arbeit; nicht bloß der äußeren Notwendigkeit, sondern des inneren Beherrschtseins durch sie. Der Schaffende erfährt den Zwang des Leistens; der Erfinder wird vom Drang getrieben, zu ‚machen, daß etwas funktioniert'; der Forscher gehorcht dem Ruf des noch Unbekannten; der Wandernde der Lockung der Weite. Unabsehlich ist die Zahl der Weisen, wie der Mensch dem anderen verfällt: der Familie mit ihren biologischen und soziologischen Bindungen; ...; dem Menschen, den man liebt, wie jenem, den man haßt. Das kann sich bis zur Hörigkeit steigern; als Element ist es aber in allen menschlichen Beziehungen enthalten und stellt eine der Grundaufgaben des sozialen Ethos dar. Nicht zu vergessen das Verfallen an sich selbst: die Eitelkeit; die Blindheit gegen die negativen Möglichkeiten der eigenen Struktur und den Lebensgang der Umgebung; die inneren Zwänge, Gewohnheiten, Süchte in allen ihren Formen .. Überall die Gefahr, daß das Verhältnis zum Seienden die Freiheit verliert und ihm verfällt."[551] Als „Kehrseite der ‚Fremdheit'" zeigt sich so nicht „echte Nähe, sondern Verlust der Freiheit"[552] wie auch der Weltverfallenheit als dialektischer Gegenpol eben nicht Freiheit und Selbstbesitz, sondern Ungeborgenheit, Beziehungslosigkeit und Leere gegenüberstehen. Das Paradies dagegen wäre „Nähe in Ehrfurcht, ... Gemeinschaft mit dem Seienden in der Freiheit der Person" gewesen.[553]

Der Kampf der Geschlechter

In unübersehbarer Weise zeigt sich diese verhängnisvolle Dialektik von Besitzenwollen und Besessenwerden nach Guardini auch in der Beziehung zwischen den Geschlechtern. Wo eigentlich „Gehilfenschaft" in der gegenseitigen Achtung vor der Freiheit und Personwürde des anderen verwirklicht werden sollte, entsteht nun „der rätselhafte Kampf der Geschlechter", in dem das Begehren nach und der Haß gegen den anderen eine fatale Verbindung eingehen: „der Mensch, der unaufhebbar Person ist und Würde hat, fühlt, daß der Andere, ‚nach dem sein Verlangen geht', ihn durch eben dieses Verlangen unterjocht, und empört sich gegen ihn"[554]. So erwächst auf dem Grund dieser von der Erbsündenlehre her erhellten Analyse menschlicher Beziehungen ganz dezidiert die Forderung der Askese: Die „Beziehung der Geschlechter ... kann nicht, wie die neuzeitliche Erlebnisromantik denkt, aus der immanenten Logik des Gefühls erfüllt, oder durch eine bloße ethische und soziologische Vernunftordnung geregelt werden, sondern verlangt eine

551 A.a.O., 141f.
552 A.a.O., 142.
553 A.a.O.
554 R. Guardini, Der Anfang aller Dinge, a.a.O., 106.

Askese, die nur aus dem Bewußtsein erwachsen kann, daß hier tiefe Beziehungen von Schuld und Sühneverpflichtung bestehen"[555]. Aus dem Zusammenhang ist bereits deutlich geworden, es sei aber verbreiteter Mißverständnisse wegen noch einmal ausdrücklich festgehalten, daß der Ausgangs- und Ansatzpunkt einer solchen Askese im Bereich der Beziehungen zwischen Frau und Mann nicht in einer Inkriminierung der Geschlechtlichkeit und des sexuellen Lebens als solchen liegt, sondern auf die Qualität der personalen Beziehungen gerichtet ist. Hier, in der Ehrfurcht vor dem Persongeheimnis des anderen, der nicht zum Objekt degradiert werden darf, in der Unverfügbarkeit personaler Beziehung, die stets neuer Einübung bedarf und ohne Verzicht und Überwindung nicht auf Dauer lebbar ist, liegt der Skopus dessen, was Guardini hier als Askese bezeichnet.[556]

Todesvergessenheit

Auffallende Zeichen der „Verstörung" prägen auch das Verhältnis des Menschen zum Tod. Als Indiz wertet Guardini wiederum die Zwiespältigkeit, mit der der Mensch dem Tod begegnet: Neben dem Versuch, den Tod als biologisch-natürliches Faktum zu entdramatisieren oder ihn in enthusiastischer Weise zu heroisieren, findet sich die Neigung, die Erinnerung an den Tod überhaupt aus dem Bewußtsein zu verdrängen. Hinter diesen untauglichen Versuchen einer Bewältigung des Todes „wird ein elementarer Protest des Menschen gegen den Tod deutlich"; wird sichtbar, daß der Mensch im Grunde durchaus weiß, daß der Tod „nicht in Ordnung" ist[557]; d.h. das hier sichtbar werdende Verhältnis des Menschen zum Tod ist alles andere als natürlich; es trägt deutliche Anzeichen einer „Verstörung".

Dies wird noch deutlicher im Blick auf die ungeheuren destruktiven Energien des Menschen, wie sie sich in der Geschichte manifestieren. Hier geht Guardinis theologische Anthropologie nahtlos über in die Kulturkritik, wenn er – als Frage formuliert – in unserer Zeit eine „‚Kapitulation vor dem Tode'", ein Nachlassen des Protestes gegen den Tod diagnostiziert, der einhergeht „mit einer Schwächung des Gefühls für das Personale, für die Ehre und die Würde des Menschen"[558].

Geistige Blindheit

Ein ganz entscheidender Punkt in Guardinis Liste der Erbsündenfolgen schließlich liegt im Bereich der Erkenntnisfähigkeit. Aus der ersten Schuld

555 A.a.O., 109 (das allgemeinen Rechtschreibregeln zuwiderlaufende Komma vor „oder" entspricht dem Wortlaut der angegebenen Quelle).
556 Dies geht eindeutiger noch als aus dem skizzierten Zusammenhang hervor aus Guardinis Konkretionen der Askese in seinem Buch über die Tugenden; vgl. ders., Tugenden, a.a.O., 86f.
557 Ders., Die Existenz des Christen, a.a.O., 148.
558 A.a.O., 151.

entsteht die Tendenz, „die entscheidenden Dinge schief zu sehen“[559]: Der Mensch neigt dazu, den faktischen Zustand als naturgegeben und gerade nicht als Folge der Verstörung durch die Urschuld zu sehen. Ebenso hat sich die Erkenntnis des Geschaffenseins der Welt verdunkelt; so wird die Welt nicht als „Werk Gottes“, sondern als „‚Natur‘“ gesehen. Eine dritte Erscheinungsweise dieser Blindheit besteht Guardini zufolge darin, eine Verbesserung von einem naturgesetzlich sich vollziehenden Fortschritt zu erhoffen, wo doch in Wirklichkeit die „Sinnes-Umkehr“ als Annahme des Gottes-Reiches gefordert wäre.[560]

2.3.5.3. Schuld und Schuldgefühl

Guardini geht im Zusammenhang der Erbsündenlehre auch auf die grundsätzlichen Einwände ein, die dem Christentum vorwerfen, es stelle das ganze Dasein unter den Aspekt der Schuld und mache Menschen ängstlich und skrupulös; hinter der „Heilssorge“ der Kirche und ihrer Vertreter verberge sich letztlich der Wunsch, „Macht über die Menschen zu gewinnen“ und sie in Abhängigkeit zu halten; man wisse schließlich, „daß die größte Macht jene ist, welche die Angst um das Heil ausnützt“[561]. An der Antwort Guardinis auf diese Einwände fällt auf, in wie hohem Maß er ihnen zunächst entgegenkommt. Ja, es scheint, als ob ihre Beantwortung ihm Gelegenheit gäbe, seinerseits Kritik zu üben an bestimmten Formen christlicher Verkündigung. Guardini konzediert jedenfalls ausdrücklich, daß in diesen Einwänden Richtiges gesehen wird: „Es gibt wirklich eine Art der Glaubensverkündigung, welche immerfort das dumpfe Gefühl des Bedrohtseins, die Angst vor der Verlorenheit weckt. Eine Art die Welt zu sehen, welche diese beständig ins Unrecht setzt, indem sie alles das, was ‚Leben‘ im unmittelbaren Sinn heißt – den Elan der Vitalität, den Eros in all seinen Formen, die Zuversicht der Weltbegegnung, die Freudigkeit der Welteroberung usw. –, unter den Akzent des Unrechts bringt. Diese Tendenz durchzieht die ganze Geschichte der christlichen Ethik und Lebensformung. Es ist die dualistische, dann wieder die puritanisch-pessimistische Gesinnung, die in immer neuen Formen auftaucht und sich manchmal zu einer förmlichen Tyrannei verdichtet.“[562] Diese Kritik an lebens- und weltverneinendenen Tendenzen christlicher Spiritualität bleibt festzuhalten gerade auch im Hinblick auf asketische Forderungen. Bei aller Kritik, die er an Einseitigkeiten, Überspitzungen und unzulässigen Verallgemeinerungen der Psychologie, speziell der Psychoanalyse, übt, fordert Guardini hier eine Überprüfung christlicher Spiritualität und kirchlicher Verkündigungspraxis auf dem Hintergrund psychologischer Er-

---

[559] A.a.O., 164.
[560] Sämtliche Zitate a.a.O.
[561] A.a.O., 212.
[562] A.a.O., 213.

kenntnisse: „Dem Christen selbst muß daran gelegen sein, den seelischen Komplex, der hier mitwirkt, herauszuheben und aufzuarbeiten.“[563] Dies gilt auch für das Phänomen des Schuldgefühls, hinter dem sich Gefühle der Schwäche, der Unterlegenheit, der Minderwertigkeit verbergen können, die psychotherapeutisch aufgearbeitet werden können. Auf der anderen Seite warnt Guardini davor, die Möglichkeit echter Schuld zu übersehen und „Schuld-Gefühl“ und „Schuld“ einfach zu identifizieren: „In Wahrheit sind das zwei verschiedene Sinnkomplexe. Schuldgefühl ist eine Weise, wie ich mich erlebe; Schuld die Tatsache, eine Norm, eine zu Recht bestehende Forderung wissentlich verletzt zu haben. Es gibt Schuldgefühle, die keine reale Basis haben ...; aber auch die wirklich begangene ethische Verfehlung.“[564]

2.3.5.4. Ethische Konsequenzen

Als Ergebnis festzuhalten bleibt, daß nach dem Menschenbild der Offenbarung, wie Guardini es deutet, die Askese eine besondere Dringlichkeit erhält durch das geschichtliche Faktum der Erbsünde: Dadurch, „daß der Mensch einmal in entscheidender Weise das Böse gewählt und es so in einer alles spätere Geschehen mitbestimmenden Weise in sein Dasein aufgenommen hat“, „ist ein Zustand geworden, in welchem er die Forderung des erkannten Guten nicht einfachhin annimmt, sondern die Neigung zeigt, sie zu vernachlässigen, ja ihr zu widerstehen“[565]. Die Verwirklichung des Guten fällt deshalb schwer; sie „muß nicht nur gegen die Passivität eines Stoffes, sondern auch gegen den Widerstand eines Nichtwollens, ja eines Gegenwollens durchgesetzt werden“[566]. „Mit dieser Tatsache“, so stellt Guardini in „Die Askese als Element der menschlichen Existenz“ fest, „muß jede Ethik rechnen, wenn sie nicht phantastisch werden will“[567]. In dem von Guardini hier gewählten Zusammenhang dient diese Formulierung dazu, die Notwendigkeit der Askese im Sinn von Selbstüberwindung und immer neuer Einübung des Guten zu begründen. In ähnlicher Weise interpretiert A. Görres die Folgen der „sittlichen Urkatastrophe“[568] als „eine agonale Herausforderung“, in der es gilt, „mit Schmerz und Mühsal die Freiheit zum Guten gegen ungeordnete Neigungen durchzusetzen“[569]. Die Gedanken lassen sich aber – auch wenn Guardini dies im referierten Zusammenhang nicht tut – in eine andere Richtung weiterentwickeln: Die recht verstandene Erbsündenlehre begründet nicht nur die Notwendigkeit von Askese; sie setzt zugleich den in

---

563 A.a.O.

564 A.a.O., 216.

565 R. Guardini, Askese, 31f.

566 A.a.O., 32.

567 A.a.O.

568 A. Görres, Psychologische Bemerkungen über die Erbsünde und ihre Folgen, in: Chr. Schönborn/A. Görres/R. Spaemann, a.a.O., 13.

569 A.a.O., 33.

menschliches Bemühen zu setzenden Erwartungen Grenzen: Von der sittlichen Anstrengung darf nicht alles erwartet werden. Der Mensch ist auf Erlösung verwiesen. Es gibt ja „nichts, kein Struktur-Element, keine Energie, keinen Impuls, kein Ordnungsmoment, keine Tiefenschicht, kein Zentrum, das jenseits der Verstörung stünde“[570]. Diese Linie der Verwiesenheit auf Erlösung führt Guardini in seinem nachgelassenen Werk „Die Existenz des Christen“ deutlich aus.[571]

Von daher ist Vorsicht geboten auch im Hinblick auf die Moral: Die das ganze menschliche Verhalten durchziehende Verstörung kann eben auch das sittliche Bemühen und darin auch asketische Verhaltensweisen affizieren; in Formen der „Selbstüberschreitung“, der „Selbstüberwindung“ und des „Opfers“ können sich „Gewaltsamkeit, Grausamkeit, Unnatur, Unwahrhaftigkeit, Künstlichkeit“ mischen; die „Überschreitung“ (seiner selbst) „kann selbst zu einer verborgenen Form der Selbstbehauptung werden“[572]; in diesem Zusammenhang spricht Guardini auch von den „bösen Elemente(n) der Askese“ bzw. der „Pädagogik“[573].

Wenn oben festgestellt wurde, Guardinis Erbsündenverständnis wende sich in gleicher Weise gegen einen illusorischen Optimismus wie gegen einen fatalistischen Pessimismus im Menschenbild, so läßt sich nun im Hinblick auf die Askese spezifizieren: Nimmt man Guardinis Ausführungen zur Erbsünde ernst, verbietet sich ein die sittlichen Möglichkeiten des Menschen überschätzender asketischer Idealismus ebenso wie ein die Größe der Aufgabe unterschätzender Laxismus. Askese dient nicht nur der Findung und Bewahrung des rechten Maßes[574], sie ist auch selbst auf das rechte Maß verwiesen – und entscheidender noch: sie ist verwiesen auf die Gnade.[575]

2.3.6. Der Mensch und seine Endlichkeit

Die Erfahrung der Endlichkeit und der Grenze ist für den Menschen so zentral[576], daß er sich mit H. Fries als „Wesen der Grenze“[577] bestimmen läßt. Lange Zeit stand die individuelle Seite dieser Erfahrung im Vordergrund: Geburt und Tod, Krankheit und Behinderung. Heute taucht der Begriff der Grenze immer häufiger in einem anderen, kollektiven Zusammenhang auf:

[570] R. Guardini, Die Existenz des Christen, a.a.O., 236.
[571] A.a.O., 197-339, bes. 224-239.
[572] Ders., unveröffentlichtes Manuskript „Der Mensch“, a.a.O., 308.
[573] A.a.O., in Klammern, ohne dies weiter auszuführen.
[574] Vgl. M. Lechner, Die Theologie des Maßes. Studien zur kulturgeschichtlichen Bedeutung der Askese bei Romano Guardini, St. Ottilien 1991.
[575] Vgl. Kap. 2.3.7.6.
[576] Vgl. z.B. A. Ganoczy, Art. „Endlichkeit“, in: PLS 289-291, sowie H. Fries, Art. „Grenze“, in: PLS, 568-571.
[577] H. Fries, a.a.O., 569.

Man spricht von den „Grenzen des Wachstums“[578] oder auch von den ‚Grenzen des Machbaren‘; die Begrenztheit der Ressourcen, die Grenzen der Belastungsfähigkeit des Ökosystems wurden entdeckt und treten ins Bewußtsein, ja werden zu einem selbstverständlichen Bestandteil unseres Lebensgefühls. Je weiter Technik und Medizin die Grenzen des Machbaren vorantreiben, desto dringlicher stellt sich die Frage nach ethischen Grenzen dieser Möglichkeiten.[579] Zugleich aber und nicht weniger dringend wird die Frage unabweisbar, wo überhaupt die Bedingung der Möglichkeit liegt, Grenzen anzunehmen. Eine diesbezüglich äußerst bemerkenswerte Problemanzeige liegt in H. E. Richters Buch „Der Gotteskomplex“[580] vor; hier wird in eindrucksvoller Weise die moderne Unfähigkeit dargestellt und analysiert, mit Erfahrungen der Endlichkeit – der Ohnmacht, des Leids und des Todes – sinnvoll umzugehen.

Romano Guardini hat sich zeitlebens intensiv und in den verschiedensten Zusammenhängen mit dem Problem der Grenze und der Endlichkeit auseinandergesetzt. Bereits in seiner Schrift über den Gegensatz[581] spielt der Begriff der Grenze eine wichtige Rolle[582]; sie enthält Formulierungen, die auf dem Hintergrund heutiger Fragestellungen eine damals ungeahnte Leuchtkraft besitzen.[583] Im persönlich-individuellen Bereich ist die Annahme der Grenze für R. Guardini sowohl der Schlüssel zur „Annahme seiner selbst“[584] als auch die Antwort auf das Problem, das sich mit der Frage nach dem „Sinn der Schwermut“[585] stellt. Und wo Guardini explizit die sich ankündigende ökologische Problematik thematisiert, spielt der Begriff der Grenze eine wichtige Rolle: Während der Mensch lange Zeit das Gefühl hatte, die Erde sei „unerschöpflich“[586], alles könne „ins Grenzenlose“[587] wei-

---

[578] D. Meadows u.a., Die Grenzen des Wachstums. Bericht des Club of Rome zur Lage der Menschheit, Stuttgart 1972. Die englische Originalauflage erschien unter dem Titel „The Limits to Growth“, New York 1972.

[579] Diese Fragestellung wird insbesondere von H. Jonas immer wieder nachdrücklich thematisiert; vgl. ders., Das Prinzip Verantwortung. Versuch einer Ethik für die technologische Zivilisation, Frankfurt/M. 1984,; ders., Technik, Medizin und Ethik. Zur Praxis des Prinzips Verantwortung, Frankfurt/M. 1987; ders., Dem bösen Ende näher. Gespräche über das Verhältnis des Menschen zur Natur, Frankfurt/M., 1993. Vgl. auch (Jonas gegenüber kritisch) J. Gründel, Theologisch-ethische Aspekte zum Schöpfungsauftrag und zu den Technikfolgen, in: G. Dobmeier (Hg.), Angst vor der Technik – Vertrauen in die Schöpfung? Techniker und Theologen im Dialog, München 1991, 73-91.

[580] H.E. Richter, Der Gotteskomplex. Die Geburt und die Krise des Glaubens an die Allmacht des Menschen, Reinbek 1979.

[581] R. Guardini, Der Gegensatz. Versuche zu einer Philosophie des Lebendig-Konkreten, Mainz ^{3}1985 (1. Aufl. 1925).

[582] Vgl. a.a.O., 103 – 115 u. 206 – 210.

[583] Vgl. H.-B. Gerl, Leben in ausgehaltener Spannung. Romano Guardinis Lehre vom Gegensatz, in: R. Guardini, Der Gegensatz, a.a.O., 217-235, bes. 231 – 233.

[584] R. Guardini, Die Annahme seiner selbst, in: ders. Gläubiges Dasein/Die Annahme seiner selbst, Mainz-Paderborn 1993, 7-31.

[585] R. Guardini, Vom Sinn der Schwermut, in: UC, 502 – 533.

[586] R. Guardini, Die Existenz des Christen, a.a.O., 495.

tergehen, muß nach Guardini nun gefragt werden: „Kann die Erde ins Unbegrenzte ausgebeutet werden, ohne daß einmal wirklich etwas zu Ende geht? Die Wälder zum Beispiel, das Wasser, die Fruchtbarkeit der Äcker – oder gibt es da eine absolute Grenze? Kann darauf losgebaut werden, mechanisiert, verkünstlicht, ohne daß, was wir ‚Natur' nennen, das Ursprüngliche, ..., zugrunde geht?"[588] Und weiter: im Zusammenhang mit der „allerdringlichste(n) Frage", ob „der Mensch beliebig viel ‚Kultur'" aushalte, stelle sich eine ganze Kette von Fragen: „Wie wirkt also das, was der Mensch macht, auf ihn selbst zurück? Das beständige Anwachsen der Technik, durch die er aus dem Naturraum immer mehr in den künstlichen Raum, ... aus dem ursprünglich Gegebenen in das tritt, was er selbst hervorbringt? Kann das beliebig weitergehen? Wieviel Macht über die Natur verträgt der Mensch? Macht über den anderen Menschen? ... Gibt es eine Grenze, wo er die Proportionen verliert?"[589] In diesem Zusammenhang verweist Guardini dann auch wieder „auf die Bedeutung der Askese als Kulturmoment"[590]. Und gegen Ende seines Lebens stellt Guardini sich die Frage nach der Endlichkeit in neuer Dringlichkeit und zugleich mit einer überraschenden Wendung. Nicht ob es Gott gebe und wie er gegebenenfalls zu denken sei, stehe in Frage, sondern gerade umgekehrt: wie überhaupt „‚neben'"[591] dem absoluten Gott Endliches sein könne, sei das Geheimnis; und daß der absolute, unendliche Gott Endliches gewollt und geschaffen hat, ja mehr noch: sich in das Endliche hinein inkarniert hat, dieses Grunddatum der Heilsgeschichte scheint Guardini in seinen Bedingungen und Konsequenzen noch viel zuwenig bedacht.[592]

Was in diesem ersten Aufriß skizziert wurde – die Bedeutung der Grenze im Denken R. Guardinis – gilt es nun, insbesondere im Blick auf ihren Zusammenhang mit der Frage der Askese – zu präzisieren.

2.3.6.1. Begrenztheit und Geschöpflichkeit

Die Erfahrung der Grenze und der Endlichkeit, die bereits als menschliche Grunderfahrung qualifiziert wurde, läßt sich im Licht der christlichen Offenbarung als Zeichen des Geschaffenseins interpretieren; sie verweist auf den transzendenten Gott, „der fähig ist, zu schaffen und ebendamit die wirkliche Grenze zwischen sich und dem Geschaffenen zu setzen"[593]. Damit bekommt der zunächst rein negative Begriff der Grenze im Sinne eines Hindernisses, an das und an dem ich mich stoße, bei Guardini den positiven Aspekt der

[587] A.a.O., 496.
[588] A.a.O.
[589] A.a.O.
[590] A.a.O., 497, Anm 1.
[591] R. Guardini, Theologische Briefe an einen Freund, a.a.O., 8.
[592] Vgl. ders., a.a.O., 7 – 14; vgl. auch ders., Wahrheit des Denkens und Wahrheit des Tuns, a.a.O., 110.
[593] R. Guardini, Welt und Person, 82.

Angrenzung; d.h. die Grenze schneidet nicht nur ab, sie vermittelt auch, oder besser gesagt, sie ermöglicht Begegnung.[594]

Der Mensch neigt aber dazu, diese Grenze nicht zu akzeptieren; sei es, daß er versucht, sie zu verschieben oder zu verdrängen; sei es, daß er die Endlichkeit trotzig oder verzweifelt heroisiert; sei es schließlich, daß er alles Endliche abwertet und als „Trug" oder „Schein" entlarvt.[595]

Diese „Selbstverschließung der Welt"[596] aufzudecken, zu einem richtigen Verständnis der Endlichkeit und der Erfahrung des Nichts (nämlich als Geschaffensein und als Angrenzung an Transzendenz, richtiger noch: als personales Bezogensein auf den Gott der Offenbarung) hinzuführen und so die positive Annahme der Endlichkeit zu ermöglichen, ist Guardinis immer wieder leidenschaftlich vertretenes Anliegen; zugleich sieht er eben genau darin „die immer schwerer werdende Aufgabe des christlichen Daseins": „aus dem Glauben heraus diese" (d.h. die sich in sich verschließende) „Welt zu ‚überwinden'", wobei er aber sofort hinzufügt: „aber so, daß ihr zugleich ihr volles Recht geschieht"[597]. Damit ist nicht nur dem alten Begriff der „Weltüberwindung" eine ganz neue Richtung gewiesen, sondern auch dem menschlichen Umgang mit den Grenzen sind neue Perspektiven eröffnet:

„Weltüberwindung" bedeutet nun nicht mehr abwertende Abwendung von der Welt, sondern ganz im Gegenteil Zuwendung zur Welt, aber eben befreiende, öffnende Zuwendung, die davor gefeit ist, sich vereinnahmen zu lassen, weil sie einen Bezugspunkt außerhalb hat.

„Grenze" und „Endlichkeit" müssen dann nicht mehr nur als negativ erlebt werden; sie können akzeptiert werden, weil sie erkannt werden als Verweis auf Transzendenz, christlich gesprochen auf einen personalen Gott, der das Endliche liebend birgt.

Was hier ganz global für das Verhältnis von Mensch und Welt gesagt wurde, konkretisiert sich im Verhältnis des Menschen zu sich selbst, nämlich im Umgang mit den ganz persönlichen Grenzen, wie sie in Erscheinung treten in der Aufgabe der „Annahme seiner selbst"[598] und im Phänomen der „Schwermut"[599].

2.3.6.2. Die Bejahung der Grenze in der „Annahme seiner selbst" und in der Bewältigung der „Schwermut"[600]

Die Aufgabe, die nach Guardini jedem Menschen gestellt ist, besteht darin, der sein zu wollen, der er ist; wirklich er und nur er – eine, wie Guardini

[594] Vgl. R. Guardini, a.a.O., 80-83; vgl. auch H. Fries, Art „Grenze", a.a.O., 568 – 571.
[595] R. Guardini, Welt und Person, a.a.O., 83-87, Zit. 86.
[596] Ders., a.a.O., 83.
[597] A.a.O., 96.
[598] R. Guardini, Die Annahme seiner selbst, a.a.O.
[599] R. Guardini, Vom Sinn der Schwermut, a.a.O.
[600] Vgl. die vorhergehende Anmerkung.

sagt „sehr große“ Aufgabe, „vielleicht ... jene, welche allen einzelnen Aufgaben zu Grunde liegt“[601]. Dazu muß „ich“ (Guardini formuliert hier in der 1. Person, und nur so wird die Brisanz der Aufgabe wirklich deutlich) damit „einverstanden“ sein, „in den Grenzen zu stehen, die mir gezogen sind“[602]: Das mögen Grenzen der Begabung sein[603], oder „Schäden der Gesundheit; Störungen im psychischen Gefüge; Belastungen von Eltern und Vorfahren her; Bedrängnis durch die soziale und historische Situation und so fort“.[604] Bemerkenswerterweise verbindet Guardini hier selbst den Gedanken von der Annahme der Grenzen mit dem Begriff der Askese, wobei er soweit geht, den Grundvollzug des Menschseins selbst als Askese zu fassen, wenn er sagt: „So wird der Akt des Selbstseins in seiner Wurzel zu einer Askese: Ich muß auf den Wunsch verzichten, anders zu sein, als ich bin; gar ein Anderer, als der, der ich bin.“[605]

Noch klarer arbeitet Guardini die Problematik und Brisanz der Grenze in seiner Analyse der Schwermut heraus.[606] In der Schwermut nämlich sieht Guardini ein Phänomen, an dem „der kritische Punkt unserer menschlichen Situation überhaupt deutlich“ wird[607]. Die Schwermut ist für ihn letztlich „Ausdruck dafür, daß wir begrenzte Wesen sind, ... daß wir Wand an Wand mit Gott leben“[608]; schwermütige Menschen sind solche, die ständig unter dieser Begrenztheit leiden, die „tief das Geheimnis der Angrenzung erfahren, Menschen der Grenze“[609]; die „Schwermut ist die Beunruhigung des Menschen durch die Nachbarschaft des Ewigen“[610]. Sensibler als andere empfindet der schwermütige Mensch die Endlichkeit und Unvollkommenheit der Welt; stärker als andere sehnt er sich nach dem Absoluten. Seine Versuchung liegt gerade darin, die Begrenztheit und Endlichkeit des Menschseins nicht zu akzeptieren.

So wird angesichts der Schwermut noch einmal mehr die Aufgabe des Menschseins deutlich, nämlich „dieses Leben der Grenze auf sich zu nehmen und durchzutragen“[611].

---

601 Ders., Die Annahme seiner selbst, a.a.O., 14.

602 A.a.O., 16.

603 Vgl. a.a.O., 16.

604 A.a.O., 16f.

605 A.a.O., 16. In diesem Zusammenhang warnt Guardini ausdrücklich vor dem „Ressentiment“ als „jener Haltung, die verrät, daß ich doch nicht wirklich angenommen, wirklich verzichtet habe“ und die darin besteht, „das mir Versagte schlecht zu machen“ (a.a.O.).

606 Vgl. R. Guardini, Vom Sinn der Schwermut, a.a.O. Zu Guardinis eigener Neigung zur Schwermut und ihrer Bedeutung für sein Werk vgl. H.-B. Gerl, Romano Guardini, a.a.O., 310-316.

607 R. Guardini, Vom Sinn der Schwermut, a.a.O., 512.

608 A.a.O., 527.

609 A.a.O., 528.

610 A.a.O.

611 A.a.O., 532.

Die Frage nach dem eigenen Wesen, die Frage nach dem Warum der Begrenzung und gerade dieser Begrenzung verweist immer auf Gott; im Raum des Endlichen erhält sie keine gültige Antwort: „Es gibt ... nur eine Antwort, die wirklich antwortet: die religiöse Innewerdung, daß mein Anfang in Gott liegt.“[612] Sich immer wieder aus dem „Willen Gottes entgegenzunehmen“, das „ist das A und O aller Weisheit. Die Absage an die Hybris. Die Treue zur Wirklichkeit.“[613]

2.3.6.3. Die Grenze im Licht von Guardinis Gegensatzlehre

Guardinis Lehre vom Gegensatz[614] kann weiteres Licht in die Problematik der Endlichkeit und der Grenze bringen. Guardini zeigt hier 8 Gegensatzpaare auf, die in allem Lebendigen enthalten sind. Er geht dabei aus von der menschlichen Erfahrung.[615]

Am leichtesten erschließen sich die drei „intraempirischen“[616] Gegensatzpaare, die sich auf die äußerlich sichtbare Realität beziehen, nämlich Akt und Bau (bzw. Dynamik und Statik oder Wandel und Dauer), Fülle und Form (bzw. Chaos und Ordnung oder formloses ‚Etwas‘ und Gestalt), Einzelheit und Ganzheit (bzw. Differenzierung und Integration); dann sind die 3 „transempirischen“[617] Gegensätze zu nennen, die sich auf geistige Vorgänge beziehen und nur der inneren Erfahrung zugänglich sind, nämlich Produktion und Disposition (hervorbringendes Schaffen und ordnendes Verfügen), Ursprünglichkeit und Regel, sowie Immanenz und Transzendenz (Innewohnen und Darüberstehen, Introversion und Extraversion). Während diese „kategorialen“[618] Gegensätze in menschlichen Lebensvollzügen sichtbar wer-

[612] R. Guardini, Die Annahme seiner selbst, a.a.O., 20.

[613] A.a.O.

[614] Vgl. R. Guardini, Der Gegensatz, a.a.O. Zum Verständnis von Guardinis Gegensatzlehre vgl. u.a. H.-B. Gerl, Leben in ausgehaltener Spannung. Romano Guardinis Lehre vom Gegensatz, in: R. Guardini, Der Gegensatz, a.a.O., 217-235; dies., Romano Guardini, a.a.O., 250-266; M. Schlüter-Hermkes, Die Gegensatzlehre Romano Guardinis, in: Hochland 26 (1928/29), Bd. 1, 529-539; F. Wechsler, Romano Guardini als Kerygmatiker, Paderborn 1973, 15-29; K. Wucherer-Huldenfeld, Die Gegensatzphilosophie Romano Guardinis in ihren Grundlagen und Folgerungen, (Diss.) Wien 1968; im Hinblick auf eine pädagogische Fragestellung vgl. auch J. Speck, Guardinis Gegensatzlehre und das sog. „dialektische“ Denken in der Pädagogik, in: Vierteljahrsschrift für wissenschaftliche Pädagogik 40 (1964), 89-115 u. (bes.) 187-226, sowie D. Höltershinken, „Mitte“ und „Maß“. Zur pädagogischen Bedeutung der Gegensatzlehre R. Guardinis, in: H.J. Schuster (Hg.), Guardini Weiterdenken, Berlin 1993, 127-139.

[615] Vgl. R. Guardini, a.a.O., 146: „Die ganze Gegensatzidee ist vom Menschen her gemeint. Ihre Gültigkeit reicht ja an sich jedenfalls über das Menschliche hinaus; umfaßt alles, was ‚lebendig‘ ist, Tier und Pflanze. In bestimmter Weise vielleicht alles, was ‚Ding‘ heißt. Von dieser weiteren Bedeutung aber, die genauer bestimmt werden müßte, sehe ich hier ganz ab. Ich spreche ausschließlich von dem, was ich in mir und in meinesgleichen erfahre. Der Gegensatz ist Weise menschlichen Lebens“; vgl. auch a.a.O., 30 u. 137.

[616] A.a.O., 37; vgl. a.a.O., 37-58.

[617] A.a.O., 59; vgl. a.a.O., 59-80.

[618] A.a.O., 37.

den, liegen die beiden von Guardini als „transzendental“[619] bezeichneten Gegensatzpaare „in der Tatsache der Gegensätzlichkeit als solcher“[620] begründet; in qualitativer Hinsicht handelt es sich um Verwandtschaft und Besonderung (Gleichheit und Verschiedenheit), in struktureller um Einheit und Mannigfaltigkeit (Zusammenhang und Gliederung).[621]

Die angeführten Gegensatzseiten nun verhalten sich zu einander nicht im Sinn sich gegenseitig ausschließender Widersprüche, sondern ganz im Gegenteil: sie brauchen sich gegenseitig und kommen nur in – freilich sehr unterschiedlicher – Verbindung miteinander vor. Der eine Pol ist losgelöst von einer wenigstens ansatzweisen Verwirklichung seines Gegenpols nicht einmal denkbar. Um ein Beispiel zu nennen: Reine Form, isoliert von einem formbaren „Etwas“ ist nicht vorstellbar; ebensowenig reine Fülle ganz ohne Gestalt.

Zwischen den Gegensatzpolen einer „Seite“[622] besteht eine innere Verwandtschaft: daß beispielsweise Bau, Form und Regel einerseits, Akt, Fülle und Ursprünglichkeit andererseits in die gleiche Richtung weisen und zusammengehören, ist unschwer erkennbar. So lassen sich zwei Polreihen bilden:

Akt	Bau
Fülle	Form
Einzelheit	Ganzheit
Produktion	Disposition
Ursprünglichkeit	Regel
Immanenz	Transzendenz
Ähnlichkeit	Besonderung
Zusammenhang	Gliederung[623]

Ganz wesentlich bei dieser Gegenüberstellung ist, daß die jeweiligen Gegensatzpole gleichwertig sind; es liegt kein Wertunterschied im Sinn eines ‚besser‘ oder ‚schlechter‘ vor. Dies bedarf der Erwähnung, weil die individuelle Neigung eines Menschen durchaus mehr mit der einen oder anderen Seite der Polreihe sympathisieren könnte (der eine mag der Dauer, der Form und der Regel den Vorzug geben, ein anderer der Bewegung, dem Ungeformten und Ursprünglichen; der eine dem Zusammenhang des Ganzen, der andere der Selbständigkeit der Teile).[624] Demgegenüber arbeitet Guardini heraus, wie beide Polseiten ihre Stärken und ihre Gefahren haben und im

[619] A.a.O., 81.
[620] A.a.O., 80.
[621] Zum Ganzen vgl. R. Guardini, a.a.O., 37-88; vgl. auch H.-B. Gerl, Romano Guardini, a.a.O., 250 – 266.
[622] R. Guardini, a.a.O., 98.
[623] A.a.O., 99.
[624] Vgl. a.a.O., 120-123.

Extrem, das heißt ohne wenigstens ein Element der Gegenseite, nicht lebbar sind.[625] Die Gleichwertigkeit beider Polseiten betont Guardini insbesondere im Hinblick auf die Tatsache, daß der Seite der Form in der Kulturgeschichte des Abendlands der Vorzug gegeben worden ist, wobei Guardini in der Gegenwart einen Umschwung erkennt. Er hält eine Priorität der Formseite im öffentlich-repräsentativen Bereich auch für wesensgemäß, schließt aber eine wertmäßige Überlegenheit definitiv aus.[626]

Was Guardinis Lehre vom Gegensatz für unsere Fragestellung interessant macht, ist der Gedanke, daß die polaren Eigenschaften des Lebendigen niemals „‚rein'", d.h. völlig ohne Verbindung mit ihrem Gegenpol denkbar sind; die Verwirklichung der Pole stößt da an eine „innere Unmöglichkeitsgrenze".[627] Aber nicht nur an den beiden Extremen stößt die Verwirklichung der polaren Strukturprinzipien des Lebens an eine Grenze; auch die an sich ideal erscheinende Verwirklichung der Mitte, d.h. die Verbindung beider polarer Eigenschaften in völliger Ausgewogenheit ist höchstens im Hindurchgang möglich; ihre Dauer hieße Erstarrung und damit Tod. Wenn aber weder die vollkommene ‚reine' Verwirklichung eines Wertes, einer Eigenschaft, eines Gegensatzpoles, noch auch die dauerhafte Ausgewogenheit in ihrer Verbindung erreichbar sind, braucht es die ständige Bemühung um das rechte Maß.[628] Demnach ist einer zweifachen Versuchung zu widerstehen: auf der einen Seite verbietet sich die verlockende Möglichkeit, sich ganz der Verwirklichung derjenigen Seite zu überlassen, die aufgrund von Anlage, Erziehung, Neigung, äußeren Umständen, leicht fällt (demgegenüber ist daran zu arbeiten, daß auch die weniger entwickelte Seite im erforderlichen Maß zur Geltung kommt); auf der anderen Seite erweist es sich aber auch als Irrweg, in krampfhaftem Eifer ein Ideal erreichen zu wollen, das unmöglich ist, wobei wiederum gilt, daß nicht nur die ‚reine' Verwirklichung des jeweiligen erstrebten Pols, sondern auch die vollkommene, ausgewogene Verbindung beider Polseiten unmöglich ist.

Nach Guardini besteht somit die ständige Aufgabe, ein Verhältnis zwischen den beiden Polseiten herzustellen, das den jeweiligen persönlichen Möglichkeiten und den jeweiligen Erfordernissen von der Sache her am

---

[625] So steht beispielsweise die „Ursprünglichkeit" in der Gefahr, zur „Haltlosigkeit" oder „Unberechenbarkeit" zu werden, während die „Regel" zum „Zwang" entarten kann (a.a.O., 70-73).

[626] Vgl. a.a.O., 120 – 123. R. Guardini weist darauf hin, daß diese Überlegungen weitreichende Konsequenzen für die Struktur „der Familie, des Staates, der Kirche, sowie der Kultur" besitzen und auch für die „Behandlung der Frauenfrage – ja der ganzen Geschlechterfrage, ihrer soziologischen und ... kulturellen Seite nach –" wesentlich sind, beläßt es jedoch bei diesem Hinweis (a.a.O., 123).

[627] A.a.O., 103. Dabei handelt es sich nicht nur um die Gefahr einer pathologischen Übersteigerung der einen Seite, sondern um die prinzipielle Unmöglichkeit, die Verwirklichung eines Gegensatzpoles ohne sein Gegenüber auch nur zu denken.

[628] Vgl. a.a.O., 103 – 110. Zu Guardinis Gegensatzlehre unter dem Gesichtspunkt des Maßes vgl. auch M. Lechner, Die Theologie des Maßes, a.a.O., 18-25.

nächsten kommt. Dabei ist zu beachten, daß es im menschlichen Leben Lebensrhythmen und Phasen gibt, die berücksichtigt sein wollen.[629]

Eine besondere Affinität zur Problematik der Askese haben die Gegensatzpole Form (Ordnung) und Regel (Gesetz), da sie zu tun haben mit Bemühen, Übung und Zucht. Wenn man hier Guardinis Grunderkenntnis berücksichtigt, daß kein Gegensatzpol für sich – isoliert vom Gegenpol – zu leben ist, ohne damit das Leben zu gefährden, bedeutet dies auch einen Hinweis für eine sinnvolle Gestaltung der Askese: sie darf nicht zum Zwang werden, muß darauf achten, daß ‚Fülle' und Spontaneität nicht verloren gehen.

Damit wird nicht der Mittelmäßigkeit das Wort geredet. Im Sinn R. Guardinis das Maß zu finden, das den eigenen Möglichkeiten entspricht und das allein lebendig erhält, ist vielmehr anspruchsvolle Aufgabe; es ist dort gefordert, wo es darum geht, zwischen der Verwirklichung gleichwertiger Gegensatzseiten zu vermitteln. Anders verhält es sich, wenn Höherwertiges nur um den Preis eines niedrigeren Wertes verwirklicht werden kann. Dann kann es nicht mehr um ein Beachten der Grenze oder um ein Finden des Maßes gehen; dann kann vielmehr die Selbstpreisgabe bis hin zur Hingabe des Lebens gefordert sein.[630] Höchste Weisheit erfordert es nach R. Guardini, beides auseinanderzuhalten: den „Ruf" und die „Bereitschaft zum Untergang, die zu wirklichem Aufstieg führen" einerseits, die „Verführung zum lebenvernichtenden Vollendungswillen" andererseits; letzterer Versuchung gegenüber gilt es „zu entsagen, und statt dessen Maß zu halten", sich „zu scheinbarer Mittelmäßigkeit zu beschränken, die in Wahrheit allein lebendig hält."[631]

So kristallisieren sich „Mitte und Maß" als zentrale Begriffe heraus: Mitte „als Ausgang und Rückkehr schwingender Bewegung", als „Geheimnis des Lebens", wo „die Gegensätze zusammen sind; von wo sie ausgehen; wohin sie zurückkehren" und Maß in einer doppelten Bedeutung: als „Grenze", aber auch als „Einklang" und „rechtes Verhältnis".[632]

Der Mensch erfährt ‚Begrenztheit' (und darin auch Geschöpflichkeit) also nicht nur allgemein in der Tatsache seiner Endlichkeit, sondern insbesondere auch in der Wahrnehmung der Gegensätze mit ihrer Unmöglichkeit, sie ‚rein' oder in idealer Verbindung zu leben. „Die Lehre von den Todesbereichen" (nämlich ebendiese Einsicht in die Unmöglichkeit der idealen Verwirklichung der Gegensatzseiten sowie ihrer dauerhaften Ausgewogenheit) „zeigt, wie dem Leben innere Schranken gezogen sind, die es nicht über-

[629] Vgl. a.a.O., 111-119.

[630] Vgl. R. Guardini, a.a.O., 105, Anm 26: „Christentum ohne ‚Abtötung', ohne ‚Askese', ohne diese Selbstpreisgabe des Lebens um des zu erringenden Höheren willen, ist rationalistische Verwässerung."

[631] A.a.O., 110; vgl. auch a.a.O., Anm. 26, 105f.

[632] A.a.O., 206-208.

schreiten darf. So wird Gegensatzhaltung zur Maßhaltung; darin das Leben um Grenze weiß und sie wahrt; zur Ehrfurcht und Besonnenheit."[633]

Hier wird auch noch einmal in anderer Hinsicht deutlich, daß Begrenzung nicht nur die negative Seite der Beschränkung besitzt – nämlich als „Aufhören, Zu-Ende-Sein" –, sondern auch einen positiven Aspekt, insofern mit der Grenze auch „Umriß, Bestimmtheit, Eigenart, Entscheidung" gegeben sind; „so ist Grenze sowohl Schranke wie Form. Form durch Schranke."[634]

Damit wird das eigentliche Sinnziel dieser Untersuchung deutlich: Der Mensch kann die Grenze überwinden, indem er sie innerlich bejaht. „Wenn wir die Grenze bejahen, verzichten wir auf Unendlichkeit. Wir gewinnen dadurch, was im Bereich des Endlichen deren Äquivalent ist, ...: die Sättigung des Endlichen mit der ihm zugewiesenen Bedeutungsfülle, Vollendung. Die Grenzen leugnen dürfen wir nicht. Sie überschreiten können wir nicht. Aber überwinden sollen wir sie dadurch, daß wir sie frei bejahen und vollenden und so zum Gesetz der Vollkommenheit machen."[635] Dann wird aus dem Maß als „Grenze" das Maß als „Einklang" als „rechtes Verhältnis" der Kräfte.[636]

Sowohl in ihrem Nachwort zu Guardinis Gegensatzlehre als auch in ihrer Biographie weist H.-B. Gerl eindrücklich auf die überraschende Brisanz und Aktualität dieser Sichtweise hin.[637] In der „paradoxen Überlegung", daß gerade die Annahme der Grenze Zukunft eröffnet, sieht sie sogar „die eigentliche Frucht des Gegensatzdenkens": „Hier erscheint das letztlich bewegende Ziel des guardinischen Entwurfes in seiner ganzen Helle: nicht allein der Wille zur ganzheitlichen Sicht, sondern die souveräne Neufassung beladener und belasteter Begriffe wie Grenze, Schranke, Endlichkeit, Zucht, Mitte, Maß. Daß es möglich sein soll, in diesen zum Schein abgestandenen, sogar überwundenen Haltungen noch etwas Neueres als die Neuzeit heraufzuführen, ja ihre zerreißenden Gegensätze zu heilen, ..., das ist das Erregende des Gedankens."[638] Der Begriff des Verzichts bekommt so einen neuen Klang: „Guardini schlägt den Verzicht vor: Erst im Verzicht auf eine seit langem eingeübte Unendlichkeit des Wollens (gleich Unmäßigkeit) gelingt das jetzt Entscheidende, ‚die Sättigung des Endlichen mit Vollendung'."[639] „Das Großartige an dieser Betrachtungsweise", so H.-B. Gerl, sei, „daß ‚Grenze' nicht matt erduldet werden muß. Aufgegeben ist nicht das bloß keuchende Überleben, sondern das Gewinnen einer aufgerichteten, in sich klaren Identität, aus der heraus die Schwebe

---

633 A.a.O., 208.

634 A.a.O. Vgl. auch ders., Die Glaubwürdigkeit des Erziehers, in: Die Schildgenossen 9 (1929), 245.: „Aber jede Grenze ist zugleich auch Gestalt, Kontur, in der das Wesen geborgen ist."

635 R. Guardini, Der Gegensatz, a.a.O., 208.

636 A.a.O., 207f.

637 H.-B. Gerl, Leben in ausgehaltener Spannung, a.a.O., bes. 232 ff., sowie dies., Romano Guardini, a.a.O., bes. 262f.

638 Dies., Romano Guardini, a.a.O., 263.

639 Dies., a.a.O.; das Zitat im Zitat findet sich bei R. Guardini, Der Gegensatz, a.a.O., 208.

zwischen den Un-Möglichkeiten (des heutigen Niedergangs und Aufgangs in einem) möglich ist. Gerade das bestimmt Guardini als Menschsein."[640]

Damit ist keineswegs bestritten, daß Grenzen auch eine positive Herausforderung für den Menschen darstellen und daß es geradezu gefordert sein kann, Grenzen zu verschieben bzw. zu überwinden, Grenzen z.B. im Bereich des medizinisch oder technisch Machbaren, Grenzen aber auch im individuellen Bereich körperlicher, geistiger oder moralischer Fähigkeiten. Daran läßt auch Guardini keinen Zweifel. Worum es hier geht, ist vielmehr, daß erst die bewußte Annahme der Endlichkeit mit ihren Grenzen die Voraussetzung schafft, unter der die Unterscheidung zwischen zu überwindenden und anzunehmenden Grenzen möglich wird. Ohne diese auf Einsicht gegründete prinzipielle Bereitschaft (und dann auch psychologisch-charakterliche Fähigkeit), Grenzen überhaupt annehmen zu können, fehlt die Grundvoraussetzung für eine überlegte, sachgerechte Entscheidung darüber, ob in einem konkreten Fall Grenzen zu achten oder zu überwinden sind. Neben der Großtechnik und den schwierigen Problemen einer realistischen Abschätzung und Bewertung ihrer ökologischen und sozialen Folgen rücken hier immer mehr Fragen der Bioethik und hier noch einmal speziell ethische Fragen am Anfang und Ende des Lebens, aber auch Fragen des Umgangs mit Krankheit, Leid und Behinderung überhaupt ins Blickfeld.[641]

Daß „nur von der Annahme seiner selbst" her „der Weg in die wirkliche Zukunft" führt[642], dies gilt so gesehen sowohl für den einzelnen als auch für die kollektive Zukunft der Menschheit. Nur von dieser Einsicht in die Bedeutung der Grenze und in die Möglichkeit ihrer Annahme öffnet sich ein Weg zwischen selbstzerstörerischer Maßlosigkeit auf der einen und destruktiver Verzweiflung auf der anderen Seite.

2.3.7. Menschsein als Menschwerdung

2.3.7.1. Bildung als Selbstbildung

Bildung bedeutet bei Guardini – natürlich nicht ausschließlich, aber doch in einem geradezu verblüffend hohen Maß – „Selbstbildung"[643] im Sinn der

[640] A.a.O., 263.
[641] Vgl. H. Jonas, Technik, Medizin und Ethik, a.a.O.;
[642] A.a.O., 20.
[643] R. Guardini, Briefe über Selbstbildung. Neue Ausgabe von Gottes Werkleute, Mainz 1930; die Briefe erschienen (vom Jahr 1921 an) zunächst in Einzelheften als Quickborn Schriften (Burg Rothenfels am Main).
Zu Guardinis Verständnis von „Bildung" als „Selbstbildung" vgl. auch B. Gerner, Guardinis Bildungslehre. Beiträge zur Wirkungsforschung, Darmstadt 1985, 12.
Zum Begriff der Bildung allgemein vgl. R. Bleistein, Art. „Bildung/Erziehung", in: PLS, 148-150; C. Menze, Art. „Bildung", in: J. Speck/G. Wehle (Hg.), Handbuch pädagogischer Grundbegriffe, Bd. 1, München 1970, 134-184.

Selbsterziehung. Bemerkenswerterweise ist sogar der Aufsatz, der eine grundsätzliche Ortsbestimmung des pädagogischen Handelns versucht[644], fast ausschließlich unter dem Aspekt der Selbstbildung geschrieben[645], und zwar – was den Befund nur noch aussagekräftiger macht – ohne daß Guardini diese Wendung des Begriffs eigens rechtfertigen oder begründen würde. Jener „Bildungsimpuls“[646], der das „Pädagogisch-Eigentliche“[647] bildet, entstammt nicht irgendwelchen Anforderungen oder Zwecken, die von außen kämen, sondern einer allem Lebendigen innewohnenden „Werde-Spannung“[648]; er „entspringt“ „im Tiefsten des menschlichen Seins“[649]. Denn: „Unser Leben besteht in der Form des Werdens. Das, was zu sein mein Wesen ausmacht, bin ich nicht von vornherein, sondern ich werde es im Lauf der Zeit.“[650]

Der soeben skizzierte Befund wird noch erhärtet durch die Ansprachen, die Guardini während einer pädagogischen Tagung auf Burg Rothenfels im Jahr 1928 gehalten hat, und in denen jedem pädagogischen Tun die Berechtigung abgesprochen wird, das nicht wurzelt in der Selbsterziehung des Erziehenden.[651] Erzieher und zu Erziehender stehen Guardini zufolge im Grunde „unter der gleichen Kritik“[652]; beide müssen erst werden, was sie sein sollen. Und dieses Werden, dieser Kampf um das eigene „Erzogensein“ bzw. um das eigene „Besserwerden“[653] kommt nie an ein Ende: Guardini spricht hier von der „heilige(n) Unzufriedenheit“, die immer „wach bleiben“ müsse[654]. In diesem Bemühen, in dieser ständigen Arbeit des Erziehers an sich selbst sieht Guardini auch die „stärkste erziehende Macht“, weit wirkungsvoller als „‚Methoden‘ aller Art“; denn „Leben wird nur durch Leben entzündet“[655].

---

[644] Ders., Grundlegung der Bildungslehre. Versuch einer Bestimmung des Pädagogisch-Eigentlichen, Würzburg 1958, (zuerst erschienen unter dem Titel „Grundlegung der Bildungslehre“ in: Die Schildgenossen 8, 1928, 314-339). Zur Entstehungs- und vor allem zur Wirkungsgeschichte vgl. B. Gerner, a.a.O., 47-73.

[645] Darauf hat auch B. Gerner, a.a.O., 3 sowie 50 hingewiesen. Daß der Befund nicht so ausschließlich gilt, wie dies Gerner, a.a.O., 3, behauptet, tut der Eindeutigkeit der Gesamt-Tendenz keinen Abbruch. (Guardini spricht – beiläufig – a.a.O., z.B. 11 und 40, auch vom erzieherischen Tun „am ... Sein ... des andern“ bzw. von der „Erziehung“ als „Hinführung“ zu etwas.)

[646] R. Guardini, Grundlegung der Bildungslehre, a.a.O., 24.

[647] A.a.O., im Titel und passim.

[648] A.a.O., 24.

[649] A.a.O., 11.

[650] A.a.O.

[651] Vgl. R. Guardini, Die Glaubwürdigkeit des Erziehers, in: Die Schildgenossen 9 (1929), 240-246. Dieser Beitrag ist (a.a.O., 240) als „durchgesehenes Stenogramm“ ausgewiesen und trägt (wohl deshalb) nicht – wie sonst in den „Schildgenossen“ üblich – den Namen des Verfassers im Titel; sie darf gleichwohl – wie das auch durchwegs geschieht – als authentische Veröffentlichung R. Guardinis gelten.

[652] A.a.O., 241.

[653] A.a.O., 240.

[654] A.a.O., 240f.

[655] A.a.O., 240.

Das Werden des Menschen vollzieht sich nach Guardini in einer doppelten Dialektik: Da ist erstens die Spannung zwischen Möglichkeit und Wirklichkeit, die in der Bewegung des Werdens den Ausgleich sucht. Und da ist zweitens die Spannung zwischen dem Subjekt des Werdens und den Objekten der Verwirklichung: „Ich kann mich selbst lebend nur verwirklichen, wenn ich über mich hinausgehe zu dem, was ich nicht bin; zum Seienden mir gegenüber: zu den Dingen, zu den Menschen, zu den Ideen, zu den Werken und Aufgaben. ... Auch diese Spannung entläßt eine Bewegung aus sich: Jene nämlich, in welcher ich mich verlasse; über mich selbst hinweg zum Gegenstand gehe; ... Jene Bewegung, in welcher ich den Gegenstand erfasse; an ihm und für ihn arbeite. Eben darin komme ich zu mir selbst.“[656]

Nun handelt es sich freilich bei dieser Bewegung der Selbstwerdung nicht um einen Automatismus. Das Werden spielt sich beim Menschen im Raum der Freiheit ab. Das bedeutet eine doppelte Gefährdung: Zum einen kann der Mensch schon einmal diese Freiheit selbst verfehlen; dann bleibt sein Werden dem Zufall, den inneren oder äußeren Bedingungen überlassen; zum anderen kann er aufgrund seiner Freiheit falsche Ziele wählen.[657]

2.3.7.2. Das „Pädagogisch-Eigentliche“ in der Dialektik von „Bildung“, „Begegnung“ und „Hingabe“

Es ist bereits sichtbar geworden, daß Bildung bei Guardini viel mehr bedeutet als Vermittlung oder Aneignung von Kenntnissen oder Fähigkeiten.[658] In seiner „Grundlegung der Bildungslehre“[659] weist Guardini ausdrücklich drei defiziente Bestimmungen des Wortes „Bildung“ zurück:

1. Bildung darf nicht einfach gleichgesetzt werden mit Wissen. Sonst besteht die Gefahr, daß die „theoretische Sphäre“ sich abkoppelt von der praktischen, daß „das wirkliche Leben sich selbst ... überlassen“ bleibt.[660]

2. Aber auch die entgegengesetzte Bestimmung des Bildungsbegriffs im Sinn der Charakter- oder Herzensbildung, als „Formung des Tuns, des Wollens, der Gesinnung“ ist einseitig: „Die betonte Vorherrschaft des Moralischen macht menschliche wie kulturelle Fülle verkümmern.“[661]

3. Und noch ein drittes Verständnis von Bildung weist Guardini zurück: das biologisch-ästhetische, nach dem gebildet einfachhin „das gesund geborene, wohl geratene, wohl entwickelte natürliche Menschen-Wesen“ ist, „das edle Exemplar der Gattung Mensch.“[662]

---

[656] Ders., Grundlegung der Bildungslehre, a.a.O., 12f.
[657] Vgl. a.a.O., 13-16.
[658] Zur Unschärfe des Begriffes „Bildung“ vgl. auch A. Schilling, Bildung als Gottesebenbildlichkeit. Eine motivgeschichtliche Studie zum Bildungsbegriff, Freiburg 1961, 9-12.
[659] R. Guardini, Grundlegung der Bildungslehre, a.a.O.
[660] A.a.O., 23.
[661] A.a.O.
[662] A.a.O.

Gegen jede dieser Auffassungen der Bildung lassen sich spezifische Einwände vorbringen. Allen dreien aber – sie ließen sich leicht durch eine Reihe weiterer ebenfalls unzureichender Bestimmungen, wie z.B.. „politisch, sozial, ökonomisch usw. betonte", ergänzen – ist gemeinsam, daß sie „den Bildungsvorgang unmittelbar einem einzelnen Wertbereich" unterordnen: „dem der Erkenntnis", dem „des Ethischen" oder dem „des Ästhetisch-Gattungsmäßigen", „ohne daß der spezifisch-pädagogische Wert rein herausgeholt" würde.[663] Mit anderen Worten: Diese Bestimmungen sind zu sehr von einem Sachbereich her geprägt und werden daher dem eigentlich Pädagogischen, der Aufgabe und dem Vorgang des Werdens an sich, nicht gerecht.

Guardini selbst bestimmt das „Pädagogisch-Eigentliche" in dreifacher Weise: Erstens als „Bildung" (in einem spezifischen, vom Begriff des Bildes ausgehenden Sinn), zweitens als „Begegnung" und „Bewährung" und drittens als Sachgerechtigkeit und „Dienst"[664]. Auf dem Weg einer mehrfachen Dialektik[665] gelingt es Guardini damit, drei zunächst einmal ganz gegensätzliche Ansatzpunkte der Pädagogik in ein fruchtbares Zusammenspiel zu bringen: einem mehr metaphysisch-statischen Bildungsbegriff steht – nicht ausschließend, sondern ergänzend – zunächst einmal ein aktualistisch-dynamischer gegenüber; die Verbindung dieser Elemente bezeichnet Guardini als „das immanente Moment des Pädagogischen"[666]. Beide gehen ganz vom Subjekt aus und brauchen deshalb die Ergänzung durch den objektiven Ansatz beim Gegenstand, der dann das „transzendente(n)"[667] Moment darstellt. Jedes dieser drei gegensätzlichen und doch zusammengehörigen Elemente ist zugleich die Kritik der anderen:

---

[663] A.a.O, 24.

[664] Die zitierten Begriffe finden sich a.a.O., 25, 36 bzw. 39; zur inhaltlichen Umschreibung vgl. a.a.O., 25-30, 30-36, 39-45.

[665] Guardini gebraucht selbst, a.a.O., bes. 12, 38, 45ff., die Worte „Dialektik" bzw. „dialektisch". Zu Recht ist mehrfach (vgl. B. Gerner, a.a.O., 59-63; U. Berning-Baldeaux, Person und Bildung im Denken Romano Guardinis, Würzburg 1968, 98-108) darauf hingewiesen worden, daß der Begriff „Dialektik" hier nicht im spezifisch hegelianischen Sinn zu verstehen ist; die von Guardini entwickelten Grundelemente des Pädagogischen verhalten sich zu einander ja gerade nicht wie These, Antithese und Synthese; sie bleiben nebeneinander bestehen, ohne daß sich eine begriffliche Synthese finden ließe; das „Pädagogisch-Eigentliche liegt ... im Perspektivpunkt" dieses Wechselverhältnisses (R. Guardini, a.a.O., 46); das Zueinander der drei Momente ist auf dem Hintergrund von Guardinis „Gegensatzlehre" als polare Spannung zu verstehen. W. Klafki trifft den von Guardini gemeinten Sachverhalt, wenn er das Wesen „eines echt dialektischen Verhältnisses" darin erkennt, daß „in jedem seiner Momente die anderen irgendwie mitenthalten sind, (wiewohl kein Moment als solches Gehalt und Bedeutung der anderen voll ausschöpft, weshalb die dialektische Wahrheit immer erst im Durchlaufen aller Momente gewonnen werden kann)" (ders., Pädagogisch-dialektische oder anthropologisch-existenzphilosophische Grundlegung der Erziehungswissenschaft? Kritische Gedanken zu H. Döpp-Vorwalds Auseinandersetzung mit R. Guardinis „Grundlegung der Bildungslehre", in: Zeitschrift für Pädagogik 4 (1958), 356).

[666] A.a.O., 46.

[667] A.a.O.

Die Orientierung an einem „Bild" läuft Gefahr, das Ziel des Werdens vorschnell inhaltlich festzulegen (sei es nun aufgrund kultureller, ideologischer, religiöser oder anderer Vorgegebenheiten); sie ist nicht genügend offen für neue Herausforderungen und Möglichkeiten und muß deshalb ergänzt werden durch den Blick auf die jeweilige Situation und die konkreten Aufgaben. Wenn man nun aber andererseits wieder diese aktualistische Sichtweise absolut setzen wollte, würde das Leben „atomisiert", würde die „Kontinuität der Person" und ihres Werdens, wie auch die „Kontinuität" „des Weltganzen; der Gesellschaft(;) der Geschichte; des Werkes; der Tradition" übersehen.[668] „Wirklich erziehende Kraft" haben beide Elemente der Pädagogik deshalb nur, wenn sie mit einander verbunden sind und sich gegenseitig korrigieren und ergänzen können.[669] Beiden gemeinsam ist die Konzentration auf das Individuum; deshalb sehen sie ihrerseits wieder nicht genügend den Sinngehalt und den Eigenwert der überindividuellen Wirklichkeit, die ja nicht nur zur Selbstwerdung eines anderen Subjekts da ist, deren Elemente vielmehr eine „eigene Teleologie"[670] besitzen. Das Spektrum dieser den Menschen fordernden Wirklichkeit spannt Guardini von der leblosen Welt über das Lebendige bis zum Menschen und hier über die Phänomene der Kultur, der Geschichte und der personalen Beziehungen („das Du" und „das Wir") bis zu den „religiösen Wirklichkeiten".[671] Diese Wirklichkeiten „verlangen ..., von mir anerkannt, in mich eingelassen zu werden", sie verlangen „Hingabe, Dienst".[672]

Diese „Pädagogik des Gegenstandes"[673] bzw. „des Dienstes"[674] hat einen stark asketischen Einschlag[675]: sie verlangt ja das Absehen von sich selbst; aus ihr „entspringt" ein „Ethos der Sachgerechtigkeit und der Sachfreude; der Pflicht; der Arbeit"[676]; aus ihr erwachsen die „Tugenden des Charakters: Zucht, Fleiß, Treue, Verantwortung, Zuverlässigkeit ... Gerechtigkeit, Besonnenheit und Maßhaltung"[677]. Im letzten gilt hier das Wort des Evangeli-

---

[668] A.a.O., 37 (der Strichpunkt nach „Geschichte" wurde vom Verfasser ergänzt).

[669] A.a.O., 38. Das hier dargestellte dialektische Spannungsverhältnis (wie natürlich auch das folgende zwischen subjektiver und objektiver Orientierung) ist ein gutes Beispiel für die praktische Relevanz von Guardinis Gegensatzlehre, auf die er selbst in diesem Zusammenhang (a.a.O., 38, Anm.1) hinweist.

[670] A.a.O., 41.

[671] A.a.O., 40f.

[672] A.a.O., 41.

[673] A.a.O.

[674] A.a.O., 42.

[675] Damit soll nicht gesagt sein, die (Selbst-)"Bildung" vom „Bild" bzw. von der „Begegnung" her kämen ohne Askese aus; es läßt sich aber nicht übersehen, daß Guardini hier, im Zusammenhang der „Pädagogik des Gegenstandes" in auffallender Weise asketisches Vokabular verwendet.

[676] A.a.O., 42. Dazu vgl. auch M. Saller, Die Begriffe Dienst, Sachgerechtigkeit, Bildung und Begegnung in der Pädagogik Romano Guardinis, (Diss. Tübingen 1969), Schwäbisch Gmünd 1969.

[677] A.a.O., 44.

ums: „„Wer seine Seele behält, wird sie verlieren, wer sie weggibt, wird sie wiedergewinnen.'"[678] Diese Orientierung am Gegenstand und seinem Anspruch kann ihrerseits wieder überwertig und damit problematisch werden. Dann „droht die Gefahr, über dem Gegenstand das Selbst zu verlieren."[679] Hier sind die erstgenannten Faktoren, Bildung am „Bild" und Bildung als „Begegnung und Bewährung", gefragt, um „im Chaos der Gegenstände Auslese zu treffen"[680].

Damit ist deutlich, daß die drei Grundansätze pädagogischen Handelns sich nicht gegenseitig ausschließen, sondern ergänzen. Es ist legitim, je nach Lebenssituation, Temperament und Charakter den einen oder anderen Aspekt in den Vordergrund zu stellen. Im Lauf der Lebensgeschichte kann der Schwerpunkt wechseln und muß es wahrscheinlich sogar. Entscheidend ist aber, daß die zurücktretenden Momente doch dialektisch ins Lebensganze miteinbezogen sind.[681]

2.3.7.3. Selbstwerdung als ‚asketisches' Tun

Sich selbst zu ‚bilden', eben nicht in einem intellektualistischen Sinn, sondern in dem existentiellen und ganzheitlichen Verständnis, wie es in den vorausgehenden Kapiteln skizziert wurde, setzt als erstes ein ‚Bild' als Orientierungs- und Zielpunkt voraus, es bedarf aber auch der harten Arbeit: „Mit dem Einsehen allein ist's nicht getan, so wenig der Künstler sein Bildwerk fertig hat, wenn er es klar im Geiste sieht. Dazu muß er sich seinen Steinblock ins Licht rücken, muß sich gutes Werkzeug schaffen und dann kräftig an die Arbeit gehen."[682] Diese von Guardini in seinen „Briefen zur Selbstbildung" gebrauchte Metapher erinnert an die ursprüngliche Bedeutung des griechischen Wortes ‚askesis' als „Verfertigung" oder „Bearbeitung" im handwerklichen Sinn, aus der erst sekundär die übertragene Bedeutung als „Ertüchtigung" des Menschen im Sinn zunächst des körperlichen Trainings, dann der „Übung" bestimmter, erstrebter Verhaltensweisen erwachsen ist.[683] Und Guardini nimmt dieses Bild ganz ernst und führt es weiter, wenn er seine „Briefe zur Selbstbildung" als „eine Art Handwerkslehre für die hohe Kunst der Selbstbildung" bezeichnet[684] und schließlich da-

[678] A.a.O., 43.
[679] A.a.O., 44.
[680] A.a.O., 45.
[681] Zu der Diskussion, die Guardinis „Grundlegung der Bildungslehre" in der Pädagogik ausgelöst hat (beteiligt waren u.a. H. Döpp-Vorwald, W. Klafki, H. Beck, J. Speck und M. Heitger) und die sich vor allem an der „dialektischen" (s.o.) Zuordnung der drei Grundmomente entzündet hat, vgl. U. Berning-Baldeaux, a.a.O., 98-108; B. Gerner, a.a.O., 58-63; zur Wirkungsgeschichte überhaupt vgl. B. Gerner, a.a.O., 47-73.
[682] R. Guardini, Briefe über Selbstbildung, a.a.O., 14.
[683] F. Wulf, Art. „Aszese", in: HThG, 112; vgl. auch R. Hauser, Art. „Askese I", in: HWPh, 538f.
[684] Ders., Briefe über Selbstbildung, 15.

von spricht, bei diesem „Werk“ müsse man darauf gefaßt sein, daß es oft gelte, „hart zu(zu)schlagen; ... manches weg(zu)hauen ..., was einem lieb ist; manchen Hieb (zu) führen, der weh tut“[685]. Aus dem Zusammenhang gerissen könnten die von Guardini verwendeten Formulierungen den Verdacht eines moralischen bzw. asketischen Rigorismus aufkommen lassen. Überprüft man daraufhin die von Guardini vorgelegten Wegweisungen aber genauer, so zeigt sich, daß eher das Gegenteil zutrifft: Ständig – im allgemeinen wie im speziellen – weist Guardini darauf hin, wie verschieden Menschen sind und wie deshalb auch nicht für jeden das gleiche richtig, gefordert und möglich sein kann. Guardini setzt auch hier ganz auf die Eigenverantwortung des Einzelnen; seine konkreten Vorschläge lassen großen Freiraum; in allen Fragen geht er mit äußerster Behutsamkeit vor. So sieht Guardini denn auch dort, wo er dann doch einmal von der Aufgabe des Erziehers dem zu Erziehenden gegenüber spricht, diese Aufgabe darin, dem „Menschen Mut zu sich selber“ zu geben und ihm „zu seiner eigenen Freiheit“ zu verhelfen.[686]

Generell setzt Guardini bei positiven Leitvorstellungen an, nicht bei den Gefahren und Fehlern, die zu meiden wären. Dies zeigen schon die Briefüberschriften, die von der „Freudigkeit des Herzens“, von der „Wahrhaftigkeit des Wortes“, von der „Gemeinschaft“ oder von der „Freiheit“ handeln, um nur einige Beispiele zu nennen.[687]

Guardini wendet sich gegen eine simplifizierende Vorstellung, die Gutes und Böses im Menschen eindeutig gegen einander absetzen und das Böse einfach ausmerzen wollte. Er warnt davor, negativ qualifizierte Triebkräfte zu verleugnen und zu verdrängen; vielmehr komme es darauf an, auch sie als Kraftpotential zu sehen, das in die richtigen Bahnen zu lenken ist: „Gerade in dem, was meine Gefahr ist, muß ich die Stärke entdecken.“[688] Aber auch umgekehrt gibt es keine „gute Kraft“ und keine „Tugend“[689], die nicht durch Einseitigkeit und Verhärtung böse werden könnte: „Die guten und bösen Möglichkeiten liegen nicht nebeneinander, sondern verbunden in der gleichen Kraft.“[690] Auf diesem Hintergrund heißt dann „sich selber bilden“: „In der Kraft die Gefahr entdecken, und ihr Zügel anlegen. Und in allem Schlimmen noch den Hebelpunkt finden, wo es aus den Angeln gehoben werden kann.“[691]

Die bewußte Arbeit an sich selbst – daneben kennt Guardini auch das Wachsen und Reifen von innen heraus und die gewährte bzw. geschenkte Trieberfüllung – vollzieht sich nach Guardini einerseits in der „Übung“, andererseits in der „Überwindung“[692]:

[685] A.a.O., 16.
[686] Ders., Die Glaubwürdigkeit des Erziehers, a.a.O., 240.
[687] Ders., Briefe über Selbstbildung, a.a.O., 5.
[688] Ders., Die Glaubwürdigkeit des Erziehers, 242.
[689] A.a.O., 241.
[690] A.a.O.
[691] A.a.O.
[692] A.a.O., 242f.

Die Einübung bestimmter Verhaltensweisen ermöglicht es – wenn die Motivation dazu klar und stark genug ist –, auch zunächst fremd erscheinende Wesenszüge in sich so auszuprägen, daß sie zu einem Teil des eigenen Wesens werden. Und genau darin sieht Guardini das Wesen der „Tugend“: „Tugend ist das, worin ich ‚tauge‘; worin ich tüchtig bin und mit mir selbst eins.“[693]

Die „Überwindung“ (oder auch der „Verzicht“ bzw. die „Entsagung“) hat zwei Zielrichtungen: Freiheit und Vertiefung.[694] Sie sind notwendig, weil die Triebkräfte des Menschen in „Unordnung“ sind[695]. Jeder Trieb hat die Tendenz sich zu verabsolutieren. Deshalb „muß ihm ein Nein entgegengestellt werden“, und dies nicht nur in einer bestimmten Situation und einem einzelnen Trieb gegenüber; sondern „in der ganzen Disziplin des Lebens muß die Übung des Nein enthalten sein“ – „um der Freiheit willen“, um Raum zu schaffen auch für die anderen Triebkräfte.[696] Zugleich führt der Verzicht auf sofortige und direkte Trieberfüllung den Trieb auch zu einer „tieferen Erfüllung“[697]. Dort, wo er sich ungezügelt ausleben kann „übersteigert“ und „vergröbert“ er sich; erst wo er „in seinem ersten Drang bezwungen“ und damit „genötigt wird, gesammelter, besonnener, innerlicher zu werden“, findet er „zu seiner tiefsten Möglichkeit“[698].

Wesentlich ist in diesem Zusammenhang Guardinis Differenzierung verschiedener Lebensphasen: Die Aufgabe der Selbstbildung – ja die sittliche Aufgabe überhaupt – ist eine andere für den jugendlichen, den jungen, den reifen und den alten Menschen.[699] Natürlich steht jede Phase im Dienst des Ganzen; und doch hängt alles – nämlich gerade das Gelingen des Lebens als Ganzes – davon ab, daß jeder Lebensabschnitt in seiner charakteristischen Eigenart mit seinen Forderungen und Möglichkeiten gelebt wird; denn auf dem Gelingen des früheren ruhen die späteren auf. Der Weg von einer Phase in die nächste läuft zwangsläufig durch eine Krise; und hier liegt die Aufga-

---

[693] A.a.O., 243.
[694] A.a.O., 244.
[695] A.a.O., 243.
[696] A.a.O., 244. Als Beispiele nennt Guardini, a.a.O.: „Wenn ich dem Drang nach Arbeit, nach Betätigung die Zügel schießen lasse, dann bleibt kein Raum für Innerlichkeit und Stille. Wenn ich Bewußtsein und Denken überwuchern lasse, dann bleibt kein Raum für ursprüngliches inneres Wachstum. So gilt es immer aufs neue Raum schaffen für das, was gefährdet ist.“
[697] A.a.O.
[698] A.a.O.
[699] Vgl. ders., Die Lebensalter. Ihre ethische und pädagogische Bedeutung, in: ders., Gläubiges Dasein/Die Annahme seiner selbst, a.a.O., 115-192. Guardini unterscheidet – einschließlich der zwischen den Lebensphasen liegenden Krisen (von mir im Druck hervorgehoben): „Leben im Mutterschoß, *Geburt*, Kindheit, *Pubertät*, Jugend, *Erfahrung der Wirklichkeit*, Mündigkeit, *Innewerdung der Grenzen*, Reife, *Erfahrung des Endens*, Alter und Weisheit, *Eintritt ins Greisenalter*, Senilität“ (a.a.O., 173); die drucktechnische Unterscheidung zwischen den Lebensphasen und den sie verbindenden Krisen habe ich von G. Henner, a.a.O., 167, übernommen; zum Ganzen vgl. auch ders., 166-171.

be darin, Vertrautes loszulassen und das Neue mit seinen ganz spezifischen Herausforderungen anzunehmen.

Zu differenzieren ist nach Guardini auch zwischen der Gestalt dieser Lebensphasen bei der Frau und beim Mann. Wenn Guardini die Bestrebungen, „die Geschlechter einander anzugleichen“, als „verhängnisvolle Tendenz unserer Zeit“ bezeichnet, dann weil er fürchtet, daß die „Zerstörung der weiblichen Eigenart“ für die Frau eine „gründlichere Entrechtung“ bedeuten würde, als sie je zuvor bestanden hat: „Der echte Weg zum Gleichgewicht der Rechte führt über die Entfaltung der Eigenart, denn nur in dieser liegt der Sinn und nur aus ihr kommt die Kraft.“[700]

Guardinis ethische und pädagogische Impulse zur Selbstbildung zielen nicht auf ein abstraktes, allgemeingültiges Idealbild ‚Mensch‘. Sie stellen sich vielmehr in den Dienst des einzelnen mit seinen spezifischen Möglichkeiten, in seiner jeweiligen Lebensphase und in seiner konkreten Lebenssituation. Dem widerspricht Guardinis Betonung objektiver Aufgaben und einer absoluten Verpflichtung gerade nicht; der absolute Anspruch kann gar nicht anders eingelöst werden als situativ und in personaler Freiheit und Verantwortung.

2.3.7.4. Geistliche Übungen: Zusammenspiel von Geist und Körper, von bewußten und unbewußten Kräften

Eine eigene Betrachtung sind die „geistlichen Übungen“ wert, die Guardini mehrmals auf Burg Rothenfels gehalten hat[701], und die sich in ihrer Lebendigkeit und Ganzheitlichkeit deutlich von dem Exerzitien-Standard der damaligen Zeit abheben[702]: „In diesen Übungen“ werde man „erfaßt von einer inneren Sammlung, die viele bislang als ein Vorrecht des ostasiatischen Kulturkreises bewunderten“; „dieser neue Versuch, planvoll an geistliche Arbeit heranzugehen“, stelle „eine der gegenwärtigen Situation angemessene Meditationsweise“ dar, „die aus tiefstem christlichen Traditionsgut ... heraus christliches Leben neu“ begründe, so urteilt ein Kritiker der damaligen

[700] R. Guardini, Die Lebensalter, a.a.O., 174. Wiederholt weist Guardini auf die Perspektivität des von ihm als Mann gezeichneten Menschenbildes hin sowie auf die Notwendigkeit, dieser männlich geprägten Darstellung das von einer Frau zu zeichnende Bild gegenüberzustellen (vgl. a.a.O., sowie ders., Die Macht, a.a.O., 175).

[701] Diese „Geistlichen Übungen“ fanden zum ersten Mal im Jahr 1930 statt und wurden in den beiden folgenden Jahren – mit wechselnden Themen, im Kerngedanken und im Wesentlichen des Ablaufs aber unverändert – wiederholt. In für den Druck überarbeiteter Form wurden sie von R. Guardini unter dem Titel „Wille und Wahrheit. Geistliche Übungen“ im Jahr 1933 im Matthias-Grünewald-Verlag in Mainz veröffentlicht. Ich zitiere im folgenden nach der neuesten Auflage, Mainz-Paderborn ^{6}1991.

[702] Vgl. auch die positive Würdigung, die diese „Geistlichen Übungen“ etwa 25 Jahre später bei F. Wulf finden; vgl. ders., Die christliche Meditation in der Auffassung und Übung unserer Zeit, in: Geist und Leben 30 (1957), 433-445, hier 436f.

Zeit.[703] Nach F. Wulf hat Guardini hier „als einer der ersten die Erkenntnisse der modernen Tiefen- und Ganzheitspsychologie sowie der rhythmischen Erziehung für die meditative Übung nutzbar zu machen gesucht“[704].

Bemerkenswert ist vor allem die Verbindung unterschiedlichster Elemente: Neben die traditionellen Bestandteile Vortrag, Eucharistiefeier und Schweigen treten Körperarbeit und Ausdrucksgestaltung: Gymnastik, Atemübungen sowie Übungen im Singen und Sprechen. All das mutet sehr ‚modern‘ an und war zur damaligen Zeit ungewohnt. Guardini sieht auch selbst die Notwendigkeit, seine Form zu begründen. Er tut dies unter Hinweis auf die mannigfachen Wechselbeziehungen zwischen Leib und Seele: Es sei eben nicht „die bloße ‚Seele‘, der bloße ‚Geist‘, sondern der lebendige Mensch“, der da betet oder meditiert. „Der aber ist Geist im Stoff, richtiger Seele im Leibe; eine Einheit von Verschiedenem, das sich wechselseitig bestimmt“: „Verwahrlosung des Leibes wird die Seele in Mitleidenschaft ziehen; wesensgerechte Bildung des Leibes hingegen sich in Seelenbildung auswirken.“[705] In interessanter Weise verbindet Guardini hier die Einsicht in psychosomatische Zusammenhänge mit kulturkritischer Diagnostik: „Sieht man genauer zu, in welchen Zustand das heutige Leben den Leib bringt, so fallen einem zuerst die Folgen falscher Ernährung und verwüstender Genußmittel auf. Dann aber bemerkt man bald, wie starr der Körper des heutigen Menschen ist. Der Aktivismus der Zeit wirkt sich in ihm aus. Seine Muskeln sind immer in einem Zustande festgelegter Spannung und Versteifung, besonders die des Halses, der Schultern und der Wirbelsäule. Diese Verkrampfung hemmt; macht für die zarteren Vorgänge der Wirklichkeit, ..., unempfindlich; ... macht unruhig, unsicher und gewalttätig.

Alles das wirkt auch unmittelbar ins Geistige – wieviel Heilkraft und Stärkung muß also umgekehrt durch eine rechte Bildung des Leiblichen auf den Geist übergehen! Vieles, womit wir in unserem Innenleben kaum oder doch nur mit unsinnigem Kraftverlust fertig werden, wäre vom Leiblichen her leichter zu überwinden, oder wenigstens zu lockern.“[706]

Beachtenswert ist auch, wie Guardini Wert darauf legt, nicht nur – und nicht in erster Linie – die bewußte Seite des Willens anzusprechen, sondern auch – und zunächst – die „dunklen“[707], unbewußten Kräfte des Menschen zu formen.[708] Es wäre interessant, der Frage nachzugehen, inwieweit Guardini hier Erkenntnisse der Tiefenpsychologie aufgreift und umsetzt, oder inwieweit diese uns ‚modern‘ erscheinende Skepsis gegenüber dem nur

---

[703] E. S.-B., Neue Exerzitien. Zu Guardinis Buch „Wille und Wahrheit“, in der Berliner Zeitung ‚Germania‘ vom 12. 1. 1934. Erste Beilage, zit. n. F. Wulf, Die christliche Meditation in der Auffassung und Übung unserer Zeit, a.a.O., 437.

[704] F. Wulf, a.a.O.

[705] R. Guardini, Wille und Wahrheit, a.a.O., 53.

[706] A.a.O., 53f.

[707] A.a.O., 23.

[708] Vgl. a.a.O., 23ff. sowie 55f. und 67ff.

Rationalen und Willensmäßigen aus seiner eigenen intuitiven Menschenkenntnis stammt.[709] Jedenfalls warnt Guardini vor einer Überschätzung der bewußten Willenskräfte und betont die Notwendigkeit, die Tiefenschichten auflockernd und vorbereitend zu bearbeiten. Es ist faszinierend zu sehen, wie Guardini hier Erkenntnisse und Methoden einsetzt, die – zumindest in ihrer Breitenwirkung – erst in den letzten 30 Jahren zum Tragen kamen.

Guardini unterscheidet zwischen einem „hellen" und einem „dunklen" Willen: Der „helle" Wille ist bewußt, zielgerichtet und zweckorientiert; er arbeitet „mit Programm und Organisation", „mit Verstand und Technik" und er ist darauf angelegt, ein bestimmtes Ziel möglichst schnell zu erreichen.[710] Diese Art des Willens prägt nach Guardinis Diagnose das Gesicht seiner Zeit – mit verhängnisvollen Folgen: „Wir sehen, wie das Leben zu zerfallen droht."[711] Die einseitige Betonung der bewußten Seite des menschlichen Willens übersieht nämlich, wie sehr das Wollen des Menschen gespeist ist aus tieferen Schichten: „Eine Mitte macht sich geltend und sendet überallhin leise Weisungen."[712] Diese Mitte gilt es in der Meditation zu gestalten und zu formen; sie ist gleichsam „die Brunnenstube ..., worin das Wasser der inneren Quelle nachströmt und sich aufsammelt"[713]. „Wenn man die verborgenen Kräfte der Seele unbeachtet läßt, so bleiben sie deswegen nicht weniger wirklich, laufen aber wild und entziehen sich der Verantwortung."[714] Diese andere, von Guardini in Erinnerung gerufene „dunkle" Seite des Willens arbeitet also nicht durch „Entschluß, Überwindung, offene Übung"[715], sondern indirekt, indem sie einerseits positive Voraussetzungen schafft, andererseits Fixierungen und Ängste löst. Es geht Guardini zufolge nicht darum, die eine Version des Willens und seiner Formung gegen die andere auszuspielen; Guardini betont immer wieder, wie unverzichtbar die erste, bewußte und direkte Form der „Willensarbeit" ist; er mahnt aber nachdrücklich, sie durch die zweite, seiner Meinung nach zu wenig beachtete Form der indirekten, nicht so sehr auf eine konkrete Handlung als vielmehr auf das „Sein", die emotionalen Grundlagen zielende „Willensarbeit"[716] zu ergänzen: „Jener Wille des offenen Kampfes ist unbedingt nötig. ... Er allein wird aber mit der Aufgabe nicht fertig. Er für sich allein bleibt äußerlich auferlegt; er vergewaltigt und verkrampft. So muß er durch den anderen Willen ergänzt werden. Der geht

[709] Aus einer Bemerkung in seinem Vortrag zum 100. Geburtstag von Sigmund Freud geht jedenfalls hervor, daß Guardini sich in den zwanziger Jahren bereits erstmals mit den Schriften S. Freuds beschäftigt hat; vgl. ders, Sigmund Freud und die Erkenntnis der menschlichen Wirklichkeit, in: So2, 85.

[710] R. Guardini, Wille und Wahrheit, a.a.O., 23.

[711] A.a.O.

[712] A.a.O., 23f.

[713] A.a.O., 24.

[714] A.a.O., 68.

[715] A.a.O., 55.

[716] A.a.O., 56.

ins Wesen; wirkt ins Sein; löst, sänftigt, formt, verkörpert sich."[717] Auch hier sind „Zähigkeit, ... Überwindung, Zucht und Opfer" notwendig, auch hier ist „Selbsterkenntnis, Einsicht in die Motive, rechte Beurteilung der Kräfte und Schwächen" gefordert, auch hier gibt es „Siege" und „Niederlagen"; und dennoch „läuft" diese Art der Selbsterziehung „auf anderen Wegen"[718]: ein bestimmtes Ziel wird eben nicht unmittelbar, sondern auf dem Weg über ein „Zwischenglied"[719] erstrebt. Konkret empfiehlt und praktiziert Guardini hier besonders die „Meditation"[720] und die Arbeit mit und an dem Atem[721], aber auch alles, „was Sammlung heißt; Bildung des Gewissens; Erkenntnis der eigenen Wesensstruktur, ihrer Kräfte und Schwächen; Hut der Sinne, Übung und Überwindung"[722]. Guardini wendet sich hier emphatisch gegen jenen neuzeitlichen, inzwischen längst in die Krise geratenen „Irrtum", der „glaubte, man könne alles machen" und der schließlich „zusammenhanglose Willkür" und „leere(n) Betrieb" hervorbrachte[723], und er plädiert für den Glauben an die „leisen Kräfte" und für die geduldige Arbeit an den „Wurzeln".[724]

2.3.7.5. „Liturgische Bildung"[725]

Daß Guardini „Bildung" – wie bereits deutlich wurde – nicht intellektualistisch, sondern ganzheitlich versteht, gilt in besonderer Weise auch für den Bereich der „liturgischen Bildung", auf dem Guardini intensiv und nachhaltig gewirkt hat.[726] Hier geht es Guardini nicht, wie es ein landläufiges Verständnis von Bildung nahelegen könnte, um „reichere Kenntnis über liturgi-

---

[717] A.a.O.
[718] A.a.O.
[719] A.a.O., 55.
[720] Vgl. a.a.O., 21-27 sowie 67-72.
[721] Vgl. dazu vor allem a.a.O., 54-57.
[722] A.a.O., 69.
[723] A.a.O., 68.
[724] A.a.O., 151.
[725] R. Guardini, Liturgische Bildung (1. Aufl. Burg Rothenfels 1923), jetzt in überarbeiteter Fassung in: Liturgie und liturgische Bildung, Mainz-Paderborn ²1992, 19-110.
[726] Von Guardinis Schriften sind hier maßgeblich: R. Guardini, Vom Geist der Liturgie, Freiburg ²1991 (¹1918); ders., Von heiligen Zeichen, Mainz 1988 (¹1922); ders., Besinnung vor der Feier der Heiligen Messe, Mainz ⁶o.J. (¹1939); ders., Liturgie und liturgische Bildung, a.a.O. Es würde in unserem Zusammenhang zu weit führen, auf die gesamte umfangreiche Sekundär-Literatur über Guardinis Bedeutung für die liturgische Erneuerung hinzuweisen; einen guten Überblick verschafft hier A. Schilson, Romano Guardini – Wegbereiter und Wegbegleiter der liturgischen Erneuerung, in: Liturgisches Jahrbuch 36 (1986), 3-27, (enthalten auch in: ders., Perspektiven theologischer Erneuerung, a.a.O., 34-62); hingewiesen sei auch auf M. Marschall, In Wahrheit beten. Romano Guardini – Denker liturgischer Erneuerung, St. Ottilien 1986; zur Thematik speziell der „liturgischen Bildung" vgl. K. Richter, Die erneuerte Liturgie im Horizont der Fragestellung Romano Guardinis nach der Liturgiefähigkeit des Menschen von heute, in: K. Richter/A. Schilson, Den Glauben feiern. Wege liturgischer Erneuerung, Mainz 1989, 136-163; sowie A. Schilson, Romano Guardini und die Liturgische Bewegung. Aspekte einer spannungsvollen Beziehung, in: K. Richter/A. Schilson, a.a.O., 49-77, bes. 63-66 und 69ff.

sche Dinge"[727], nicht um „„liturgische Belehrung'"[728], sondern um ein „Können ..., ... ein Werden und Wachsen, ... um ein Sein" – und das heißt für Guardini: „um ein Problem der ‚Bildung' im eigentlichen Sinn des Wortes"[729]. „Wie muß der Mensch beschaffen sein, wie die Gemeinschaft, wenn sie wesensgerecht in der Liturgie stehen sollen? Welche Kräfte gehören dazu, welche Organe? Ja welches Sein?"[730], so lauten deshalb für ihn die entscheidenden Fragen „liturgischer Bildung".

Überhaupt zielen Guardinis Beiträge zur Liturgie und zur Liturgischen Bewegung weniger auf einzelne Reformen als auf das grundlegende Verständnis liturgischer Vollzüge und insbesondere auf das, was man liturgische Propädeutik nennen könnte – wie ja auch ganz generell die Liturgische Bewegung, stärker als dies im allgemein bewußt ist, mehr im Sinn hatte als eine Modernisierung der Liturgie; es ging ihr vielmehr um eine umfassende Erneuerung und Neubelebung des spirituellen Lebens, der Kirche, ja der Kultur überhaupt.[731]

Äußerst interessant – beachtenswert auch im Hinblick auf die Herausforderung des Glaubens durch kulturelle und spirituelle Strömungen unserer eigenen Zeit – ist dabei, wie Guardini die Bestrebungen der liturgischen Bewegung in Beziehung setzt zu den kulturellen Auf- und Umbrüchen seiner Zeit, nämlich dem Ungenügen an einem rationalistisch und individualistisch verengten Menschenbild und dem Bemühen um Ganzheitlichkeit und um eine Wiederentdeckung der Gemeinschaft.[732] Es geht Guardini darum, „verlernte Haltungen wiederzugewinnen, verkümmerte Organe neu zur Entfaltung zu bringen"; er entdeckt „in all dem Gären" einen neuen „Bildungstrieb", ein „Sichregen neuer Lebendigkeit" und einen Willen „zu neuem Geformtsein"[733] – Bestrebungen, die er im Zusammenhang des

[727] R. Guardini, Liturgische Bildung, a.a.O., 25.

[728] Ders., Von heiligen Zeichen, a.a.O., 8.

[729] Ders., Liturgische Bildung, a.a.O., 25.

[730] A.a.O.

[731] Darauf hat vor allem A. Schilson mehrfach aufmerksam gemacht; vgl. ders., Die liturgische Bewegung. Anstöße – Geschichte – Hintergründe, in: K. Richter/A. Schilson, a.a.O., 11-48, sowie ders., „Feier" und „Heiliges Spiel". Wandlungen im heutigen Gottesdienst- und Sakramentenverständnis, in: a.a.O., 78-108, bes. 81ff. Vgl. auch J. C. Ratzinger, Von der Liturgie zur Christologie. Romano Guardinis theologischer Grundansatz und seine Aussagekraft, in: ders. (Hg.), Wege zur Wahrheit. Die bleibende Bedeutung von Romano Guardini, Düsseldorf 1985, 121-144, bes. 122-128.

[732] Sowohl zur Einordnung der Liturgischen Bewegung in die geistes- und kulturgeschichtliche Situation nach der Jahrhundertwende als auch im Hinblick auf heutige Aufgaben vgl. A. Schilson, Mystagogie am Beginn des 20. Jahrhunderts, in: ders. (Hg.), Gottes Weisheit im Mysterium. Vergessene Wege christlicher Spiritualität, Mainz 1989, 203-230.

[733] A.a.O., 26. Inwieweit Guardini die geistigen Bestrebungen seiner Zeit hier richtig eingeschätzt hat, ist schwer zu beurteilen. In der Rückschau nach vierzig Jahren empfindet Guardini selbst, a.a.O., 21, „nur mit einigem Unbehagen den etwas enthusiastischen Ton der Schrift". Worauf es hier aber allein ankommt, ist, was Guardini damals erhofft und wofür er gekämpft hat. Daß er im „Quickborn" eine Auslese besonders wacher, idealistischer und lebendiger junger Menschen antraf, steht dabei außer Zweifel.

christlichen Glaubens und der Liturgie der Kirche klärend aufzugreifen und weiterzuführen versuchte.

Aus Guardinis Gedanken zur „liturgischen Bildung" lassen sich deshalb wesentliche Grundzüge seines Menschenbildes, seines Glaubens- und Bildungsverständnisses und damit wesentliche Voraussetzungen seiner Sicht der Askese herausarbeiten.

Ganzheitlichkeit

Zunächst und grundlegend wichtig ist hier, wie Guardini immer wieder die Zusammengehörigkeit und das Zusammenspiel von Leib und Seele betont. Er geht dabei aus von dem aristotelisch-scholastisch inspirierten Satz des Konzils von Vienne, nach dem die Seele „Wesensform des Leibes"[734] ist („anima forma corporis").[735] Dementsprechend sieht Guardini eine wesentliche Aufgabe der Selbstwerdung darin, daß die Seele immer mehr den Leib durchformt, und daß gleichzeitig der Leib immer mehr Ausdruck der Seele wird. Abzulehnen sind deshalb in den Augen Guardinis alle spirituellen Strömungen, die diese enge Wechselbeziehung dualistisch auflösen, indem sie auf den „‚reinen' Geist" bzw. eine „‚geistige', rein ‚innerliche' Frömmigkeit" setzen, den Bereich des Körperlichen aber abwerten[736]; ebenso auszuschließen ist aber auch ein „Monismus", der die dialektische „lebenschaffende Spannung" zwischen Leib und Seele aufhebt[737].

Das durch die verhängnisvolle neuzeitliche Aufspaltung in vermeintlich ‚Rein-Geistiges' und ‚Bloß-Materielles' verlorengegangene Verständnis für Symbole ist für Guardini der Schlüssel zur Liturgie. Deshalb gilt es, wieder zu lernen, Inneres in Äußerem auszudrücken und Inneres an Äußerem abzulesen. Und eben hier sieht Guardini eines der großen Defizite neuzeitlicher Kultur: Inneres und Äußeres, Geistiges und Körperliches treten immer mehr auseinander. So entsteht eine „vorgeblich ‚innerliche', ‚geistige' Frömmigkeit"[738], die die Welt der Dinge, der Sinne und der Körperlichkeit aus sich verloren hat. „Die geheimnisvollen Organe ... durch die der Körper durchseelt und der

[734] A.a.O., 29.

[735] R. Guardini, a.a.O, 28; vgl. DS 902. Natürlich kann man fragen, inwieweit der aristotelische Hylemorphismus (die metaphysische Unterscheidung von Form und Materie) bzw. die ebenfalls metaphysische Auffassung der Seele als „geistige Substanz" (R. Guardini, a.a.O., 28 u. 29) heutigem Denken noch etwas bedeuten können. Aber, gleich mit welcher Begrifflichkeit man Leib und Seele und ihr Wechselverhältnis zu fassen versucht, solange man weder den biophysischen Parallelismus noch den monistischen Reduktionismus als adäquate Lösung des Leib-Seele-Problems ansehen kann (vgl. Hastedt, Das Leib-Seele-Problem, Frankfurt/M., 1988), bleibt die Aufgabe, die Wechselwirkung zwischen Leib und Seele zu bedenken und eben nicht nur zu bedenken, sondern auch zu gestalten – und genau hier liegen Guardinis Bemühungen.

[736] R. Guardini, Liturgische Bildung, a.a.O., 28; das Zitat wurde vom Verfasser nach der 1. Auflage von „Liturgie und liturgische Bildung", Würzburg 1966, 30, korrigiert, denn offensichtlich ist „reinen", nicht „einen" (Geist) die richtige Version.

[737] A.a.O., 28f.; vgl. auch ders., Vom Geist der Liturgie, a.a.O., 75-85.

[738] A.a.O., 39.

Geist leibhaftig wird, verkümmern. Die Fähigkeit, schaubar zu machen und zu schauen, auszudrücken und Ausgedrücktes zu verstehen, nimmt ab. Man verlernt das Bilden. Man versteht nur noch zu ‚lernen' und das Gelernte zu ‚verwenden'. ... Verloren geht, mit einem Wort gesagt, lebendige ‚Bildung', das Geformtsein der Körperlichkeit durch den Geist und das Offenbar-werden des Geistes im Körper; ‚gebildete' Menschlichkeit, menschliche Kultur."[739]

Demgegenüber sieht Guardini in den Reformbewegungen des beginnenden 20. Jahrhunderts (er nennt hier die Kunsterziehungs-, die Frauen-, die Pädagogische und „vor allem" die Jugendbewegung) eine „Abkehr von der unwahren, weil wirklichkeitsfremden ‚Geistigkeit' des neunzehnten Jahrhunderts" und einen neuen Willen „zur Ganzheit".[740]

Jene „Kräfte und Organe, die durch die Entwicklung der Neuzeit verkümmert waren" erstehen hier wieder neu; so wird auch „eine wirklich liturgische Haltung wieder möglich".[741]

Der Kern der „liturgischen Bildung" besteht also darin, die Beziehungen, die Wechselwirkung zwischen Außen und Innen, zwischen Geist und Körper, richtiger: zwischen Leib und Seele, zu sehen und zu gestalten. Man muß „lernen, auch mit dem Leibe zu beten. Die Haltung des Körpers, Gebärde und Handlung müssen unmittelbar, in sich, religiös werden. Wir müssen lernen, unser Inneres im Äußeren auszudrücken und aus Äußerem das Innere abzulesen."[743] Genau dies heißt für Guardini „symbolfähig werden"[742].

Ein bemerkenswertes Zeugnis der befreienden und klärenden Wirkung, die Guardinis diesbezügliche Gedanken auf die suchende Jugend seiner Zeit ausgeübt haben, gibt W. Dirks: „Guardini zeigte uns, daß der Vollzug der Liturgie den Leib voraussetzt, daß ihre Gebärde den Leib ehrt und adelt. Er lehrte uns stehen und knien und sitzen, die Hände falten, schreiten; er lehrte uns, daß Leib und Seele eine Ganzheit sind, oder vielmehr: daß die Erfahrung dieser Ganzheit, die wir auf elementare Weise im Leben der Jugendbewegung gemacht hatten und gegen die meisten überlieferten Formen auch des kirchlichen Lebens auszuspielen gelernt hatten, gerade von der Liturgie vorausgesetzt und befestigt wird."[744]

[739] A.a.O., 37f.
[740] A.a.O., 39.
[741] A.a.O., 43.
[742] A.a.O.
[743] A.a.O. Einen quantitativ knappen, aber bis in unsere Zeit hinein wirksamen Beitrag dazu bietet R. Guardinis Bändchen „Von heiligen Zeichen", a.a.O. Zum Verhältnis von Geistigem und Körperlichem und seiner Bedeutung für die Symbolfähigkeit des Menschen vgl. auch ders., Vom Geist der Liturgie, a.a.O., 75-85.
[744] Vgl. W. Dirks, Guardini als Führer zur Liturgie. Dank und Bericht, in: Liturgisches Jahrbuch 10 (1960), 202-210, Zit. 204. Guardinis Gedanken zur „liturgischen Bildung" haben weit über den Bereich der Quickborn-Bewegung hinaus gewirkt; so schreibt R. Egenter damals in einer Zeitschrift des „Bundes Neudeutschland": „Guardini hat das uralte Gedankengut von der *anima forma corporis* so meisterlich in Lebenswerte unserer Zeit umgesetzt. Lest seine ‚liturgische Bildung', dieses Buch katholischer Jugendbewegung, ..." (ders., Form im Bund, in: Kreuzfahrt, 1. Heft 1924, 32.).

Der Symbolwert der Dinge

Um aber „die Fülle des Seelischen auszusprechen, genügen die Ausdrucksmöglichkeiten des Körpers mit seinen Organen und Bewegungen, seinen Gliedern und seiner Gestalt nicht. Der Mensch weitet sie aus, indem er die Dinge der Umwelt in den Körperbereich einbezieht."[745] So gehört auch die Welt der Dinge und der Umgang mit ihnen zum Bereich „liturgischer Bildung". Hier geht es darum, ein Gefühl für Maße und Formen, Verhältnisse und Ordnungen, ja mehr noch: ein Gespür für die Dinge selbst in ihrer „Eigengesetzlichkeit"[746] zu bekommen. Sollen die Dinge so in ihrem Symbolwert erkannt und in das liturgische Ausdrucksverhalten hineingenommen werden, bedarf es einer Haltung, die auf den willkürlichen Zugriff verzichtet, die bereit und fähig ist, „schauend, horchend, gehorchend"[747] die Dinge in ihrem Sosein wahrzunehmen.

Hier, in der Liturgie, werden die Dinge einmal nicht verzweckt und verbraucht; Wasser, Wein, Brot, Öl, und Licht werden in ihrer eigenen Wirklichkeit gesehen, bekommen ästhetische Qualität, aber gerade nicht im Sinn eines unverbindlichen, geschmäcklerischen Ästhetizismus[748], sondern so, daß sie in ihrem Eigenwert, in ihrer Schönheit, die zugleich Wahrheit und Gutheit ist, wahrgenommen werden. Das Kapitel über die „Liturgie als Spiel" in Guardinis „Vom Geist der Liturgie"[749], das seinerzeit als besonders originell und faszinierend empfunden wurde[750], thematisiert grundlegend den Unterschied zwischen Zweckhaftigkeit und Sinnhaftigkeit und definiert schließlich Liturgie als den Raum, in dem alle Zwecke unwesentlich werden, und in dem es nur darauf ankommt, zu sein, „vor Gott zu sein und zu leben"[751], wie ja auch Gott selbst die Dinge und das Lebendige geschaffen hat, damit „es sei und ein Abbild sei des unendlichen Gottes", damit „es lebe, sein inneres Leben herausbringe und blühe als natürliche Offenbarung des lebendigen Gottes"[752]. Die „Aufgabe der Erziehung zur Liturgie" besteht dann darin, „daß die Seele lerne, nicht überall Zwecke zu sehen, ... Sie muß die Rastlosigkeit der zweckgetriebenen Tätigkeit wenigstens im Gebet aufgeben lernen; muß lernen für Gott Zeit zu verschwenden, Worte und Gedan-

745 R. Guardini, Liturgische Bildung, a.a.O., 47.

746 A.a.O., 52.

747 A.a.O., 54.

748 Der Abwehr eines von der Wahrheit abgelösten Ästhetizismus widmet Guardini ein eigenes Kapitel in „Vom Geist der Liturgie", a.a.O., 109-125.

749 R. Guardini, Vom Geist der Liturgie, a.a.O., 89-105.

750 Vgl. W. Dirks, Guardini als Führer zur Liturgie, a.a.O., 205f. A. Schilson macht darauf aufmerksam, daß Guardini hier in einer seiner Zeit „weit vorausgreifenden" Weise einen Aspekt einbringt, der „erst viel später in umfassender Weise von F.J.J. Buytendijk, J. Huizinga, H. Rahner, in anderen Zusammenhängen aber auch von H. Cox, J. Moltmann und H.U.v. Balthasar ausgearbeitet wurde" (ders., Perspektiven theologischer Erneuerung, a.a.O., 37).

751 R. Guardini, Vom Geist der Liturgie, a.a.O. 104.

752 A.a.O., 93.

ken und Gebärden für das heilige Spiel zu haben, ohne immer gleich zu fragen: wozu und warum? Nicht immer etwas tun, etwas erreichen, etwas Nützliches zustande bringen wollen, sondern lernen, in Freiheit und Schönheit und heiliger Heiterkeit vor Gott das gottgeordnete Spiel der Liturgie zu treiben“[753].

Wenn im Kontext heutiger ökologischer Fragen als Grundzug einer zu entwickelnden „Schöpfungsspiritualität“ gefordert wird, alles „Geschaffene in seiner eigenen Würde (zu) achten und in ihm Gott begegnen (zu) lernen“[754], und wenn dann in diesem Zusammenhang der Gottesdienst als ein Ort erscheint, in dem diese Haltungen eingeübt werden können, wenn schließlich eine „sakramentale Auffassung der Natur“[755] angemahnt wird, dann bekommen Guardinis Liturgieverständnis und seine Umschreibung der Aufgabe liturgischer Bildung neue Leuchtkraft: „in Ehrfurcht vor dem Eigen-Sinn der Dinge zu stehen; sie zu benennen, wie sie sind; ihre Aussage zu hören“, „für die Dinge wieder wahrhaft sehend und hörend werden; ... ihnen keine Gewalt antun“[756] – mit diesen Formulierungen beschreibt Guardini die Aufgabe.[757] Die Haltung der „Ehrfurcht vor dem Eigen-Sinn der Dinge“[758] bedeutet nun keineswegs ein Verbot, sie zu gestalten. Im Gegenteil, die Dinge sollen durchaus zum Menschen in Beziehung gesetzt werden, in sein Ausdrucksverhalten hineingenommen werden; es gilt, die Welt geistig zu durchdringen und zu formen. Den „Sinn der Liturgie ...den Dingen gegenüber“ sieht Guardini „zum großen Teil“ darin, „sie aus der unrechten Hand in die rechte zu bringen, aus der Hand des ‚Fürsten der Welt‘ (Joh 12, 31) in die des Vaters“.[759] Auch wenn Guardini hier zunächst an die Zweideutigkeit denkt, die den Naturelementen schon von sich aus aufgrund ihrer auch zerstörerischen Möglichkeiten innewohnt, so bekommt diese Formel angesichts Guardinis späterer Analyse der Probleme der Technik und der Macht eine neue dringliche Bedeutung; die Fragwürdigkeit und Bedrohlichkeit der Dinge ist dann ganz entscheidend auch im Umgang des Menschen

[753] A.a.O., 104

[754] H. Kessler, Das Stöhnen der Natur. Plädoyer für eine Schöpfungsspiritualität und Schöpfungsethik, Düsseldorf 1990, 72.

[755] H. Kessler, a.a.O., 76.

[756] R. Guardini, Liturgische Bildung, a.a.O., 58.

[757] “Aufmerksamwerden für die Kostbarkeit der Dinge”: darin sieht auch D. Fischer zu Recht einen wesentlichen religionspädagogischen Impuls R. Guardinis; vgl. dies., Glaubensvermittlung als „Deutung des Täglichen aus dem Ewigen heraus“, in: A. Schilson (Hg.), Konservativ mit Blick nach vorn. Versuche zu Romano Guardini, Würzburg 1994, 133-149, bes. 133-138, Zit. 133; vgl. auch dies., Wort und Welt. Die Pneuma-Theologie Romano Guardinis als Beitrag zur Glaubensentdeckung und Glaubensbegleitung, Stuttgart 1993, bes. 316-323 bzw. (speziell im Hinblick auf die Liturgie) 385-388.

[758] R. Guardini, Liturgische Bildung, a.a.O., 58. Zur „Bedeutung der Ehrfurcht bei Romano Guardini“ vgl. auch das einschlägige Kapitel bei G. Marschütz, Die verlorene Ehrfurcht. Über das Wesen der Ehrfurcht und ihre Bedeutung für unsere Zeit, Würzburg 1992, 126-187 (Zit. 126).

[759] A.a.O., 60.

mit ihnen begründet. Die Dinge aus ihrer Ambivalenz in die richtigen Hände zu bringen, ist dann nur umso dringlicher. Guardinis in diesem Zusammenhang ausgesprochene Überzeugung, die Dinge könnten „im tiefsten nicht ethisch, noch weniger praktisch, sondern nur religiös bezwungen werden"[760], setzt diesen ganzheitlichen Begriff des Religiösen voraus, der die Aufspaltung in einen Bereich des ‚Rein-Geistigen' einerseits und des ‚Bloß-Materiellen' andererseits hinter sich gelassen hat. Liturgie lebt eben davon, daß innere Vollzüge äußerlich sichtbar gemacht werden und zugleich an äußeren Vollzügen geistige Inhalte und Wahrheiten ablesbar werden.

Erziehung zur Gemeinschaft

Aber nicht nur die Beziehung zu den Dingen kommt in der Liturgie ins Lot; die Liturgie weist den Menschen auch hinein in die richtige Beziehung zum anderen Menschen und zur Gemeinschaft, speziell in die Gemeinschaft der Kirche.[761] Die Liturgie erweist sich so als „das religiöse Verhalten der wiedergeborenen Menschheit"[762]. Dieses Stehen in der Gemeinschaft – und dies ist ebenso charakteristisch für das Denken R. Guardinis wie bedeutsam für das Verständnis der Askese – ist gerade nicht abhängig von dem subjektiven Gemeinschaftsgefühl oder Gemeinschaftserlebnis; es handelt sich vielmehr um eine objektive Realität, deren Vollzug gelernt und eingeübt werden muß.[763] Gerade in diesem Zusammenhang spricht Guardini ausführlich von der Bedeutung der Übung: „Damit ist eine lange und besonders für individualistisch Veranlagte recht mühsame Arbeit gefordert. Daß sie nötig ist, daß wir uns nicht der schöpferischen Spontaneität des religiösen Empfindens überlassen dürfen, wird niemand bestreiten, der weiß, wie verwahrlost unsere seelische Verfassung ist; wie sehr wirkliches und seelisch-geistliches Leben auf bewußter Übung ruht, und wie viel religiöse Trägheit und Sentimentalität und geistige Zuchtlosigkeit sich oft hinter der Ablehnung der Übung verbergen."[764] Dies gilt trotz der Gefahr, um die Guardini durchaus weiß, daß Übung „unlebendig, gewollt, gekünstelt" werden kann; dennoch gehört Übung „zu jedem wirklichen Wachstum. Es wird nicht alles von selbst, und auch nicht alles durch Erlebnis. Vieles muß erarbeitet, erübt werden".[765]

„Liturgische Bildung" als hermeneutischer Zirkel

So ist Liturgie im Verständnis R. Guardinis zwar „Selbstausdruck des Menschen"[766]; aber gerade in der Liturgie erfährt der Mensch, daß er der erst

[760] A.a.O., 56.
[761] Vgl. ders., Vom Geist der Liturgie, a.a.O., 45-55; ders., Liturgische Bildung, a.a.O., 63-78.
[762] Ders., Liturgische Bildung, a.a.O., 65.
[763] Vgl. a.a.O., 76-78.
[764] A.a.O., 78.
[765] A.a.O., 76, Anm. 55.
[766] A.a.O., 92.

werden muß, der er sein soll; so muß der Mensch bei der Liturgie in die „Schule“ gehen.[767] „Wesensgerecht“ werden aber heißt nach dem Bild Christi geformt werden.[768]

Damit erweist sich der Begriff der „liturgischen Bildung“ bei Guardini als mehrdeutig: Mag es in ihr zunächst darum gehen, daß der Mensch gebildet werde – oder besser: sich bilde –, um die Liturgie angemessener vollziehen zu können, so dürfte inzwischen unabweisbar deutlich geworden sein, daß und wie der Mensch auch seinerseits durch die Liturgie gebildet, geformt wird. Was zunächst als gegensätzliche Alternative erscheinen könnte, erweist sich bei Guardini als hermeneutischer Zirkel: Guardini lehnt es zwar ausdrücklich ab, die Liturgie in irgendeiner Weise pädagogisch zu verzwecken, andererseits ist unübersehbar, wie die Liturgie gerade in ihrer Zweckfreiheit zur Schule echten Menschseins wird.[769] Die Liturgie besitzt „eine erzieherische Funktion“, weil und insofern sie „den Menschen zu seinem wahren Wesen befreit“[770]. Man kann zwar, „was die Liturgie bietet, nicht ohne weiteres zur Tat machen“.[771] Aber die Liturgie schafft „die grundlegende christliche Gesinnung ... Sie will den Menschen dahin bringen, daß er sich in die rechte, wesenhafte Ordnung zu Gott stelle, ... Kommt er dann in die Lage, zu handeln, so wird er aus jener Gesinnung heraus auch tun, was recht ist.“[772] Nur scheinbar kümmert sich die Liturgie nicht „um das Handeln und Streben und den sittlichen Stand der Menschen“; „in Wirklichkeit“ aber gilt: „wer in ihr lebt, wird wahr, gesund und befriedet in seinem innersten Wesen“[773] – und dies gerade deshalb, weil sie die Wahrheit vor das Wollen, das Sein vor das Handeln, den Logos vor das Ethos stellt. Wenn es stimmt, daß die „Gegenwart“ geprägt ist durch „rastloses Vorwärtsdrängen“, durch „das rasende Zeitmaß der Arbeit, die Hast des Genießens“, durch die „Verehrung des Erfolgs, der Kraft, der Tat“[774], und wenn die „Seele ... jene innere Lösung“ braucht, „in welcher der Krampf des Wollens gestillt ist, die Unrast des Strebens ruhig wird, der Schrei des Begehrens schweigt“[775], so ist die Liturgie in ihrer nur dem Logos verpflichteten Absichtslosigkeit, in ihrer „wunderbare(n) Gelassenheit“ und „tiefe(n) Ruhe“[776] der Ort, wo der Mensch zu seiner Wahrheit findet.

---

[767] A.a.O.

[768] A.a.O.

[769] Dazu vgl. auch R. Guardini, Vom Geist der Liturgie, a.a.O., 89-105, bes. 95-97; a.a.O., 97, Anm. 4 findet sich beispielsweise die Formulierung: „In ihr“ (der Liturgie) „bildet sich die Seele; aber nicht durch bewußte Tugendlehre und Übung, sondern dadurch, daß sie im Licht der ewigen Wahrheit, in der echten, natürlich und übernatürlich gesunden Ordnung lebt.“

[770] K. Richter, Die erneuerte Liturgie im Horizont der Fragestellung Romano Guardinis nach der Liturgiefähigkeit des Menschen von heute, in: K. Richter/A. Schilson, a.a.O., 149.

[771] R. Guardini, Vom Geist der Liturgie, a.a.O., 130.

[772] A.a.O.

[773] A.a.O., 143.

[774] A.a.O., 134.

[775] A.a.O., 141.

[776] A.a.O., 42.

A. Schilson deutet diese Zusammenhänge treffend, wenn er sagt: „Liturgie ist nach Guardini – und in diesem Aufweis liegt seine entscheidende, über kurzfristige Anregungen weit hinausreichende Bedeutung für die Liturgische Erneuerung damals wie heute – der Ort, an dem, und das Medium, durch das der Mensch überhaupt erst Mensch wird. Mehr noch: In der Bedrohung des umfassenden Menschseins sucht Guardini Wege aus der Gefahr durch eine Neubesinnung auf die Liturgie, die er als Heilmittel im umfassenden Sinn darzustellen weiß."[777]

Daß sich aus dieser Sicht der Liturgie auch hohe Anforderungen an diese selbst ergeben, sei hier nur angedeutet. R. Guardini hat beispielsweise in seiner Rede auf dem Deutschen Liturgischen Kongreß in Frankfurt a. M. 1950[778] kritisch festgestellt, „aus der lebendigen Liturgie" sei „weithin ein bloßes Mittel der Belehrung und Erbauung, oder ein Ausdruck religiöser Festlichkeit geworden", sie habe „weithin aufgehört, jener Raum, jene Lebensordnung, jener Inbegriff von Geschehnissen zu sein, worin der Erlöste schauend, hörend, handelnd in heiligen Bildern lebt"[779]. Von daher besteht die Aufgabe nicht nur darin, daß der Gläubige lernt, die Liturgie lebendig mitzuvollziehen, sondern auch darin, die Liturgie selbst so zu gestalten, daß sie – unabhängig von rationalistischen Erklärungen, einfach in ihrem Vollzug – erlebt werden kann als „das Aufleuchten, Auftönen, Greifbar-Werden der heiligen Wirklichkeit"[780]; es muß also auch gefragt werden, „wo unser liturgisches Tun selbst bildarm, abstrakt, dekorativ geworden ist" und „wie es wieder jene Bildfülle und Handlungskraft gewinnen könne, die den Menschen unserer Zeit vielleicht lebendiger, menschlicher in den Bereich der Offenbarung führen kann, als Unterweisung und Ermahnung"[781].

Die Zusammengehörigkeit beider Bemühungen – der Bemühung um die menschengerechte Gestaltung der Liturgie einerseits, der Bemühung um die Erziehung und Hinführung des Menschen zur Liturgie andererseits – ist schließlich auch das Anliegen von Guardinis viel beachtetem Brief an Johannes Wagner anläßlich des 3. Liturgischen Kongresses 1964 in Mainz, in dem er – „der Klärung wegen" – auf den ersten Blick schockierend scheinende Fragen verbalisiert: „Ist vielleicht der liturgische Akt, und mit ihm überhaupt das, was ‚Liturgie' heißt, so sehr historisch gebunden ..., daß man sie der Ehrlichkeit wegen ganz aufgeben müßte? Sollte man sich vielleicht zu der Einsicht durchringen, der Mensch des industriellen Zeitalters, der Technik und der durch sie bedingten psychologisch-soziologischen Struktu-

[777] A. Schilson, Perspektiven theologischer Erneuerung, a.a.O., 59.

[778] Damals gehalten unter dem Titel „Die Liturgie und die geistige Situation unserer Zeit", später veröffentlicht unter dem Titel „Die liturgische Erfahrung und die Epiphanie" in: ders., Die Sinne und die religiöse Erkenntnis. Zwei Versuche über die christliche Vergewisserung, Würzburg 1950, 41-74.

[779] A.a.O., 66f.

[780] A.a.O., 51.

[781] A.a.O., 74.

ren sei zum liturgischen Akt einfach nicht mehr fähig? Und sollte man, statt von Erneuerung zu reden, nicht lieber überlegen, in welcher Weise die heiligen Geheimnisse zu feiern seien, damit dieser heutige Mensch mit seiner Wahrheit in ihnen stehen könne?"[782] Daß sich in der schonungslosen Radikalität dieses Fragens nicht Resignation und Eingeständnis des Scheiterns, sondern gerade im Gegenteil ein kraftvolles Insistieren auf zeitlebens durchgehaltenen Einsichten und Anliegen ausspricht, zeigt – von eigenen und fremden Kommentaren einmal abgesehen[783] – schon der Kontext, in dem immer wieder die Notwendigkeit des (ganzheitlichen!) Lernens und Einübens thematisiert wird: „Soll die Intention des Konzils verwirklicht werden, dann ist richtige Unterweisung, aber auch echte Erziehung nötig; Übung, durch die der Akt gelernt wird."[784] Und: „Sehr ernste Erzieher haben darauf hingewiesen, daß für die Bildung gerade des heutigen Menschen bloßes Sagen, intellektuelles Erklären, formales Organisieren nicht genügen. Daß die Organe des Schauens, des Tuns, des Gestaltens geweckt und in den bildenden Vorgang einbezogen werden müssen ..."[785].

Für die Frage nach der Askese ergeben sich auf dem Hintergrund von Guardinis Verständnis der Liturgie und der liturgischen Bildung eine Reihe von weitreichenden Konsequenzen:

Die Wechselbeziehung zwischen Geist und Körper so angelegentlich zu thematisieren, wie Guardini dies im Zusammenhang seiner „liturgischen Bildung" tut, bewahrt vor einer leibfeindlichen Askese in gleicher Weise wie vor einer geistlosen Körperlichkeit. Zugleich ließe sich aus dem, was Guardini im Zusammenhang seines Symbolverständnisses ausführt, eine Kultur des Umgangs mit den Dingen entwickeln, die von gedankenloser Verschwendung und Konsumhaltung genausoweit entfernt ist wie von kulturfeindlicher Kärglichkeit. Darüberhinaus wird das asketische Bemühen im Kontext „liturgischer Bildung" aus der Einseitigkeit einer rein willens- und leistungsbezogenen Anstrengung befreit – hinein in einen Bereich der geschenkhaften Ermöglichung, ja in den Bereich des Spiels und der Feier, theologisch gesprochen in den Bereich der Gnade.

---

782 R. Guardini, Der Kultakt und die gegenwärtige Aufgabe der liturgischen Bildung. Ein Brief, in: ders., Liturgie und liturgische Bildung, a.a.O., 15f.

783 Dazu vgl. E. Tewes, Romano Guardini, in: G. Gruber/F. Bauer, Kirche ohne Vorzimmer. Begegnungen mit dem Münchner Regionalbischof Ernst Tewes, Planegg 1986, 42; A. Schilson, Perspektiven theologischer Erneuerung, a.a.O., 48-50; A. Gerhards, Romano Guardini als Prophet des Liturgischen. Die Frage nach der Liturgiefähigkeit des heutigen Menschen neu gestellt, in: H.J. Schuster (Hg.), Guardini Weiterdenken, Berlin 1993, 140-153.

784 A.a.O., 14.

785 A.a.O., 16.

2.3.7.6. Selbstwerdung im Horizont des Glaubens

Auch wenn Guardini dort, wo er explizit die Askese als Desiderat unserer Zeit empfiehlt, auffallend im Bereich des allgemein Menschlichen bleibt und spezifisch christliche Motivationen und Formen der Askese nur am Rande erwähnt, kann in dieser Arbeit nicht unbeachtet bleiben, daß Guardinis Theorie der Selbstbildung und Selbstwerdung zutiefst theologisch, ja christologisch geprägt ist; die letzten Kapitel haben dies schon deutlich werden lassen. Hier muß dieser Aspekt abschließend eigens thematisiert werden.

Ein „Mensch werden ..., wie Gott ihn gewollt hat“[786], so formuliert Guardini das Ziel in seinen „Briefen über Selbstbildung“. In seiner „Grundlegung der Bildungslehre“ weist er nachdrücklich darauf hin, daß weder Pädagogik noch Selbstbildung vom Religiösen abstrahieren können. Die Auffassung, „es gebe eine rein-pädagogische Teleologie, in sich geschlossen und vollendbar – an welche dann, je nach persönlicher Neigung, religiöse Werte angeknüpft werden können“[787], weist Guardini zurück: „Wenn es den lebendigen Gott gibt, dann gibt es ihn auch für die Bildung. Gibt es ihn, und man läßt ihn aus dem Wirklichkeitsgefüge, auf welches jenes Bildungstun aufgebaut ist, aus, dann wird dieses falsch, und zwar falsch an der bedeutungsvollsten Stelle.“ Es sei somit „ein groteskes Spiel, anzunehmen, Gott sei, aber pädagogisch zu tun, als sei er nicht.“[788] Christlich gesprochen heißt das: „Ist Gott in die Geschichte eingetreten; ist Christus der Sohn Gottes; geht von ihm eine neue Wirklichkeits- und Wertordnung der Gnade aus, dann gilt das alles auch für die Bildungswelt.“[789]

Erkennt man den Transzendenzbezug des Menschen in dieser Weise als grundlegend und alle Lebensbereiche erfassend und durchdringend an, erkennt man – mit Guardini gesprochen – an, daß die „Werdespannung ... vom Geschöpf zu Gott“ reicht und sich „im Gottesverhältnis“ ausdrückt, dann entspringt auch das „Bild“ nach dem ich mich ‚bilde‘ „nicht mehr autonom im Geist, sondern im Verhältnis zum schöpferischen und gesetzgebenden Willen Gottes“[790].

Spezifisch für das christliche Gottesverständnis aber ist, daß von Gott eine freie Initiative ausgeht, die dem Menschen gnadenhaft entgegenkommt. „Der Ausgangspunkt der Initiative liegt durch den Menschen hindurch im Heilswillen Gottes selbst; in seinem sich mitteilenden Leben; in der Bewegung Seiner Gnade.“[791]

---

[786] Ders., Briefe über Selbstbildung, a.a.O., 13.
[787] Ders., Grundlegung der Bildungslehre, a.a.O., 19.
[788] A.a.O., 20.
[789] A.a.O.
[790] A.a.O., 28.
[791] A.a.O, 29. Diesen Aspekt des geschenkhaften Entgegenkommens Gottes betont ausdrücklich D. Fischer; vgl. dies., Wort und Welt. Die Pneuma-Theologie Romano Guardinis als Beitrag zur Glaubensentdeckung und Glaubensbegleitung, Stuttgart 1993.

„Ich lebe, doch nicht ich, sondern Christus lebt in mir“[792], in dieser Formel des Galaterbriefes (Gal 2, 20), in dem Mysterium, das Guardini mit dem Wort „Inexistenz“[793] bezeichnet, liegt die unüberbietbare Sinnspitze der Selbstwerdung im christlichen Kontext.[794] Christus ist nach diesem Verständnis weit mehr als nur der Lehrmeister oder die (äußerlich bleibende) Leitfigur, an denen Selbstbildung sich zu orientieren hätte; er wirkt vielmehr von innen her als den Menschen durchwaltende „Innenkraft“[795]. Es ist die im wahrsten Sinne des Wortes ‚umwerfende‘ Grunderfahrung des Paulus, „daß das Eigentliche nicht von ihm selbst, sondern nur von Christus vollbracht werden konnte, es aber ebendarin sein, des Paulus, Eigen wurde; daß er sich selbst durch Christus aus Gott empfangen mußte, aber ebendarin sich wahrhaft, vor Gott, hatte“[796]. Wo „das Eigentliche als Gabe empfangen wird“, da verschwinden der „Zwang des Leisten-müssens und der Krampf des Leisten-Wollens“ samt ihrer Verobjektivierung im Gesetz; „Freiheit öffnet sich“, und gerade so erst wird der Wille zu „einer Leistung fähig, die ihm keine Nötigung abringen konnte“[797].

Die geschenkhafte Neuschöpfung des Menschen durch Christus macht die persönliche Anstrengung nicht überflüssig; sie unterstützt, ja inspiriert sie vielmehr gerade dadurch, daß sie von überforderndem Leistungszwang befreit. Das Zusammenwirken zwischen Natur und Gnade bleibt letztlich undurchdringbar. Guardini thematisiert dieses Wechselspiel eindrucksvoll auch in seinen Vorträgen über „Das Gute, das Gewissen und die Sammlung“: „Die Nähe zu Gott; die Bereitschaft, sich von ihm belehren zu lassen; der Ernst des Einvernehmens mit ihm; das immer tiefere Sich-selber-Verstehen in der gestellten Aufgabe – das alles ist Sache des Reifens und der Erfahrung zugleich. Sache natürlichen Lebenswachstums; doch vor allem Sache der Gnade. Die Gnade aber haben wir zu erwarten in Bereitschaft; zu erbitten in nicht nachlassendem Gebet.“[798]

---

[792] R. Guardini, Das Christusbild der paulinischen und johanneischen Schriften, Mainz-Paderborn ³1987, 99.

[793] Ders., Das Christusbild, a.a.O., 99 (zum Zusammenhang vgl. auch a.a.O., 95-106); ders., Welt und Person, a.a.O., 148 (vgl. auch 145-160); ders., Das Wesen des Christentums, Mainz-Paderborn ⁷1991, 50 (vgl. 45-67); ders., Die Existenz des Christen, a.a.O., 365.

[794] Vgl. A. Schilson, Perspektiven theologischer Erneuerung, a.a.O., 158-166; Th. Schreijäck, Bildung als Inexistenz. Elemente einer theologisch-anthropologischen Propädeutik zu einer religionspädagogischen Bildungstheorie im Denken Romano Guardinis, Freiburg 1989, bes. 165-220; D. Fischer, Wort und Welt, a.a.O., 172-198.

[795] R. Guardini, Das Christusbild, a.a.O., 99.

[796] A.a.O., 94.

[797] A.a.O., 94f.

[798] R. Guardini, Das Gute, das Gewissen und die Sammlung, a.a.O., 68f.

2.4. Askese im Kontext von Guardinis Kulturkritik

So sehr Guardinis Verständnis und Hochschätzung der Askese auch grundsätzlich in seinem Menschenbild verankert ist, ihre Tragweite und aktuelle Bedeutung zeigt sich erst im Hinblick auf die Herausforderungen unserer Zeit. Deshalb soll nun von verschiedenen Seiten her die neue Bedeutung skizziert werden, die der Askese in den Augen Guardinis gerade in unserer gegenwärtigen geschichtlichen Situation zukommt. Der Gedankengang wird schließlich gipfeln in der Problematik der vom Menschen errungenen Macht; daraus ergibt sich folgerichtig die Notwendigkeit der Askese im Sinn einer zu erringenden „Macht über die Macht“[799]. Dieser Grundgedanke wird von den verschiedenen Ansatzpunkten her angegangen, in denen er sich im Denken R. Guardinis findet, also zunächst mehr allgemein von seinem Kulturverständnis aus, dann spezieller von seiner Sicht der Arbeit, der Technik und der Macht und schließlich von seiner Analyse der geschichtlichen Situation her. Damit steht der Begriff der Askese zugleich in verschiedenen Zusammenhängen und gewinnt an Konkretion und Lebensnähe. Den Einzeluntersuchungen wird ein Blick in Guardinis „Briefe vom Comer See“ vorangestellt; ihnen kommt sowohl zeitlich gesehen wie auch von ihrer literarischen Qualität und von ihrem Adressatenkreis her innerhalb der kulturkritischen Schriften Guardinis eine Sonderstellung zu.[800]

2.4.1. Die „Briefe vom Comer See“: ein frühes Zeugnis ökologischer Sensibilität – oder: Guardinis Kulturkritik in nuce

In seinem kulturkritischen Frühwerk, den 1924 bis 1925 in der Zeitschrift „Die Schildgenossen“ erschienenen „Briefen vom Comer See“[801], spielt die

[799] R. Guardini, Die Macht. Versuch einer Wegweisung, Mainz-Paderborn 71986, 78.

[800] In der Zeit vor dem 2. Weltkrieg beschäftigt sich Guardini zwar auch außerhalb der „Briefe vom Comer See“ verschiedentlich mit kulturphilosophischen Fragen; zu einem Schwerpunkt seines Denkens aber wird Kulturkritik im Sinn einer kritischen Gegenwartsanalyse erst nach dieser Zäsur (des 2. Weltkrieges). Zu Guardinis Sicht der Kultur vgl. die umfassende Studie von A. Knoll, Glaube und Kultur bei Romano Guardini, Paderborn 1994, bes. 175-260 u. 337-453.
Außer durch ihre chronologische Sonderstellung unterscheiden sich die „Briefe vom Comer See“ von Guardinis späteren kulturkritischen Schriften auch durch ihren teilweise poetischen Stil und dadurch, daß sie sich an einen festumrissenen Adressatenkreis wenden, nämlich an junge Menschen im Umkreis der katholischen Jugendbewegung (zur Jugendbewegung und zum Quickborn vgl. Kap. 2.1.3.).

[801] R. Guardini, Briefe vom Comer See, Mainz 1927; zuerst veröffentlicht u.d.T.: Briefe aus Italien, in: Die Schildgenossen, 4 (1924) u. 5 (1924/25); mit einem Vorwort von W. Dirks neu veröffentlicht in: R. Guardini, Die Technik und der Mensch. Briefe vom Comer See, Mainz 1981, (= Topos-Taschenbuch, Bd. 108); da die Topos-Ausgabe Guardinis Vorbemerkung sowie die Inhaltsangabe unterschlägt, zitiere ich nach der 3. Aufl., Mainz 1953;

Askese zwar dem Begriff nach noch keine Rolle[802]; der Sache nach aber ist unübersehbar von asketischen Tugenden die Rede, wenn Guardini eine neue „Formungskraft“ fordert, wenn er die Aufgabe darin erblickt, daß „eine neue, freie, starke und geformte Menschlichkeit erwache“, die den durch die Technik entfesselten Mächten gewachsen ist, und wenn er schließlich vom „Maß“ spricht, das „innerlich erfüllt, nicht aber durch äußere Einschränkung gesetzt“ werden muß.[803] Diese Briefe sind von grundlegendem Interesse, will man Guardinis Haltung gegenüber den Phänomenen der Masse, der Macht und besonders der Technik verstehen.

2.4.1.1. Sensible Beobachtungen

Mit außerordentlicher Sensibilität beobachtet Guardini die Veränderungen, die sich in der von einer sehr alten und reichen Kultur geprägten Landschaft am Comer See am Beginn unseres Jahrhunderts durch den Siegeszug der modernen Technik vollziehen. An eindrucksvollen Beispielen veranschaulicht er die Ambivalenz der technischen Errungenschaften; mit prophetisch erscheinender Klarheit sieht er den Untergang einer Kultur und das Heraufziehen einer neuen Zeit. Was untergeht, ist eine im Lauf von Jahrhunderten gewachsene Kultur, die ein harmonisches Zusammenleben von Mensch und Natur ermöglichte – in ihren Proportionen und Geschwindigkeiten dem Menschen und der Natur angemessen. Was heraufkommt, ist eine Kultur, in der diese Maße und Grenzen keine Rolle mehr spielen, und in der deshalb der Mensch immer mehr der Eigendynamik der von ihm nicht mehr vollends beherrschten Mittel ausgesetzt ist; er muß daher eine ganz neue Fähigkeit entwickeln, diese Mittel zu beherrschen, soll die Entwicklung nicht in „Barbarei“ und „Chaos“ enden[804].

Guardinis „Briefe vom Comer See“ stellen ein einzigartiges Dokument dar, das mit sensibelster Beobachtungsgabe anfängliche Zerstörungen einer gewachsenen Kultur und Umwelt festhält – Zerstörungen, die erst heute in ihrer Tragik und mit all ihren Konsequenzen erkannt werden.[805]

die hier, a.a.O., 9, in Guardinis Vorbemerkung enthaltenen Zeitangaben sind nicht ganz korrekt; der erste Brief erschien vielmehr in Heft 5 (Mai) des 4. Jahrgangs (1924), der letzte in Heft 4 (Juli) des 5. Jahrgangs (1924/25). Zu den „Briefe(n) vom Comer See“ vgl. auch A. Knoll, Glaube und Kultur, a.a.O., 183-196, zur Datierung bes. 184, Anm. 65-67; H.-D. Mutschler, Guardini und das Problem der Technik, in: H. J. Schuster (Hg.), Guardini Weiterdenken, Berlin 1993, 203-216; weniger hilfreich die (mit fragwürdigen Wertungen durchsetzte) „kurze Inhaltsangabe“ bei P. Becher, Mensch und Technik im Denken Friedrich Dessauers, Martin Heideggers und Romano Guardinis, Frankfurt 1974, 288-320, Zit. 289.

802 Das Wort „Askese“ gebraucht Guardini nur ein einziges Mal, und zwar a.a.O., 17, im Sinn der Distanzierung des Menschen von der Natur als Voraussetzung für alles geistige Schaffen.

803 A.a.O., 89, 92, 90.

804 A.a.O., 84f.

805 Vgl. W. Dirks, Vorwort, in: R. Guardini, Die Technik und der Mensch, a.a.O., 7-10.

Die von ihm festgestellte „Zerstörung" „menschennahe(r) Form" und „menschlich durchwohnte(r) Natur"[806] illustriert Guardini anhand einiger Beispiele: Das Segelboot, der Kamin mit lebendigem Feuer, der Pflug – all das sind Errungenschaften der Kultur, in denen der Mensch Natur beherrscht und sich dienstbar macht, aber so, daß er der Natur doch nahe bleibt; diese Kulturgüter stehen noch in „einem tiefen Einklang" mit den Naturkräften und „mit dem lebendigen Maß des Menschen"[807]. Das Motorboot, der Dampfer, die Zentralheizung und der Traktor dagegen lösen – mehr oder weniger stark – diesen lebendigen Bezug zwischen Mensch und Natur.

2.4.1.2. Zwei verschiedene Weisen des Subjekt-Objekt-Verhältnisses

Der alten und der neuen Art von Technik und Naturbeherrschung entsprechen nach Guardini zwei verschiedene Weisen des Erkennens und dann auch des Herrschens: Die eine „führt zur Versenkung in das Ding und den Zusammenhang. Der Erkennende sucht einzudringen, innezuwerden, mitzuleben. Die andere Weise aber packt, zergliedert, ordnet in Fächer, nimmt in Besitz, herrscht."[808]

Der ersten – eher ganzheitlich-kontemplativen – Art des Erkennens entsprach eine durchaus wirkungsvolle, aber dennoch „sanfte Herrschaft"[809]:

„Jene erste Art zu herrschen spürte hinein, erfaßte die Zusammenhänge, entband Kräfte, machte Möglichkeiten wirksam, hob das Gewünschte hervor, unterstrich es, drängte anderes zurück. Es war ein Kennen, Zur-Geltung-Bringen, Anregen, Lenken, Abtönen natürlicher Kräfte und Verhältnisse. Alles Geformte blieb irgendwie Natur. Gewiß durchgeistet; menschlichen Absichten, Wesensbildern, Wesensbeziehungen dienstbar gemacht. Aber immer in organischem Zusammenhang mit der Natur. Es war ein Herrschen durch Dienst; ein Schaffen aus natürlich-gewiesenen Möglichkeiten heraus, das letzte gegebene Richtungen nicht verließ, gesetzte Grenzen nicht überschritt."[810]

Der zweiten – als „analytisch" zu bezeichnenden – Weise des Erkennens korrespondiert eine Herrschaft über die Natur, die nicht mehr durch „natürliche Gestaltungsbahnen und Maß-Setzungen gebunden" ist, der vielmehr „Energien und Massen in beliebigem Umfang zur Verfügung" stehen[811]; „und während der Mensch alle inneren Bindungen durch organisches Maßgefühl und naturfolgende Bildungsgestalt verliert, während er innerlich bild-, maß-, richtungslos wird, bestimmt er willkürlich sein Ziele, und zwingt die beherrschten Naturkräfte, sie zu verwirklichen."[812]

[806] A.a.O., 15.
[807] A.a.O., 19.
[808] A.a.O., 50.
[809] A.a.O., 51.
[810] A.a.O., 51f.
[811] A.a.O., 52.
[812] A.a.O., 55.

Die Problematik dieser neuen Weise des Umgangs des Menschen mit der Natur sieht Guardini darin, daß dem Schaffen des Menschen nun keine organischen Grenzen mehr gesetzt sind:

„Kein organisch-menschliches Raumbewußtsein, Formgefühl, Verhältnisempfinden herrscht mehr, sondern rational-mechanische Konsequenz. Verschwunden das menschliche Maß. Es gibt kein Maß mehr, im Großen nicht, und nicht im Kleinen; nicht in der Masse noch in der Dynamik. ... Der aus allen organischen Bindungen herausgelöste Wille kann seine Ziele beliebig stecken, und von den rational beherrschten Naturkräften deren Ausführung erzwingen.[813]"

Dies hat Konsequenzen, nicht nur für die Natur, sondern – noch viel entscheidender – für den Menschen selbst. Denn der Mensch ist nun der Eigengesetzlichkeit seiner eigenen Mittel ausgeliefert: „Ausgeliefert der Willkür seiner eigenen, nicht mehr organisch gebundenen Zielsetzung."[814] „Dieses Geschehen", so sagt R. Guardini „ist un-menschlich – gemessen wenigstens an dem Menschen, der bis dahin gelebt hat; ist unnatürlich, gemessen an der Natur, die bis dahin gewesen."[815]

2.4.1.3. Das Phänomen der Masse und der Konsumismus

Diese Entwicklung ist aufs engste gekoppelt mit dem Phänomen der Masse: Einerseits ermöglicht erst die rationale, großtechnische Produktion das explosive Anwachsen der Bevölkerung, auf der anderen Seite bedingt die Masse die massenhafte Produktion (sowohl im Sinn der Ermöglichung wie im Sinn der Notwendigkeit). Das bedeutet Vereinheitlichung und Standardisierung, damit einen Verlust an Individualität und Persönlichkeit. Guardini sieht auch schon ganz deutlich die konsumistische Spirale von Massenproduktion und Bedarfsweckung auf dem Weg zur Wegwerfgesellschaft:

„Es muß viel hervorgebracht werden, sehr viel und sehr rasch. Rasch hergestellt und rasch verbraucht. Auch letzteres; denn die Produktion will wieder aufnahmefähigen Markt. Entfesselte Produktion also; nicht vom organischen Spiel von Angebot und Nachfrage geregelte. Entfesselte Produktion, die dann mit allen Mitteln der List und Gewalt Verbrauch entfesseln muß. So kann nichts reifen. Alles muß schnell gehen, auf dem kürzesten, billigsten Wege, massenmäßig, unindividuell."[816]

[813] A.a.O., 79.
[814] A.a.O.
[815] A.a.O., 79f. Unter ausdrücklicher Bezugnahme auf Guardinis „Briefe vom Comer See" formuliert A. Auer, Umweltethik. Ein theologischer Beitrag zur ökologischen Diskussion, Düsseldorf 1984, 64: „Wo der Mensch das Maß der Natur mißachtet, wird sein Handeln nicht nur unnatürlich und widernatürlich, sondern auch unmenschlich und widermenschlich."
[816] A.a.O., 64.

2.4.1.4. *Globale Entwicklungen*

Seine teilweise sehr konkreten und eindrücklichen Beobachtungen „vor Ort“ verbindet Guardini mit der Beobachtung geistiger Entwicklungen, wobei immer wieder verblüfft, wie „aktuell“ die von Guardini diagnostizierten Phänomene sind: In dem alle Bereiche des menschlichen Lebens umfassenden Prozeß der Bewußtwerdung, den Guardini zu erkennen glaubt, sind in unserem Zusammenhang von besonderem Interesse das aufkeimende Bewußtsein der Begrenztheit der Erde und das Heraufkommen eines – heute würde man sagen – „globalen“ oder „kosmischen“ Bewußtseins[817].

„Die Erde wird übersehbar. Sie wird zu einem geschlossenen Feld politischen Geschehens und Handelns. ... Nun ist die Oikumene endgültig da: Das Bewußtsein von der nicht mehr erweiterbaren Wohn-, Lebens-, und Wirkfläche. ... Es sind keine Möglichkeiten des Ausweichens mehr, keine Reserven.

Dadurch erwachsen ganz neue politische Probleme; ... Mir scheint, was ‚Politik‘ in der anspruchsvollen Bedeutung des Wortes meint, wird jetzt erst deutlich. Jetzt beginnt unsere äußere menschliche Existenz gleichsam unter einen Randdruck zu geraten, weil kein Ausweichen in Umliegendes mehr möglich ist; weil nun absolute Grenzen sind.“[818]

Wenn irgendwo, dann trifft hier die inzwischen zum Gemeinplatz gewordene Rede vom „Paradigmen-Wechsel“[819] zu: Ging die Entwicklung bisher auf allen Gebieten in Richtung Expansion, so müssen nun Wege gefunden werden, die die Entwicklung nicht nach außen, sondern nach innen vorantreiben: „Das wird ... vom Menschen eine neue Haltung fordern. Einen neuen Sinn für Verhältnisse, für Maß und Grenzen, für Wechselbeziehung, Voraussetzung und Folge. ... Mir ist, als sei die uns zunächst aufgegebene Arbeit der Extension getan; ... Die Richtung der Arbeit wendet sich ins Intensive. Aus der Vielheit in den Zusammenhang; aus der Ausbreitung und Überschau in die Tiefe.“[820]

2.4.1.5. *Die Aufgaben*

So sehr Guardini die sich anbahnenden Veränderungen bedauert als Untergang einer über Jahrhunderte hinweg gereiften Kulturwelt voller Harmonie, voller Schönheit und voll von Zeugnissen menschlicher Gestaltungskraft – er stellt sich entschieden auf die Seite des Kommenden. Er unterscheidet zwischen den neuen Möglichkeiten der Technik an sich und dem Erscheinungsbild, in dem sie vorläufig auftritt. Wo das Neue zerstörerisch, barba-

[817] Guardini spricht tatsächlich, a.a.O., 47, vom Heraufkommen eines „neuen Kosmos-Bewußtseins“ und von einem neuen „‚Welt‘-Gefühl“.

[818] A.a.O., 40-42.

[819] Vgl. z.B. F. Capra, Wendezeit. Bausteine für ein neues Weltbild, München 1988, 26.

[820] R. Guardini, Briefe vom Comer See, a.a.O., 48f.

risch und chaotisch[821], wirkt, da liegt es daran, daß „es menschlich noch nicht bewältigt ist. Es ist ein Vorantoben entfesselter Kräfte, die noch nicht gemeistert sind.“[822]

Und genau darin liegt die Aufgabe: „die losgebrochenen Kräfte ... durch eine neue menschliche Haltung“ zu meistern, „die ihnen zugeordnet ist.“ Ein neuer „Einsatz von Geist und Freiheit“ ist notwendig.[823]

Wenn R. Guardini feststellt: „Was wir brauchen, ist nicht weniger Technik, sondern mehr“[824], dann könnte dies als Kapitulation erscheinen, die sich schließlich doch in die unvermeidlichen Sachzwänge schickt – allerdings nur solange man nicht zur Kenntnis nimmt, wie Guardini dieses „mehr“ qualifiziert: „mehr“ Technik bedeutet für ihn „stärkere, besonnenere, ‚menschlichere‘ Technik“[825], und die liegt eben nicht schon selbstverständlich in der technischen Entwicklung beschlossen; sie erfordert vielmehr einen außerordentlichen Einsatz des Menschen selbst:

„Wir müssen Herr werden über die entfesselten Kräfte und sie zu einer neuen Ordnung bauen, die auf den Menschen bezogen ist. Das kann aber letztlich nicht von den technischen Problemen selbst her geschehen, sondern nur vom lebendigen Menschen. Wohl handelt es sich um technische, wissenschaftliche, politische Aufgaben; die aber sind nur vom Menschen her zu lösen. Ein neues Menschentum muß erwachen, von tieferer Geistigkeit, neuer Freiheit und Innerlichkeit, neuer Geformtheit und Formungskraft.“[826] Gefordert ist „eine neue, freie, starke und geformte Menschlichkeit ..., die jenen Mächten gewachsen ist.“[827]

In diesem Zusammenhang mahnt Guardini die Notwendigkeit einer ganzheitlichen, nicht nur wissensbezogenen Bildung an.[828] Schon hier spricht Guardini auch von der Notwendigkeit der „Stille“ und der „Sammlung“, aus denen heraus allein die Kräfte erwachsen können, die die ungeheuren Aufgaben bewältigen und die richtigen Entscheidungen treffen lassen.[829]

2.4.1.6. Nicht Programm, sondern Analyse

Das Pathos, mit dem Guardini im 9. Brief die Chancen dieser heraufziehenden technischen Welt betont und zum Einsatz für sie und in ihr aufruft, mag den heutigen Leser überraschen. Daß Guardinis „Briefe vom Comer See“ eine pädagogische Zielrichtung haben und sich an junge Menschen

[821] Guardini gebraucht in diesem Zusammenhang selbst die Begriffe „Barbarei“ und „Chaos“ (a.a.O., 84f.).
[822] A.a.O., 85.
[823] A.a.O., 86.
[824] A.a.O., 89.
[825] A.a.O.
[826] A.a.O., 88f.
[827] A.a.O., 92.
[828] A.a.O., 94-103. Vgl. Kap. 2.3.7.
[829] A.a.O., 102. Vgl. Kap. 2.2.7.

wenden[830], die als Mitglieder der Jugendbewegung mit ihrer Sehnsucht nach Einfachheit und Natürlichkeit der technischen Kultur skeptisch gegenüberstanden[831] und die es für eine realistische und weltzugewandte Haltung zu gewinnen galt, erklärt den großen Spannungsbogen dieser Briefe aber nur zum Teil. Vielmehr treten hier grundsätzliche Konstanten von Guardinis Denken zutage: Zum einen zeigt sich hier seine Fähigkeit, gegensätzliche Einsichten als solche stehenzulassen und die sich daraus ergebende Spannung auszuhalten; Guardini ist weniger ein Meister des Programms als der Analyse. Zum andern steht hinter seiner Haltung die Einsicht, daß jede Veränderung die positive Annahme des Gegebenen voraussetzt.[832] Zum dritten und im letzten aber läßt sich Guardinis Ja zur Zukunft nur verstehen auf dem Hintergrund seines Vertrauens auf den Gott, der in der Geschichte am Werk ist, und auf „die Kräfte, die er in uns gelegt hat".[833]

Deshalb liegt für Guardini die alles entscheidende Frage darin, ob „wir mit unserem Tiefsten zu Gott kommen, zu ihm hinübertreten, und von ihm her, aus seiner Freiheit und seiner Kraft, Herr werden über das Chaos", und „ob sich Menschen finden, die sich Gott ganz zur Verfügung stellen, und

---

[830] Formell sind sie Joseph Weiger, dem engen Freund und Wegbegleiter Guardinis, zugeeignet und beginnen mit der Anrede „Lieber Freund!"; spätestens im 9. Brief aber, bes. 97ff., sowie Anm. 1., 97ff., wird deutlich, wie sehr Guardinis Fragen, Überlegungen und Wegweisungen die jungen Menschen im Blick haben, denen er in der Quickborn-Bewegung, vor allem auf Burg Rothenfels zur hochgeschätzten Autorität geworden war: „So ist denn der ursprüngliche ‚Platz im Leben' der Briefe vom Comer See das lernende, fragende, zweifelnde, hoffende Bewußtsein eines Dutzends von Jahrgängen junger Leute im Jahrzehnt zwischen 1920 und 1930."(W. Dirks, Vorwort, a.a.O., 9). Zur Person Joseph Weigers vgl. H.-B. Gerl, Romano Guardini, a.a.O., 71-76; zur Charakterisierung der „Schildgenossen", also der Zeitschrift, in der die Briefe zuerst abgedruckt wurden, vgl. ebenfalls H.-B. Gerl, a.a.O., 193-204.

[831] Vgl. R. Guardini, Briefe vom Comer See, a.a.O., Anm.1, 97ff.; zur Jugendbewegung und zum Quickborn vgl. auch Kap. 2.1.3.

[832] Diese Einsicht formuliert Guardini eindrucksvoll in einem Kontext, der unserer Fragestellung sehr nahe steht, nämlich in seiner Antwort auf G. Krügers Vorwurf, er habe in „Das Ende der Neuzeit" zu schnell traditionelle Werte des humanistischen Menschenbildes geopfert und sich fatalistisch in die Tendenzen der Zeit geschickt. (vgl. G. Krüger, Unsere geschichtliche Zukunft. Zur Zeitdeutung Romano Guardinis, in: C. Münster/W. Dirks/G. Krüger/R. Guardini, Unsere geschichtliche Zukunft. Ein Gespräch über ‚Das Ende der Neuzeit' zwischen C. Münster, W. Dirks, G. Krüger u. R. Guardini, Würzburg 1953, 53-94). In seiner Entgegnung schreibt Guardini: „Ich muß ... von der gegebenen Situation ausgehen und von ihr aus neu beginnen. Ich muß sie annehmen; auf das Gute vertrauen, das in ihr ist; die schöpferischen Kräfte wecken, die in ihr sind, und sie nicht auf Vergangenheit, sondern auf Zukunft hin in Bewegung bringen. Die Kritik des voraufgegangenen Falschen muß ich in diese Bewegung einbauen und darauf rechnen, daß durch das tragende Ja das notwendige Nein leichter – ja daß es überhaupt erst wirklich vollzogen werde." (ders., Unsere geschichtliche Zukunft. Eine Antwort an Gerhard Krüger, in: a.a.O., 105f., vgl. auch 98ff.).

[833] Ders., Briefe vom Comer See, a.a.O., 103. Zu dieser „Doppelbewegung, durchaus einen Verlust zu benennen, zugleich aber gewissermaßen in Selbstüberwindung das Neue zu bejahen", wie auch zur Bedeutung und zum Verständnis der „Briefe vom Comer See" überhaupt vgl. H.-B. Gerl, Romano Guardini, a.a.O., 183-185, Zit. 183.

einsam, mit ihm, und vor ihm, die eigentlichen Entscheidungen austragen".[834]

Guardinis Briefe vom Comer See enthalten in nuce bereits die Fragestellungen und Lösungsansätze, die Guardini später in seinen kulturkritischen Schriften entfaltet. Natürlich wird später manches differenziert, Akzente verlagern sich; insbesondere haben in seinen späteren Schriften Skepsis und Sorge in bezug auf die Zukunft entschieden mehr Raum. Die Grundrichtung aber ist eingeschlagen: Guardini benennt hellsichtig Verluste, Gefahren und Ambivalenzen des vermeintlichen „Fortschritts", bleibt aber nicht beim Verdikt stehen, sondern sucht und weist „Wege in der Gefahr"[835] – und er sieht diese Wege in der moralischen Kraft von Menschen, die in der geistigen Formung ihrer selbst und in ihrer Gottesbeziehung genügend Abstand, Freiheit und Kraft gefunden haben, Welt von innen heraus zu gestalten.

Der bleibende Wert dieser Briefe jedoch liegt vom heutigen Standpunkt aus gesehen nicht nur – vielleicht sogar zum kleineren Teil – in ihren programmatischen Elementen. Mindestens ebenso bedeutsam sind sie durch ihre sensible Beobachtung, also durch ihre ‚ästhetische' Qualität – ‚ästhetisch' verstanden im ursprünglichen, in diesem Zusammenhang zunehmend beachteten Sinn, der „Ästhetik" als „Lehre von der ‚Aisthesis', d.h. vom Empfinden, vom Spüren, vom sinnlichen, sinnhaften Wahrnehmen der Welt"[836] interpretiert. Harmonie und Schönheit einerseits, Zerstörungen und Verluste andererseits überhaupt wahrzunehmen, ist – so wird immer mehr deutlich – sowohl Grundvoraussetzung ökologischen Bewußtseins als auch wirkungsvolle Motivation für schöpfungsbewahrendes asketisches Verhalten.[837]

Im folgenden sollen Guardinis Sicht des Verhältnisses von Kultur und Natur, seine Haltung gegenüber den Chancen und Gefahren von Technik und Macht sowie seine Analyse der geschichtlichen Situation differenzierter beleuchtet und im Hinblick auf Guardinis Verständnis der Askese entfaltet werden.

---

834 Ders., Briefe vom Comer See, a.a.O., 103.

835 Ich verwende hier bewußt eine Formulierung C. F. v. Weizsäckers; vgl. ders., Wege in der Gefahr. Eine Studie über Wirtschaft, Gesellschaft und Kriegsverhütung, München 1976.

836 M. Rock, Die Umwelt ist uns anvertraut, Mainz 1987, 61.

837 Dazu vgl. u.a. H. Noack, Das Naturschöne als Motiv des Umweltschutzes und der Beitrag des ästhetischen Sinns zur Wahrnehmung der Natur, in: K.M. Meyer Abich (Hg.), Frieden mit der Natur, Freiburg 1979, 59-74, sowie M. Rock, a.a.O., 61-75.
Für eine ökologische Ästhetik finden sich im Werk R. Guardinis auch außerhalb der „Briefe vom Comer See" zahlreiche interessante und lohnende Ansätze, so vor allem in den verschiedenen „Tagebuch"-Kapiteln in: ders., In Spiegel und Gleichnis. Bilder und Gedanken, Mainz-Paderborn [7]1990, auf die hier nur hingewiesen werden kann (vgl. bes. a.a.O., 11-19, 30-36, 41-48, 102-109).

2.4.2. Guardinis Kulturbegriff

2.4.2.1. Zum Verhältnis von Natur und Kultur

Wesentlich für Guardinis Kulturverständnis ist zunächst, daß er Kultur und Natur nicht als absolute Gegensätze, sondern als polare Begriffe im Sinne seiner Gegensatzlehre bestimmt. Das heißt: „Kultur“ als das, „was der Mensch tut, gestaltet und schafft“, und „Natur“ als das, was ist, „ohne daß der Mensch etwas daran getan hat“[838] sind für Guardini „Grenzbegriffe“[839]; Kultur und Natur kommen (für den Menschen) nie in Reinform vor, sondern tragen immer wenigstens ein Mindestmaß des jeweils anderen Pols in sich: Kultur setzt immer Natur voraus und enthält auch in ihren höchsten Formen Elemente der Natur; Natur ihrerseits ist, sobald sie vom Menschen bewußt als solche wahrgenommen wird, schon in Kultur aufgenommen. Diese Position schließt sowohl die naive Sehnsucht nach einem angeblich reinen Naturzustand[840] als auch die direkte Orientierung an der Natur aus; gleichzeitig verbietet sich auf diesem Hintergrund aber auch ein titanischer Übermut, der die Gebundenheit des Menschen an Vorgegebenheiten der Natur übersehen wollte.[841] Die Komplexität des Verhältnisses von Natur und Kultur in dieser Weise festzuhalten, stellt eine fruchtbare Ausgangsposition dar, die sowohl naturalistische Fehlschlüsse[842] wie euphorische Machbarkeitsphantasien vermeiden helfen kann.[843]

2.4.2.2. Die Ambivalenz der kulturellen Entwicklung

Eine der Stärken von Guardinis Kulturphilosophie ist es, verborgene Ambivalenzen aufzudecken und bewußt zu machen. So weist Guardini darauf hin, daß sowohl Natur als auch Kultur immer zwiespältig erlebt werden:

---

[838] R. Guardini, Die Kultur als Werk und Gefährdung, in: So1, 14; vgl. ders., Europa – Wirklichkeit und Aufgabe, in: So1, 244.

[839] Ders., Gedanken über das Verhältnis von Christentum und Kultur, in: UC, 145; vgl. außerdem ders., Reflexionen über das Verhältnis von Kultur und Natur, in: UC, 185ff, bes. 190ff.

[840] So R. Guardini, Die Bereiche des menschlichen Schaffens, in: UC, 202, ganz ausdrücklich: „Das ‚reine Naturdasein‘ ist ein Wunschzustand jenes Menschen, der an der Kultur leidet und in den verantwortungsfreien Zusammenhang der Dinge einschwingen möchte – zugleich aber auch ein Grenzbereich, der den Menschen zu verführen und zu übermächtigen droht. In Wahrheit bedeutet für den Menschen die Natur etwas durchaus Zweideutiges und Widerspruchsvolles.“ Vgl. auch ders., Briefe vom Comer See, a.a.O., 16ff.

[841] Vgl. A.Auer, Umweltethik, a.a.O., 222-225: Durch das Wissen um die „gegenseitige Partizipation“ „zwischen Mensch und Natur“ (a.a.O., 223) wird der Mensch „vor ‚anthropozentrischem Hochmut‘ und einem ‚imperialistischen‘ Verständnis seines Verhältnisses zur Natur bewahrt“ (a.a.O., 224).

[842] Zum Begriff des naturalistischen Fehlschlusses und zur Problematik einer naturrechtlichen Normenbegründung überhaupt vgl. B. Irrgang, Christliche Umweltethik. Eine Einführung, München 1992, 82-116, bes. 103-110.

[843] Zur Interpretation und Bedeutung von Guardinis Analyse des Spannungsverhältnisses von Kultur und Natur vgl. auch P. Schmidt, Die pädagogische Relevanz einer anthropologischen Ethik. Eine Untersuchung zum Werk Romano Guardinis, Düsseldorf 1973, 39-41.

Kultur ist einerseits das dem Menschen Gemäße, ein der Natur abgerungener Raum der Ordnung. Andererseits wird Kultur aber auch als „etwas Gefährdendes" empfunden, „weil sie von der Natur entfernt".[844] Kultur wird deshalb auch „als ‚unnatürlich', als künstlich erlebt und bewertet. Als das Eigentlich-Menschliche erscheint dann die Natur; sie verheißt Freiheit, Gesundheit, Echtheit, Wahrhaftigkeit, Schönheit." Die Natur erscheint dann „als das, was allein den zerstörten Kulturwerten ihr Wesentliches wiedergeben kann: als ..., Einheit, Ordnung, Maß."[845]

Aber auch die Natur ihrerseits wird nicht nur positiv gesehen, nämlich als das Ursprüngliche, Unberührte, Reine, eben „Natürliche", sondern auch als „Rohes, Ungeformtes, Unveredeltes, das noch der eigentlichen sinngebenden Arbeit harrt"[846].

Daher wird dann auch die durch die menschliche Geschichte sich hindurchziehende „Bewegung von der Natur zur Kultur" vom Menschen „in widerspruchsvoller Weise erlebt".[847] Die positive Seite tritt am stärksten in ihren Anfängen hervor, „wo der Mensch sich aus bedrängenden Naturgefahren herausarbeiten muß"; von einem gewissen Grad der Verfeinerung und der Differenzierung an verdichtet sich jedoch das „Bewußtsein von der Zweideutigkeit der Kultur" „bis zum Angriff gegen sie und ruft zur Rückkehr in die ‚Natur'."[848]

2.4.2.3. Die Dichotomie zwischen kultureller Entwicklung und Wohl des Einzelnen

In diesem Zusammenhang stellt sich auch die Frage nach dem Verhältnis zwischen dem Werden der „objektive(n) Kultur" und der persönlichen Entfaltung des Einzelnen, d.h. zwischen der gesellschaftlich vermittelten kulturellen Entwicklung mit dem Voranschreiten von Wissenschaft und Technik einerseits und der Selbstverwirklichung des Individuums andererseits: Für die „optimistische Anschauung", die „weithin unsere Zeit beherrscht", bedingen und fördern sich beide Seiten gegenseitig: „Jede realisiert sich in der anderen. Indem der Mensch seinen Anteil am Menschheitswerk leistet, verwirklicht er sich selbst – anderseits wird das Werk Aller um so reicher, je voller es den Lebenssinn der schaffenden Einzelnen ausdruckt."[849]

Diese „optimistische Anschauung" allerdings wird Guardini zufolge immer mehr in Frage gestellt. Es rührt sich unüberhörbar der Zweifel, ob die „Sinnlinie" der wissenschaftlich-technischen Entwicklung und die

---

[844] R. Guardini, Reflexionen über das Verhältnis von Kultur und Natur, a.a.O., 189.
[845] A.a.O.
[846] A.a.O., 186.
[847] Ders., Die Kultur als Werk und Gefährdung, a.a.O., 14.
[848] A.a.O., 15.
[849] R. Guardini, Sorge um den Menschen, in: So1, 9f.

der „menschlichen Wohlfahrt“ tatsächlich so gleichsinnig verlaufen.[850] Guardini hält es für ein Gebot der Stunde, diese Gedanken wenigstens als offene Frage einmal zuzulassen: „Wie also, wenn im Gang der Geschichte die beiden Linien: die des Lebens und die der Leistung, die der persönlichen Erfüllung und die des objektiven Werkes allmählich auseinanderliefen? ... Wenn das, was wir als geschichtliche Krisen der menschlichen Entwicklung und daher als vorübergehende Schwierigkeiten angesehen haben, in Wahrheit Ankündigungen eines endgültigen Unheils gewesen wären? Davon nämlich, daß das Werk des Menschen durch die Gewalt seiner immanenten Bewegung autonom würde? Anfinge, über den Menschen hinwegzugehen? Und der Mensch Anlaß bekäme, sich vor seinem eigenen Werk zu fürchten?“[851]

2.4.2.4. Das Moment der Freiheit

Man kann Guardinis Sorge über die kulturelle Entwicklung nicht richtig verstehen, ohne die Rolle zu würdigen, die in Guardinis Kulturverständnis die Freiheit des Menschen spielt. „Der kulturschaffende Vorgang“ ist ja in doppelter Weise Ausdruck von Freiheit: In ihm tritt der Mensch zunächst „aus dem Naturzusammenhang“ heraus, nimmt „zum naturhaft Gegebenen Abstand“ und schafft so einen Raum der Freiheit; aus dieser Distanz heraus greift er dann aus eigener Initiative in den Naturzusammenhang ein, um ihn nach seinem Willen zu verändern und zu gestalten. So kann man „jeden kulturellen Schritt des Menschen, das heißt: jede neue Erkenntnis der Natur und jede neue Weise ihrer Beherrschung als einen Schritt in die Freiheit definieren. Der wissenschaftlich erkennende und technisch vorwärtsschreitende Mensch befreit sich jeweils von einer Bindung, die ihn fesselte, als er diese Erkenntnis und diese Fertigkeit noch nicht hatte.“[852] Wie für den einzelnen so bedeutet auch für die Kultur Freiheit zugleich Gefährdung. Denn „was mich gebunden“ hat, hat „mich zugleich gesichert“[853]. Die „ungeheure Freiheit, welche dem heutigen Menschen gegeben ist“, ist deshalb „mit einer ebenso ungeheuren Gefahr verbunden“[854]. Den eigentlichen Grund zur Beunruhigung sieht Guardini dabei darin, daß der Mensch sich der Verantwortung, die aus seinen Freiheitsmöglichkeiten erwächst, weitgehend zu entziehen scheint. Die Rede vom (mit Notwendigkeit ablaufenden) „Prozeß“ bzw. vom „Fortschritt“ verschleiert seines Erachtens, daß vom Menschen Entscheidungen gefordert sind; daß also die Frage beantwortet werden muß, zu welchem Zweck und Ziel die Möglichkeiten eingesetzt werden sollen, die das Kulturschaffen des Menschen freigesetzt hat.

---

[850] Ders., a.a.O., 10.
[851] A.a.O., 11f.
[852] Ders., Zum ethischen Problem unserer kulturellen Situation, in: Geschichte in Wissenschaft und Unterricht 21 (1970), 727.
[853] A.a.O.
[854] R. Guardini, Die Kultur als Werk und Gefährdung, a.a.O., 27.

Diese Kritik an einer wie auch immer gearteten Fortschrittsgläubigkeit ist ein wesentliches Element von Guardinis Kulturkritik.[855] Geschichte ist für Guardini kein mit Zwangsläufigkeit ablaufender Prozeß, sondern immer Ausdruck menschlicher Freiheit und Gegenstand menschlicher Verantwortung. So ist für ihn, was sonst „Krise" genannt wird, „Gericht", wobei er dieses Wort nicht in seiner „moralischen" und „pastoralen" Bedeutung verstanden wissen will, sondern von seinem „personalen Kern" her, als „Folge der Tat, Fortgang des Geschehens, Entwicklung, innere Notwendigkeit ...".[856]

2.4.2.5. Unsere Situation

Guardini unterscheidet drei Epochen der kulturellen Entwicklung: (1) die vor- und frühgeschichtliche Phase der primitiven Kulturen, (2) die von ihm vorläufig als „humane"[857] bezeichnete Kultur, „vom Beginn eines deutlichen Geschichtsbewußtseins bis zu jenem Durchbruch der Naturwissenschaft und Technik, der sich im Laufe der Neuzeit vorbereitet und im Beginn des 19. Jahrhunderts vollzieht", und (3) jene Epoche, „in der wir stehen".[858]

Die Entwicklung vollzieht sich dabei eindeutig in Richtung einer „Ablösung von der Naturbasis"[859]. Auf diesem Weg ist die Kultur an einem kritischen Punkt angelangt. Die Gegebenheiten der Natur haben „ihre eingrenzende, aber auch sichernde Bedeutung" weitgehend verloren; der Mensch kann aufgrund seiner technischen Möglichkeiten in einem solchen Maß frei „nach Ermessen" „seine Zwecke ... setzen", daß sich die Frage erhebt, ob er den Aufgaben und der Verantwortung, die sich daraus ergeben, gewachsen ist.[860]

Das Gefühl des „Unbehagen(s)"[861] gegenüber der Kultur als solches ist zweifellos nicht neu, darauf weist auch Guardini hin.[862] Neu ist aber das

[855] Vgl. a.a.O., 29f.; ders., Der unvollständige Mensch und die Macht, a.a.O., 43f.; ders., Zur Kritik der historischen Begriffe, in: Geschichte in Wissenschaft und Unterricht 21 (1970), 717f.

[856] Ders., Zur Kritik der historischen Begriffe, a.a.O., 718.

[857] Ders., Die Kultur als Werk und Gefährdung, a.a.O., 20; daß er selbst diese Bezeichnung als unbefriedigend empfindet, und daß sich mit ihr kein endgültiges Werturteil verbindet, hat Guardini verschiedentlich deutlich gemacht; vgl. u.a. ders., a.a.O., 25f; sowie ders., Das Ende der Neuzeit, Mainz-Paderborn [10]1986, 59-64.

[858] Ders., Die Kultur als Werk und Gefährdung, 20f.

[859] A.a.O., 21.

[860] A.a.O., 22.

[861] In Anführungszeichen, aber ohne auf Freuds gleichnamige Abhandlung zu verweisen, spricht Guardini in „Die Macht", Mainz-Paderborn [7]1986, 180, vom „Unbehagen in der Kultur" (vgl. S. Freud, Das Unbehagen in der Kultur, in: Gesammelte Werke, Chronologisch geordnet, hg. v. A. Freud u. a., Bd. XIV, London 1848, 419-506.). Anders als Freud betrachtet Guardini das „Unbehagen" aber nicht als Konsequenz einer von der Kultur notwendigerweise geforderten Überwindung des subjektiven Lustprinzips, sondern als Folge einer fortschreitenden Mißachtung objektiv gültiger Werte wie personale Würde, Freiheit, Wahrheit und Recht (vgl. ders., a.a.O., 179f.).

[862] Vgl. z.B. ders., Zum ethischen Problem unserer kulturellen Situation, in: Geschichte in Wissenschaft und Unterricht 21 (1970), 728.

Maß, in dem der Mensch aus dem Naturzusammenhang herausgetreten ist; neu ist insbesondere die räumliche und zeitliche Tragweite menschlicher Eingriffe: Die „gewonnenen wissenschaftlichen Ergebnisse und technischen Möglichkeiten" haben „nicht nur ungeheuerliche Schädigungen des Lebens, sondern dessen Auslöschung in den Bereich der Möglichkeit gerückt"[863]. Als das Beunruhigendste dabei erachtet Guardini noch nicht einmal die „Tatsache ..., daß so ungeheuerliche Wirkungen möglich sind", sondern daß ein entsprechendes Ethos fehlt.[864]

2.4.2.6. Die Autonomie der Kulturbereiche und ihre Problematik

Ein wesentliches Problem neuzeitlicher Kulturentwicklung sieht Guardini auch darin, daß die verschiedenen Einzelfunktionen der Kultur (wie Wissenschaft, Kunst, Politik, Wirtschaft usw.) sich in einer Weise verselbständigt haben, daß sie ihre Verantwortung für das Wohl des Ganzen kaum mehr wahrnehmen. Dabei richtet sich seine Kritik nicht gegen die Eigenständigkeit der Sachbereiche an sich, soweit sie sich aus ihrer Sachgesetzlichkeit ergibt.[865] Was er aber unüberhörbar anmahnt, das ist die Notwendigkeit der Zusammenschau, die die Leistungen der Einzelbereiche auf einander und auf das Gemeinwohl bezieht.[866] Es müsse gefragt werden, was die Entwicklung auf dem einen Gebiet für andere Kulturbereiche, für die Existenz des Menschen und für die Zukunft überhaupt bedeute; dies um so mehr als moderne Nachrichten- und Verkehrstechnik und die politische und wirtschaftliche Vernetzung „die Erde und ihr Geschehen immer rascher zu einem Gesamtfeld" zusammenwachsen lassen, „so daß, was an einer Stelle vor sich geht, an anderen Stellen wirksam wird. Daher müßte ein beständiges Fühlung-Suchen mit dem Ganzen und, innerhalb seiner, der Einzelbereiche miteinander zum Instinkt werden."[867]

---

[863] A.a.O.

[864] A.a.O., 730.

[865] Dieser jüngst wieder von M. Knapp, Die Christologie Romano Guardinis im Kontext seiner These vom Ende der Neuzeit, in: Theologie und Glaube 83 (1993), 353f., erhobene Vorwurf gegen Guardini erweist sich bei genauerer Prüfung als (anscheinend hartnäckiges) Vorurteil. Zu Guardinis differenzierender Rechtfertigung der neuzeitlichen Kulturentwicklung vgl. z.B. ders., Welt und Person, a.a.O., 24-26. Zu Guardinis differenzierter Sicht der „Autonomie der irdischen Wirklichkeiten" (GS 36) vgl. Kap. 2.3.1.3.

[866] Vgl. vor allem ders., Die Verantwortung des Studenten für die Kultur, in: R. Guardini/W. Dirks/M.Horkheimer, Die Verantwortung der Universität. Drei Vorträge, Würzburg 1954, 28-35.
Die Differenzierung der Kultursachbereiche wird heute allgemein als die entscheidende neuzeitliche Entwicklung betrachtet: „ohne Spezialisierung auf der Erkenntnisebene und ohne Diversifizierung auf der Handlungsebene" ist Fortschritt nicht möglich; W. Korff, Leitideen verantworteter Technik, in: G. Dobmeier (Hg.), Angst vor der Technik – Vertrauen in die Schöpfung? Techniker und Theologen im Dialog, München 1991, 112f. Das damit gegebene Problem der „Limitierung und Fraktionierung der moralischen Zuständigkeit" macht „ethische Reflexion als eigene Aufgabe" um so dringlicher (ders., a.a.O., 113).

[867] R. Guardini, Die Verantwortung des Studenten für die Kultur, a.a.O., 31f.

Voraussetzung dafür wäre allerdings, daß die kulturelle Entwicklung tatsächlich als etwas gesehen wird, das beeinflußbar ist und beeinflußt werden muß. Guardini tritt auch in diesem Zusammenhang entschieden der These von der angeblichen Zwangsläufigkeit bzw. „Notwendigkeit der kulturellen Prozesse“ entgegen, die nach seiner Überzeugung „eine subtile, aber mörderische Unwahrheit enthält, hinter welcher sich die Absicht versteckt, von der Verantwortung entlastet zu sein“[868]. Dem stellt Guardini seine Überzeugung entgegen, „man könne den Tendenzen, die in einer Kultursituation stecken, sehr wohl – wenn auch mit Anstrengung und unter Opfern – widerstehen, sobald man es in Redlichkeit will“[869]. In den Worten „Anstrengung“ und „Opfer“ klingt hier deutlich die Askese an, die Guardini in diesem Zusammenhang beschreibt „als die Selbstzucht, welche auf ein Begehrtes verzichtet, um ein Höheres zu erreichen; eine Teilwirkung einschränkt, damit das Ganze wachse; im Haushalt des eigenen Wesens die Kräfte der Einsicht, der Freiheit und der Verantwortung gegen Trieb und Trägheit steigert“ und ohne die „von Unabhängigkeit und Formungskraft keine Rede sein“ kann.[870] Dieses asketische, die kulturelle Entwicklung steuernde Verhalten kann natürlich nicht ohne einen gültigen Maßstab auskommen, nicht ohne „eine richtige Vorstellung vom Menschen“[871]. Das zeitgenössische „Durcheinander der anthropologischen Vorstellungen“[872] erweist sich Guardini zufolge gerade in diesen Fragen als verhängnisvolles Defizit.[873]

Was Guardini zufolge fehlt, ist eine „Haltung echter Verantwortung und wirklicher Souveränität zugleich“, die zu „‚regieren‘“ versteht; und ‚regie-

---

[868] A.a.O., 32.

[869] A.a.O. Die Pflicht und die Fähigkeit, Technik zu gestalten, betont sehr nachdrücklich z.B. auch W. Korff, Leitideen verantworteter Technik, in: G. Dobmeier (Hg.), a.a.O., 126f.

[870] R. Guardini, Die Verantwortung des Studenten für die Kultur, a.a.O., 32.

[871] A.a.O., 33.

[872] A.a.O. Vgl. auch ders., Den Menschen erkennt nur, wer von Gott weiß, in: ders., Gläubiges Dasein/Die Annahme seiner selbst, Mainz-Paderborn 1993, 81-114, bes. 83-100. Zur Situation der Anthropologie im Hinblick auf ethische Fragestellungen (Schwierigkeiten, Defizite, aber auch Grundlinien) vgl. A. Auer, Autonome Moral und christlicher Glaube, Düsseldorf ²1989, 39-48.

[873] Natürlich läßt sich fragen, inwieweit die Idee der einen „richtige(n) Vorstellung vom Menschen“ (a.a.O.) sich mit der Idee der pluralistischen Gesellschaft bzw. mit der Idee des herrschaftsfreien Diskurses vereinbaren läßt. Unterstellte man hier ein dogmatisches, statisch-metaphysisches Menschenbild, müßte Guardinis Anliegen als gescheitert gelten, da eine gesamtgesellschaftliche Anerkennung eines solchen „richtigen“ Menschenbildes nicht zu erwarten ist. Nimmt man Guardinis Forderung aber als Hinweis darauf, daß hier – im Menschenbild, in der Anthropologie und in der Ethik – Fragen liegen, um die zu ringen Priorität haben muß, dann liegt hier eine ernstzunehmende Problemanzeige vor. Der Zusammenhang macht deutlich, daß Guardini gerade nicht die autoritäre Lenkung, sondern den Dialog der Wissens- und Kulturbereiche in diesen Fragen einfordert. Dazu vgl. auch J. Gründel, Theologisch-ethische Aspekte zum Schöpfungsauftrag und zu den Technikfolgen, in: G. Dobmeier, a.a.O., 90: „In einer pluralen Gesellschaft wird es zunehmend schwerer, sich auf gemeinsame verbindliche Werte zu berufen. Doch bedarf es eines solchen Fundamentes.“ Und: „Ethische Maßstäbe für die Bewertung technischen Schaffens müssen im interdisziplinären Zusammenwirken gefunden werden.“

ren‘ bedeutet bei Guardini gerade „nicht, ... Individuen oder Gruppen auf Zwecke der Macht hin zu lenken, sondern ... menschliche Impulse, Schaffensziele, Werkbereiche zu einander in Beziehung zu setzen, damit das Ganze des menschlichen Daseins gedeihen“ kann.[874]

Natürlich erhebt sich sofort die Frage nach der Instanz, die diese Aufgabe übernehmen soll und kann. Zunächst einmal ist nach Guardini jeder Einzelne, „der die Probleme sieht und nicht im Bann irgendeines Tätigkeitsgebietes eingefangen bleibt“[875], gefordert, sie ins Gespräch zu bringen und gemeinsam mit anderen nach Lösungen zu suchen. Dennoch ist eine Institutionalisierung des Dialogs und der Integrationsfunktion unabdingbar. Diese wirft allerdings Fragen schwierigster Art auf. Sofort erinnert Guardini an die fatalen Erfahrungen mit dem nationalsozialistischen Totalitarismus, aber auch an die Gefahr eines ausufernden Bürokratismus – quasi eines „Totalitarismus auf kaltem Weg“[876]. In beidem aber, dem Totalitarismus wie dem Bürokratismus, sieht Guardini Anzeichen dafür, daß „die Funktion, die“ beide „in so bedenklicher Weise an sich zu ziehen“ suchen, „nicht in der richtigen Weise erfüllt wird“.[877] Schließlich sieht Guardini in der Universität ein Forum, „wo diese Fragen durchdacht, diese Aufgaben erkannt und das ihre Verwirklichung ermöglichende Bewußtsein gewonnen werden“ könnten: „Es versteht sich von selbst, daß damit nichts von der Art einer obersten Prüfungs- und Führungsstelle der kulturellen Arbeit gemeint sein kann. Derartiges würde dem Geist der Universität aufs härteste widersprechen. Worum es sich handeln würde, wäre die wissenschaftliche Klärung der Beziehungen, die zwischen den einzelnen Kulturbereichen laufen; die Herausarbeitung einer Gesamtvorstellung dessen, was lebenswerte und lebensfähige Kultur heißt ...“[878]. Interessant sind in diesem Zusammenhang auch Guardinis Überlegungen zu Gestalt und Inhalt eines akademischen Vorbereitungsjahres, dessen Einrichtung im Rahmen einer allgemeinen Uni-

---

[874] R. Guardini, Die Verantwortung des Studenten, a.a.O., 33.

[875] A.a.O., 33.

[876] A.a.O., 34.

[877] A.a.O.

[878] A.a.O. Guardini erinnert hier, a.a.O., auch an Einrichtungen wie das „studium generale“ bzw. „universale“, denen man aus heutiger Sicht interdisziplinäre Seminare, Kolloquien u.ä. an die Seite stellen könnte. Es ist allerdings offensichtlich, daß diese Einrichtungen – so positiv sie auch im einzelnen zu würdigen sind – nicht den verbindlichen und normativen Charakter haben (können), den sie angesichts der Aufgabe, wie Guardini sie beschreibt, eigentlich besitzen müßten. Eher schon sind sogenannte Ethik-Kommissionen, Enquete-Kommissionen sowie öffentliche Anhörungen und Sachverständigen-Hearings Schritte in die von Guardini geforderte Richtung. Im wesentlichen muß die von Guardini urgierte Frage aber weiterhin als ungelöst gelten.
Zu der eminenten Rolle, die Guardini der Universität für die Suche nach der Wahrheit zuweist vgl. auch ders., Wille zur Macht oder Wille zur Wahrheit? Zur Frage nach der Universität, (Manuskript 1965), aus dem Nachlaß hg. von F. Messerschmid, in: Geschichte in Wissenschaft und Unterricht 21 (1970), 752-759; sowie G. Henner, Die Pädagogik im Denken Romano Guardinis, Paderborn 1990, 281-185.

versitätsreform nach dem zweiten Weltkrieg ins Auge gefaßt wurde und für das sich auch Guardini nachdrücklich einsetzte. Was Guardini hier vorschlägt, ist neben einer Einführung in die „Elementarphänomene der geistigen Arbeit[879]" eine eingehende Reflexion der Bedeutung der Universität für den einzelnen, für die Kultur und für den Lebenszusammenhang eines Landes und Volkes. Nachdrücklich fordert er, über dem notwendigen Detailwissen die geistigen und charakterlichen Grundlagen einer verantwortlichen Tätigkeit nicht zu vernachlässigen.[880]

2.4.3. Die Arbeit als fundamentaler Kulturfaktor

Von zentraler Bedeutung für die vorliegende Thematik ist im Bereich der Kulturtheorie Guardinis Sicht der Arbeit. Dies zum einen, weil der Zusammenhang von Askese und Arbeit spätestens seit Max Weber[881] nicht mehr übergangen werden kann; zum anderen, weil die Arbeit für Guardini in engster Verbindung steht mit der Problematik der Macht und der Herrschaft, die – wie sich zeigen wird – im Denken R. Guardinis den wichtigsten Faktor für die aktuelle Bedeutung der Askese darstellt.[882]

2.4.3.1. Eine Theologie der Arbeit

Die Arbeit ist bei Guardini wesentlich theologisch qualifiziert. Ihr eigentlicher Sinn erschließt sich für ihn aus der Schöpfungsgeschichte[883]: Arbeit ist also zu sehen als Verwirklichung des Herrschaftsauftrags Gottes an den Menschen. Sie ist „der Inbegriff der pflegenden, verwaltenden und formenden Tätigkeiten, mit denen der Mensch seine Herrschaft ausübt"[884]. Von da-

---

[879] R. Guardini, Zur Frage des akademischen Vorbereitunsjahres, in: Universität Tübingen 38, Das Collegium Leibnizianum an der Universität Tübingen. Sein Sinn und seine Bestimmung, Tübingen 1948, 34.

[880] Vgl. a.a.O., 31-40, bes. 39. Zu Guardinis diesbezüglichem Engagement sowie zur Einrichtung eines „‚Dies universitatis'", der der „‚umfassenden Geistesbildung und Wissensschulung des Studierenden über die Grenzen seines Fachstudiums hinaus'" dienen sollte vgl. A. Knoll, Folgenreiche Begegnungen. Romano Guardini in der Diözese Rottenburg-Stuttgart, in: H.-B. Gerl u. a. (Hg.), Begegnungen in Mooshausen. Romano Guardini, Maria Knoepfler, Maria Elisabeth Stapp, Josef Weiger, Weißenhorn ²1990, 92, Zitat ebd.

[881] Vgl. Kap. 1.1.2.5.

[882] R. Guardini hat keine großangelegte Theorie der Arbeit entwickelt; ich stütze mich im wesentlichen auf den „Exkurs: Die Arbeit" in: ders., Freiheit, Gnade, Schicksal. Drei Kapitel zur Deutung des Daseins, München 1979, 163-169, sowie auf seine Abhandlung über den Sonntag, Der Sonntag – gestern, heute und immer, in: Sol 187-221. Nach Ausweis der Bibliographie von H. Mercker, a.a.O., 32 bzw. 42, hat Guardini in seiner Berliner Zeit 2 Vorlesungen zur Thematik der Arbeit gehalten (Nr. 360 u. 470), über die jedoch weder Manuskripte noch Mitschriften bekannt sind.

[883] Vgl. ders., Freiheit, Gnade, Schicksal, a.a.O., 163; Guardini verweist hier auf „Gen 1, 26-29; 2, 8-9, 15-17".

[884] Ders., a.a.O, 163.

her eignet ihr zunächst eine hohe Würde. Im Zustand der Gnade vor dem Sündenfall, den Guardini als tatsächlichen geschichtlichen Zustand versteht[885], „ist die Arbeit noch kein Joch ... Was der Mensch in den sechs Werktagen tut, ist Ausübung von Herrschaft; einer Herrschaft, die im Einklang mit dem Willen Gottes und daher auch mit den Ordnungen der Natur steht. Er vollbringt sein Werk in der Freude des Schaffens; unter Dingen und Energien, die sich bereitwillig seinem Willen fügen."[886] Durch die Ursünde verändert sich jedoch notwendig auch der Charakter der Arbeit: Wenn der Mensch sich aus der Bindung an Gottes Willen löst und so den von Gott gegebenen Herrschaftsauftrag pervertiert, wird die Arbeit ziel- und ortlos; sie bekommt eine Eigendynamik, die den Menschen versklavt. Von nun an trägt die Arbeit immer auch den Charakterzug der Unfreiheit und der Vergeblichkeit.

Merkmale des Zwanges erkennt Guardini in der Sozialgeschichte der Arbeit aller Zeiten und Kulturen, von der Antike angefangen, die die Arbeit den Sklaven überträgt, über die unmenschlichen Arbeitsbedingungen des Frühkapitalismus und den „Arbeitszwang" totalitärer Regime bis zur Gehetztheit, die in unseren Tagen nicht nur den Manager, sondern auch den einfachen Angestellten ergriffen hat – „ihnen allen durch den Charakter eines technisch-wirtschaftlichen Arbeitszusammenhangs aufgezwungen, der nicht mehr vom Menschen selbst geregelt wird, sondern im Zwang eigener sachhafter Logik läuft"[887].

Die Zeichen der Vergeblichkeit sieht er in dem krassen Mißverhältnis zwischen dem „Maß an Begabung und Kraft, an Mühe und Opfer", das der Mensch „aufgewendet hat, um die Natur zu erkennen, zu erobern, zu gestalten" einerseits, und der „Ungeheuerlichkeit an Hunger und Krankheit, Verelendung und Unkultur, die immer noch auf der Erde herrscht"[888] andererseits. Er erinnert an die „Mühsal" , die „Entehrung", „die Vergewaltigung der Wehrlosen" und die „Entbehrung der Ohnmächtigen", mit denen das Entstehen so vieler großer Werke bezahlt worden ist und die dem Vergessen anheimgefallen sind, und erkennt in all dem „die ‚Dornen' und das ‚Gestrüpp'" der Genesis-Erzählung wieder.[889] Guardinis Kulturkritik erreicht in diesem Zusammenhang eine ungewöhnliche Schärfe: „Die übliche Geschichtsauffassung beurteilt den Gang von Menschenschicksal und Menschenwerk unter dem Gesichtspunkt des Gelingens. Sie führt den Zug des Geschehens von einem Kulminationspunkt zum anderen. Man müßte aber diese Betrachtungsweise durch die Darstellung des Mißlingens ergänzen: die Geschichte alles dessen, was schon im Ansatz zerstört wurde; was sich

[885] Dies betont Guardini, wo immer er auf die biblische Urgeschichte Bezug nimmt; für unseren Zusammenhang vgl. ders., Der Sonntag, a.a.O., 189 –193. Insgesamt und zur exegetischen und dogmatischen Problematik vgl. Kap. 2.3.5.

[886] Ders., Der Sonntag, a.a.O., 181.

[887] Ders., Der Sonntag, a.a.O., 184f..

[888] A.a.O.

[889] A.a.O., 186.

nicht vollenden konnte; was, wenn es vollendet war, mißbraucht und vergeudet wurde, all der sinnlosen Plage, der verzweifelten Ohnmacht, des hilflosen Verkommens. Dann erst würde das richtige Bild der in so unbegreiflicher Weise vergötzten Arbeit heraustreten."[890]

In der Lebensordnung des Alten Testamentes erkennt Guardini zwei Elemente, die dem Menschen helfen können, trotz der durch die Ursünde bewirkten Verstörungen ein sinnvolles Verhältnis zur Arbeit zu finden: Das eine Element ist der Sonntag: „Er wird zum Tag, an dem der Mensch aufatmen und vom Joch der Arbeit frei sein; die Vergeblichkeit seines Mühens vergessen und einfach leben darf, sicher, Gott sorge für ihn."[891] Der Sonntag ist zugleich der Tag, „an dem der Mensch seiner Würde inne wird"; sich bewußt wird, „daß er Gottes Geschöpf ist trotz allem; Gottes Ebenbild und von ihm gehalten auf die kommende Erlösung hin."[892] Der Sonntag ist schließlich auch „jener Tag, an welchem der Mensch in besonderer Weise Gottes gedenken soll, da an den anderen die Lebenssorge Ihn so leicht in Vergessenheit bringt."[893] Das andere Element alttestamentlicher Theologie, das dem Menschen helfen soll, seine Beziehung zur Arbeit in die richtige Ordnung zu bringen, ist das Verständnis der Arbeit als „Strafe und Buße"; damit eröffnet Gott dem Menschen „eine neue Möglichkeit, mit seiner Arbeit wieder ins rechte Verhältnis zu Gott und zu sich selbst zu kommen."[894]Wo der Mensch allerdings die Möglichkeit nicht wahrnimmt, die Arbeit im Glauben in einen größeren Zusammenhang einzufügen, „verfällt der Mensch endgültig ihrer Dämonie"[895].

Eine neue Wendung erhalten Theorie und Praxis der Arbeit im Neuen Testament. Durch die „erlösende Tat Christi" bekommt die Arbeit „neue Wertfülle, Würde und Zuversicht". Sie ist „nicht mehr nur das vom Fluch belastete Ringen um Leben und Werk, sondern auch die Form, wie Tag um Tag, durch alles Tun und alle Mühe hindurch, der nach Christi Bild gestaltete Mensch heranwächst." Die Arbeit hat nun Anteil „am Werden des ‚neuen Himmels und der neuen Erde'" und an „der aus Erlösung und Glaube wiedergeborenen Schöpfung".[896]

---

[890] A.a.O. In einer Fußnote, a.a.O., erinnert Guardini speziell an das Problem des Hungers, das immer wieder verdrängt werde.
Zum Zwangscharakter der Arbeit und zu den tragischen Zügen ihrer Sozialgeschichte vgl. auch ders., Der Anfang aller Dinge, Mainz-Paderborn [3]1987, 93-95.

[891] Ders., Der Sonntag, a.a.O., 187.

[892] A.a.O., 188.

[893] A.a.O. Selbstverständlich hatte der Sonntag auch schon im Urzustand des Paradieses eine – wenn auch andere – Bedeutung: er war im wesentlichen Anerkennung des Schöpfers; der Tag, an dem der Mensch „die Krone seines Herrentums vor Gott" niederlegt; „Anbetung und Jubel, Wahrheit und heilige Schönheit" (a.a.O., 181f.).

[894] Ders., Freiheit, Gnade, Schicksal, a.a.O., 163.

[895] A.a.O., 164.

[896] Ders., Der Sonntag, a.a.O., 189 f.

2.4.3.2. Das abendländische Arbeitsethos

Für die Entstehung des abendländischen Arbeitsethos sind nach Guardini zwei Elemente ausschlaggebend: das Christentum und die Mentalität der nordischen Völker.

War die Arbeit im Verständnis der Antike Sache der Sklaven, des freien Bürgers nicht würdig, so hebt das Christentum die Standesunterschiede auf: Arbeit „ist nicht mehr Schande, weil sie den Menschen als solchen angeht; ja sie ist Pflicht, weil mit ihr der Mensch sich in den Gehorsam gegen Gott stellt.“[897]

Stärker als beim südlichen Menschentypus, der die antiken Kulturen getragen hat und der nach Guardini durch ein eher harmonisches Verhältnis zwischen Leib und Geist charakterisiert ist, stehen beim nordischen Menschen Körper und Geist in einem spannungsreichen Verhältnis zueinander. „Dadurch wird das Leben schwerer, freilich auch mächtiger und ernster. In alles kommt ein Element des Kampfes bis zum Tragischen. ... Das Maß und die Genügsamkeit des Südens fehlen. Der Wille geht ins Unbegrenzte und Unbedingte. Durch alles das bekommt auch die Arbeit einen Ernst und eine Folgerichtigkeit besonderer Art.“[898]

Zustimmend weist Guardini auch auf die Thesen Max Webers und Werner Sombarts hin: „Der Protestantismus hat die Christlichkeit so radikal auf den Glauben gestellt, daß dadurch ihre Verbindung mit der Welt zerrissen und diese für den Bemächtigungswillen des Menschen freigeworden ist. Und da der Mensch irgendeiner Gewähr für die Gnädigkeit Gottes bedarf, findet er sie vielfach im bürgerlich-wirtschaftlichen Erfolg, und Tüchtigkeit und Leistung werden zu unmittelbar religiösen Werten. Die Arbeit aber entwickelt sich zu der die ganze menschliche Existenz tragenden, methodischen und vom Gewissen geleiteten Anstrengung, welche sich auf sachliche Weltherrschaft richtet und den wirtschaftlichen Erfolg herbeiführt. Und da sich die ganze Sozialordnung aus dieser Gesinnung heraus aufbaut, wird die Arbeit für den Einzelnen unentrinnbar; er muß sie auf sich nehmen, auch wenn er nicht will.“[899]

Mit dem „entscheidenden Durchbruch“ der Naturwissenschaften und dem Aufkommen der Technik im Anfang des 19. Jhds. „kommt zum ökonomischen Antrieb der wissenschaftlich-technische, das heißt der Wille, die Natur in die Gewalt zu bekommen und ihr eine neue Gestalt zu geben.“[900] Die Problematik der Macht radikalisiert sich. „So entsteht der moderne Mensch der Arbeit, der, vom ökonomisch-technischen Herrschaftswillen geleitet, seine ganze Kraft an die Durchführung dieser Weltherrschaft setzt – aber auch,

[897] Ders., Freiheit, Gnade, Schicksal, 165.
[898] A.a.O., 165f.
[899] A.a.O., 166f.
[900] Ders., Freiheit, Gnade, Schicksal, a.a.O., 167.

durch ihre Aufgaben in Dienst genommen, sich unablässig für sie mühen muß."[901]

2.4.3.3. Der entfremdende Kreislauf von Arbeit und Genuß

Die heutige Situation sieht Guardini dadurch charakterisiert, daß der Mensch der Arbeit verfallen ist, genauer gesagt verfallen einem zwanghaften Kreislauf von Arbeit und Genuß, die beide eines wirklichen Sinnes beraubt sind und den Menschen versklaven. In dem Maß als der Mensch seinen Herrschaftsanspruch loslöst von Gottes Herrschaftsauftrag, verliert er den Orientierungspunkt, von dem aus allein Freiheit gegenüber den Ansprüchen der Macht und der Arbeit möglich wäre. Guardini nennt diesen Orientierungspunkt die „Höhe über sich selbst, die der Glaube gibt"; nur sie würde ermöglichen, „etwas anderes zu sehen, als die Welt und ihre Zielsetzungen"; ohne sie aber „werden der Drang sowohl wie der Zwang zur Arbeit immer unentrinnbarer".[902]

„Zugleich verlernt der Mensch alle jene Akte und Haltungen, die wir mit einem zusammenfassenden Namen die kontemplativen nennen wollen: die Fähigkeit, nicht nur von einer Anstrengung auszuruhen, sondern in Ruhe zu leben; die Möglichkeit, im Absichtslosen zu existieren; den Zusammenhang mit den Bereichen der Innerlichkeit, der Höhe, des Ewigen."[903]

Es ist eine äußerst harte, in dieser Konzentration sonst auch bei Guardini seltene Kritik der industriellen Arbeits- und Freizeit-Kultur, in die Guardinis Exkurs über die Arbeit mündet:

„Nun ist" der Mensch „der Arbeit endgültig preisgegeben, denn was soll er tun, wenn er nicht arbeitet? Er kann nur noch genießen, und auch das wieder ohne schützende Höhe darüber, ausgeliefert und zwangshaft. Arbeiten und dem Vergnügen nachjagen – sobald er nicht das tut, bricht die innere Öde durch.... Der Mensch fühlt, daß er auf diesem Wege alle zarteren und höheren Dinge, die Kräfte der Sammlung und des Friedens, der Freiheit und der Schönheit, der Innigkeit und der Liebe verliert; dennoch will er ihn gehen, weil der Wille zur Weltherrschaft, in welchem er sich wider Gott empört hat, zu seinem Herrn geworden, weil er verfallen ist."[904]

2.4.3.4. Askese der Arbeit statt ‚Arbeitsaskese'

Guardini sieht einen Ausweg aus diesem circulus vitiosus nur im Glauben: „Der Mensch muß Gott die Ehre geben, im selben Augenblick gewinnt er

[901] A.a.O.

[902] A.a.O., 168. Ähnlich auch, a.a.O., 182, „die Höhe über seinem Herrschen" sowie, a.a.O., 189, „die Höhe über sich und seiner Arbeit". Der Anklang an Guardinis Theorie der „Weltanschauung" (vgl. ders., Vom Wesen katholischer Weltanschauung, in: UC, 13-33, bes. 21-26) ist deutlich.

[903] A.a.O., 168.

[904] A.a.O., 168.

die Höhe über sich und seiner Arbeit zurück. Im Verhältnis zu Gott vermag er innerlich ruhig zu werden und das in sich selbst schwingende Leben des Zweckfrei-Ewigen wieder zu finden. Dann verliert die Arbeit ihre dämonische Wichtigkeit. Von ebendaher vermag er auch zu verzichten; der Bann des Genusses bricht, und der erste Ansatz der Freiheit zeigt sich."[905]

Natürlich kann man fragen, ob der Ausstieg aus der zerstörerischen Spirale von Produktion und Konsum und aus dem Wechselspiel von sinnentleerter hektischer Arbeit und ebenso geist- wie ruheloser Freizeit tatsächlich nur im ausdrücklichen Gottesglauben möglich ist. Guardini selbst sieht dies an anderer Stelle differenzierter: er empfiehlt Formen der Meditation, die er ausdrücklich nicht an bestimmte religiöse Überzeugungen bindet.[906] Auf der anderen Seite bleibt allerdings auch die Frage bestehen, inwieweit der Mensch Freiheit realisieren kann ohne geistigen, transzendenten Bezugspunkt, mit anderen Worten, ob nicht doch erst die Gottesbeziehung (in welcher Form auch immer) den Abstand und die Freiheit gewährleistet, ohne die der Mensch der Welt bzw. sich selbst ausgeliefert, mit Guardini gesprochen „verfallen"[907] ist, ob also – noch einmal anders gewendet – so etwas wie asketischer Verzicht überhaupt möglich ist ohne einen geistigen, überweltlichen Bezugspunkt.

Auf jeden Fall ist deutlich geworden: Die Askese, die Guardini empfiehlt, ist alles andere als die einseitig auf Arbeit und Leistung hin orientierte „innerweltliche Askese"[908] im Sinn Max Webers. Eine Askese der Arbeit, die sich aus dem Gesagten ergäbe, ginge vielmehr in Richtung einer Verbindung von Arbeit und Kontemplation (Meditation), würde den Verzicht auf einen blinden Aktivismus und die Einführung komtemplativer Elemente bedeuten. Die alte benediktinische Formel des „ora et labora", der Verbindung von Arbeit und Gebet, bekäme neue Bedeutung. In diesem Zusammenhang ist auch die Bedeutung des Sonntags neu zu reflektieren.[909]

2.3.4.5. Der Sonntag – Einübung der Freiheit

Auf dem dargestellten Hintergrund bedeutet der Sonntag sehr viel mehr als nur eine Zeit der Erholung, um für die Arbeit der kommenden Woche wieder besser gerüstet zu sein. Er ist der „Raum", „in welchem absichtslose, frei in sich ruhende Existenz möglich wird"; er ist „nicht nur Abwesenheit von Ar-

---

905 A.a.O., 169.

906 Vgl. ders., Der unvollständige Mensch und die Macht, in: So1, 61-66; vgl. auch Kap. 2.2.7.

907 Ders., Freiheit, Gnade, Schicksal, a.a.O., 168.

908 M. Weber, Gesammelte Aufsätze zur Religionssoziologie, Bd. 1, Tübingen 1978, 84ff.

909 Vgl. auch K. Koch, Herausforderung „Sonntag". Kurzplädoyer für eine notwendige Kultur des christlichen Sonntags, sowie ders., Brennpunkt „Arbeit". Arbeit zum Leben oder Arbeit zum Tode?, beides in: ders., Aufbruch statt Resignation. Stichworte zu einem engagierten Christentum, Zürich 1990, 131-134, bzw. 137-157.

beit und Möglichkeit von Erholung, sondern ‚Feier'; ein Zustand des Lebens, in welchem die Hoheit Gottes hervortritt und den Menschen frei macht"[910]. Der Sonntag ist der Tag, an dem der Mensch „Gott die Ehre" gibt[911], sein Tätigsein und damit seine „Herrschaft" unter die Herrschaft Gottes stellt; ein Punkt außerhalb, von dem her seine Arbeit wieder den richtigen Stellenwert bekommt; ein Tag, an dem die Eigendynamik des Aktivismus ausgesetzt wird und andere Dimensionen des Menschseins zum Zuge kommen.[912] Nur von dieser Haltung der Feier, der Kontemplation und der Sammlung her[913] kann die „Unvollständigkeit des heutigen Menschen"[914], d.h. seine aktivistische Einseitigkeit und Oberflächlichkeit geheilt werden; nur von hier her sind „Tiefgang" und „Standkraft der Person" neu zu gewinnen.[915]

Am Beispiel des Sonntags läßt sich auch zeigen, daß der Gnadencharakter christlichen Daseins einerseits und die Notwendigkeit asketischen Bemühens andererseits keinen Widerspruch bilden, sondern im Gegenteil auf einander verwiesen sind: Das Geschenk der Freiheit und der Erlösung, das in der Feier des Sonntags zum Ausdruck kommt, kann eben nur angenommen und realisiert werden in einem Akt des Verzichts und der Einübung: Obwohl die befreiende und lösende Wirkung der Ruhe offensichtlich ist, muß sie gegen Widerstände durchgesetzt und gegen sinnentstellende Interpretationen geschützt werden. „Wer nicht arbeitet, verzichtet" ja nicht nur auf „den Ertrag", sondern auch „auf das lebensteigernde Element des Leistens und Hervorbringens"; die Fähigkeit zur Ruhe als gesammeltem „Bei-sich-sein" muß in unserer Zeit gegenüber den Gewohnheiten des „Aktivismus" und den Verlockungen der „Vergnügungsindustrie" erst gelernt und geübt werden[916].

Hier ergeben sich zahlreiche Fragen und Aufgaben für eine zeitgemäße „religiös-ethische Erziehung"[917], für Verkündigung und Pastoral. Guardini formuliert in diesem Zusammenhang sehr kritische Fragen, insbesondere

---

910 R. Guardini, Der Sonntag, a.a.O., 206f.

911 A.a.O., 197; vgl. auch ders., Der Anfang aller Dinge, ³Mainz 1987, 33-35.

912 Nicht umsonst ist der „Sonntag" – vor allem seine atl. Ausprägung als „Sabbat" – im Zusammenhang ökologischer Fragen und im Rahmen einer zeitgemäßen Schöpfungstheologie quasi neu entdeckt worden: Vgl. u.a. K.Koch, a.a.O., 167f., 169f.; J. Moltmann, Gott in der Schöpfung. Ökologische Schöpfungslehre, München 1985, 279-298; hingewiesen sei auch auf die kurze, aber packende Interpretation des „Sabbats" bei E. Fromm, Haben oder Sein. Die seelischen Grundlagen einer neuen Gesellschaft, Stuttgart 1976, 57-58.

913 "Echte Ruhe hat immer eine Dimension gehabt, die über das Empirische hinausgeht. Sie war immer vom Charakter der Feier getragen, und ‚Feier' ist ein religiöses Phänomen." (R. Guardini, Der Sonntag, a.a.O., 204). Zum Zusammenhang (und zum sonntäglichen Zusammenfall) von „Feier" bzw. „Fest" einerseits und „Kontemplation" andererseits vgl. M. Lechner, Die Theologie des Maßes, a.a.O., 306-308.

914 R. Guardini, Der unvollständige Mensch und die Macht, in: So1, 47.

915 Ders., Der Sonntag, a.a.O., 206.

916 A.a.O., 196f.

917 A.a.O., 209.

die, ob nicht „die Aufgabe der Sonntagsheiligung ... zu einseitig unter den Gesichtspunkt des Gebotes und der Pflicht gestellt worden“ sei: „Waren Unterweisung und Praxis hinreichend bemüht, zu zeigen, wie man den Sonntag mit wertvollen und Freude schaffenden Momenten erfüllen könne? Oder wurde der Glaubende mit dem Gebot allein gelassen, so daß seine Fähigkeiten des Erfindens und Gestaltens versagen mußten, und er den Tag im Wesentlichen als etwas Negatives empfand?“[918] Am Beispiel des Sonntags wird so eine allgemeine Problematik kirchlicher Verkündigung gerade in bezug auf asketische Forderungen deutlich: Sittliche Unterweisung war und ist in Gefahr, Verbote und Gebote zu formulieren, Verzichte zu verordnen und Askese zu empfehlen, ohne daß in gleicher Weise die befreiende, positive Sinnrichtung der jeweiligen Norm oder Weisung aufgezeigt würde. Demgegenüber macht Guardini darauf aufmerksam, daß es gerade auch im sittlichen Bereich darauf ankommt, die kreativen Kräfte des Menschen – mit Guardini gesprochen die „Fähigkeiten des Erfindens und Gestaltens“[919] – anzusprechen und wachzurufen: Nur so kann die Befolgung der Norm bzw. die Übung der Askese zu einem personalen, der gesamtmenschlichen Entwicklung dienlichen Akt werden, statt zur rein äußerlich und oft genug mißmutig vollzogenen Normerfüllung.

2.4.4. Die Technik und ihre Ambivalenz

Wie Guardinis Sicht der Kultur im allgemeinen ist auch seine Haltung gegenüber der Technik gekennzeichnet durch einen überaus scharfen und unbestechlichen Blick für ihre Ambivalenz. Er sieht und benennt mit immer wieder überraschender Beobachtungsgabe auch für Details die Punkte, wo der durch Technik erreichte Zugewinn an Freiheit und an kulturellen Möglichkeiten umschlägt in Verlust, Unfreiheit und Gefahr. Es sei hier noch einmal an die auch literarisch eindrucksvollen Beobachtungen in seinen „Briefen vom Comer See“[920] vom Beginn der zwanziger Jahre erinnert, die mit bemerkenswertem Scharfblick die anfänglichen Veränderungen und Zerstörungen einer in Jahrhunderten gewachsenen Kulturlandschaft schildern und deuten. Manche seiner oft nur beiläufigen Hinweise auf sich abzeichnende Gefahren und heraufziehende Probleme verblüffen den heutigen Leser durch ihre Aktualität. Man staunt, wie hellsichtig Guardini bereits in den fünfziger und zu Beginn der sechziger Jahre Phänomene erkennt und interpretiert, die erst 10 bis 20 Jahre später eine breitere Öffentlichkeit und dann auch die Theologen zu beschäftigen

[918] A.a.O., 210.
[919] A.a.O.
[920] Ders., Briefe vom Comer See, a.a.O; vgl. Kap. 2.4.1.

beginnen.[921] Entscheidender aber als derartige einzelne Beobachtungen ist Guardinis grundsätzliche Analyse der Technik und ihrer Entwicklung. Hier sieht er das eigentliche Problem weniger in den Auswirkungen der Technik auf die Umwelt als in ihren Rückwirkungen auf den Menschen selbst.

2.4.4.1. Die verborgene Triebfeder

Von einer Diffamierung, geschweige denn „von einer Dämonisierung der Technik" ist Guardini „weit entfernt"[922]. Guardini erinnert ausdrücklich an die „Ängste", „Entbehrung(en) und Beschwerden", denen der „frühe Mensch" angesichts einer übermächtigen und unverstandenen Natur ausgesetzt war.[923] Die Erfindungen der Technik, angefangen vom Werkzeug über die Apparatur bis hin zur Maschine[924], helfen dem Menschen zunächst einmal „jenes erschütternde und demütigende Erlebnis" zu überwinden, welches „das Ausgeliefertsein an die Natur" und „die Angst vor ihr" für ihn bedeuten: „die Lebensbedürfnisse finden Befriedigung; die seelisch-geistigen Anlagen entfalten sich; der Wertgehalt des Daseins steigt"; ja, es gilt: „Je mehr Macht über die Natur, desto reicheres Dasein, desto freieres Lebensgefühl, desto weniger Angst."[925]

Genau hier wird allerdings bereits der innerste Kern von Guardinis Analyse sichtbar: Guardini läßt – hierin Heidegger ähnlich[926] – die gängige Vorstellung, die die Technik rein unter ihrem Nützlichkeitsaspekt, als bloßes ‚Mittel zum Zweck', betrachtet, hinter sich; vielmehr entdeckt er hinter der Faszination der Technik die Faszination der Macht: „Was den Menschen

[921] Am signifikantesten und konkretesten zeigt dies eine Passage im fünften der aus dem Nachlaß herausgegebenen Briefe an seinen Freund Josef Weiger, datiert vom 18. 12. 1963, betitelt „Vom Schwinden der religiösen Erfahrung" (ders., Theologische Briefe an einen Freund. Einsichten an der Grenze des Lebens, Paderborn u.a. [4]1985, 39): „Daß aber der ‚Abfall' der technischen Prozesse – siehe die Verschmutzung der Gewässer, die Verunreinigung der Luft, die Verkarstung von Gebirgen und Ebenen, die Gefährdung allen Lebens durch die Restprodukte der Atomtechnik – zu einem immer schwerer lösbaren Problem wird, stellt das Phänomen ‚Mensch' in immer neue Probleme des Verstehens wie des Vollzugs. ... Es scheint auf Erschütterungen hinzudeuten, von denen der Mensch so lange als möglich wegzusehen sucht, die aber immer näher kommen und ihn einmal auf Leben und Tod stellen werden." Derartige Warnungen wurden um diese Zeit bereits verschiedentlich ausgesprochen; sie wurden bis zur Schwelle der siebziger Jahre jedoch kaum rezipiert; dazu vgl. G.M. Teutsch, Art. „Umweltkrise", in: ders., Lexikon der Umweltethik, Göttingen 1985, 117-121.

[922] G. Henner, Die Pädagogik im Denken Romano Guardinis, Paderborn 1990, 266.

[923] R. Guardini, Der unvollständige Mensch und die Macht, in: So1, 40.

[924] Zur Unterscheidung von „Werkzeug", „Vorrichtung" bzw. „Apparatur" und „Maschine" und zu ihrer Entwicklung vgl. ders., Die Maschine und der Mensch, in: UC, 238-250, hier 239-244.

[925] Ders., Der unvollständige Mensch und die Macht, a.a.O., 42.

[926] Vgl. G. Seubold, Mittel zum Zweck? M. Heideggers Kritik der instrumentalen Interpretation neuzeitlicher Technik, in: H.M. Baumgartner/B. Irrgang (Hg.), Am Ende der Neuzeit? Die Forderung eines fundamentalen Wertwandels und ihre Probleme, Würzburg 1985, 51-68.

zum Nutzwerk[927] treibt, ist nicht nur der Trieb nach Sicherheit, nach Erhaltung und Wiederherstellung seiner Kräfte, nach Bequemlichkeit und Genuß, sondern darin macht sich noch ein anderer Trieb geltend, ...: der Trieb nach Macht. Der Mensch will sich der Dinge bemächtigen; er will ihr Herr werden."[928] Dies ist nach Guardini nicht illegitim[929], es muß aber gesehen und verantwortet werden. Guardini warnt auf jeden Fall davor, dieses tiefer liegende Motiv zu verschleiern – sei es bewußt oder unbewußt, sei es eher pragmatisch durch den Hinweis auf praktische Vorteile und angebliche Sachzwänge oder mehr ideologisch durch utopische Fortschritts-Ideen.

2.4.4.2. Unbeachtete Auswirkungen

Die Spitze von Guardinis Technik-Kritik (‚Kritik' verstanden im Sinn von ‚Unterscheidung', nicht von Anklage) richtet sich nicht gegen bestimmte Neben- und Spätfolgen der technischen Naturbeherrschung, wie sie gegenwärtig als Umweltzerstörung beklagt werden, so sehr er auch relativ früh solche Gefahren und Belastungen registriert und auf sie hinweist. Ihr eigentlicher Kern liegt darin, darauf aufmerksam zu machen, daß der Mensch mit der Technik Strukturen aufbaut, die ihre eigene Gesetzmäßigkeit besitzen und dahin tendieren, den Menschen abhängig zu machen und in ihren Dienst zu nehmen. Ebenso wichtig ist seine Beobachtung, daß Technik nicht nur auf die Umwelt des Menschen, sondern auch auf den Menschen selbst, sein Empfinden, Erleben und Handeln Auswirkungen hat. Diesen Strukturen und Auswirkungen gegenüber gilt es Guardini zufolge wachsam und handlungsfähig zu bleiben bzw. es wieder zu werden.

Ein wesentliches Problem sieht Guardini darin, daß die Auswirkungen menschlichen Tuns mit den wachsenden Möglichkeiten der Technik mehr und mehr unüberschaubar werden; der Mensch kann, was er auslöst, nicht mehr mit seinem Gefühl wahrnehmen und nachvollziehen. Das Besondere an Guardinis Sicht dieses oft genannten und schon beinahe trivialen Problems liegt darin, daß er nicht nur befürchtet, der Mensch könnte dessentwegen seine Verantwortung für die ausgelöste Wirkung vergessen; seine Sorge betrifft darüberhinaus den handelnden Menschen selbst, dessen Gefühl immer mehr ausgeschaltet wird; was aber nicht gebraucht wird, das verkümmert; so besteht die Gefahr auch in einer „Auskältung des Gefühls"[930].

Die Technik entlastet den Menschen ja von bestimmten Aufgaben, Arbeiten und Verpflichtungen; dies bedeutet auf der einen Seite einen Gewinn an

---

[927] Als „Nutzwerk" bezeichnet Guardini in seinem Ethik-Manuskript alle „Zweckhandlungen, mit denen der Mensch sich vor den Gefahren der Natur zu schützen und die Bedürfnisse seines Lebens zu befriedigen sucht" (ders., Ethik, Bd. 2, a.a.O., 821 bzw. 831).
[928] R. Guardini, Ethik, Bd. 2., a.a.O., 830.
[929] Vgl. Kap. 2.4.5.
[930] R. Guardini, Die Maschine und der Mensch, a.a.O., 247.

Freiheit; auf der anderen Seite aber auch einen Verlust an Möglichkeiten der Bewährung und Bestätigung; einen Verlust auch an Erfahrungen des Könnens und Bewältigens. Es stellt sich die neue Aufgabe, die freigewordene Kraft und Zeit sinnvoll einzusetzen und zu gestalten.[931] Instruktiv ist hier das Beispiel der modernen Verkehrsmittel: Nach allgemeiner Überzeugung läßt sich mit ihnen Zeit gewinnen. Guardini jedoch weist auf die Fragwürdigkeit dieser These hin: Sie würde nur zutreffen, „wenn der Mensch mehr Muße fände und ruhiger würde. Geschieht das aber? Zeigt sich nicht, daß er nur immer gejagter wird? Hat die Zeitersparnis durch schnelleren Verkehr nicht in Wahrheit die Wirkung, daß er immer mehr in die Zeit hineinstopft?“[932] Die hier von Guardini angesprochene Problematik hat durch die Arbeitszeitverkürzung aufgrund fortschreitender Automatisierung eine ganz neue Brisanz erhalten: Die verfügbar gewordene Zeit sinnvoll zu nutzen stellt den Menschen vor Fragen und Aufgaben eigener Art, die bedacht werden müssen.

Eine ähnliche Zweischneidigkeit konstatiert Guardini hinsichtlich der „medizinischen Errungenschaften“: Deren Bedeutung steht auch nach Guardini außer Frage, man brauche nur „selbst krank zu werden, oder sich um einen leidenden Menschen zu sorgen“[933]. Bedenkt man aber das komplexe Zusammenspiel von „medizinischer Wissenschaft, hygienischer und therapeutischer Technik, pharmazeutischer Industrie, Versicherungs- und Kassenwesen“ einerseits und Einstellungen und Verhaltensweisen des Menschen – des Arztes wie des Patienten – andererseits, so erhebt sich nach Guardini die Frage, ob mit all dem nicht gerade das in Gefahr kommt, „was trotz exakter Erkenntnisse und Methoden eben doch die Grundlage alles Heilseins und Heilwerdens ist, nämlich der innere Gesundheitswille, die vitale Zuversicht, die Instinktsicherheit und Erneuerungsfähigkeit des lebendigen Menschen“.[934] In ähnlicher Weise könnte nach Guardini auch das Versicherungswesen dazu beitragen, daß die Eigenverantwortung des Menschen, „Gewissenhaftigkeit und Besonnenheit, ... Selbständigkeit und Charakter“ ausgehöhlt werden.[935]

Eine weitere Besorgnis Guardinis betrifft die religiöse Dimension des Menschen und seine diesbezüglichen Anlagen und Fähigkeiten: Durch die „fortschreitende Intensivierung von Wissenschaft und Technik samt alledem, was diese im wirtschaftlichen Leben, im Verkehr und öffentlichen Bewußtsein bewirkt“, sieht Guardini die Fähigkeit zu unmittelbarer religiöser Erfahrung und „die Empfänglichkeit für religiöse Motive“ vermindert. „Die Aufmerksamkeit des heutigen Menschen wird durch die rationalen und

[931] Vgl. a.a.O., 248.
[932] Ders., Die Macht, Mainz-Paderborn [7]1986, 145.
[933] A.a.O.
[934] A.a.O., 144f.
[935] A.a.O., 145.

utilitären Aufgaben in einer Weise in Anspruch genommen, daß er verlernt, auf die ‚andere Dimension' zu achten, welche dem Dasein eignet."[936]

2.4.4.3. Die Aufgabe

Aus alledem leitet Guardini freilich keineswegs den Ruf zu einem Technik-Stop ab. Ähnlich wie in seinen „Briefe(n) vom Comer See"[937], allerdings mit deutlicher akzentuierter Warnung, erhebt Guardini in den kulturkritischen Schriften der Spätphase die Forderung, „die Technik nicht zurückzudrängen, sondern zur Reife zu führen": Es gelte, die Technik „aus dem rauschhaften Zustand", in dem sie sich trotz aller „Exaktheit" befinde, „zu befreien, damit sie endlich die Verantwortung übernehme, die sie immer von sich weggeschoben hat". Nach Guardinis Einschätzung hat die Technik bisher „darauflos erfunden und konstruiert und erobert; sich aber um die Frage, was dabei aus dem Menschen werde, wenig gekümmert, sich vielmehr auf eine unbestimmte Größe verlassen, ‚Natur' oder ‚Leben', oder ‚Kultur' genannt, die in allem wirksam sei und schon alles in Ordnung bringen werde". Nun sei es Zeit, daß die Technik „mündig werde und ihre Verantwortung erkenne."[938]

Was Guardini fordert, ist also – in heutiger Sprache ausgedrückt – eine rechtzeitige Technikfolgenabschätzung und Technikfolgenbewertung[939] – dies nicht nur im Hinblick auf ökologische, sondern vor allem auch auf soziale und humanökologische Auswirkungen technischer und kultureller Entwicklungen. Vor ihrer Realisierung müßten Möglichkeiten der Technik verantwortungsvoll geprüft und ausgewählt werden. Voraussetzung dafür allerdings wäre die Entwicklung eines „Ethos des Macht-Erwerbs und der Macht-Übung"; der Mensch müßte der Technik in Freiheit gegenüberstehen. Daß dies aber nicht der Fall ist, glaubt Guardini daran zu sehen, daß die Technik und ihre Wirkung als etwas Gegebenes empfunden werden, an dem nichts zu ändern ist und daß der Versuch, „eine solche Haltung zu gewinnen", oft „als ‚Romantik' angesehen wird"[940].

Die Aufgabe kann in ihrer Schwierigkeit kaum überschätzt werden. Das eigentlich Bedrohliche sieht Guardini nämlich – dieser Gedanke findet sich am ausführlichsten und stringentesten in seinem erst vor kurzem veröffentlichten Ethik-Manuskript[941] – gerade darin, daß die Technik und ihr Voran-

---

[936] A.a.O., 248 f.

[937] Dort, Briefe vom Comer See, a.a.O., 89 schreibt Guardini (vgl. Kap. 2.4.1.5.): „Was wir brauchen, ist nicht weniger Technik, sondern mehr."

[938] R. Guardini, Askese als Element der menschlichen Existenz, a.a.O., 44.

[939] Dazu vgl. K. A. Detzer, Der Bewußtseinswandel durch Technikbewertung, in: G. Dobmeier (Hg.), Angst vor der Technik – Vertrauen in die Schöpfung? Techniker und Theologen im Dialog, München 1991, 132-140; J. Gründel, Theologisch-ethische Aspekte zum Schöpfungsauftrag und zu den Technikfolgen, in: G. Dobmeier (Hg.), a.a.O., 73-91, bes. 84ff.

[940] R. Guardini, Die Maschine und der Mensch, in: UC, 245.

[941] Vgl. ders., Ethik, Bd. 2, a.a.O., 834-843.

schreiten dem Menschen gegenüber eine gewisse Eigendynamik zu entwickeln beginnen. „Eine der seltsamsten aber folgenschwersten Erscheinungen des menschlichen Daseins“[942] nennt Guardini dieses Phänomen. Natürlich ist es immer der Mensch, der die Technik „trägt, und immer ist er Herr über seine eigene Initiative“ – das bleibt unbestritten –, und dennoch gibt es so etwas wie ein „Gefälle des allgemeinen Denkens und Tuns, das vom persönlichen Belieben unabhängig ist“[943]: „... durch die vorausweisende Sinnkraft der bereits realisierten Leistungen; ...; durch die Tatsache, daß die menschliche Gesellschaft sich in die technischen Gebilde einspielt und ihre Wirkungen in soziologische Momente, wie Berufe, Bedürfnisse, Gewohnheiten, Gesetze, Behörden usw. umsetzt – durch alles das entsteht etwas Paradoxes: das Werk des Menschen wird dem Menschen gegenüber selbständig – exakter gesagt: der Mensch macht es sich selbst gegenüber selbständig und erhält es in dieser Selbständigkeit.“[944]

Eine Erscheinungsform dieser Eigengesetzlichkeit und Eigendynamik ist der bereits öfter genannte Kreislauf von Bedürfnisbefriedigung und Bedürfnisweckung: Die Maschine muß sich rentieren; es werden daher nicht nur Waren erzeugt, um Bedürfnisse zu befriedigen, sondern auch Bedürfnisse, damit Waren ihre Abnehmer finden.

Dürfen und sollen Bedürfnisse des Menschen nicht nur befriedigt, sondern auch noch „gesteigert, differenziert, ja neu erzeugt werden“? Guardini antwortet zunächst mit einem „Ja“: das alles trägt zum Werden der Kultur bei, bedeutet auch „Befreiung“ und „Entfaltung“ des Menschen. Es kann aber nicht unbegrenzt weitergehen, denn die „menschliche Natur verarbeitet nur ein gewisses Maß von Bedürfnisweckung und -befriedigung positiv. Sobald das überschritten ist, werden die Wirkungen negativ.“[945]

Von daher erhebt sich erneut die Forderung nach Maßstäben, die als Kriterien für die Bewertung technischer und wirtschaftlicher Entwicklungen dienen können; mindestens ebenso wichtig aber ist die Entwicklung der Fähigkeit, Abstand zu gewinnen – sowohl gegenüber eigenen Wünschen und Interessen als auch gegenüber der einmal in Gang gesetzten Dynamik wissenschaftlicher, technischer und wirtschaftlicher Prozesse. Guardini formuliert dies in unnachahmlicher Weise in seinem Ethik-Manuskript so: „Sollen also Technik und Wirtschaft sinnvoll bleiben, dann muß ihre Tätigkeit einen Maßstab haben: ein Bild von der Rangordnung der Werte; eine Vorstellung davon, welche Bedürfnisse richtig und welche falsch, welche hoch und welche niedrig sind; einen Begriff von der inneren Ökonomie des Lebens, kurzum ein Bewußtsein, daß es hier eine Ordnung gibt, gerade deshalb nötig, weil die Möglichkeiten des Menschen grenzenlos sind. Die Grenzenlosig-

942 A.a.O., 835f.
943 A.a.O., 835.
944 A.a.O.
945 A.a.O., 838.

keit des Möglichen begründet die Größe des Menschen; eben sie fordert aber auch die aus der Freiheit kommende Begrenzung; das selbstgesetzte Maß. ... Von hierher wird die Bedeutung dessen sichtbar, was Askese heißt: Verzicht auf das Falsche; Überwindung der Bannungskraft des Triebes; Maß nicht aus Zwang, sondern aus Freiheit und um größerer Freiheit willen."[946]

Was die technisch-kulturelle Entwicklung dem Menschen an Verantwortung und Lasten auferlegt, kann er nach Guardini „ohne Schaden" nur tragen, wenn etwas geschieht, „was bis jetzt nur allzusehr versäumt worden ist: Es muß eine Gegenkraft geistig-charakterlicher Selbstbehauptung, eine Haltung des Sichbesinnens, eine Fähigkeit des Unterscheidens und Auswählens entwickelt werden, die sich der Gewalttätigkeit jener objektiven Zusammenhänge entgegenstellt". Und dies wiederum setzt „Selbstüberwindung und Entsagung", eben „Askese" voraus.[947]

Ganz deutlich wird hier immer wieder der Zusammenhang von Askese und Freiheit: Das mit merkwürdiger „Selbstverständlichkeit" festgehaltene „Dogma", „daß die Wissenschaft fortschreiten, die Maschine sich entwickeln, die Produktion steigen, der kaufmännische Umsatz hinaufgetrieben werden" müsse – ganz gleich welche Auswirkungen dies auf den Menschen und seine Welt hat – kann nur hinterfragen, wer den nötigen Abstand besitzt. Der „in das Spiel von Bedürfnis und Befriedigung, von Problem und Lösung eingespannte Mensch" kann es nicht. „Abstand" und „Freiheit" werden – so R. Guardini – „nur durch die Bereitschaft zum Verzicht durch die Askese bewirkt .. Ohne sie bleibt alles Gerede ..."[948].

Ohne den Begriff ‚Askese' zu gebrauchen, formuliert Guardini den hier skizzierten Gedankengang auch in einer Gedenkrede für Professor Kurt Huber und seinen studentischen Widerstandskreis[949]: Guardini sieht hier die Freiheit des Menschen gefährdet nicht nur „von oben herab" durch totalitäre Systeme, sondern auch „von innen heraus" durch Zwänge, die von der „technischen Kultur" ausgehen; als ein konkretes Beispiel nennt Guardini „den wissenschaftlich durchdachten Griff der Wirtschaft nach dem Unbewußten des Menschen" in der Reklame.[950] Es gelte den „Kampf um die Freiheit auch auf dieser Front" aufzunehmen: Man müsse „willens sein, nicht dem zu erliegen, was ‚man' tut, man haben und sehen muß", sondern eine „Mauer in sich aufrichten gegen die Flut der öffentlichen Beeinflussungen durch Reklame, Nachrichten, Rundfunk usw."; insbesondere gelte es, „aus

[946] A.a.O., 839. „Askese als Grundelement echter Kultur" notiert Guardini hier, a.a.O., als noch auszuführenden Gedanken.

[947] A.a.O., 840.

[948] A.a.O., 840f.

[949] Vgl. R. Guardini, „Es lebe die Freiheit!". Festrede, gehalten bei der Enthüllung des Mahnmals für Professor Kurt Huber und seinen studentischen Widerstandskreis am 12. Juli 1958, in: Jahrbuch der Ludwig-Maximilians-Universität München, München 1958, 101-110.

[950] A.a.O., 106.

seinem geistigen Haushalt jenes Narkotikum aus(zu)räumen, mit dem jeder, der kein Problem sauberer Kulturkritik zu Ende denken will, sein Gewissen zum Einschlafen bringt, nämlich den Glauben an den allgemeinen Fortschritt."[951] Der Ruf „Es lebe die Freiheit!" nehme heute eine „neue Bedeutung" an[952]: Er müsse sich heute bewähren gegenüber der Versuchung, sich der inneren oder äußeren Diktatur zu überlassen, um so der Last der Verantwortung zu entgehen.

2.4.5. Macht – Ernstfall der Askese

Am nachdrücklichsten, ja geradezu drängend wird Guardinis Empfehlung der Askese da, wo die Problematik der Macht in den Blick kommt. „Das Phänomen der Macht" ist es, „das unsere geschichtliche Situation in besonderer Weise charakterisiert"[953]. Und es sind die „Ungeheuerlichkeiten an Macht", die der moderne Mensch gewonnen hat, ohne gleichzeitig ein „Ethos des Machtgebrauchs" entwickelt zu haben, die Askese so notwendig erscheinen lassen: „Eine der dringlichsten Aufgaben sittlicher Erziehung geht darauf, dem heutigen Menschen zu Bewußtsein zu bringen, wie sehr das Schicksal Aller in seiner Hand liegt, und ihn dahin zu bilden, daß er hier das Rechte tue. Das kann er aber nur aus wirklicher Freiheit heraus,.... Und diese Freiheit kann nur errungen werden, indem er lernt, sich aus dem Spiel der Instinkte, aus dem Kalkül des Vorteils, aus dem Trieb zur Herrschaft zu lösen und in den Raum echter Verantwortung einzutreten, das heißt aber: indem er Askese übt".[954]

2.4.5.1. Macht als Grundgegebenheit des Menschseins

Obwohl Guardini also die Konzentration von Macht in der Hand des Menschen, wie sie sich in der technokratischen Massengesellschaft zeigt, als etwas sehr Bedrohliches sieht, und obwohl er auch wiederholt die Frage stellt, ob nicht in gewissen Situationen ein Verzicht auf einen Zugewinn an Macht ethisch geboten sein könne[955], beurteilt er die Macht an sich keineswegs negativ. Im Gegenteil: Von der zum Gemeinplatz gewordenen Abwertung von Macht und Herrschaft im öffentlichen Bewußtsein unserer Tage hebt sich Guardinis Sichtweise deutlich ab: Macht zu haben, gehört wesensmäßig und unverzichtbar zum Menschen; Macht ist bei aller Ambivalenz und Problematik, die ihr eignet, grundsätzlich positiv zu werten. Es lohnt sich, Guardinis Verständnis der Macht genauer anzusehen:

[951] A.a.O., 106f.
[952] A.a.O., 108.
[953] Ders., Das Phänomen der Macht, in: So2, 45-58.
[954] Ders., Grundformen der Askese, in: Frankfurter Hefte 11 (1956), 203 f.
[955] Vgl. ders., Fragen zum Problem der Macht, in: So2, 41-44, bes. 40; (dabei handelt es sich um Guardinis Beitrag zur Festschrift „Gott in Welt" für Karl Rahner zum 60. Geburtstag).

Guardini gebraucht den Begriff der Macht in einem sehr umfassenden Sinn, nicht eingeengt auf den gesellschaftlich-politischen Raum im Sinn der Macht über Menschen, sondern überall dort, wo Wirkmöglichkeiten gegeben sind. Andererseits gehören für ihn zum Begriff der Macht notwendig Bewußtsein, Wille, Sinngebung und Initiativkraft.[956] „Macht im eigentlichen Sinne"[957] ist also bei Guardini immer personal verstanden, setzt Freiheit voraus und verweist auf Verantwortung. Das bedeutet aber auch, daß Macht ihren Inhalt und ihren Wert immer erst vom Menschen her bekommt. „Die Macht ist aus sich weder gut noch böse, sondern empfängt ihren Sinn erst aus der Entscheidung dessen, der sie braucht."[958] So ist Macht „von vornherein ein ethisch relevantes Phänomen".[959]

Zugleich gehört es notwendig zum Wesen des Menschen, Macht zu besitzen; das „Bewußtsein der Macht" ist „unmittelbarer Ausdruck der Existenz"[960]; jede menschliche Tätigkeit, aber auch jeder Zustand kann ein Gefühl der Macht vermitteln: Nicht nur „jeder Akt des Handelns und des Schaffens, des Besitzens und Genießens", sondern auch alle „Akte der Vitalität", auch Erkenntnis und Wissen, ja sogar Leid, Unterlegenheit und Minderwertigkeitsgefühl können sich mit einem Gefühl der Macht verbinden (letztere im Sinn einer geheimen, inneren oder moralischen Überlegenheit).[961]

Macht zu besitzen und auszuüben ist also für Guardini alles andere als ein notwendiges Übel, es erweist sich vielmehr als ein universelles und existentiell unverzichtbares Phänomen des menschlichen Lebens. Aber diese Auskunft ist noch nicht hinreichend; erst von der Offenbarung her – so R. Guardini – läßt sich das Phänomen der Macht in seiner ganzen Bedeutung und Tragweite verstehen: nämlich als Auftrag Gottes.

2.4.5.2. Eine Theologie der Macht

Die Übertragung von Macht durch Gott an den Menschen spielt in Guardinis Auslegung der beiden alttestamentlichen Schöpfungsgeschichten eine wesentliche Rolle; in diesem Sinn versteht er nicht nur – selbstverständlich – den sogenannten „Herrschaftsauftrag" (Gen 1, 26 - 28) im priesterschriftlichen Schöpfungsbericht, sondern auch die Stelle im jahwistischen Schöpfungsbericht, die sich auf die Geschlechtsgemeinschaft zwischen

[956] Ders., Die Macht, a.a.O., 102: „Von Macht im eigentlichen Sinne dürfen wir also nur sprechen, wenn zwei Elemente gegeben sind: Einmal reale Energien, die an der Wirklichkeit der Dinge Veränderungen hervorbringen, ...Dazu aber ein Bewußtsein, das ihrer inne ist; ein Wille, der Ziele setzt; ein Vermögen, welches die Kräfte auf dieses Ziel hin in Bewegung bringt."

[957] Ders., Das Phänomen der Macht, a.a.O., 47.

[958] Ders., Die Macht, a.a.O., 105.

[959] Ders., Das Phänomen der Macht, a.a.O., 49.

[960] Ders., Die Macht, a.a.O., 109.

[961] A.a.O., 108.

Mann und Frau bezieht (Gen 2, 21 - 24): dem Menschen ist Macht nicht nur „über die Natur“, sondern auch über „sein eigenes Leben“, d.h. „nicht nur Kraft zum Werk, sondern auch zur Fortzeugung seines eigenen Lebens“ gegeben.[962] Schließlich und vor allem interpretiert Guardini die Gottebenbildlichkeit des Menschen (Gen 1, 26 f.) als „Befugnis“ und „Aufgabe“ zu herrschen[963]: „Der Mensch kann nicht Mensch sein und außerdem Macht üben oder es auch nicht tun; sondern sie zu üben, ist ihm wesentlich. Daraufhin hat der Urheber seines Daseins ihn bestimmt.“[964]

Mit der Zurückführung auf Gott ist die menschliche Macht entschieden qualifiziert; es sind bereits entscheidende Normen für die Ausübung der Herrschaft gegeben:

„Wenn die menschliche Macht und die daraus kommende Herrschaft ihre Wurzel in der Ebenbildlichkeit zu Gott hat, dann ist die Macht dem Menschen nicht aus eigenem Recht, in Autonomie, sondern als Lehen zu eigen. Er ist Herr von Gnaden, und soll seine Herrschaft in Verantwortung gegen den ausüben, der Herr von Wesen ist. Dadurch wird die Herrschaft zum Gehorsam, zum Dienst.“[965] Das bedeutet näherhin (unter Bezugnahme auf Gen 2, 18 – 20), daß sie „aus der Wahrheit der Dinge heraus geschehen soll“; nicht so, „daß der Mensch dem Natur-Gegebenen seinen Willen aufzwingt, sondern daß sein Besitzen, Gestalten und Schaffen aus Erkenntnis geschieht; diese Erkenntnis aber entgegennimmt, was das Seiende in sich ist, und es im Namen, d.h. im Wesenswort ausspricht...“[966].

---

[962] A.a.O., 111.

[963] Vgl. a.a.O., 113; vgl auch ders., Fragen zum Problem der Macht, a.a.O., 41; ders., Der Anfang aller Dinge, Mainz-Paderborn [3]1987, 34; ders., Die Existenz des Christen, Paderborn [2]1977, 95f.; ders., Pro mundi vita – Die Verantwortung des Christen für die Welt, in: R. Egenter u.a. (Hg.), Statio orbis. Eucharistischer Weltkongreß 1960 in München, Bd. 1, München 1961, 92f.
In ähnlicher Weise wird die Gottebenbildlichkeit interpretiert u.a. von G.v. Rad, Das erste Buch Mose. Genesis 1-12,9, Göttingen 1949, 46: Der Mensch ist „der Mandatar Gottes, dazu aufgerufen, Gottes Herrschaftsanspruch auf Erden zu wahren und durchzusetzen. Das Entscheidende an seiner Gottebenbildlichkeit ist also seine Funktion an der außermenschlichen Welt.“; vgl. auch ders., Theologie des Alten Testaments I, München [7]1978, 160; J. Scharbert, Genesis 1-11, Würzburg 1983, 45; anders C. Westermann, Genesis 1-11, Neukirchen-Vluyn 1974, 214-218, der die Bedeutung der Gottebenbildlichkeit in der Ermöglichung der Gottesbeziehung sieht.

[964] A.a.O., 112.

[965] A.a.O., 112f.

[966] A.a.O., 113. Daß dies nicht naturalistisch zu verstehen ist, so als könnten „natürliche“ Gegebenheiten als solche bereits das Verhalten des Menschen normieren, wird schon aus Guardinis Analyse des Verhältnisses von Natur und Kultur deutlich (vgl. Kap. 2.4.2.1.). Was A. Auer, Autonome Moral und christlicher Glaube, Düsseldorf [2]1989, 17, in der Tradition Thomas v. Aquins (und, a.a.O., 16, unter Hinweis auf J. Pieper und H. Henkel) über das „Sittliche ... als das Ja zur Wirklichkeit“ sagt, das sich in der „Sachgerechtigkeit des Erkennens, ... des Wollens und .... des Tuns“ äußert, scheint mir dem von G. Guardini Gemeinten sehr nahe zu kommen. Bemerkenswert ist, daß A. Auer genau in diesem Zusammenhang, a.a.O., 17, von der Notwendigkeit der „Askese“ für ein vorurteilsfreies Erkennen der Wirklichkeit spricht.

Das „heutige Bewußtsein" hat Guardini zufolge die Größe der Aufgabe und der Verantwortung noch nicht erkannt: „Es sieht die Welt als Raum und Material für das eigene Leben. Nicht als etwas in sich Sinnvolles, vor Gott Wichtiges, das der Mensch in seine Hut nehmen soll."[967]

Auch die biblische Versuchungsgeschichte interpretiert Guardini folgerichtig unter dem Gesichtspunkt der Macht[968]: es geht um „den Wesensunterschied zwischen Schöpfer und Geschöpf; das Verhältnis von Urbild und Ebenbild"; es geht darum, ob Selbstverwirklichung und Herrschaft des Menschen im Einklang mit der Wahrheit und im Gehorsamsverhältnis Gott gegenüber geschehen oder durch „Usurpation" „aus eigenem Anspruch"[969]. In den versucherischen Worten der Schlange verwirren sich den Menschen diese „Grundtatsachen seines Daseins"[970]; sie „gehen ... auf den Trug ein und erheben den Anspruch auf ein Herrentum von eigenen Gnaden".[971] „Nun ist das Grundverhältnis des Daseins verstört. Nach wie vor hat der Mensch Macht und Möglichkeit des Herrschens. Aber die Ordnung, in welcher sie ihren Sinn hatte, weil sie Dienst, weil die Macht durch die Verantwortung vor dem eigentlichen Herrn gewährleistet war, ist verwirrt."[972] Von daher erhält „die Gefahr der Macht einen eigenen und sehr dringlichen Charakter: Daß sie falsch gebraucht werde, ist nun nicht nur möglich, sondern wahrscheinlich – falls man nicht sagen muß, unausweichlich."[973]

Mit der Erlösung in Jesus Christus ist diese Zerstörung nicht einfach aufgehoben, aber es ist ein neuer Anfang gesetzt. Der neue Anfang, der in Jesus begonnen hat, trägt im Hinblick auf die Frage der Macht den Namen „Demut", wobei Guardini großen Wert darauf legt, Demut nicht im Sinn Nietzsches als „Dekadenz" oder „Sklavenmoral" zu verstehen, sondern als eine „Tugend der Kraft": „Der die Haltung der Demut zuerst verwirklicht und sie dem Menschen ermöglicht hat, ist Gott selbst; und der Akt, durch welchen das geschieht, die Menschwerdung des Logos."[974]

2.4.5.3. Die kulturelle Entwicklung als Kumulation von Macht

Wie bereits deutlich wurde, läßt sich die Geschichte der menschlichen Kultur, insbesondere die Entwicklung der Technik, deuten als ein Prozeß der Entfaltung, Erweiterung und Anhäufung von Macht. Das eigentlich Bedenkliche und Gefährliche sieht Guardini bemerkenswerterweise gar nicht in der Tatsache der Machtsteigerung als solcher, sondern darin, daß der Mensch sie

[967] Ders., Existenz des Christen, a.a.O., 96, Anm. 1.
[968] Vgl. ders., Die Macht, a.a.O., 113-118; ders., Der Anfang aller Dinge, a.a.O., 91-98.
[969] Ders., Die Macht, a.a.O., 115.
[970] A.a.O.
[971] A.a.O., 116.
[972] A.a.O., 117.
[973] A.a.O.
[974] A.a.O., 120.

aus seinem Bewußtsein zu verdrängen sucht und die Verantwortung abzuschieben versucht: Was letztlich dem Machtbedürfnis entspringt, wird mit Argumenten der Nützlichkeit, der Wohlfahrt oder des Fortschritts kaschiert; wo menschliche Entscheidungen am Werk und auch gefragt sind, werden angebliche Notwendigkeiten vorgeschoben; so wurde versäumt, ein Ethos des Machtgebrauchs zu entwickeln, das den Erfordernissen der heutigen Zeit entspräche. Im Gegenteil: Die Ausübung von Macht wird „im Gang der geschichtlichen Entwicklung ... immer anonymer".[975]

Es „zeigt sich ..., daß im Laufe der Neuzeit zwar die Macht über das Seiende, Dinge wie Menschen, in einem immer ungeheuerlicheren Maße ansteigt, der Ernst der Verantwortlichkeit aber, die Klarheit des Gewissens, die Kraft des Charakters mit diesem Anstieg durchaus nicht Schritt halten. Es zeigt sich, daß der moderne Mensch nicht zum richtigen Gebrauch der Macht erzogen wird; ja, daß weithin sogar das Bewußtsein des Problems fehlt, ..."[976]

Damit wächst aber auch die Wahrscheinlichkeit, „der Mensch werde die Macht falsch gebrauchen, beständig ... Da es ein wirkliches und wirksames Ethos des Machtgebrauchs noch nicht gibt, wird die Neigung immer größer, diesen Gebrauch als einen Naturvorgang anzusehen, für welchen keine Freiheitsnormen, sondern nur angebliche Notwendigkeiten des Nutzens und der Sicherheit bestehen."[977]

2.4.5.4. Spezielle Probleme

Im einzelnen sieht Guardini die Gefahren neuzeitlicher Machtkonzentration hauptsächlich in folgenden Bereichen:

Krieg

Am unmittelbarsten zeigt sich die Gefahr der Macht in der Möglichkeit des modernen Krieges. Diese Gefahr ist im allgemeinen Bewußtsein unserer Zeit sehr lebendig und Gegenstand zahlreicher Überlegungen und Publikationen. Charakteristisch für das Denken R. Guardinis ist es, daß er neben den unvorstellbaren Zerstörungen von Menschenleben sowie wirtschaftlichen und kulturellen Gütern auch die zerstörerische Wirkung im Auge hat, die ein solcher Krieg auf das moralische Bewußtsein der Menschheit ausüben müßte: „Was es noch an geistig-sittlicher Ordnung, an Ehrfurcht vor dem Menschen, an Charakterkraft und Sicherheit des Herzens gibt, würde zerfallen. Das Ergebnis ..." wäre „die Vollendung dessen, was Nihilismus heißt. Und das auch bei den Siegenden – soweit dieser Begriff, der selbst

---

[975] A.a.O., 104.
[976] Ders., Das Ende der Neuzeit, a.a.O., 70.
[977] A.a.O.

aus einer vergehenden Ordnung stammt, noch einen Sinn hätte, und man nicht nur, ..., von Überlebenden reden müßte, weil jeder künftige Krieg universeller Natur sein und das Ganze der Menschheit betreffen würde.“[978]

Manipulation

Weniger leicht zu fassen, aber nicht weniger bedrohlich ist nach Guardini die moderne Möglichkeit, Macht auf Menschen auszuüben, indem man sie körperlich, seelisch oder geistig beeinflußt. „Je größer die Macht, desto stärker die Versuchung, den leichten Weg, nämlich den der Gewalt zu gehen. Die Person und ihre Freiheit, die Existentialität der Wahrheit, die Ursprünglichkeit des Schaffens ‚auszuschalten‘ und das Gewollte zu erzwingen; was aber nicht zu erzwingen ist, als unwertig hinzustellen. Also eine Kultur aufzubauen, welche nur rational und technisch begründet ist. Dazu muß aber der Mensch selbst so gesehen sein, daß er ‚erfaßt‘, ‚bewirtschaftet‘, ‚eingesetzt‘, ja schon von vornherein auf Zwecke hin geformt werden kann.“[979] Guardini erinnert dabei an die Erfahrungen der nationalsozialistischen Diktatur in Deutschland, aber auch an die kommunistischen Diktaturen und er warnt davor, „die geschichtliche Kraft solcher Experimente“ zu „unterschätzen“; denn „in der ganzen Struktur unseres heutigen Lebens, seiner Rationalisierung und Mechanisierung, seiner Technik der Meinungslenkung wie seiner pädagogischen Möglichkeiten“ liege „ein beständiger Anreiz ..., sie nachzuahmen“. „Dieser Anreiz“ – so Guardini – „kann wirken, auch wenn die ausdrücklich bekannten Ideen ihm widersprechen; ..., und Methoden sind oft stärker als Ideen.“[980]

Der Nationalsozialismus und seine Schreckensherrschaft – insbesondere die systematische Vernichtung der Juden – können nach Guardini adäquat nur verstanden werden, wenn sie nicht als quasi zufälliger Betriebsunfall der Geschichte, sondern als ein „die geschichtliche Stunde aufhellendes Symbol“, d.h. als Indikator für zugrundeliegende geistige Defizite, Fehlhaltungen und Gefährdungen unserer Zeit gesehen werden.[981]

---

[978] Ders., Die Macht, a.a.O., 149. Aus dem Zusammenhang und aus der Entstehungszeit wird deutlich, daß Guardini hier an eine militärische Auseinandersetzung zwischen den Großmächten denkt, wie sie damals immer wieder als drohende Gefahr im öffentlichen Bewußtsein stand. Was die weit über 100 Kriege, die seit dem Ende des 2. Weltkriegs weltweit – vor allem in den Ländern der sogenannten ‚Dritten Welt‘ und zu einem guten Teil als ‚Stellvertreterkriege‘ und mit den Waffenlieferungen aus den Teilnehmerstaaten des 2. Weltkriegs – stattgefunden haben, Guardini zufolge für den Stand des moralischen Bewußtseins bedeuten, sei nur als Frage angedeutet.

[979] A.a.O., 151 f.

[980] A.a.O., 151.

[981] Vgl. vor allem ders., Verantwortung. Gedanken zur jüdischen Frage, München 1952, Zitat 27.

Machtausübung als dialektischer Vorgang

Wohl die größte Gefahr sieht Guardini in den Rückwirkungen, die die Macht auf den ausübt, der Macht besitzt und ausübt.

„Denn es gibt keine Wirkung, die nur auf ihren Gegenstand, ob Ding oder Mensch ginge; jede erfaßt auch den, der sie vollbringt.“[982] Wo der Mensch also Macht ausübt, ohne daß diese Macht sittlich verantwortet wäre, da hat dies Auswirkungen auf den Menschen selbst, auf seine sittliche und seelische Integrität.

Ein drängendes Problem unserer Zeit sieht Guardini nun darin, daß Macht immer „anonymer“ wird; nicht ihrem Wesen nach, denn da ist Macht immer Macht von Menschen, ein geistiges Phänomen, und deshalb vom Menschen zu verantworten, aber ihrem Erscheinungsbild nach: „Die fortschreitende Verstaatlichung der sozialen, wirtschaftlichen, technischen Vorgänge – ebenso wie die materialistischen Theorien von der Geschichte als einem notwendigen Prozeß – bedeuten unter unserem Gesichtspunkt den Versuch, den Charakter des Verantwortetseins aufzuheben, die Macht von der Person abzulösen und ihre Ausübung naturhaft zu machen. In Wahrheit wird dadurch der wesenhafte Charakter der Macht als personal verantworteter Energie nicht aufgehoben, sondern nur verdorben. Der Zustand wird zur Schuld und wirkt sich als Zerstörung aus.“[983] Wo Macht nicht mehr personal verantwortet wird, so Guardini, „nimmt die Macht einen Charakter an, der letztlich nur von der Offenbarung her charakterisiert werden kann: sie wird dämonisch.“[984]

2.4.5.5. *Macht über die Macht*

Die grundlegende Aufgabe unserer Zeit ist deshalb für Guardini „die Bändigung der Macht selbst“[985]: der Mensch muß fähig werden, „nicht nur

[982] Ders., Die Macht, a.a.O., 153.

[983] A.a.O., 104. Was die Anonymisierung der Machtausübung betrifft, so muß sie heute weniger als Folge einer bewußten „Verstaatlichung“ (a.a.O), sondern vielmehr als Ergebnis der zunehmenden „Ausdifferenzierung“ der Gesellschaft in „funktionale Subsysteme“ angesehen werden, wie sie von der systemtheoretischen Analyse reflektiert wird (vgl. N. Luhmann, Gesellschafts-strukturelle Bedingungen und Folgeprobleme des naturwissenschaftlichen-technischen Fortschritts, in: ders., Soziologische Aufklärung 4. Beiträge zur funktionalen Differenzierung der Gesellschaft, Opladen 1987, 49-63, Zitate 51; vgl. auch ders., Ökologische Kommunikation. Kann die moderne Gesellschaft sich auf ökologische Gefährdungen einstellen?, Opladen ²1988). Was dies für die Frage der Macht und der Verantwortung bedeutet und wie personale Verantwortung in einem derart ausdifferenzierten System sich begrifflich fassen und praktisch artikulieren und verwirklichen läßt, bedürfte eingehender Erörterung. Umgekehrt wäre aber auch die Systemtheorie kritisch zu befragen: Inwieweit wird sie der Erfahrung der Freiheit und der Verantwortung gerecht? Oder ist sie an die Stelle der „materialistischen Theorien“ getreten, die nach Guardini (a.a.O.) versuchen, „den Charakter des Verantwortetseins aufzuheben“ und die „Macht von der Person abzulösen“? (Zur kritischen Auseinandersetzung mit systemtheoretischen Verstehens-Modellen vgl. J. Werbick, System und Subjekt, in: CGG, Bd. 24, 101-139, bes. 125-137).

[984] A.a.O., 106.

[985] A.a.O., 147.

Macht auszuüben über die Natur, sondern auch Macht über seine eigene Macht"[986]. Daß die Möglichkeit, „Herr zu werden über seine eigene Macht", nicht zu trennen ist von der Fähigkeit, „Herr... zu werden" „über sich selbst"[987], liegt auf der Hand. Damit ist zugleich auch schon von der Dringlichkeit und Bedeutung der Askese die Rede. Guardini formuliert diesen Zusammenhang an verschiedenen Stellen mit Nachdruck:

„Wir müssen wieder lernen, daß die Herrschaft über die Welt die Herrschaft über uns selbst voraussetzt; denn wie sollen Menschen die Ungeheuerlichkeiten von Macht, die ihnen immerfort zuwächst, bewältigen, wenn sie sich selbst nicht formen können? Wie sollen sie politische oder kulturelle Entscheidungen fällen, wenn sie sich selbst gegenüber immerfort versagen?

Es gab eine Zeit, da haben Philosophen, Historiker und Dichter das Wort ‚Askese' als Ausdruck mittelalterlicher Lebensfeindschaft angesehen und eine Ethik der Unmittelbarkeit und des Sich-Auslebens vertreten. Mittlerweile hat sich das wohl geändert, wenigstens bei solchen, deren Denken und Urteilen aus Verantwortung kommt. Jedenfalls tun wir gut, uns klar zu machen, daß ohne Askese nie etwas Großes geworden ist; worum es aber heute geht, ist etwas sehr Großes, nein Endgültiges. Es ist die Entscheidung, ob wir das uns aufgetragene Herrschaftswerk so vollbringen, daß es zur Freiheit, oder aber zur Knechtschaft führt."[988]

In der Problematik der Beherrschung der Macht geht es also um nicht weniger als um die „Zukunft des Menschen"; die Zukunft hängt davon ab, daß der Mensch „die Fähigkeit gewinnt, den Trieb nach Macht und Gewinn durch Entsagung und Selbstüberwindung zu bändigen."[989]

Negativ wird die Macht immer dann, wenn sie sich von der Bindung an die Wahrheit löst; und genau dies glaubt Guardini als kritischer Beobachter seiner Zeit feststellen zu müssen: Die Frage nach der Wahrheit tritt immer mehr zurück hinter Fragen der Nützlichkeit und der Zweckmäßigkeit. Es geht heute um „die Entscheidung, ob die menschliche Existenz endgültig beherrscht sein soll vom Willen zur Macht oder vom Willen zu Wahrheit"[990].

---

[986] A.a.O., 168. Ähnliche Formulierungen finden sich immer wieder; so vor allem auch: ders., Das Ende der Neuzeit, a.a.O., 78; sowie: ders., Der unvollständige Mensch und die Macht, a.a.O., 54.

[987] Ders., Das Ende der Neuzeit, a.a.O., 78.

[988] Die Macht, a.a.O., 183f.; vgl. auch a.a.O.: „..., es gibt keine Herrschaft, die nicht zugleich Herrschaft über sich selbst wäre. Es kann keine Gestalt aufgebaut werden, wenn der, der sie bauen will, nicht selber gestaltet ist." Vgl. auch ders., Das Ende der Neuzeit, a.a.O., 75-79; ders., Die Kultur als Werk und Gefährdung, in: So1, 34-38; ders., Der unvollständige Mensch und die Macht, 54f.

[989] Der unvollständige Mensch und die Macht, a.a.O., 55. Guardini bezieht sich hier zustimmend auf ein Zitat von A. Gehlen, in dem dieser „Askese, wenn sie irgendwo aufträte, „als „Signal einer neuen Epoche" bezeichnet (A. Gehlen, Sozialpsychologische Probleme der industriellen Gesellschaft, Tübingen 1949, 12).

[990] Ders., Wille zur Wahrheit oder Wille zur Macht, a.a.O., 758; zum Ganzen vgl. a.a.O., 752-759.

Hier weist Guardini wiederum der Universität eine Schlüsselfunktion zu als Ort, wo nach der Wahrheit um ihrer selbst willen gefragt werden kann.[991] Wie sehr diese Funktion gefährdet ist, bleibt ihm allerdings nicht verborgen.[992]

2.4.5.6. Askese als Voraussetzung verantworteten Machtgebrauchs

Wenn im Zusammenhang mit dem Problem der Macht von Askese gesprochen wird und wenn die Frage gestellt wird, ob nicht in vielen Fällen der „Verzicht auf möglichen Machtgewinn"[993] ethisch geboten sei, dann muß noch einmal darauf hingewiesen werden, daß die Forderung nach einer Askese des Machtgebrauchs bei Guardini gerade nicht aus einer Tendenz zur grundsätzlichen Abwertung der Macht hervorgeht; im Gegenteil: R. Guardini sieht Besitz und Ausübung von Macht als wesentlichen und unverzichtbaren Grundvollzug des Menschseins und die bewußte Wahrnehmung der Herrschaft über die Welt als Gottes Auftrag – zumal in unserer Zeit als die große Aufgabe und Herausforderung der Zukunft. Das „Herrschaftswerk über die Welt" ist uns „unausweislich" aufgegeben, und gerade in der Erfüllung dieser Aufgabe liegt nach Guardini der Sinn der kommenden Epoche.[994] Auf den ersten Blick geradezu verblüffend mag eine Passage in Guardinis Ethik-Manuskript erscheinen, in der er, der doch immer wieder die Askese empfiehlt, die prinzipielle Berechtigung der Grenzenlosigkeit menschlichen Machtstrebens verteidigt; letztlich gibt es für Guardini nur ein Kriterium, das über die ethische Legitimität der Machtausübung entscheidet, nämlich ob sie in Verantwortung geschieht: „Unbeschadet der Maßhaltung im einzelnen, unbeschadet des Bewußtseins, wann ein Bedürfnis und seine Befriedigung sinnlos, ja zerstörerisch werden, lebt im Menschen das Verlangen nach Macht über das Ganze und über die Welt. Auch hier darf nicht zu früh von Hybris oder von Maßlosigkeit gesprochen werden. Grundsätzlich ist dieses Verlangen im Recht. Und zwar dann, wenn es einmal mit dem Bewußtsein der von Situation zu Situation geforderten Maßhaltung zusammengeht; vor allem aber, wenn es mit dem ethischen Charakter jeder menschlichen Möglichkeit, nämlich der Verantwortung verbunden ist. Der Wille zur Macht über die Welt

---

[991] Vgl. a.a.O. sowie ders., Verantwortung. Gedanken zur Jüdischen Frage, München 1952, 10, 14f., 39ff. Vgl. auch G. Henner, Die Pädagogik im Denken R. Guardinis, a.a.O., 281-285.

[992] Vgl. ders., Die Verantwortung des Studenten für die Kultur, a.a.O., 15-25.

[993] R. Guardini, Fragen zum Problem der Macht, a.a.O., 50.

[994] Ders., Das Ende der Neuzeit, 57 f.; „das kommende Dasein" wird, a.a.O., 63f., charakterisiert als „jenes Dasein, in welchem der Mensch fähig ist, seine Herrschaft über die Welt zu ihren letzten Konsequenzen zu führen, indem er seine Zwecke frei setzt, die unmittelbare Wirklichkeit der Dinge auflöst und ihre Elemente zur Verwirklichung seiner Ziele verwendet – ohne Rücksicht auf irgendwelche Unantastbarkeiten, wie sie sich aus dem früheren Menschen- und Naturbild ergeben mochten."

ist in dem Maße berechtigt, als er zugleich Verantwortung für die Welt ist."[995]

„Askese der Macht" und „Verzicht auf möglichen Machtgewinn"[996] sind also nicht Ausdruck eines grundsätzlichen Rückzuges von der Macht – der wäre nach Guardini nur scheinbar und würde gerade auf die Verselbständigung der Macht, auf ihre ‚Dämonisierung'[997] hinauslaufen –, sondern vielmehr notwendig, um die aufgetragene und unabweisliche Herrschaft wirklich ausüben zu können, nämlich zielgerichtet, sachgerecht, bewußt, in Verantwortung, ohne daß sie sich verselbständigt und den Menschen mit ihren Eigengesetzlichkeiten überrollt.

Dabei ist noch einmal zu beachten, daß Guardinis Empfehlung der Askese im letzten gar nicht so sehr auf den einzelnen, konkreten Verzicht auf Macht oder auf ihre Ausübung zielt – so sehr dieser in bestimmten Situationen angezeigt sein mag[998] –, sondern auf die Fähigkeit des Menschen, aufgrund seiner charakterlichen Formung in der konkreten Situation verantwortlich und frei zu entscheiden. Askese soll in diesem Zusammenhang den Abstand schaffen und den Überblick ermöglichen, die zu einer Güterabwägung notwendig sind und die Zweck-Mittel-Relation richtig sehen lassen. Genau diese Fähigkeit sieht Guardini aber gerade durch die kulturelle Entwicklung hochgradig gefährdet. Gewisse Züge der kulturellen, speziell der technischen Entwicklung scheinen die hier notwendigen Voraussetzungen eher zu schmälern als zu fördern. Hier ist an das zu erinnern, was im Zusammenhang mit der Entwicklung des abendländischen Arbeitsethos bereits angeklungen ist: die einseitige Entwicklung der aktiven Fertigkeiten und Verhaltensweisen des Menschen und der Verlust der kontemplativen Seite des Menschseins, sichtbar in einer Inflation des Wortes und der Unfähigkeit zum Schweigen, in ruhelosem Aktivismus und im Verlust der Ruhe und der Fähigkeit zum gesammelten Bei-sich-sein. In dieser Weise „unvollständig"[999] geworden, kann der „heutige Mensch, ..., die Gefahren, die aus der kulturellen Entwicklung der letzten Jahrhunderte für sein äußeres Leben wie für sein inneres Heilsein erwachsen, nicht meistern ..."[1000]. Dazu fehlt ihm „jene Distanz vom unmittelbaren Geschehen in Laboratorium, Werk und Büro, wie sie nötig ist, um Zusammenhänge von solcher Tragweite verstehen zu können"; es fehlen ihm „die Maßstäbe, nach denen Dinge beurteilt werden müssen, von welchen morgen einfachhin die Existenz aller abhängen wird"; es fehlt ihm „jene innere Freiheit, die dem ungeheuren Gefälle

[995] R. Guardini, Ethik, Bd. 2, a.a.O., 832; der offensichtliche Schreibfehler („je der menschlichen Möglichkeit") wurde vom Verf. dieser Studie korrigiert.
[996] Ders., Fragen zum Problem der Macht, a.a.O., 44.
[997] Vgl. ders., Die Macht, 106f.
[998] Ders., Fragen zum Problem der Macht, a.a.O., 44.
[999] R. Guardini, Der unvollständige Mensch und die Macht, a.a.O., z.B. 47.
[1000] A.a.O., 52.

der in Bewegung geratenen Probleme, Motive, Interessen, organisatorischen Entwicklungen gewachsen wäre“[1001].

Die Aufgabe würde also darin bestehen, „daß der Mensch lernte, nicht mehr nur die Energien der Natur, sondern die eigene Macht zu meistern; das weithin wild treibende, nur aus der Logik seiner eigenen jeweiligen Probleme und Prozeduren heraus sich verwirklichende technische Geschehen ins menschliche Dasein einzuordnen. Den Irrsinn zu überwinden, daß der Prozeß des Erfindens, Hervorbringens, Organisierens weiterläuft“[1002], ohne daß danach gefragt würde, was dies alles für den Menschen bedeutet.

2.4.5.7. Gandhi – oder: die Macht der Askese

Schon früh, nämlich Anfang der zwanziger Jahre, wird Guardini aufmerksam auf die Gestalt Mahatma Gandhis.[1003] In der „Haltung“ und der „Kraft“, die Gandhi neu in die „politische „Wirklichkeit“ einbringt, kündigt sich nach Guardini etwas von den „Haltungen“ und „Kräfte(n)“ an, die er in seinen „Briefen aus Italien“ erwartet und angemahnt hatte.[1004] In Gandhis gewaltfreiem, ganz auf die Kraft der Wahrheit bauendem Einsatz für Menschenwürde und Freiheit sieht Guardini einen Beweis für die Wirklichkeit und Wirksamkeit des Geistes – auch im Bereich des Politischen. „Werden wir die politische, die realpolitische Bedeutung des Geistigen sehen lernen?“[1005], so fragt er. Was bisher „als das Unpolitische erschien“, nämlich „Innerlichkeit und seelische Bildung“, das habe sich „jetzt, in der Zeit höchster Technik des Wirklichen und Berechenbaren“, als „politische Energie“ von erstaunlicher Kraft erwiesen.[1006]Diese Wirkung sei allerdings ohne die „jahrtausendalte“ asketische Tradition Indiens undenkbar.[1007] Als „politische Energie“[1008] und als „politische Macht“[1009] wirksam wird der Geist der Wahrheit, der Gerechtigkeit und der Gewaltlosigkeit nämlich nur, wenn er „in den Menschen lebendig“, „mobilisiert“, „zu Charakter geworden“ ist, mit anderen Worten: „Menschen müssen da sein, die ganz zum Geistigen stehen; ..., konzentriert, geübt im Ertragen, im Warten, im Wollen, im Selbsteinsatz. Eine Haltung muß da sein, gewoben aus Wachheit, Besonnenheit, Opferfähigkeit und Zucht.“[1010] Hier sieht Guardini dringende Aufgaben einer künftigen

[1001] A.a.O., 52f.

[1002] A.a.O., 54.

[1003] Vgl. R. Guardini, Eine neue politische Wirklichkeit, in: Die Schildgenossen 4 (1923/24), 448-453.

[1004] Ders., a.a.O., 448; die hier erwähnten „Briefe aus Italien“ erschienen später unter dem Titel „Briefe vom Comer See“ (vgl. Kap. 2.4.1.).

[1005] A.a.O., 449.

[1006] A.a.O., 452.

[1007] Vgl. a.a.O., 451f., Zitat 451.

[1008] A.a.O., 452.

[1009] A.a.O., 450.

[1010] A.a.O., 452.

„politischen Erziehung" und „Menschenbildung".[1011] Allein in diesen Kräften und Haltungen liegt nach Guardini die Chance, die schwierigen Probleme der Zukunft zu lösen, die sich aus einer steigenden Bevölkerungsdichte, aus einer immer gefährlicheren Kriegstechnik, aus immer komplexer werdenden Wirtschaftsbeziehungen und – im individuellen Bereich – aus immer differenzierter und labiler werdenden psychischen Strukturen ergeben.[1012]

2.4.6. Aufgaben und Herausforderungen am „Ende der Neuzeit"[1013]

Guardinis These vom „Ende der Neuzeit" dürfte derjenige Gedanke Guardinis gewesen sein, der am meisten auf Widerspruch und Unverständnis gestoßen ist.[1014] In unserem Zusammenhang ist sie von Interesse, weil sie Guardinis Sicht der kulturellen Entwicklung erhellt, darüberhinaus unseren geschichtlichen Standort und die Aufgaben der Zukunft benennt und schließlich der Askese für die Bewältigung der Aufgaben der kommenden Zeit einen hohen Stellenwert zuschreibt.

Guardinis Abhandlung „Das Ende der Neuzeit. Ein Versuch zur Orientierung"[1015], ist hervorgegangen aus einführenden Überlegungen zu Vorlesun-

---

[1011] A.a.O.

[1012] Vgl. a.a.O., 449.

[1013] R. Guardini, Das Ende der Neuzeit. Ein Versuch zur Orientierung, Mainz-Paderborn [10]1986.

[1014] Sie ist ausgesprochen und begründet in R. Guardini, Das Ende der Neuzeit, a.a.O., (1. Aufl. Würzburg 1950), klingt aber – worauf H.-B. Gerl, Romano Guardini, a.a.O., 338, aber auch Guardini selbst, a.a.O., 10, hinweisen – auch in anderen Abhandlungen Guardinis verschiedentlich an.
Zur Kritik vgl. vor allem C. Münster/W. Dirks/G. Krüger/R. Guardini, Unsere geschichtliche Zukunft. Ein Gespräch über ‚Das Ende der Neuzeit' zwischen C. Münster, W. Dirks, G. Krüger und R. Guardini, Würzburg 1953; M. Theunissen, Falscher Alarm. Wiedergelesen: Romano Guardinis ‚Das Ende der Neuzeit', in: Frankfurter Allgemeine Zeitung vom 3. 3. 1977, 19; H. Lutz, Neuzeitende und Europazentrismus bei Guardini: Für ein Einbringen unserer Traditionen in heutige globale Perspektiven, in: Vorstand der Vereinigung der Freunde von Burg Rothenfels e.V. (Hg.), Zur geistigen Gestalt Romano Guardinis. Materialien zum Bereich der Sprache und zur Frage des Endes der Neuzeit, (= Rothenfelser Schriften, Bd. 7), Rothenfels 1980, 84-113; H.R. Schlette, „Die Religiosität der kommenden Zeit". Zu Guardinis Vorblick, in: Vorstand der Vereinigung der Freunde von Burg Rothenfels e.V. (Hg.), a.a.O., 62-83.
Im übrigen vgl. H.B. Gerl, a.a.O., 338-342; M. Knapp, Die Christologie Romano Guardinis im Kontext seiner These vom Ende der Neuzeit, in: Theologie und Glaube 83 (1993), 338-356, hier 338-345; J. Van der Vloet, Romano Guardini und die Nach-Neuzeit. Ansätze einer theologischen Kritik der Moderne, in: A. Schilson (Hg.), Konservativ mit Blick nach vorn. Versuche zu Romano Guardini, Würzburg 1994, 115-130. Eine gute ausführlichere Darstellung findet sich bei F. Wechsler, Romano Guardini als Kerygmatiker, Paderborn 1973, 67-122. Ausgangspunkt weiterführender Überlegungen ist Guardinis Analyse für P. Fonk, Das Ende der Neuzeit. Überlegungen zum gleichnamigen Werk Romano Guardinis, in: H.M. Baumgartner/B. Irrgang (Hg.), Am Ende der Neuzeit? Die Forderung eines fundamentalen Wertwandels und ihre Probleme, Würzburg 1985, 69-93.

[1015] A.a.O.

gen über Pascal; Guardini sieht Pascal als Exponenten des neuzeitlichen Menschen an der Wende vom Mittelalter zur Neuzeit, der aber – im Gegensatz zu Descartes – der Neuzeit auch schon wieder distanziert und kritisch gegenübersteht und über sie hinausweist.[1016]

2.4.6.1. „Natur", „Subjekt" und „Kultur" als Parameter

Es sind drei Grundelemente, die in der Sicht Guardinis die Neuzeit charakterisieren. Es sind dies „der neuzeitliche Begriff der Natur", der Begriff des „Subjekts" sowie der Begriff der „Kultur".[1017]

Für das Mittelalter war die Natur einfachhin Gottes Schöpfung; jetzt wird sie selber „Gegenstand einer religiösen Verehrung", „etwas Letztes ..., hinter das zurückzugreifen nicht möglich ist", personifiziert zur „‚Mutter Natur'".[1018]

So wie die Natur nun losgelöst von Gott betrachtet werden kann, so tritt auch der Mensch als autonomes Subjekt aus dem Gottesbezug heraus und wird etwas Erstgegebenes, „hinter das nicht mehr zurückgedacht werden kann"; im Bild der großen Persönlichkeit und des Genies, die nur ihren eigenen Gesetzen gehorchen, kommt dieses Verständnis vom Menschen zum Ausdruck; „das Ethos des objektiv Guten und Wahren wird durch jenes der Echtheit und Wahrhaftigkeit verdrängt."[1019]

„Zwischen der Natur und dem Persönlichkeits-Subjekt entsteht die Welt der Menschentat und des Menschenwerkes", nämlich die „Kultur". Das Schaffen des Menschen wird nicht mehr „als Dienst an Gottes Schöpfung verstanden", es ist selber „Schöpfung"; „‚die Kultur'" wird zum „Inbegriff des Gott und seiner Offenbarung gegenüber eigenständigen Menschenwerkes" und „gewinnt" ihrerseits „religiösen Charakter. In ihr offenbart sich das schöpferische Geheimnis der Welt. Durch sie kommt der Weltgeist zum Bewußtsein seiner selbst, und der Mensch empfängt den Sinn des Daseins."[1020]

Dabei lösen sich die verschiedenen Bereiche dieser Kultur „immer bewußter aus den Bindungen des Glaubens, aber auch einer allgemein verpflichtenden Ethik heraus und bauen sich autonom aus ihrem jeweiligen

---

[1016] A.a.O., 9f.; vgl. auch ders., Christliches Bewußtsein. Versuche über Pascal, München 1950.

[1017] R. Guardini, Das Ende der Neuzeit, a.a.O., 36 – 41; zu den Veränderungen in den Lebens- und Schaffensbereichen vgl. a.a.O., 30-35; vgl. auch ders., Welt und Person, a.a.O., 15-24, wo Guardini die Veränderungen vom mittelalterlichen zum neuzeitlichen Weltbild in ganz ähnlicher Weise beschrieben hat. Auf Guardinis Charakterisierung der Neuzeit durch das „Gefüge von Natur, Subjekt und Kultur" nimmt übrigens A. Auer, Umweltethik. Ein theologischer Beitrag zur ökologischen Diskussion, Düsseldorf 1984, 11f., ausdrücklich Bezug.

[1018] R. Guardini, Das Ende der Neuzeit, a.a.O, 36; als Beleg für dieses Naturverständniss gilt Guardini Goethes Fragment „Die Natur" aus dem Tiefurter Journal vom Jahr 1782.

[1019] A.a.O., 39.

[1020] A.a.O., 40 f.; Guardini zitiert, a.a.O., 41, wiederum Goethe: „‚Wer Wissenschaft und Kunst besitzt, hat auch Religion'" (Zahme Xenien IX).

Wesen auf." Dies alles ist natürlich aufs engste verbunden mit umstürzenden Veränderungen im religiösen Bewußtsein. Waren im Mittelalter alle Kulturbereiche fraglos bestimmt und durchformt von christlichem Glaubensbewußtsein, so wird jetzt die „Wahrheit der christlichen Offenbarung ... immer tiefer in Frage gestellt; ihre Gültigkeit für die Formung und Führung des Lebens immer entschiedener bestritten. ... Der neue Anspruch, die verschiedenen Bereiche des Lebens und Schaffens: Politik, Wirtschaft, Sozialordnung, Wissenschaft, Kunst, Philosophie, Erziehung usw. müßten rein aus ihren immanenten Maßstäben heraus entfaltet werden, erscheint als immer selbstverständlicher."[1021] Die Folge ist eine verhängnisvolle Spaltung zwischen den menschlichen Schaffensbereichen einerseits, die keine übergeordneten Maßstäbe ethischer oder religiöser Natur anerkennen, und einem Christentum andererseits, das als „rein religiöse Religiosität ... immer mehr die unmittelbare Beziehung zum konkreten Leben" verliert, „immer ärmer an Weltgehalt" wird und „sich immer ausschließlicher auf ‚rein religiöse' Lehre und Praxis" beschränkt.[1022] Gleichzeitig schwindet aber auch die Empfänglichkeit für religiöse Erfahrung überhaupt.[1023]

Die Wandlungen, die dazu berechtigen, vom Ende der Neuzeit zu sprechen[1024], macht Guardini wiederum fest an der Weise, wie Natur, Mensch und Kultur gesehen werden.[1025]

2.4.6.2. Wandlungen im Verhältnis zur Natur

Die Natur wird – „vielleicht von den dreißiger Jahren ab" – eben nicht mehr als fraglos vorhanden und bergend, als das „gütig Spendende", nicht mehr als „‚Mutter Natur'" empfunden; vielmehr kommt „die Endlichkeit der Welt" in den Blick und darin ihre Gefährdung und Kostbarkeit. „So richtet sich" auf die Welt „ein Gefühl der Sorge, der Verantwortlichkeit, ja der Her-

[1021] A.a.O., 81.

[1022] A.a.O.

[1023] Dazu vgl. auch ders., Der Glaube in der Reflexion, in: Unterscheidung des Christlichen, a.a.O., 279-306.

[1024] Der Schwierigkeit, Epochen gegeneinander abzugrenzen, war sich Guardini wohl bewußt: „Geschichtliche Epochen setzen sich nicht so von einander ab, wie die Abschnitte im Verlaufe eines wissenschaftlichen Versuchs; sondern während eine herrscht, bereitet sich schon die nächste vor, und die vorausgehende wirkt noch lange nach. ... So zieht in der noch unbenannten Epoche, die wir überall durchdringen fühlen, die Neuzeit überall ihre letzten Konsequenzen, obwohl das, was das Wesen der Neuzeit ausmacht, nicht mehr den eigentlichen Charakter des beginnenden Geschichtsabschnitts bestimmt." (Ders., Die Macht, Mainz [7]1986, 97f.).
Zur Problematik der Epochen-Einteilung vgl. H. Lutz, Neuzeitende und Europazentrismus bei Guardini: Für ein Einbringen unserer Traditionen in heutige globale Perspektiven, a.a.O., 84-113.

[1025] Eine äußerst knappe Skizze der „kommenden geschichtlichen Epoche" findet sich bereits in Guardinis Aufsatz „Zum Problem der Demokratie. Ein Versuch zur Klärung" aus dem Jahr 1946, in: Geschichte in Wissenschaft und Unterricht 21 (1970), 711-716, 714ff., Zit. 914.

zensbeteiligung, das ... von Geheimnis durchdrungen ist: als ob dieses Nur-Endliche uns riefe; als ob sich in ihm etwas Unsägliches vorbereitete, das unserer bedarf."[1026] In Zukunft „trägt das Verhältnis zur Natur den Charakter äußerster Entscheidung: entweder gelingt es dem Menschen, das Herrschaftswerk richtig zu machen, und dann wird es gewaltig – oder aber alles geht zu Ende."[1027]

2.4.6.3. Wandlungen im Verhältnis zu Persönlichkeit und Subjekt

Was die Sicht des Menschen selbst angeht, so wird nach Guardini das Ideal der Persönlichkeit mit ausgeprägter Individualität und Originalität abgelöst durch eine nüchternere und schlichtere Gestalt des Menschseins, die geprägt ist durch die Strukturen der Technik und der Planung und durch das Phänomen der Masse. Dabei mag überraschen, wie ausdrücklich Guardini davor warnt, diese Wandlung, ja sogar das Phänomen der Masse selbst, negativ zu bewerten: Wenn im Wandlungsprozeß auch naturgemäß zunächst immer der Verlust vor Augen tritt, bildet die heraufkommende neue Form des Menschseins „doch eine geschichtliche Möglichkeit wie andere auch".[1028] Entscheidend ist für Guardini nur, daß der Mensch sein Personsein bewahren kann. Hier ist daran zu erinnern, daß Guardini streng unterscheidet zwischen den Begriffen „Persönlichkeit" und „Person"[1029]: Personsein gehört wesenhaft und unverlierbar zum Menschen und bedeutet im wesentlichen die Tatsache seines Angerufenseins durch Gott, und damit seiner Freiheit und seiner Verantwortung; ob ein Mensch zur Persönlichkeit im Sinn einer reichen und eigenständigen Entfaltung seiner Anlagen und Möglichkeiten wird oder nicht, ist demgegenüber sekundär – abhängig von äußeren und inneren, persönlichen und gesellschaftlichen Voraussetzungen. Für Guardini stellt sich also angesichts des Phänomens der Masse lediglich die Frage, „ob die Einebnung, welche mit der Vielzahl gegeben ist, nur zum Verlust der Persönlichkeit, oder auch zu dem der Person führt. Das Erste darf geschehen; das Zweite niemals."[1030] Guardini hält es sogar für möglich, daß „im Verzicht auf die reiche und freie Fülle der Persönlichkeitskultur ...das, was eigentlich ‚Person' ist, das Gegenüber zu Gott, die Unverlierbarkeit der Würde, die Unvertretbarkeit in der Verantwortung, mit einer geistigen Entschiedenheit hervortreten" könne, „wie sie vorher nicht möglich war. So seltsam es klingen mag: die gleiche Masse, welche die Gefahr der absoluten Beherrschbarkeit und Verwendbarkeit in sich trägt, hat auch die Chance zur

---

[1026] Ders., Das Ende der Neuzeit, a.a.O., 49 f.
[1027] A.a.O., 51
[1028] A.a.O.. 52.
[1029] Vgl ders., Welt und Person, a.a.O., 115-131; sowie ders., Gesichtspunkte für ein Gespräch über Freiheit, Demokratie und humanistische Bildung, in: Geschichte in Wissenschaft und Unterricht (21) 1970, 732-739, hier 736f.
[1030] Ders., Das Ende der Neuzeit, a.a.O., 57.

vollen Mündigkeit der Person in sich. Allerdings sind dabei Aufgaben einer inneren Befreiung, einer Stählung gegen die immer ungeheuerlicher anwachsenden Es-Mächte gestellt, die wir noch kaum erst zu ahnen vermögen."[1031]

Guardini macht in diesem Zusammenhang darauf aufmerksam, daß die Aufgaben der kommenden Zeit wegen ihrer Größe und Verflochtenheit vom individualistischen Einzelnen nicht zu lösen sein werden; es bedürfe vielmehr „einer Sammlung der Kräfte und einer Einheit der Leistung", die nur in einer Haltung der „Solidarität" möglich seien.[1032]

2.4.6.4. Wandlungen im Charakter der Kultur

Die Neuzeit war erfüllt von einem nahezu religiösen Glauben an den Fortschritt; man war überzeugt, daß die Entwicklung aller Bereiche der Kultur „mit innerer Notwendigkeit auf das Werden des Besseren hindrängt"[1033]. Der Bereich der Kultur wurde empfunden als Raum der Sicherheit. Diese Zuversicht ist geschwunden. „Jedenfalls ist der bourgeoise Aberglaube an die innere Zuverlässigkeit des Fortschritts erschüttert."[1034] Es wird immer stärker die Bedrohung erfahren, die vom Kulturschaffen des Menschen ausgeht. „Viele ahnen, daß ‚Kultur' etwas anderes ist, als die Neuzeit gemeint hat: keine schöne Sicherheit, sondern ein Wagnis auf Leben und Tod, von dem niemand weiß, wie es ausgehen wird."[1035]

Die Gefahr, die die kommende Epoche bestimmt, „rührt nicht von Einzelschwierigkeiten her, mit denen Wissenschaft und Technik noch nicht fertig geworden wären"[1036]; sie reicht tiefer; sie geht aus von der Tatsache, daß der „neuzeitliche Mensch ... auf den ungeheuren Aufstieg seiner Macht nicht vorbereitet" ist; „daß eine Charakterbildung, welche den richtigen Gebrauch der Macht wahrscheinlich machte, fehlt"; daß es „noch keine richtig durchdachte und wirksam geprägte Ethik des Machtgebrauchs" gibt; „noch weniger eine Erziehung dazu, weder einer Elite noch der Gesamtheit."[1037]

„Das Kernproblem, um das die künftige Kulturarbeit kreisen, und von dessen Lösung alles, nicht nur Wohlfahrt oder Not, sondern Leben und Untergang abhängen wird, ist die Macht. Nicht ihre Steigerung, die geht von selbst vor sich; wohl aber ihre Bändigung, ihr rechter Gebrauch."[1038]

Genau in der Veränderung, die die Einstellung des Menschen gegenüber der Macht erfahren hat, sieht Guardini auch das deutlichste Zeichen des

---

[1031] A.a.O.
[1032] A.a.O., 58.
[1033] A.a.O., 65.
[1034] A.a.O., 73.
[1035] A.a.O., 73 f.
[1036] A.a.O., 75.
[1037] A.a.O., 76.
[1038] A.a.O., 77.

Epochenbruchs: „Die Neuzeit hat jede Zunahme an wissensmäßig-technischer Macht einfachhin als Gewinn empfunden; ... Die Sicherheit dieser Überzeugung ist erschüttert, und ebendas zeigt den Beginn der neuen Epoche an. Wir sind nicht mehr der Meinung, Zunahme an Macht sei einfachhin mit Wertsteigerung des Lebens gleichbedeutend. Die Macht ist uns fragwürdig geworden. ... Im allgemeinen Bewußtsein dringt das Gefühl durch, daß unser Verhältnis zur Macht falsch ist; ja, daß unsere steigende Macht selbst uns bedroht.“[1039]

Deshalb ist Aufgabe der kommenden Epoche eben nicht mehr „die Steigerung der Macht – obwohl diese sich immer weiter und in immer rascherem Zeitmaß vollziehen wird –, sondern ... deren Bändigung“. Es geht darum, „die Macht so einzuordnen, daß der Mensch in ihrem Gebrauch als Mensch bestehen“ kann. Der Mensch „wird vor die Entscheidung kommen, als Mensch so stark zu werden, wie seine Macht groß ist als Macht – oder aber ihr zu verfallen und zu Grunde zu gehen“.[1040]

2.4.6.5. Die geforderten Haltungen

Für unseren Zusammenhang entscheidend sind schließlich die Haltungen, die nach Guardinis Einschätzung notwendig sind, um die Gefahr meistern und das Chaos bändigen zu können. Guardini nennt hier den „Ernst“[1041], der sich sachlich und nüchtern der Situation stellt und bereit ist, die auferlegte Verantwortung zu übernehmen, eine „unpathetische ...Tapferkeit“, die sich nicht nur äußeren Gefahren, sondern vor allem dem im Menschen selbst lauernden Chaos und der „in Parolen und Organisationen verdichtete(n) Unwahrheit“ entgegenstellen muß, und schließlich die Askese, durch die der Mensch lernen muß, „Herr über sich selbst zu werden – und dadurch auch Herr zu werden über seine eigene Macht.“[1042]

Charakteristisch für die Neuzeit war gerade, daß sie vor der Askese „zurückscheute“; Askese war „ein Inbegriff alles dessen, von dem sie sich lösen wollte. Ebendadurch ist sie aber innerlich eingeschlafen, sich selbst verfallen.“ Ziel der Askese ist deshalb, die „Freiheit“ zu gewinnen, die frei genug ist, um ihren „Ernst auf die wirklichen Entscheidungen (zu) richten, während wir heute eine schier metaphysische Gravität an Lächerlichkeiten gewandt sehen.“[1043]

2.4.6.6. Asketische Züge einer künftigen Spiritualität

Asketisch, d.h. gekennzeichnet durch einen Verlust an Fülle und Selbstverständlichkeit einerseits und die wachsende Bedeutung von „Entscheidung,

[1039] Ders., Die Macht, a.a.O., 98.
[1040] A.a.O., 98f.
[1041] Ders., Die Neuzeit, a.a.O., 77
[1042] A.a.O., 78.
[1043] A.a.O.

Treue und Überwindung"[1044] andererseits, wird auch die „Religiosität der kommenden Zeit"[1045] sein müssen. Der Glaube muß sich ja bewähren in einer Situation, in dem ihm die gesellschaftlichen und kulturellen Rahmenbedingungen, die ihn im Mittelalter stützten und die über weite Strecken auch in die Neuzeit hinein wirksam blieben, genommen sind.[1046] Der „Gehorsam" wird in diesem Glauben eine große Rolle spielen, ein Gehorsam allerdings, der nichts mit Heteronomie, sehr viel aber mit Freiheit zu tun hat. Dieser Gehorsam richtet sich „mit Unbedingtheit auf das Unbedingte" und ermöglicht gerade darin Freiheit und Souveränität gegenüber allen kontingenten Vorgaben und Zwängen. „Je stärker die Es-Mächte anwachsen, desto entschiedener besteht die ‚Weltüberwindung' des Glaubens in der Realisation der Freiheit; im Einvernehmen der geschenkten Freiheit des Menschen mit der schöpferischen Freiheit Gottes"[1047]: Deutlicher kann die Bedeutung, die Guardini der Verwirklichung menschlicher Freiheit und ihrer Bewahrung entgegen den zunehmenden Zwängen beimißt, kaum zum Ausdruck gebracht werden; gleichzeitig wird sichtbar, wie Guardini „Weltüberwindung" in den Dienst dieser Freiheit stellt.

[1044] A.a.O., 91, Anm 13.

[1045] A.a.O., 79.

[1046] Zu Guardinis Diagnose der Situation des Glaubens am Ende der Neuzeit vgl. auch H. Kleiber, Glaube und religiöse Erfahrung bei Romano Guardini, Freiburg 1985, 184-194.

[1047] A.a.O., 93.

3. ERGEBNISSE UND KONSEQUENZEN

3.1. Die Grundlinien von Guardinis Askese-Verständnis

3.1.1. Weltbejahung und Weltverantwortung

Die weltflüchtige, dualistische und deshalb die Materie und besonders den menschlichen Leib abwertende Orientierung der Askese, die lange Zeit vorherrschend war[1], ist seit den ersten Jahrzehnten dieses Jahrhunderts im Schwinden begriffen[2] und darf heute innerhalb der christlichen Theologie weitgehend als überwunden gelten – womit nicht gesagt sein soll, daß dualistische und rigoristische Strömungen nicht auch heute immer wieder aufflackern könnten.[3] Askese steht so bereits bei Autoren der dreißiger Jahre dieses Jahrhunderts im Dienst der Weltverantwortung des Christen.[4]

Die Intensität und Radikalität, mit der Guardini die Verantwortung des Menschen für die Schöpfung bereits Mitte der fünfziger, Anfang der sechziger Jahre formuliert[5], geht jedoch deutlich über das zu dieser Zeit übliche Verständnis von Weltverantwortung hinaus. In der Pastoralkonstitution des

[1] Vgl. J. Gründel, Aspekte der Ethik und Moraltheologie, in: ders. (Hg.), Triebsteuerung. Für und wider die Askese, München 1972, 67-110, hier 67-93.

[2] Vgl. Kap. 1.5. So spricht beispielsweise R. Egenter bereits im Jahr 1928 in einer Untersuchung über „Gottesfreundschaft. Die Lehre von der Gottesfreundschaft in der Scholastik und Mystik des 12. und 13. Jahrhunderts“ (Augsburg 1928, 232f.) rühmend von der „gesunden, weltfrohen und dennoch ehrlichen und ernsten Askese“ des Aelred von Rievaulx, in der sich lautere Weltabkehr und „mutige Weltbejahung“ verbinden.

[3] Zur dualistischen Orientierung des „Opus Dei“ und zur Problematik seiner rigoristischen Askese vgl. A. Rotzetter, Opus-Dei-Mentalität oder christliche Spiritualität, in: Paulus-Akademie (Hg.), Opus Dei – Stosstrupp Gottes oder „Heilige Mafia“?, Zürich 1992, 153-192, bes. 172-175; vgl. auch D. Mieth, Anfragen an das Verständnis von Kirche und Sexualität beim Opus Dei, in: H. Schützeichel (Hg.), Opus Dei. Ziele, Anspruch und Einfluß, Düsseldorf 1992, 104-120, bes. 107f. Eine dualistische Weltsicht steht zweifellos auch hinter den abstrusen Lehren des Engelwerks ; dazu vgl. H. Boberski, Das Engelwerk. Ein Geheimbund in der katholischen Kirche?, Salzburg 1990, bes. 183-195.

[4] Vgl. Kap. 1.5.

[5] Vgl. R. Guardini, Theologische Briefe an einen Freund. Einsichten an der Grenze des Lebens, Paderborn [4]1985, 19-28 u. 32-34 (datiert vom 13. 8. 1993 bzw. vom 16. 9. 1993) sowie ders., Zur Theologie der Welt, in: So1, 67-81, bes. 76ff. (Vortrag, erstmals gehalten bei der philosophischen Zusammenkunft in Gallarate bei Mailand 1959; vgl. H. Mercker, Bibliographie Romano Guardini, Paderborn 1978, Nr. 1366) und ders., Der Glaube in unserer Zeit, in: So1, 93-115, bes. 106-110 (überarbeitete Fassung des Vortrags im Bayerischen Rundfunk am 7. 3. 1961; vgl. H. Mercker, Bibliographie, a.a.O., Nr. 1418 und Nr. 1440) Vgl. auch Kap. 2.3.3.

2. Vatikanischen Konzils über „Die Kirche in der Welt von heute“ ist zwar mit großem Nachdruck von Weltverantwortung im Sinn des Auftrags zur Mitgestaltung der verschiedenen Wirklichkeitsbereiche die Rede.[6] Eine globale Verantwortung für den Fortbestand des Lebens auf der Erde, wie sie Guardini bereits in den fünfziger Jahren[7], ganz deutlich aber 1961 in seiner Rundfunkansprache mit dem Titel „Der neue Mensch in der Sicht des Theologen“[8] artikuliert hat, ist hier aber noch nicht im Blick. Überhaupt wird ja die wissenschaftlich-technische Entwicklung auf dem Konzil noch überwiegend positiv gewertet. Erste Reflexe der ökologischen Krise finden sich in lehramtlichen Verlautbarungen erst zu Beginn der siebziger Jahre.[9] In seiner Sicht der Weltverantwortung Guardini sehr nahe kommt allerdings R. Egenter, der ebenfalls bereits im Jahr 1956, dem Erscheinungsjahr von Guardinis einziger Monographie zum Thema Askese[10], angesichts der Möglichkeit des Menschen, alles menschliche Leben auf der Erde auslöschen zu können, von der lebensrettenden Bedeutung der Askese gesprochen hat.[11]

„Nicht bloß in der Welt ‚seine Pflicht tun‘.. Vielmehr die Welt in die Verantwortung nehmen“[12]: mit der epochalen Wende, die sich hinter dieser Formulierung verbirgt, nimmt Guardini das Anliegen des von H. Jonas formulierten „Prinzip(s) Verantwortung“[13] bereits voraus. Denn „die Welt in die Verantwortung nehmen“ bedeutet bei Guardini eben nicht nur die Sorge um die rechte Gestaltung einzelner Bereiche des wirtschaftlichen, politischen und gesellschaftlichen Lebens, sondern tatsächlich die Verantwortung für die „Zukunft der Menschheit“ und die Verantwortung für die „Zukunft der Schöpfung“[14]: Das neue Gefühl der Verantwortung, das angesichts der „wie im Zwang vorandrängenden wissenschaftlich-technischen Entwicklung“[15] aufkeimt, läßt den Menschen erkennen, daß er die Erde „retten muß“[16]. Im

---

[6] Vgl. K. Rahner/H. Vorgrimler, Kleines Konzilskompendium, Freiburg 1966, 423-552, bes. 431-434 u 436-446.

[7] Vgl. z.B. ders., Die Macht , Mainz [7]1986 (Würzburg [1]1951), 171.

[8] In: G. Lehner, Im Brennpunkt – Der neue Mensch, München 1961, 268-289. Dieser Vortrag wurde dann unter dem Titel „Der Glaube in unserer Zeit“ aufgenommen in: So1, 93-115; in diesem Zusammenhang vgl. bes. 106-110, vor allem 107.

[9] So z.B. in der Enzyklika Papst Pauls VI. „Octogesima adveniens“ (Art. 21) aus dem Jahr 1971 und im Dokument der Römischen Bischofssynode des Jahres 1971 „De iustitia in mundo“ (Art. 11).

[10] Vgl. Kap. 2.2.1.

[11] Vgl. R. Egenter, Die Aszese des Christen in der Welt. Überlegungen zum rechten Ansatz unserer Aszese, Ettal 1956, bes. 12f.; vgl. auch Kap. 1.4.2.1.

[12] R. Guardini, Theologische Briefe an einen Freund, a.a.O., 33. (Der Brief ist datiert vom 16. 9. 1963).

[13] H. Jonas, Das Prinzip Verantwortung. Versuch einer Ethik für die technologische Zivilisation, Frankfurt/M. 1984 (1. Aufl. Frankfurt/M. 1979).

[14] "Zukunft der Schöpfung – Zukunft der Menschheit“, so lautet der Titel einer Erklärung der Deutschen Bischofskonferenz zu Fragen der Umwelt und der Energieversorgung, hg. vom Sekretariat der Deutschen Bischofskonferenz, Bonn 1980.

[15] R. Guardini, Der Glaube in unserer Zeit, in: So1, 109.

[16] A.a.O., 108.

Gegensatz zu H. Jonas kann Guardini diese Verantwortung allerdings direkt theozentrisch begründen: die Welt ist „nicht nur ökonomisch oder kulturell, sondern von Gott her kostbar“[17]; ihre Zerstörung „wäre nicht nur eine wirtschaftliche Katastrophe, oder ein kulturelles Unheil, sondern ein religiöses Unrecht, ein Frevel“[18].

Es ist nun genau dieser Kontext der Gefährdung von Welt und Mensch durch die Akkumulation technischer Macht in der Hand des Menschen, in dem Guardinis emphatische Empfehlung einer neuen Askese steht.[19] Askese bekommt damit den Charakter intensivster Weltzuwendung und Weltbejahung; sie muß geradezu „als ein inneres Moment an der Weltverantwortung im Glauben verstanden werden“[20] Dabei ist Askese im Denken R. Guardinis nicht nur Ausdruck dieser Verantwortung für die Schöpfung, vielmehr ist sie es, die die Fähigkeit zur Verantwortung und das Bewußtsein von ihr zugleich erst ermöglicht und fördert.[21]

Selbstverständlich setzt Askese im Sinn des Verzichts immer auch kritische Distanz gegenüber der Welt, d.h. konkret gegenüber Objekten des Begehrens voraus. Diese kritische Distanz soll gerade durch Askese im Sinn der Übung erworben und eingeübt werden. Hier wird die Nähe der Askese zu den meditativen Übungen der Stille, der Sammlung, der Kontemplation relevant.[22] Distanz und Liebe schließen sich eben gerade nicht aus; sie bedingen sich vielmehr gegenseitig. Dies zeigt sich am klarsten im zwischenmenschlichen Bereich: Die „Grundlage aller ‚Liebe‘“ ist „jene Bewegung, welche ‚die Hände wegnimmt‘ und den Raum freigibt“[23], in dem der andere als Person in seiner Unverfügbarkeit gesehen werden kann. Aber auch im Verhältnis zu den Dingen gilt: „Lieben bedeutet, die Wertgestalt im fremden ... Seienden zu erblicken.“[24] Im Hinblick auf diesen Wert können und müssen dann eigene Interessen zurückgestellt werden. Nur so ist Freiheit möglich: „Wer liebt, geht immerfort in die Freiheit hinüber; in die Freiheit von seiner eigentlichen Fessel, nämlich seiner selbst.“[25]

Der Schlüssel zu dieser Verbindung von bejahender Zuwendung und Freiheit schaffender Distanz ist, auch wenn Guardini dies in seinen eher praxisorientierten Gedanken zur Askese nicht ausführt, in den erkenntnistheoretischen Prämissen zu suchen, wie er sie in seiner Weltanschauungslehre

---

17 A.a.O., 107.
18 A.a.O., 108. Vgl. auch ders., Zur Theologie der Welt, a.a.O., 80f.
19 Ders., Das Ende der Neuzeit, 10Mainz 1986, 78, (1Basel 1950); ders., Die Macht, 7Mainz 1986, 172, 183-185, (1Würzburg 1951) ; Die Kultur als Werk und Gefährdung, in: Sol, 31ff.; Der unvollständige Mensch und die Macht, a.a.O., 55; Askese, 41-46.
20 J.B. Metz, Zur Theologie der Welt, Mainz 1968, 92.
21 Vgl. Kap. 3.1.4.
22 Vgl. Kap. 2.2.7.
23 R. Guardini, Welt und Person, Mainz 1988, 134.
24 A.a.O., 126.
25 A.a.O., 126f.

aufgezeigt hat[26]: Nur von einer transzendentalen Verankerung her ist die Welt zugleich voll zu bejahen und kritisch zu bewerten. Es ist Jesus Christus, der als Gottes personale, unüberbietbare Selbstoffenbarung „der Welt mit einer im Jenseits begründeten Freiheit" gegenübersteht.[27] Christus ist „Richter und Gericht der Welt", zugleich aber „liebt er sie mit einer ganz starken, umfassenden, schöpferischen Liebe, die so durchaus anders ist als unsere."[28] Der Christ hat die Chance, zu Christus zu treten, „auf den Standpunkt, auf dem er steht"[29], und von ihm her die Welt zu verstehen und zu beurteilen. Der Glaubende steht der Welt gegenüber mit einer „zugleich Abstand nehmenden und hineingreifenden, verneinenden und bejahenden Haltung"; er hat „die freie und zugleich ganz treue Liebe, die allein wesenssichtig macht"[30] – dies freilich nicht als festen Besitz, sondern als Möglichkeit, die immer neu realisiert werden muß.[31]

„Die Hoffnung Guardinis baut auf den Einsatz der Personalität eines neuen Menschen"[32]; dieser Mensch weiß: „die Welt ist in der Hand der Freiheit; so fühlt er Verantwortung für sie. Und Liebe. Eine besondere Liebe; ebendaher bestimmt, daß die Welt hinausgewagt und zerstörbar ist. Mit dem Gefühl für die Macht und ihre Größe, mit der Verwandtschaft zur Technik und dem Willen, sie zu brauchen, mit dem Reiz der Gefahr verbindet sich Güte, ja Zärtlichkeit für das endliche, so ausgesetzte Dasein."[33]

Versteht man Verantwortung so global, bezogen auf die ganze Schöpfung und auch auf deren Zukunft, wie Guardini dies sehr deutlich und vergleichsweise früh tut[34], dann erfährt Ethik „eine Ausweitung auf das Morgen; sie wird zur präventiven Ethik".[35] Askese im Sinn R. Guardinis erweist sich als wesentliches Element einer solchen „präventiven Ethik".

3.1.2. Askese und Selbstverwirklichung

Das Wort ‚Selbstverwirklichung' ist zu einem Schlüsselwort modernen Selbstverständnisses geworden; nach B. Casper ist es geradezu „in den Mit-

[26] Vgl. Kap. 2.1.2.
[27] R. Guardini, Vom Wesen katholischer Weltanschauung, in: UC, 23.
[28] A.a.O., 24.
[29] A.a.O., 24.
[30] A.a.O.
[31] Vgl. R. Guardini, a.a.O.
[32] G. Henner, Die Pädagogik im Denken Romano Guardinis, Paderborn 1990, 298.
[33] R. Guardini, Die Macht, a.a.O., 171.
[34] Vgl. Kap. 2.3.3.
[35] J. Gründel, Vorwort, in: LcV1, 9.

telpunkt unseres geheimen ethischen Bewußtseins getreten"[36]. Bei aller Oberflächlichkeit und Mißverständlichkeit, die dem Begriff im Alltagsgebrauch zweifellos anhaftet[37], wird eine rein polemische Betrachtung, die unter Hinweis auf die vom Evangelium geforderte ‚Selbstverleugnung' pauschal ‚Selbstverwirklichung' als nichtchristlich verdächtigen wollte, dem in Frage stehenden Inhalt nicht gerecht.[38]

Vor allem in der öffentlichen Meinung, teilweise aber auch in der einschlägigen Literatur, werden Selbstverwirklichung und Askese als diametral entgegengesetzte Werte bzw. Haltungen betrachtet.[39] Legt man freilich Guardinis anthropologisch-pädagogische Grundüberzeugungen einerseits und sein Askeseverständnis andererseits zugrunde, so erweist sich die polemische Entgegensetzung von Selbstverwirklichung und Askese als verhängnisvoller Trugschluß. Guardinis Anthropologie und Pädagogik machen deutlich, daß Selbstverwirklichung ohne Elemente der Askese gar nicht gelingen kann. Selbstverwirklichung erfordert mehr als ein Ausleben spontaner Triebimpulse: Selbstwerdung und Selbstentfaltung brauchen – zumindest auch – bewußte Selbstbildung, geduldige Arbeit an sich selbst, den Verzicht auf nicht wesensgemäße, nicht weiterführende Verwirklichungen; sie sind nur möglich in der Überwindung unguter Neigungen und in der Hingabe an Menschen und Aufgaben. Menschliche Selbstverwirklichung ist eben immer die Entfaltung eines sittlichen, d.h. auf die Verwirklichung des Guten angelegten Subjekts; sie gelingt daher nicht unter Absehung von ethischen Werten. Verantwortungsfähigkeit, sittliche Eigenständigkeit, Ich-Stärke sind wichtige Ziele der Selbstbildung im Sinne Guardinis. Zugleich setzt aber auch seine Ethik so eindeutig bei der Verwirklichung des Guten, ja beim Glücksstreben des Menschen, letztlich bei Gottes dem Menschen immer schon zuvorkommenden Angebot an, daß Askese weniger von der Vermeidung des Negativen als vielmehr von der Verwirklichung des Guten her motiviert ist. So steht Askese bei Guardini in allen ihren Formen – ganz selbstverständlich als Einübung, aber auch als Verzicht oder als schmerzliche Überwindung – gerade nicht im Gegensatz zur Selbstverwirklichung, sondern vielmehr in ihrem Dienst.

[36] B. Casper, Was gibt unserem Leben den Sinn?, in: G. Greshake (Hg.), Ruf Gottes – Antwort des Menschen. Zur Berufung des Christen in Kirche und Welt, Würzburg 1991, 12. Vgl. auch K. Hilpert, Einführung: Stichwort „Selbstverwirklichung", in: ders. (Hg.), Selbstverwirklichung. Chancen, Grenzen, Wege, Mainz 1987, 9-19; P. Lippert, Art. „Selbstverwirklichung", in: PLS, 1134-1136.

[37] Vgl. K. Hilpert, a.a.O., 13-15.

[38] Vgl. K. Hilpert, a.a.O., 15-19; P. Lippert, a.a.O.; vgl. auch ders., P. Lippert, Wer sein Leben retten will. Selbstverwirklichung und Askese in einer bedrohten Welt, Mainz 1978.

[39] So stellt G. Hepp, Asketische Werte. Zu ihrer Bedeutung im Spannungsfeld von Selbstentfaltung und Gemeinwohl, Köln 1989 (= Kirche und Gesellschaft, hg. von der Katholischen Sozialwissenschaftlichen Zentralstelle Mönchengladbach, Nr. 164), 5, im Zusammenhang der Wertediskussion „asketische Werte" antithetisch den „Selbstentfaltungswerten" gegenüber; vgl. auch Kap. 1.2.2.3. sowie Kap. 1.3.6.

Guardini redet nicht einem ethischen Rigorismus das Wort. Wo er von Askese spricht, meint er alles andere als einen lebensfeindlichen Asketismus. Besonders in seinen „Versuchen über Pascal“[40] wird deutlich, wie kritisch er einer Moral gegenübersteht, die – wie die jansenistische von Port-Royal – mehr auf die Gefahr der Sünde blickt als auf die positiven Möglichkeiten des Menschen. Eine solche Moral würde Gott und Welt auseinanderreißen und so schließlich in ethischer Überanstrengung oder in der Abkehr von der Welt enden. In Guardinis Auseinandersetzung mit der Gestalt Pascals finden sich anrührende Worte über die Bedeutung des Ästhetischen in Natur und Kultur, über die Wahrnehmung des Schönen und vor allem über den Humor als wesentliche Elemente eines ganzheitlichen, nicht ethisch-radikalistisch verkürzten Lebens. Guardini plädiert – gegen jene „Art christlichen ‚Ernstes'“, die nur „ernst, charakterstark, sittenstreng, asketisch“ sein will, der aber der „Humor“ fehlt sowie „die erleuchtete, warme Kraft des Herzens, welche versteht und hilft“ – für die „Güte, die Freiheit, das verstehende Annehmen dessen, was ist“.[41]

Menschliche Selbstverwirklichung bedeutete ja immer schon auch die Annahme von Grenzen – die „Annahme seiner selbst“[42] in aller Begrenztheit und Endlichkeit. Auf dem Hintergrund einer an die Grenzen ihres Wachstums gekommenen Menschheit mit gewaltigen technischen Möglichkeiten auch der Zerstörung und der Manipulation bekommt der realistische, akzeptierende Umgang mit Grenzen und seine Einübung jedoch einen neuen Stellenwert.[43]

3.1.3. Askese als Übung

Am Anfang der Begriffsgeschichte des Wortes Askese steht – so wurde bereits in Kap. 1.1. festgestellt – die Bedeutung ‚Übung‘[44]. Verzicht, Enthaltsamkeit und Entsagung gehören zur Askese zunächst nur in einem abgeleite-

---

[40] Vgl. ders., Christliches Bewußtsein. Versuche über Pascal, Mainz-Paderborn ⁴1991.

[41] A.a.O., 234.

[42] R. Guardini, Die Annahme seiner selbst, in: ders., Gläubiges Dasein/Die Annahme seiner selbst, Mainz-Paderborn 1993, 7-31.

[43] Der Zusammenhang von Selbstwerdung einerseits und Annahme der Grenzen und der Endlichkeit andererseits wird – wenn auch unter anderen Prämissen, die hier auf sich beruhen bleiben müssen – von psychologischer und psychotherapeutischer Seite in letzter Zeit vermehrt gesehen; vgl. vor allem H.E. Richter, Der Gotteskomplex. Die Geburt und die Krise des Glaubens an die Allmacht des Menschen, Reinbek 1980.

[44] Dem liegt noch einmal die ursprüngliche Bedeutung „einer künstlerischen Bearbeitung oder technischen Verfertigung“ zugrunde (F. Wulf, Art. „Aszese“, in: HThG, 112); erst insofern vorwiegendes Objekt dieser „Bearbeitung“ oder „Verfertigung“ der menschliche Körper oder Geist wird, kommt es dann zur Bedeutung ‚Übung‘. Vgl. auch J. Bergman, Art. „Askese I“, in: TRE, Bd. IV, 195f.; H. Baltensweiler, Art. „Zucht, Unzucht (enkrateia)“, in: L. Coenen/E. Beyreuther/H. Bietenhard (Hg.), Theologisches Begriffslexikon zum Neuen Testament, Bd. 2, Wuppertal ³1983, 1503-1506, hier 1504; vgl. auch Kap. 1.1.

ten Sinn, nämlich insofern sie zur Übung erforderlich sind. Im Lauf der Zeit traten diese Aspekte immer mehr in den Vordergrund, so daß das positive Ziel der Askese, nämlich die Einübung körperlicher, geistiger oder moralischer Fähigkeiten nahezu in Vergessenheit geriet.

Die Einsicht in Wert und Bedeutung des Übens für das menschliche Leben ist heute gleichwohl nicht vergessen. Statt mit Askese wird das Üben derzeit eher mit Meditation bzw. Kontemplation in Verbindung gebracht; und stärker als im Zusammenhang des christlichen Ethos wird die ‚Übung' im Umfeld fernöstlicher Spiritualität, aber auch in einem therapeutischen Kontext gepflegt. Meditation wird da gesehen als „initiatische Übung, als Übung zum Durchbruch zum Wesen und zu einem Leben, das das Wesen Gestalt werden läßt in der Welt"[45].

Aber auch in einem dezidiert christlichen Kontext wird die Übung als zentrale Kategorie christlicher Spiritualität und Lebenspraxis wieder stärker gesehen. Man fragt nach „Lernräume(n) für die christliche Lebenspraxis"[46], spricht von der „Einübung in solidarisches Verhalten"[47] oder von der „Einübung christlicher Lebensart"[48].

Im Begriff der ‚Exerzitien' (das lateinische Wort ‚exercitium' bedeutet nichts anderes als ‚Übung') hatte katholische Spiritualität ja immer das Bewußtsein von der Notwendigkeit der Übung bewahrt. In der Praxis ging der Charakter der Übung jedoch teilweise verloren, so vor allem wenn sogenannte ‚Exerzitien' mit moralischer oder dogmatischer Belehrung überfrachtet wurden und der Exerzitien-Teilnehmer zum passiven Empfänger gestempelt wurde. Die Eigenverantwortung des Exerzitanden wird heute wieder stärker gesehen.

R. Guardini hat mit seinen auf Burg Rothenfels entwickelten „Geistliche(n) Übungen", die unter dem Titel „Wille und Wahrheit"[49] auch in Buchform erschienen sind, hier in überraschender Weise Entwicklungen vorausgenommen und Maßstäbe gesetzt, die noch bei weitem nicht eingeholt sind.[50]

In Guardinis Askese-Verständnis kommt dem Aspekt der Einübung wieder eine zentrale Stellung zu.[51] Und dabei geht es nicht nur um die Einübung bestimmter peripherer Fähigkeiten. In all den einzelnen Übungen geht es

[45] K. Graf Dürckheim, meditieren – wozu und wie. Die Wende zum Initiatischen, Freiburg 1976, 17. Vgl. auch ders., Der Alltag als Übung. Vom Weg zur Verwandlung, Bern ^{5}1977; ders., Hara. Erdmitte des Menschen, Bern ^{8}1978, bes. 89-164; ders., Vom doppelten Ursprung des Menschen, Freiburg ^{5}1980, bes. 153-211.

[46] B. Ernsperger, Die katechetische Gruppe als Lernraum christlicher Verhaltensweisen, in: Lebendige Katechese. Beihefte zu ‚Lebendige Seelsorge' 12 (1990), 117-122, Zitat 118.

[47] A. Kalteyer, Einübung in solidarisches Verhalten, in: Lebendige Katechese. Beihefte zu ‚Lebendige Seelsorge' 12 (1990), 136-138, Zitat 136.

[48] P. Schnappinger, Einübung christlicher Lebensart beim „Dies", in: Lebendige Katechese. Beihefte zu ‚Lebendige Seelsorge' 12 (1990), 141-144, Zitat 141.

[49] R. Guardini, Wille und Wahrheit. Geistliche Übungen, Mainz ^{6}1991 (Mainz ^{1}1933).

[50] Vgl. Kap. 2.3.7.4.

[51] Vgl. R. Guardini, Tugenden. Meditationen über Gestalten sittlichen Lebens, Mainz ^{3}1987, 85 u. 90f.; ders., Askese, 29 u. 41.

letztlich um nicht weniger als um die „Übung in der richtigen Führung des Lebens“[52], oder auch die „Übung im rechten Leben“[53], und zwar um „frei machende(r) ‚Übung‘“[54].

Die von R. Guardini auf Burg Rothenfels gehaltenen „geistlichen Übungen“[55] umfaßten so „praktische Übungen“[56] wie Singen und Sprechen[57], Gymnastik und Atemübungen[58] ebenso wie die Übung geistiger Haltungen, nämlich des Schweigens[59], der Einsamkeit[60], der Bereitschaft[61], der Absichtslosigkeit[62], der Rücksichtnahme[63] und des Durchtragens, d.h. des Ausharrens[64]. Als allerzentralste Übung aber erweist sich im Denken R. Guardinis die Übung der Sammlung. Bezeichnenderweise thematisiert Guardini sie am nachdrücklichsten im Anschluß an seine Gedanken über das Gute und das Gewissen, also in einem dezidiert ethischen Zusammenhang.[65] Die Sammlung braucht „Vorstufen“[66], wie die „Ordnung“[67], die „Zucht der Sinne und der Aufmerksamkeit“[68], „die Einsamkeit und das Schweigen“[69] und die „stille Aufmerksamkeit nach innen hin“[70] bzw. die „Aufmerksamkeit hinüber“[71], d.h. das lebendige Bewußtsein von Gottes Nähe. Die Sammlung verwirklicht sich schließlich in der Ruhe, in der inneren Gelöstheit des „vom Krampf des Machens und Wollens“[72] befreiten Daseins, als Gegenwärtigkeit und Einheit des Bewußtseins, als Absichtslosigkeit und Selbstbesitz.[73]

Hier wird noch einmal neu die starke Affinität deutlich, die im Denken R. Guardinis zwischen der Askese – verstanden als Übung – einerseits und Meditation und Kontemplation andererseits besteht.

So gesehen ist die Übung weit mehr als ein „pädagogischer Kunstgriff“[74]; dies machen – entgegen der von ihm gebrauchten mißverständlichen Kapi-

52 R. Guardini, Tugenden, a.a.O., 85.
53 A.a.O., 91.
54 A.a.O., 90.
55 Ders., Wille und Wahrheit. Geistliche Übungen, 6Mainz 1991, 9.
56 A.a.O., 16.
57 Vgl. a.a.O., 89-91.
58 Vgl. a.a.O., 52-57.
59 Vgl. a.a.O., 31f.
60 Vgl. a.a.O., 57f.
61 Vgl. a.a.O., 65-67.
62 Vgl. a.a.O., 91-93.
63 Vgl. a.a.O., 91-101.
64 Vgl. a.a.O., 129-131.
65 Vgl. ders., Das Gute, das Gewissen und die Sammlung, Mainz 41953 (Mainz 11929).
66 A.a.O., 83.
67 A.a.O., 76.
68 A.a.O., 77.
69 A.a.O., 79.
70 A.a.O., 81.
71 A.a.O., 82.
72 A.a.O., 84.
73 Vgl. a.a.O., 83-86.
74 G. Henner, Die Pädagogik im Denken Romano Guardinis, Paderborn 1990, 234.

telüberschrift – gerade G. Henners Überlegungen deutlich. Zu Recht stellt er im Hinblick auf Guardinis Askese-Verständnis, das er ganz unter den Aspekt der Übung stellt[75], fest: „Üben im eigentlichen Sinn ist eine Lebensform, die zwei Ziele enthält: das in der Übung angestrebte Können, dann aber auch und vielleicht noch mehr die beim Üben einzunehmende innere Haltung.“[76] Die Übung erweist sich so als ganz wesentlicher Vollzug des Menschseins.

Guardinis Verständnis von Askese hat deshalb wenig zu tun mit jenem „ständigen Kreisen um Verzicht und Entsagen“, das oft nichts anderes darstellt als „die Kehrseite eines heftigen Verlangens nach Besitz und Konsum“[77]. Die Askese, wie Guardini sie versteht, kommt dagegen den verschiedenen Formen der Übung sehr nahe, die E. Fromm in seinem Buch über „Die Kunst des Liebens“ beschreibt und empfiehlt und die letztlich alle der Einübung der Liebesfähigkeit dienen: die Übung der Disziplin, der Konzentration und der Geduld, die Übung der Überwindung des Narzißmus, sowie die Übung von Glaube und Mut.[78]

3.1.4. Askese: Weg zur Freiheit

Ihre wesentliche Zielrichtung hat nach alledem Askese gerade nicht im Verzicht auf dieses oder jenes, sondern in der Sorge um die Fähigkeit des Menschen, in Freiheit und Verantwortung zu handeln.

Ähnlich wie der Begriff ‚Selbstverwirklichung‘ wird auch der Begriff ‚Freiheit‘ oft in einem oberflächlichen Sinn gebraucht, nämlich im Sinn des Freiseins von Zwängen und der Möglichkeit einer ‚freien Wahl‘; d.h. als frei gilt „derjenige, der nur das zu tun braucht, was er will, unabhängig von jeder Art eines Gesetzes.“[79] R. Guardini zeigt in seiner Phänomenologie der Freiheit, daß die Erfahrung der Freiheit nicht zu haben ist ohne die Beachtung bestimmter Sach-Gesetzmäßigkeiten, ohne Achtung vor Recht und Wahrheit und vor dem Anspruch, den das Gute und letztlich Gott an den Menschen stellen.[80] Freiheit ist deshalb nicht schon einfach da, wo äußere Zwänge fehlen. Auch und gerade Freiheit muß gelernt, eingeübt, errungen werden; sie ist nicht nur Gabe, sondern auch Aufgabe.[81]

---

[75] Vgl. a.a.O., 234-240.
[76] A.a.O., 236.
[77] E. Fromm, Haben oder Sein. Die seelischen Grundlagen einer neuen Gesellschaft, Stuttgart 1976, 86.
[78] Vgl. E. Fromm, Die Kunst des Liebens, Frankfurt 1979, 141-171.
[79] A. Laun, Art. „Freiheit“, in: PLS, 402.
[80] Vgl. Kap. 2.3.2.1.
[81] Vgl. Kap. 2.3.2.2.

Zugleich ist Freiheit nicht eine beliebige unter vielen anderen Eigenschaften bzw. Gaben und Begabungen des Menschen, sie ist vielmehr das, was ihn ganz zentral ausmacht. Guardinis Fassung des Personbegriffs, des innersten Zentrums seiner Anthropologie, macht die menschliche Freiheit zur wesentlichen Kategorie des Menschseins – dies zweifellos in Übereinstimmung mit den wichtigsten Stimmen heutiger philosophischer und theologischer Anthropologie und Ethik.[82]

Nur von daher, von der Gefährdung des zentralen Gutes der Freiheit her, kann Guardinis emphatische Empfehlung der Askese richtig und voll verstanden werden.

Die Freiheit des Menschen nämlich sieht Guardini in mehrfacher Weise gefährdet: zum einen immer schon im Bereich des individuellen Lebens durch die konstitutionelle Ungeordnetheit seiner Triebe, Wünsche und Neigungen, verstärkt durch die historisch-soziale Belastung, die in der christlichen Tradition Erbsünde genannt wird; zum anderen im Zusammenhang mit der kulturellen Entwicklung durch die Eigendynamik des wissenschaftlichen und technischen Fortschritts mit ihrer Akkumulation der Macht.

Positiv gewendet geht es Guardini in seiner Empfehlung der Askese letztlich darum, die Bedingungen zu schaffen zur Verwirklichung des sittlich Gesollten, sowohl individualethisch wie auch sozialethisch – letzteres vor allem im Hinblick auf eine verantwortliche Gestaltung der Zukunft.

Askese im Sinn R. Guardinis bedeutet demnach aufs Ganze gesehen gerade nicht Verzicht auf Freiheit, sondern ihre Ermöglichung – Freiheit hier immer verstanden nicht im Sinne beliebiger Ausschöpfung vorhandener Möglichkeiten, sondern als Freiraum zur sinnvollen Gestaltung von Zukunft. Negativ gesprochen geht es dieser Askese um Freiheit gegenüber den „Es-Mächte(n)“[83], die von innen und außen her Freiheitsräume einengen und überlagern: von innen in Gestalt ungeordneter Triebe und Neigungen, von außen in Gestalt anonymer Strukturen und Abläufe, vorgeblicher Sachzwänge, kollektiver Normen, Modetrends und Beeinflussungen. Die „Grundforderung“ Sigmund Freuds, „Wo Es war, soll Ich werden“[84],

---

[82] Für die theologische Anthropologie darf als exemplarisch gelten O.H. Pesch, Frei sein aus Gnade. Theologische Anthropologie, Freiburg 1983; hier vgl. bes. 306-328.
Für den Bereich der theologischen Ethik vgl. J. Gründel, Normen im Wandel. Eine Orientierungshilfe für christliches Leben heute, München ^{2}1984, bes. 11-33, sowie T. Rendtorff, Ethik. Grundelemente, Methodologie und Konkretionen einer ethischen Theologie, Bd. I, Stuttgart ^{2}1990, bes. 70-75, 151-155 u. passim.
Nicht umsonst mißt auch die jüngste Enzyklika von Papst Johannes Paul II. „über einige grundlegende Fragen der kirchlichen Morallehre“ („Veritatis splendor“) der menschlichen Freiheit zentrale Bedeutung bei; vgl. Verlautbarungen des Apostolischen Stuhls 111, hg. vom Sekretariat der Deutschen Bischofskonferenz, Bonn 1993, bes. 36-56 u. 83-86.

[83] R. Guardini, Das Ende der Neuzeit, a.a.O., 93.

[84] G. Condrau, Einführung in die Psychotherapie. Geschichte, Schulen und Methoden. Praktische Arbeit und konkrete Fälle. Ein Lehrbuch und Nachschlagewerk in völlig neu bearb. u. stark erw. Ausgabe, München 1974, 146.

kann in diesem Zusammenhang durchaus als zutreffende Umschreibung dessen gesehen werden, was Askese bewirken soll. Positiv gesprochen geht es der Askese um Freiheit zur Verwirklichung des Guten, durchaus auch um „Freiheit zur schöpferischen Gestaltung der Umwelt“[85] – dies aber eben nicht blind den vermeintlichen Sachzwängen eines angeblich unaufhaltbaren Fortschritts gehorchend, sondern in bewußter und reflektierter Verantwortung.

Freiheit in diesem Sinn hat viel zu tun mit Gelassenheit, mit Abstand gegenüber den Dingen, mit „Absichtslosigkeit“[86] im Sinn der Bereitschaft zur Sachgerechtigkeit, zum selbstlosen Dienst an der Sache; sie findet ihren höchsten Ausdruck in der „Freiheit zum Spiel, und das heißt: zur zweckfreien, nicht verbrauchenden, sondern bewundernden Liebe zu Mensch und Ding“[87].

Der Vorwurf, die „asketische Haltung“ sei einseitig zweckrational ausgerichtet und zerstöre „Menschlichkeit“, „Emotionalität“ und Kreativität[88], mag im Hinblick auf gewisse geschichtliche und individuelle Ausformungen der Askese durchaus zutreffen; an Guardinis Verständnis der Askese geht eine derartige Aussage jedoch vollkommen vorbei.

3.1.5. Die politische Relevanz der Askese

In den unterschiedlichsten Zusammenhängen kritisiert Guardini die Fortschrittsgläubigkeit seiner Zeit und weist auf verborgene wie offensichtliche Ambivalenzen des sogenannten Fortschritts hin. Schon er kann sich dabei auf eine zunehmende öffentliche Akzeptanz stützen. In den 25 Jahren seit seinem Tod hat sich das Bild noch einmal radikal verschoben: Nicht, daß an die technisch-wissenschaftliche Entwicklung nicht weiterhin große Hoffnungen geknüpft würden; aber zeitgleich und relativ unverbunden mit diesem Optimismus, der sich bei näherem Hinsehen oft genug als reiner Zweckoptimismus erweist, findet sich eine resignative und pessimistische Stimmung, die die Hoffnung längst aufgeben hat, die große Katastrophe noch verhindern zu können.[89]

---

85 O. H. Pesch, a.a.O., Freiburg 1983, 440.

86 Vgl. Guardinis gleichnamiges Kapitel in seinem Tugend-Buch: ders., Tugenden. Meditationen über Gestalten sittlichen Lebens, Mainz ^{3}1987, 75-81.

87 O.H. Pesch, a.a.O. Vgl. auch das Kapitel über „Liturgie als Spiel“ in R. Guardini, Vom Geist der Liturgie, Freiburg ^{2}1991, 87-105, (dazu vgl. Kap. 2.3.7.5.)

88 L. Börsig-Hover, Zeit der Entscheidung. Zu Romano Guardinis Deutung der Gegenwart, Fridingen a. D. 1990, 43; daß diese Feststellung ausgerechnet in einer Darstellung von Guardinis Gegenwarts-Deutung getroffen wird, ohne daß Guardinis ganz andere Sicht der Askese zur Kenntnis genommen wird, muß als äußerst befremdend bezeichnet werden.

89 Einen Überblick über derartige pessimistische Prognosen vermittelt A. Auer, Umweltethik. Ein theologischer Beitrag zur ökologischen Diskussion, Düsseldorf 1984, 24f.

Guardinis auf den ersten Blick vielleicht überraschende Diagnose, bei diesem dialektischen Umschlag von Fortschritts-Euphorie in zynischen oder resignativen Pessimismus handle es sich um die zwei Gesichter des gleichen grundsätzlichen Irrtums[90], besitzt meines Erachtens beachtliche Plausibilität: In beiden Fällen wird der Mensch mit seiner Freiheit und Verantwortung zu wenig gesehen und gewürdigt.

Und beides in Erinnerung zu rufen, nämlich die Fähigkeit des Menschen zum Guten wie zum Bösen, die Notwendigkeit der Entscheidung und der Wahl, ist eines der zentralen Anliegen Guardinis – sowohl in seinen kulturkritischen wie auch in seinen anthropologisch-theologischen und pädagogischen Schriften.

Die Askese, wie R. Guardini sie versteht und bewertet, trägt dieser Einsicht in Freiheit und Verantwortung des Menschen Rechnung. Sie traut dem Menschen etwas zu, sie weiß aber auch um seine Gefährdung. Sie will die menschlichen und charakterlichen Voraussetzungen schaffen, daß die richtigen Entscheidungen getroffen werden können – und vorher noch: daß überhaupt sittlich motivierte Entscheidungen getroffen werden. Sie geht den mittleren Weg zwischen einem euphorischen Optimismus und einem resignativen Pessimismus. Insofern weist sie weit über die persönlich-private Sphäre hinaus in den gesellschaftlich-politischen Bereich. Guardinis Wertschätzung und wiederholte und dringende Empfehlung der Askese ist Ausdruck der Überzeugung, daß Zukunft gestaltbar ist – aber eben auch der Gestaltung bedarf. Wenn z.B. K. Traube[91] Askese rein als privaten Verzicht sieht und dem ein gesellschaftlich-politisch relevantes Verhalten als Alternative gegenüberstellt, so erweist sich dies nun als grobe Verkennung sowohl dessen, was Askese ihrer besten Tradition nach meint, als auch dessen, was gesellschaftlich-politisch relevantes Verhalten an Unabhängigkeit und geistiger Kraft erfordert. Für das Askeseverständnis R. Guardinis gilt, was J.B. Metz für die „christliche Weltaskese" postuliert: sie besitzt „eine Weite, die sie über den Verdacht eines asketischen l'art pour l'art oder eines rein individualistischen Pathos des Verzichts erhebt"[92]. Die Stärke von Guardinis Ansatz liegt gerade darin, daß er die individualethische und die sozialethische Bedeutung der Askese aufs engste verknüpft.

Gleichwohl werden hier, nämlich in der Frage der Konkretion, der gemeinschaftlichen Verwirklichung, der Umsetzung in politisch-gesellschaftliche Schritte, auch die Grenzen von Guardinis Denken und Wirken offenkundig.

---

90 So vor allem in Askese, 30f.

91 Vgl. K. Traube, Wachstum oder Askese? Kritik der Industrialisierung von Bedürfnissen, Reinbek 1979, bes. 72-82.

92 J.B. Metz, a.a.O., 94.

3.1.6. Defizite und Grenzen

Die Stärke von Guardinis Denken liegt in der Herausarbeitung wesentlicher Grundeinsichten, nicht in der Analyse von Detailfragen – dies gilt für seine Anthropologie und Pädagogik wie für seine Kulturkritik und seine Ethik. Der „Blick auf das Ganze"[93], wie R. Guardini ihn versucht, ist begründet in der für Guardinis Denken spezifischen Zusammenschau humanwissenschaftlicher, philosophischer und theologischer Aspekte, eben in dem, was Guardini mit einem leider nicht unbelasteten Wort „Weltanschauung"[94] nennt.

Diese ganzheitliche, fachübergreifende, ‚weltanschauende' Denk- und Vorgehensweise Guardinis bedarf jedoch – gerade im Sinn der von ihm vertretenen ‚Gegensatzlehre' – zweifellos der polaren Ergänzung durch die einzelwissenschaftliche Analyse. Im Hinblick auf eine derart in die individuelle Lebenspraxis eingreifende Thematik wie die Askese mit ihren zahlreichen individual- und gruppenpsychologischen Implikationen sind die psychologische, ethnologische und soziologische Erforschung der Voraussetzungen, Formen und Konsequenzen jeder Askese ein dringendes Desiderat. Geht man davon aus, daß Askese heute tatsächlich derartig notwendig und ‚notwendend' ist, wie das von verschiedenster Seite versichert wird[95], so liegt hier ein wichtiges Aufgabenfeld humanwissenschaftlicher, soziologischer und pädagogischer Forschung.

Insbesondere die Frage nach Institutionen, die im Hinblick auf den Fortgang der wissenschaftlich-technischen Entwicklung Träger von Entscheidungen sein können, wirft schwerste Fragen auf. Guardinis Verweis auf die Tradition der Universität als gesamtgesellschaftlichem Ort der Wahrheitssuche erscheint angesichts der heutigen Wirklichkeit kaum noch hilfreich.[96]

Noch befremdlicher als die weitgehende Zurückhaltung in politisch-strukturellen Fragen ist allerdings, daß Guardini auch die kirchlich-pastorale Dimension der Askese nicht reflektiert; weder die einzelne christliche Gemeinde noch die Kirche als Ganze spielen in Guardinis Gedanken zur Askese eine Rolle.[97] Die Chance, die in einer solchen Gemeinschaft liegen könnte als Lern-, Übungs- und Erfahrungsraum, aber auch als kritisches Gegenüber zur Gesamt-Gesellschaft, wird von Guardini nicht thematisiert. Dieses Defizit mag zumindest teilweise auch im Adressatenkreis von Guardinis späten Vorträgen und Schriften begründet sein. Denn, daß die Kirche in Guardinis Denken eine ganz zentrale Rolle spielt, daran kann kein Zweifel sein; dies

[93] „Der Blick auf das Ganze", so lautet der Titel eines von W. Dirks herausgegebenen Sammelbandes mit ausgewählten Texten von Romano Guardini (München 1985).
[94] Vgl. Kap. 2.1.2.
[95] Vgl. Kap. 1.3.
[96] Vgl. Kap. 2.4.2.7.
[97] Dies gilt jedenfalls für seine expliziten Ausführungen zur Askese.

gilt gerade auch für die Kirche als „Weg zur Freiheit“[98]. Th. Ruster macht zu Recht darauf aufmerksam, daß für Guardini „ab Mitte der zwanziger Jahre ... die personale Dimension des Glaubens immer wichtiger wird und gleichzeitig sein Interesse an der Kirche und ihrer gesellschaftlichen Bedeutung abnimmt“[99]. In seinen expliziten Gedanken zur Askese hat Guardini jedenfalls die Verbindung zwischen Glauben und kirchlicher Gemeinschaft einerseits, Kultur und Gesellschaft andererseits nicht mehr in dem Maß herstellen können, wie ihm dies in seinem Engagement für die katholische Jugendbewegung und insbesondere für die Liturgische Bewegung zweifellos gelungen ist. E.-M. Fabers kritische Beobachtung, Guardini habe vom „Weltauftrag der *Kirche* als ganzer ... nur andeutungsweise“ gesprochen, während er sich doch „zur Weltverantwortung der *Christen*“ sehr nachdrücklich geäußert habe[100], wirft hier ein bezeichnendes Licht. Die Frage, ob diese Einseitigkeit tatsächlich – so E.-M. Faber – auf grundlegende Defizite in Guardinis Kirchenverständnis zurückzuführen ist[101], oder nicht doch eher auf Guardinis bereits oben festgestellte mangelnde Berücksichtigung konkret-politischer und struktureller Zusammenhänge, muß hier auf sich beruhen bleiben.

Die Gefahr einer individualistischen Engführung von Guardinis Askese-Verständnis bleibt gleichwohl gegeben, obwohl es Guardini – wie ausreichend deutlich geworden sein dürfte – bei seiner Empfehlung der Askese ganz entschieden um globale, gesellschaftliche und kulturelle Gefahren, Entscheidungen und Entwicklungen geht.

Positiv ist jedenfalls festzuhalten, daß Guardinis Ansatz bei der Freiheit und Verantwortung der Person nicht nur den nachdrücklichen Impuls zum Engagement schon immer enthält; vielmehr schafft dieser Ansatz auch eine tragfähige Basis, auf der dann sinnvoll über konkrete strukturelle und politische Schritte nachgedacht werden kann. Guardinis Bemühen zielt darauf, die menschlichen Kräfte und Fähigkeiten wachzurufen und zu formen, die verantwortliches politisches Handeln erst möglich machen.[102] „Die Wurzel

[98] Vgl. vor allem ders., Vom Sinn der Kirche. Fünf Vorträge, Mainz-Paderborn ^{5}1990, 63-79.

[99] Th. Ruster, Vom „Sinn der Kirche“. Guardinis Reaktion auf den Bedeutungsverlust der römisch-katholischen Religion in der Moderne, in: A. Schilson (Hg.), Konservativ mit Blick nach vorn. Versuche zu Romano Guardini, Würzburg 1994, 112.

[100] E.-M. Faber, Das Kirchenbild Guardinis: Impulse und Grenzen, in: A. Schilson (Hg.), a.a.O., 79 (Kursivdruck im Original).

[101] Vgl. dies., a.a.O., 68-80, bes. 75-80.

[102] Nicht umsonst wird Guardini mehrmals gebeten die Gedenkrede für Menschen zu halten, die im Widerstand gegen das nationalsozialistische Willkür-Regime ihr Leben hingegeben haben; vgl. R. Guardini, Die Waage des Daseins. Rede zum Gedächtnis von Sophie und Hans Scholl, Christoph Probst, Alexander Schmorell, Willi Graf und Prof. Dr. Huber, gehalten am 4. November 1945, Tübingen und Stuttgart 1946; ders., Freiheit. Eine Gedenkrede, So1, 116-130, (es handelt sich um eine Gedenkrede für die Frauen und Männer des 20. Juli 1944, gehalten am 19. Juli 1960); ders.,“Es lebe die Freiheit!“. Festrede, gehalten bei der Enthüllung des Mahnmahls für Professor Kurt Huber und seinen studentischen Widerstandskreis am 12. Juli 1958, in: Jahrbuch der Ludwig-Maximilians-Universität München, München 1958, 101-110.

der kommenden politischen Haltung“ sieht Guardini ja bereits in seinem frühen Aufsatz über Mahatma Gandhi „in der kommenden Menschenbildung“[103]. Die politischen Implikationen von Guardinis Denken sind mit L. Watzals Arbeit über „Das Politische bei Romano Guardini“[104] bei weitem nicht ausgelotet.

3.2. Folgerungen und Impulse

3.2.1. Askese und moderne Gesellschaft

Die Untersuchungen am Werk Romano Guardinis haben gezeigt, daß die zeitgenössische Diskussion um die Askese in verschiedener Hinsicht zu kurz greift.

Wo die Knappheit von Gütern oder der Schutz der Umwelt zur allein ausschlaggebenden Motivation für Askese wird, fallen wichtige Dimensionen des Menschseins aus – einmal ganz davon abgesehen, daß eine solche Argumentation die Disziplin bereits voraussetzt, die sie fordert. Wo Askese nicht als etwas erkannt wird, das unabhängig von äußeren Anlässen aus inneren Gründen für ein gelingendes menschliches Leben notwendig ist, drohen ihr zahlreiche Gefahren und Mißverständnisse: von außen verordneter Verzicht wird auf Protest und Ablehnung stoßen; selbstauferlegter Verzicht kann schnell in menschliche Enge und Kulturlosigkeit umschlagen. Nur wo der Zusammenhang von Askese einerseits, Freiheit und Selbstverwirklichung andererseits erkannt ist, kann Askese auf Dauer dem Menschen dienen. Nur wo der einzelne Verzicht eingebettet ist in einen Lebenszusammenhang, in dem positive Ziele und Selbstverwirklichungswerte dominieren, führt Askese nicht zu menschlicher Verkümmerung und Verarmung.

Damit erweist sich nicht nur die rein ökologische Argumentation als defizitär, sondern auch die Entgegensetzung von asketischen und von Selbstverwirklichungswerten in der Werte-Diskussion[105] als irreführend. Es ist der Vorzug von Guardinis Askeseverständnis, daß es aufbaut auf grundlegenden pädagogischen und anthropologischen Einsichten. Ohne daß er ausdrücklich darauf rekurriert, kommt sein Askese-Verständnis dem ursprünglichen griechischen Begriff der Askese als Einübung erwünschter Fähigkeiten und Haltungen, ja – noch ursprünglicher – als „Bearbeitung“ oder „Verfertigung“[106] (zunächst eines Gegenstandes, dann auch des eigenen Körpers oder Geistes)

[103] R. Guardini, Eine neue politische Wirklichkeit, in: Die Schildgenossen 4 (1934/24), 452.
[104] L. Watzal, Das Politische bei Romano Guardini, Percha am Starnberger See 1987.
[105] Vgl. Kap. 1.3.5.
[106] F. Wulf, Art. „Aszese“, in: HThG, 112. Vgl. auch Kap. 1.1.2.

wieder näher. Der Aspekt des Verzichts ist zwar nicht aus der Askese zu eliminieren, aber er wird doch eingeordnet in einen größeren Zusammenhang und in eine positive Perspektive.

Auf diesem Hintergrund ist auch Carl Friedrich v. Weizsäckers – zunächst zweifellos richtige – skeptische Frage nach der Möglichkeit „demokratischer Askese"[107] möglicherweise anders, d.h. positiver zu beantworten. Auch C. F. v. Weizsäcker sieht nämlich Askese zunächst und vor allem unter dem Aspekt der „Zurückhaltung gegenüber erreichbaren Gütern"[108]. Seiner Analyse zufolge hat diese Askese ihren historischen und soziologischen Ort in einer Gesellschaftsform, die durch den Gegensatz von Herrschen und Dienen gekennzeichnet ist. Der Verzicht auf Güter äußert sich hier in der Bescheidenheit der Dienenden, in der Selbstbeherrschung der Herrschenden und in der eigentlichen Askese der Entsagenden.[109] In einer Gesellschaft jedoch, die Freiheit und Gleichheit zu ihren Idealen erhoben hat, greifen diese Motive des Verzichts nicht mehr. Das Hauptproblem sieht v. Weizsäcker dabei nicht in einer mangelnden „Resistenz der ‚Tugenden des kleinen Mannes' gegen die konsumtiven Lockungen des Wohlstands", sondern vielmehr „in dem Bruch mit gewissen normativen Prinzipien der aristokratischen Selbstbeherrschung"[110]. Der „Übergang zur Marktdoktrin" auf der ökonomischen Ebene und der „Übergang zu einem Pathos der Freiheit und (Chancen-) Gleichheit, gegen die Bevormundung durch die Herrschenden"[111] auf der soziologischen Ebene stehen nach v. Weizsäcker in engem ideengeschichtlichem Zusammenhang: „Es war derselbe Schritt im Denken, der den Übergang von der Herrschaftsethik zur Freiheitsethik und den Übergang von einer asketischen Doktrin zur ethischen Hochbewertung der Schaffung konsumtiver Bedürfnisse vollzog"[112], nämlich das Vertrauen in die Selbstdurchsetzungskraft der objektiven Vernunft auch dort, wo diese von niemandem gedacht, sondern von jedem nur das eigene Interesse vertreten wird.

Bringt man den Niedergang der Askese und den Aufstieg der Freiheits-Idee in einen so engen zeitlichen und vor allem kausalen Zusammenhang, wie dies C.F.v. Weizsäcker tut, dann ergibt sich ein radikaler Umschwung in der Betrachtung, sobald man erkennt, daß gerade die Freiheit (sowohl individuell als auch kollektiv gesehen) ohne Askese nicht bestehen kann. Nicht als ob v. Weizsäcker dieser Zusammenhang nicht bewußt wäre[113]; sein mehr

[107] C.F.v. Weizsäcker, Gehen wir einer asketischen Weltkultur entgegen?, in: Merkur 32 (1978), 763.
[108] A.a.O., 748.
[109] Vgl. a.a.O., 748-755.
[110] A.a.O., 760.
[111] A.a.O.
[112] A.a.O.
[113] Vgl. ders., a.a.O., 769: „Wollen aber kann man nichts Sinnvolles ohne Selbstbeherrschung." sowie a.a.O., 760: „Zur Vernunft aber gehört Selbstbeherrschung, denn nur Selbstbeherrschung dokumentiert Freiheit."

ökonomisch-soziologischer und historischer Ansatz läßt diese Einsicht in den Zusammenhang von Askese und Freiheit aber nicht gebührend zum Zug kommen. Sieht man demgegenüber Askese (mit dem Verzicht, der in ihr enthalten sein kann, der aber nicht ihr eigentliches Ziel ausmacht) mit R. Guardini unter dem Aspekt der Selbsterziehung zum rechten Gebrauch der Freiheit, so kann auch das Urteil über ihre mögliche „demokratische"[114] Verwirklichung in einer auf den Idealen von Freiheit und Gleichheit aufgebauten Gesellschaft positiver ausfallen. Damit sollen die Schwierigkeiten keineswegs geleugnet werden, auf die jede Askese in einer konsumtiv-technokratischen Gesellschaft zweifellos stößt und die entscheidender noch darin bestehen, daß ein solches tieferes Verständnis von Freiheit und Selbstverwirklichung eben nicht Gemeingut ist, sondern erst bewußt zu machen ist. Gleichwohl eröffnet das im Werk R. Guardinis begegnende Verständnis der Askese die Möglichkeit, die Tradition der Askese einerseits und das Projekt Freiheit und Gleichheit besser miteinander zu vermitteln als dies bisher der Fall war.[115]

3.2.2. Anfragen an Pädagogik und Pastoral

Guardinis ganzheitliches und bei der „Selbstbildung"[116] ansetzendes Bildungsverständnis ist eine deutliche Anfrage an eine Bildungspraxis, in der die Vermittlung von funktionalem Wissen im Mittelpunkt steht. Es kann hier auf Fragen der Curriculum-Forschung und der Bildungsplanung im einzelnen nicht eingegangen werden[117]; ein Bildungsverständnis, das Bildung versteht „als gesellschaftlich sanktionierte und verteilte Qualifikation", die sich „produzieren" läßt „wie sonst eine Ware"[118], und „ein einseitiger Glaube an die Planbarkeit des Menschen und seiner Erziehung und Bildung"[119] erweisen sich jedoch auf dem Hintergrund der von Guardini entwickelten anthropologischen und pädagogischen Einsichten eindeutig als defizitär. Guardinis Impulse zur Selbstbildung und zur Askese zielen darauf hin, den zu bildenden Menschen als verantwortliches Subjekt ernst zu nehmen[120] und Bildung

[114] A.a.O., 748.

[115] Vgl. a.a.O., 760-764.

[116] R. Guardini, Briefe über Selbstbildung, Mainz ²1930.

[117] Dazu kritisch vgl. J. Schurr, Zum Curriculum vermarkteter Bildung, in: Vierteljahrsschrift für wissenschaftliche Pädagogik 53 (1977), 172-185.

[118] J. Schurr, a.a.O., 173.

[119] D. Höltershinken, „Mitte" und „Maß". Zur pädagogischen Bedeutung der Gegensatzlehre R. Guardinis, in: H.J. Schuster (Hg.), Guardini Weiterdenken, Berlin 1993, 128.

[120] Dies gegen die von Curriculum-Experten vertretene Auffassung, das „Subjekt" sei bei der Ermittlung von Lernzielen als „methodologische Störgröße" auszuschalten (R. Künzli, zit. n. J. Schurr, a.a.O., 183).
Zur Aktualität von Guardinis Bildungstheorie im Hinblick auf die Kontroverse zwischen Erziehungswissenschaft und geisteswissenschaftlicher Pädagogik, aber auch im Hinblick auf einen möglichen Dialog zwischen diesen unterschiedlichen Ansätzen vgl. G. Henner, Das ‚Lehren und Lernen' in der Pädagogik Guardinis, in: A. Schilson (Hg.), Konservativ mit Blick nach vorn. Versuche zu Romano Guardini, Würzburg 1994, 158-171.

als „Prozeß“ zu verstehen, „in dem der Mensch wird, was er noch nicht ist, aber doch sein soll“[121].

Fruchtbarer noch als im Bereich der schulischen Pädagogik dürften Guardinis Impulse für die außerschulische Erziehung und vor allem für die Erwachsenenpädagogik sein. Hier gibt es zweifellos bereits zahlreiche Ansätze und Versuche, die Verengung auf Wissensvermittlung hin aufzubrechen. Gerade die Erwachsenenbildung im kirchlichen Bereich hat die Chance, einen Raum bereitzustellen, in dem tatsächlich Persönlichkeitsformung geschehen kann, in dem man Leben lernen kann, wo „Verwirklichung“[122] im Sinn R. Guardinis geschehen kann. Hier berühren sich Pädagogik und Pastoral, Bildung und Seelsorge. Die hier bestehenden Zusammenhänge und Überschneidungen bedürfen meines Erachtens stärkerer Beachtung.

Im Hinblick auf die Pastoral ist zu erinnern an P. M. Zulehners Interpretation der christlichen Botschaft als „Lebenswissen“[123]. Christliche Gemeinde läßt sich danach verstehen als Ort, wo solch hilfreiches „Lebenswissen“ vermittelt und eingeübt wird. Zulehner exemplifiziert die durch „Jesu Lebenswissen“ ermöglichte „neue Lebensführung“[124] an Hand der drei in den sogenannten evangelischen Räten angesprochenen Lebensbereiche: Christliches Lebenswissen bewährt sich im Umgang mit „Zuwendung, Eros, Agape und Sexualität“, mit „Macht, Freiheit und Autorität“, sowie mit „Besitz und Vermögen“[125]. Was Zulehners Überlegungen für unsere Thematik interessant macht, ist nicht nur die Tatsache, daß er für die Beschreibung des spezifisch christlichen Lebenswissens auf die traditionell in einem asketischen Zusammenhang interpretierten evangelischen Räte zurückgreift, sondern vielmehr und vor allem, daß er Kirche und Gemeinde als Gesprächs- und Lebenszusammenhang sieht, in dem mit den dieser klassischen Trias zugrundeliegenden menschlichen Trieben und Wünschen in einer spezifischen Weise umgegangen wird.

Derartige Überlegungen können sich zwar nicht direkt auf Guardinis späte explizite Aussagen zur Askese berufen; in ihnen wendet sich Guardini an den einzelnen in seiner ganz persönlichen und spezifischen Verantwortung. Bedenkenswerte und gelungene Ansätze einer Einübung christlichen Lebens in der Gemeinschaft zeigen sich aber in Guardinis Wirken auf Burg Rothen-

[121] J. Schurr, a.a.O., 181.

[122] Vgl. R. Guardini, Verwirklichung. (Aufzeichnungen nach zwei Vorträgen von Romano Guardini, gehalten am Karfreitag und Karsamstag im Rittersaal zu Rothenfels), in: Quickborn 17 (1930), Juni, 14-22. Guardini gebraucht das Wort „Verwirklichung“ hier in einer interessanten Mehrdeutigkeit: es bedeutet sowohl „Selbst-verwirklichung“ (a.a.O., 21) im Sinn von Selbsterziehung und geistig-charakterlicher Entwicklung als auch (unter Berufung auf J. H. Newman) erfahrungsbezogene Umsetzung des Geglaubten ins Leben.

[123] P. M. Zulehner, Helft den Menschen leben. Für ein neues Klima in der Pastoral, Freiburg 1978, 11 u. passim.

[124] A.a.O., 37.

[125] A.a.O., 38-40.

fels und für den Quickborn: Die Praxis der Jugendbewegung und die weiterführenden Impulse, die Guardini hier gab, nicht zuletzt auch die von Guardini gestalteten Werkwochen auf Burg Rothenfels, bezeugen die Möglichkeit und die Fruchtbarkeit gemeinsamer Suche und Übung; hier hat man zweifellos miteinander leben und glauben gelernt, sich gegenseitig auf dem Weg der „Verwirklichung“[126] und der „Selbstbildung“[127] begleitet und gestärkt.

Guardinis Gedanken über das Verhältnis von einzelnem und Gemeinschaft[128] können helfen, zwei mögliche Einseitigkeiten zu vermeiden, die gerade im Hinblick auf asketisches Verhalten naheliegen: Weder reicht es aus, einfach der Kraft der Gemeinsamkeit zu vertrauen; denn die Gemeinschaft lebt vom verantwortlichen einzelnen, der im Gehorsam gegenüber seinem Gewissen tut, was er als richtig erkannt hat, und der unter Umständen auch einmal ein Stück vorausgehen bzw. mahnend oder warnend seine Stimme erheben muß. Noch auch kann der einzelne auf Dauer ‚anders‘ leben ohne Bestätigung und Korrektur durch andere, will er nicht zum Fanatiker oder zum Eigenbrötler werden. Die Möglichkeiten und Chancen der Gemeinschaft einerseits und die unveräußerliche Verantwortung des einzelnen andererseits in gleicher Weise hochzuhalten, weder das eine noch das andere zu überfordern, dürfte eine wichtige Voraussetzung für menschengerechte, lebensfördernde und wirksame Askese sein.

In der Einübung eines ‚alternativen Lebensstils‘ liegt daher eine entscheidende Aufgabe und zugleich eine deutliche Chance christlicher Gemeinden und Gruppierungen. ‚Alternativ‘ bedeutet hier in einem mehrfachen Sinn ‚asketisch‘: asketisch zweifellos auch im landläufigen engeren Sinn des Verzichts; asketisch vor allem aber in dem Sinn, daß überhaupt ‚Leben‘ als etwas gesehen wird, das gelernt, und zwar miteinander gelernt und eingeübt werden muß. Zu einem solchen Lebensstil würde dann auch die Übung der Stille und der Sammlung gehören; es ginge nicht nur um einen anderen Umgang mit materiellen Gütern, sondern auch z.B. mit der Zeit, um „Gelassenheit“[129], „Geduld“[130], „Absichtslosigkeit“[131]. Gerade in dieser im „Einüben des Los-Lassens“ gewonnenen „asketischen Gelassenheit“ gründet nach H. Windisch „die Freiheit der Gemeinde zu kritisch-prophetischem Handeln in Geschichte“[132]. Daß das Bemühen um eine „asketische Lebenskultur“ heute

[126] R. Guardini, Verwirklichung, a.a.O.
[127] R. Guardini, Briefe über Selbstbildung, a.a.O. Vgl. auch Kap. 2.3.7.3.
[128] R. Guardini, Möglichkeit und Grenzen der Gemeinschaft, in: UC, 64-81.
[129] Zur Bedeutung der „Gelassenheit“ als Grundinterpretament Guardinischen Denkens vgl. B. Schlegelberger, Gelassenheit als Kennzeichen christlicher Existenz, in: L. Honnefelder/M. Lutz-Bachmann, Auslegung des Glaubens. Zur Hermeneutik christlicher Existenz, Berlin 1987, 245-260.
[130] Vgl. R. Guardini, Tugenden, a.a.O., 40-48.
[131] Vgl. a.a.O., 75-81.
[132] H. Windisch, Art. „Askese VI. Praktisch-theologisch“, in: $LThK^3$, Bd. 1, 1993, 1082.

nur noch in ökumenischer Zusammenarbeit denkbar ist, darf dabei als „selbstverständlich“[133] gelten.

3.2.3. Impulse für Moraltheologie und Sozialethik

In seinen anthropologisch-theologischen und kulturkritischen Überlegungen leistet Guardini ein Stück weit Vorarbeit für eine „Moral ohne Moralisieren“[134], wie sie Karl Rahner beschreibt. Anstatt „schulmeisterlich und mit moralischer Entrüstung“ konkrete Verhaltensnormen vorzutragen, erinnert er an „innerste Wesenserfahrung(en) des Menschen“[135].

Guardinis ‚asketische‘, eher tugendethisch als normativ orientierte Ethik trägt der Tatsache Rechnung, daß sich eine immer komplexer werdende Welt mit ständig neuen ethischen Herausforderungen immer weniger in „einfach handhabbare sittliche Verhaltensnormen“[136] einfangen läßt. Hier gibt es Verantwortungsbereiche, die „durch eine rationale Kasuistik nicht adäquat beherrscht werden“, und die „dennoch eine Sache des Gewissens von höchster Tragweite sein können“[137]. Guardinis ethisches und pädagogisches Denken zielt auf eine Bildung des Gewissens in einer Weise, wie dieses K. Rahner fordert: „nicht ... durch eine in immer konkretere Einzelheiten hineingehende, kasuistisch materiale Belehrung, sondern durch eine Erweckung des Gewissens und dessen Erziehung zu einer selbständigen und verantwortlichen Entscheidung in den konkreten, komplexen, rational nicht mehr adäquat bis ins letzte auflösbaren Situationen des menschlichen Lebens“.[138]

Gerade in Fragen ökologischen Verhaltens, weltweiter Solidarität und politischer Verantwortung überhaupt, vor allem hinsichtlich des persönlichen Lebensstils, des privaten Konsums bzw. Konsumverzichtes, aber auch des Umgangs mit Medien- und Informationsflut, sind allgemeinverbindliche Normen kaum möglich und wenig hilfreich. Wozu der einzelne in diesen Bereichen sittlich verpflichtet ist, läßt sich nicht einfach von außen dekretieren. Ethik hat hier vor allem die Aufgabe, Wege zu zeigen, die „glaubwürdig und konkret in die Freiheit Gottes“[139] führen; sie hat in Erinnerung zu rufen, daß es „dem Menschen erlaubt und auch gleichzeitig geboten ist, sich für eine weitere Entwicklung seiner eigenen Wirklichkeit und für eine höhere Aktualität des sittlichen Bewußtseins offenzuhalten“[140] – dies gilt „vom

[133] Ders., a.a.O.
[134] K. Rahner, Strukturwandel der Kirche als Aufgabe und Chance, Freiburg 1972, 69.
[135] A.a.O., 71.
[136] A.a.O., 73.
[137] A.a.O., 74.
[138] A.a.O.
[139] A.a.O., 72.
[140] A.a.O., 70.

einzelnen in seiner individuellen Sphäre wie vom einzelnen als Glied einer ... in Bewegung befindlichen Gesellschaft, wie auch von einer bestimmten Gesellschaft und der Menschheit im ganzen“[141].

Dieser dynamische und existentielle Charakter der von K. Rahner anvisierten und im Werk R. Guardinis bereits zu einem guten Teil verwirklichten „Moral ohne Moralisieren“ stellt die Ethik vor die Aufgabe, sich mit Pädagogik, Pastoral und einer Theologie geistlichen Lebens stärker zu verbinden, als dies eine auf Grundlegungsfragen und Probleme konkreter Normenbegründung konzentrierte theologische Ethik häufig tut. Die Notwendigkeit einer normativen Ethik bleibt dabei unbestritten. Die Brisanz von Grundlegungs- und Begründungsfragen soll keineswegs geleugnet werden. Die Vernachlässigung der hier skizzierten Aufgaben einer ethischen Propädeutik und einer Moralpädagogik verzögert jedoch in verhängnisvoller Weise die Entwicklung der moralischen Sensibilität, die notwendig ist, soll sittliches Verhalten mehr sein als die Befolgung von außen vorgegebener Gebote. Wo in einem „normtechnologischen“ Machbarkeits-Denken die „Frage nach der sittlichen Kompetenz der betroffenen Subjekte an den Rand“ gedrängt wird[142], schwinden die „ethischen Antriebskräfte“[143], ohne die Normen weder gefunden noch eingehalten werden können. Fragen einer ethischen Propädeutik und Aufgaben der Moralerziehung erweisen sich auf dem Hintergrund von Guardinis Ethik als zentral; sie sind mehr als nur Randgebiete oder Anhängsel einer theologischen Ethik.[144]

Wenn festgestellt wurde, Guardinis Ethik stehe einem tugendethischen Ansatz nahe, so ist diese Aussage jetzt zu differenzieren. Der Tugendethik wird – zumindest teilweise nicht ganz zu Unrecht – vorgeworfen, sie zementiere traditionelle Verhaltensschemata, sei den Anforderungen einer in ständiger Veränderung begriffenen Welt nicht gewachsen, sei insgesamt eher repressiv als emanzipatorisch. Dies ist zweifellos die Gefahr einer rein restaurativen Tugendethik. Andererseits wird ein tugendethischer Ansatz derzeit wieder in zunehmendem Maß als sinnvolle und notwendige Ergänzung einer normativen Fragestellung in der Ethik gesehen. Dabei wird insbesondere auf die Notwendigkeit einer lebensweltlichen und lebensgeschichtlichen Integration normativer Orientierungen hingewiesen.[145] Auch

---

[141] A.a.O.

[142] D. Mieth, Die neuen Tugenden. Ein ethischer Entwurf, Düsseldorf 1984, 14.

[143] Ders., a.a.O., 15.

[144] Zu den besonderen Herausforderungen, vor die sich der Mensch in der modernen pluralistischen Gesellschaft in sittlicher Hinsicht gestellt sieht, insbesondere zur Bedeutung des Gewissens und der personalen Identität vgl. auch W. Ernst, Christsein in personaler Verantwortung und Wahrhaftigkeit, in: LcV3, 170-183.

[145] Zur Diskussion um eine Tugendethik vgl. vor allem D. Mieth, Die neuen Tugenden. Ein ethischer Entwurf, Düsseldorf 1984; J.-P. Wils/D. Mieth, Tugend, in: dies. (Hg.), Grundbegriffe der christlichen Ethik, Paderborn 1992, 182-198; E. Schockenhoff, Art. „Tugenden und Laster“, in: NLcM, 798-805.

die Bedeutung, die in der letzten Zeit der sittlichen Grundoption beigemessen wird, führt zu einer stärkeren Beachtung der Tugenden.[146]

Nimmt man Guardinis Interpretation der Askese als Einübung von Freiheit ernst, so erscheinen auch die Tugenden unter einem neuen Licht, nämlich nicht als verfestigte Moral, sondern als Voraussetzung und Fähigkeit zu moralischem Handeln. Für die sogenannten Kardinaltugenden (Klugheit, Gerechtigkeit, Tapferkeit und Maß)[147] ist dies ja ohnehin deutlich. Es gilt bei Guardini aber auch für die Vielzahl einzelner Tugenden, wie er sie beispielsweise in seinem Buch über die „Tugenden"[148] skizziert. Askese ist nach dem Verständnis R. Guardinis ja kein Wert an sich und auch die sogenannten Sekundärtugenden sind es nicht; Askese dient vielmehr gerade dazu, die Moralität als solche zu fördern. Und wenn Askese dazu beiträgt, daß Tugenden sich entwickeln und entfalten können, dann in dem Sinn, daß eben die Fähigkeit wächst, im richtigen Augenblick das Richtige zu tun. Ebenso wie Askese bei Guardini – zwar nicht ausschließlich, aber stärker als im landläufigen auf ‚Verzicht' und ‚Entbehrung' eingeengten Verständnis – von der ursprünglichen Wortbedeutung her als ‚Übung' zu interpretieren ist, so ist auch sein Verständnis der Tugend von der ursprünglichen Wortbedeutung der ‚Tüchtigkeit' oder ‚Tauglichkeit' her geprägt.

Wenn also Guardinis Ansatz als tugendethisch qualifiziert worden ist, so ist dies nicht so zu verstehen, als bestehe der Kern von Guardinis Ethik in einer Liste von Tugenden als sittlichen Idealbildern; es bedeutet vielmehr, daß im Mittelpunkt von Guardinis Ansatz nicht die Frage nach konkreten Normen steht, sondern die Frage nach dem sittlichen Subjekt, d.h. die Frage nach den Voraussetzungen sittlichen Handelns in der Person. Die Befähigung zu sittlichem Handeln läßt sich üben und vorbereiten und sie muß vorbereitet und geübt werden. Guardinis Anliegen ist so etwas wie eine ethische Propädeutik; in ihrem Dienst steht auch die Askese.

Sofern es zutrifft, daß Ethik nicht nur die Frage „‚Was soll ich tun?'" zu beantworten hat, sondern auch die Frage bedenken muß „‚Wer sollen wir sein – in gemeinsam gelingendem Leben?'"[149], dann ist Guardinis nicht von der Norm, sondern von der Person her denkende Ethik ein wesentlicher Bei-

[146] Vgl. vor allem B. Häring, Frei in Christus. Moraltheologie für die Praxis des christlichen Lebens, (Sonderausgabe), Bd. 1, Freiburg 1989, 171-224, bes. 199-214; vgl. auch K. Demmer, Die Wahrheit leben. Theorie des Handelns, Freiburg 1991, 187-205, bes. 193-197.

[147] Vgl. J. Pieper, Das Viergespann. Klugheit, Gerechtigkeit, Tapferkeit, Maß, München 1964.

[148] R. Guardini, Tugenden. Meditationen über Gestalten sittlichen Lebens, Mainz [3]1987 (Würzburg [1]1963).

[149] C. Frey, Theologische Ethik, Neukirchen-Vluyn 1990, 182; vgl. auch D. Mieth, Die neuen Tugenden, a.a.O., der (a.a.O., 9) die „Leitfrage der normativen Ethik (was soll ich tun? wie handle ich richtig?)" der „Leitfrage der Tugendethik ... (wie kann ich sein? welches sind die besten Möglichkeiten?)" unterstellt wissen will.

trag zur Erfüllung dieser zweiten, in der letzten Zeit eher in den Hintergrund getretenen[150] Aufgabe.

Dabei stehen diese beiden Fragen – das wird gerade bei Guardini deutlich – keineswegs unverbunden nebeneinander. Die Frage nach dem ‚Sein', d.h. nach der sittlichen Qualität des Menschen, geht nicht aus einem privatisierenden Vollkommenheitsstreben hervor, das losgelöst wäre von jeder Verantwortung; vielmehr ist es die Realisierung des Guten in der jeweiligen Situation, auf welche die (von Guardini als „Selbstbildung"[151] bezeichnete) Arbeit an sich selbst hinzielt. Insofern läßt sich Guardinis Ethik auch als Illustration und Umsetzung jener grundlegenden Einsicht bezeichnen, die W. Trillhaas formuliert hat mit den Worten: „Alle Ethik beginnt damit, daß sich der Mensch selbst als eine Aufgabe versteht."[152]

In jüngster Zeit beginnen die lange unhinterfragten Grenzen zwischen Individualethik und Sozialethik wieder fließend zu werden.[153] Guardinis Ethik und insbesondere seine Sicht der Askese machen einmal mehr die Notwendigkeit deutlich, Individual- und Sozialethik auf einander zu beziehen. Die traditionellerweise im Rahmen der Sozialethik angesiedelten Fragen der Technikverantwortung und des verantwortlichen Umgangs mit der Macht bringt Guardini in direkte Verbindung mit der Askese, die bislang unbestrittenerweise im Rahmen der Individualmoral abgehandelt wurde. Dabei geht es gerade nicht um die „Umleitung(en) ökologischer Interessen auf eine restriktive Individualethik"[154], die D. Mieth zu Recht verhindert wissen will. Das Verständnis und die Praxis der Askese (wie auch der Tugenden) bei Guardini sind gerade nicht ‚restriktiv', sondern ‚emanzipatorisch'; sie beziehen ihren Sinn gerade nicht vom jeweiligen Verzicht her, sondern von der Freiheit, die sie schaffen für die Verwirklichung des Guten. Und Askese ist nicht nur etwas, das der einzelne zu realsieren hätte; Askese muß gerade auch im Hinblick auf die Lenkung der Kultur hin verstanden und praktiziert werden. Allerdings – daran läßt Guardinis ethischer Ansatz keinerlei Zweifel – kann Verantwortung nicht auf anonyme Strukturen abgewälzt werden. Hier ist der einzelne mit seiner Freiheit und Initiativkraft gefragt, dies allerdings – und hier ist wieder D. Mieth Recht zu geben – nicht als isolierter, privatisierter und privatisierender einzelner, sondern in seiner Verantwortung auch für die Gestaltung der Institutionen und Strukturen.

---

[150] Vgl. C. Frey, a.a.O.; D. Mieth, a.a.O., 13f.

[151] Ders., Briefe über Selbstbildung, Mainz ²1930.

[152] W. Trillhaas, zit.n. T. Rendtorff, Ethik. Grundelemente, Methodologie und Konkretionen einer ethischen Theologie, Bd. 1, Stuttgart, ²1990, 7.

[153] Vgl. z.B. D. Mieth, Die neuen Tugenden, a.a.O., 72-94.

[154] D. Mieth, a.a.O., 153.

3.3. Ausblick

„Gehen wir einer asketischen Weltkultur entgegen?“[155], so hatte C. F. v. Weizsäcker gefragt. Trotz unübersehbarer persönlicher Sympathie und guter Argumente für eine solche Wiederentdeckung der Askese blieb C. F. v. Weizsäcker skeptisch, was die Aussicht auf die Realisierung einer asketischen Kultur angeht. Die anti-asketische Orientierung unserer „konsumtiv-technokratischen“[156] Gesellschaft mit ihrem „Pathos der Freiheit und (Chancen-)Gleichheit“[157] ließ für ihn eine derartige Wende zu asketischen Verhaltensweisen kaum denkbar erscheinen.

Auf dem Hintergrund von Guardinis Askeseverständnis und Menschenbild muß – so das Fazit dieser Untersuchungen – die Frage neu gestellt werden. Und es sei die Hoffnung ausgesprochen, daß diese Arbeit dazu beiträgt, die Motivations- und Argumentationsbasis zu verbreitern, auf deren Grundlage so etwas wie eine ‚asketische Kultur‘ entstehen kann.

Es wäre allerdings verfehlt, hier Zukunftsprognosen über die Chancen einer ‚asketischen Kultur‘ in einer postmodernen Gesellschaft aufstellen zu wollen. Dies verbietet sich einmal mehr in der Auseinandersetzung mit einem Denker, der die Freiheit des Menschen und die Unvorhersagbarkeit der Geschichte derart betont hat wie R. Guardini.

Vielmehr ist am Ende dieser Arbeit mit Guardinis eigenen Worten gerade noch einmal an die Freiheit zu erinnern; an die Freiheit, die sowohl das Ziel als auch den ermöglichenden Grund aller Askese bildet; an die Freiheit aber eben auch, in deren Hand die Zukunft liegt:

„... die neuen Durchbrüche der Geschichte geschehen immer gegen die Logik des Bisherigen. Sie kommen aus dem Ursprung; den Ursprung aber fängt keine durchgehende Logik ein, denn er ist Freiheit. So kann der durchbrechende Akt auch nicht organisiert, sondern er muß vom Einzelnen gewagt werden. Nachher geht er auch auf andere über und schafft neue Tradition; bringt neue Ordnung hervor, und die Theorie erweist seine Rationalität.“[158]

Der „durchbrechende Akt“, das Neue, das Weiterführende und Rettende in der Geschichte der Welt und der Menschheit ist unverfügbar, unplanbar, unvorhersehbar; es ist vom Menschen nicht herzustellen im Sinn der Machbarkeit. Aber gerade dieses Wissen um die Unverfügbarkeit ist alles andere als eine Freistellung von der Verantwortung, alles andere als eine Dispens von der Pflicht zu handeln; ganz im Gegenteil, gerade hier liegt

[155] C.F.v. Weizsäcker, Gehen wir einer asketischen Weltkultur entgegen?, in: Merkur 32 (1978), 745.
[156] A.a.O., 747.
[157] A.a.O., 760.
[158] Askese, 46.

christlich gesehen der stärkste Impuls zum Engagement, der Appell an seine Freiheit.

Gerade diese Freiheit ist noch einmal zugleich Gabe und Aufgabe. Wer über Askese nachdenkt, betont zwangsläufig den Aspekt der Aufgabe. Orientiert man sich dabei allerdings an R. Guardini, so bleibt hinter der Aufgabe die Gabe immer sichtbar.[159]

Im Denken R. Guardinis ist Freiheit nicht denkbar ohne das personale Angesprochensein durch den, der in die Freiheit ruft. Von daher muß gefragt werden, ob Askese (aus Freiheit und zur Freiheit) ohne transzendentale Verankerung wirklich möglich ist.

Die befreiende Kraft der christlichen Botschaft als Ermöglichungsgrund für ihrerseits freimachende, d.h. die geschenkte Freiheit aufgreifende und realisierende Askese, ist in dieser Arbeit nur verschiedentlich angeklungen, nicht systematisch ausgeführt worden. Das Gewicht lag auf einer mehr anthropologisch-pädagogischen und kulturkritischen Betrachtungsweise – dies durchaus in Übereinstimmung mit Guardinis eigener Vorgehensweise. Diesen anthropologisch-pädagogischen und kulturkritischen Ansatz stärker und systematischer mit dem biblisch-heilsgeschichtlichen zu verbinden[160], wäre eine Aufgabe für eine künftige noch zu schreibende (im Sinn R. Guardinis ‚nach-neuzeitliche') Aszetik.

Von R. Guardini her ließe sich in eine solche zeitgemäße Aszetik ein vertieftes Verständnis von Freiheit und Selbstverwirklichung einbringen; aber auch eine theologisch fundierte Sicht christlicher Weltverantwortung und christlichen Weltverhältnisses überhaupt gehören zu den Stärken von Guardinis Denken. Erkenntnisse der Psychologie und der Psychoanalyse, insbesondere Einsichten der humanistischen Psychologie wären über Guardini hinaus zu ergänzen. Die neu aufgebrochene Suche nach Formen der Kontemplation in der weltumspannenden und religionsübergreifenden Meditationsbewegung müßte in einer solchen Aszetik konstruktiv, aber auch kritisch aufgegriffen werden; auch hier hat Guardini in zahlreichen Veröffentlichungen entscheidende, propädeutische Arbeit geleistet. Darüberhinaus liegt in der von Guardini verschiedentlich thematisierten Frage der Annahme der Grenzen meines Erachtens eine Problematik, in der gegenwärtige Fragestellung und christliche Botschaft in einen besonders fruchtbaren Austausch ge-

---

[159] Den Aspekt der Gnade hebt in religionspädagogischem Zusammenhang D. Fischer besonders hervor; vgl. dies., Wort und Welt. Die Pneuma-Theologie Romano Guardinis als Beitrag zur Glaubensentdeckung und Glaubensbegleitung, Stuttgart 1993.

[160] Interessanterweise sieht M. Knapp genau in dieser Frage der Verbindung von geschichtlich-kulturkritischem und christologisch-heilstheologischem Ansatz ein Defizit im Werk R. Guardinis, zugleich aber auch einen fruchtbaren Punkt, in dem Guardini weitergedacht werden könnte und müßte – gerade im Hinblick auf die drängenden Fragen und Aufgaben des Umgangs mit der Macht; vgl. M. Knapp, Die Christologie Romano Guardinis im Kontext seiner These vom Ende der Neuzeit, in: Theologie und Glaube 83 (1993), 338-356, hier 355f.

bracht werden könnten. Nicht zuletzt müßte eine solche zeitgemäße Aszetik eine pastoraltheologische, gemeindetheologische Verwurzelung besitzen, wie sie zwar nicht mehr in Guardinis ausdrücklichen Empfehlungen der Askese in seinem Spätwerk, wohl aber in seiner Theorie und Praxis im Rahmen der Jugendbewegung aufscheint.

Diese Überlegungen lassen auf jeden Fall noch einmal deutlich werden, daß C.F.v. Weizsäckers Frage nach einer „asketischen Weltkultur" auch insofern ins Schwarze trifft, als Askese sehr viel mehr mit Kultur zu tun hat, als zumeist angenommen wird. Eine derartige ‚asketische Kultur' ist weder möglich noch wünschbar ohne eine ‚Kultur der Askese'; d.h. die Bedingungen und Möglichkeiten der Askese bedürfen der kritischen Reflexion, aber auch der kreativ-phantasievollen Pflege und Entwicklung. Eine ‚asketische Kultur' im Sinne Romano Guardinis wäre gerade nicht gekennzeichnet durch Primitivität und zwanghafte Entbehrung, sondern durch die Verwirklichung einer Fülle, die sich freilich nur qualitativ, nicht quantitativ beschreiben ließe.

4. ANHANG

4.1. ABKÜRZUNGEN

4.1.1. Schriften und Sammelwerke Romano Guardinis

Askese	Askese als Element der menschlichen Existenz, in: R. Guardini u. E. Spranger, Vom stilleren Leben, Würzburg 1956, 23-48.
So1	Sorge um den Menschen, Bd. 1, Mainz-Paderborn ^{4}1988.
So2	Sorge um den Menschen, Bd. 2, Mainz-Paderborn ^{2}1989.
UC	Unterscheidung des Christlichen. Gesammelte Studien (1923-1963), hg. von H. Waltmann, zweite verm. u. durchges. Auflage, Mainz 1963.

4.1.2. Andere Sammelwerke und Lexika

CGG	Christlicher Glaube in moderner Gesellschaft. Enzyklopädische Bibliothek in 30 Teilbänden, hg. von F. Böckle, F.-X. Kaufmann, K. Rahner, B. Welte in Verbindung mit R. Scherer, Freiburg 1981-1982.
DSAM	Dictionnaire de Spiritualité ascetique et mystique. Doctrine et histoire, hg. von M. Viller, Paris 1932ff.
DS	H. Denzinger/A. Schönmetzer (Hg.), Enchiridion symbolorum, definitionum et declarationum de rebus fidei et morum, Freiburg ^{36}1976.
GS	Pastoralkonstitution des Zweiten Vatikanischen Konzils über „Die Kirche in der Welt von heute" („Gaudium et spes"), in: K. Rahner/H. Vorgrimler (Hg.), Kleines Konzilskompendium. Sämtliche Texte des Zweiten Vatikanums, Freiburg ^{8}1972, 449-552.
HThG	Handbuch theologischer Grundbegriffe, hg. von H. Fries, 2 Bde., München 1962-1963.
HWPh	Historisches Wörterbuch der Philosophie, hg. von J. Ritter, Basel 1971ff.
LcV1	Gründel, J. (Hg.), Leben aus christlicher Verantwortung. Ein Grundkurs der Moral, Bd 1, Grundlegungen, Düsseldorf 1991
LcV2	Gründel, J. (Hg.), Leben aus christlicher Verantwortung. Ein Grundkurs der Moral, Bd. 2, Schöpfung – Wirtschaft – Gesellschaft – Kultur, Düsseldorf 1992.
LcV3	Gründel, J. (Hg.), Leben aus christlicher Verantwortung. Ein Grundkurs der Moral, Bd. 3, Partnerschaft – Ehe – Familie – Leibliches Leben – Kirche, Düsseldorf 1992.
LThK	Lexikon für Theologie und Kirche, zweite, völlig neu bearb. Auflage, hg. von J. Höfer u. K. Rahner, Freiburg 1957-1968.

LThK^{3} Lexikon für Theologie und Kirche, dritte, völlig neu bearb. Auflage, hg. von W. Kasper, Freiburg 1993ff.

MySal Mysterium Salutis. Grundriß heilsgeschichtlicher Dogmatik, 5 Bde., hg. von J. Feiner u. M. Löhrer, Einsiedeln 1965-1976;
Ergänzungsband. Arbeitshilfen und Weiterführungen, hg. von M. Löhrer, Chr. Schütz, D. Wiederkehr, Einsiedeln 1981.

NLcM Neues Lexikon der christlichen Moral, hg. von H. Rotter, G. Virt, Innsbruck 1990.

PLS Praktisches Lexikon der Spiritualität, hg. von C. Schütz, Freiburg 1988.

RGG^{2} Die Religion in Geschichte und Gegenwart. Handwörterbuch für Theologie und Religionswissenschaft, zweite, völlig neu bearb. Auflage, hg. von H. Gunkel u. L. Zscharnak, 5 Bde., Tübingen 1927-1932.

RGG^{3} Die Religion in Geschichte und Gegenwart. Handwörterbuch für Theologie und Religionswissenschaft, dritte, völlig neu bearb. Auflage, hg. von K. Galling, 6 Bde., Tübingen 1957-1965.

SM Sacramentum Mundi. Theologisches Lexikon für die Praxis, 4 Bde., hg. von K. Rahner u.a., 1967-1969.

SzTh K. Rahner, Schriften zur Theologie, Einsiedeln 1954ff.

TRE Theologische Realenzyklopädie, hg. von G. Krause u. G. Müller, Berlin 1977ff.

4.2. Schriften Romano Guardinis

4.2.1. Bisher unveröffentlichte Schriften aus dem Nachlaß

Der Mensch. Grundzüge einer christlichen Anthropologie, Typoskript, gebunden, 441 Seiten, Bayerische Staatsbibliothek, Ana 342.

Christliches Dasein, Typoskript ungebunden (Mappe), 62 Seiten, Bayerische Staatsbibliothek, Ana 342.

Nietzsche, Typoskript, ungebunden (Mappe), 25 Seiten, Bayerische Staatsbibliothek (Ana 342).

4.2.2. Veröffentlichte Schriften

4.2.2.1. Sammelwerke

Auf dem Wege. Versuche, Mainz 1923.

Gläubiges Dasein/Die Annahme seiner selbst, Mainz-Paderborn 1993.

In Spiegel und Gleichnis, Mainz-Paderborn ^{7}1990.

Liturgie und liturgische Bildung, Mainz-Paderborn ^{2}1992.

Sorge um den Menschen, Bd. 1, Mainz-Paderborn ^{4}1988.

Sorge um den Menschen, Bd. 2, Mainz-Paderborn ^{2}1989.
Stationen und Rückblicke, Würzburg 1965.
Unterscheidung des Christlichen. Gesammelte Studien (1923-1963), hg. von H. Waltmann, zweite verm. u. durchges. Auflage, Mainz 1963.

4.2.2.2. Einzeltitel

Anfang. Eine Interpretation der fünf ersten Kapitel von Augustins Bekenntnissen, Kolmar 1944.
Anselm von Canterbury und das Wesen der Theologie, in: Auf dem Wege. Versuche, Mainz 1923, 33-65.
Askese als Element der menschlichen Existenz, in: R. Guardini u. E. Spranger, Vom stilleren Leben, Würzburg 1956, 23-48.
Aus einem Jugendreich, Mainz ^{2}1921.
Besinnung vor der Feier der Heiligen Messe, Mainz ^{6}o.J.
Bemerkungen über Sinn und Weise des Interpretierens, in: ders., Gegenwart und Geheimnis, Mainz-Paderborn ^{3}1992, 231-243.
Berichte über mein Leben. Autobiographische Aufzeichnungen, aus dem Nachlaß hg. von F. Henrich, Düsseldorf ^{4}1985.
Briefe über Selbstbildung. Neue Ausgabe von Gottes Werkleute, Mainz ^{2}1930.
Briefe über Selbstbildung. Bearbeitet von Ingeborg Klimmer, Mainz ^{14}1986.
Briefe vom Comer See, Mainz ^{3}1953.
Burg Rothenfels: Rückblick und Vorschau. Nachschrift der Rede Romano Guardinis bei der Gedenkfeier am Pfingsmontag, in: Burgbrief, Burg Rothenfels am Main, Brief 2/1949, 11-14.
Christliches Bewußtsein. Versuche über Pascal, Mainz-Paderborn ^{4}1991.
Das Christusbild der paulinischen und johanneischen Schriften, Mainz-Paderborn ^{3}1987.
Das Ende der Neuzeit. Ein Versuch zur Orientierung, Mainz-Paderborn ^{10}1986.
Das Gute, das Gewissen und die Sammlung, Mainz ^{4}1953.
Das Phänomen der Macht, in: So2, 45-58.
Das Wesen des Christentums, Mainz-Paderborn ^{7}1991.
Den Menschen erkennt nur, wer von Gott weiß, in: ders., Gläubiges Dasein/Die Annahme seiner selbst, Mainz-Paderborn 1993, 81-114.
Der Anfang aller Dinge. Meditationen über Genesis. Kapitel 1-3, Mainz-Paderborn ^{3}1987.
Der Gegensatz. Versuche zu einer Philosophie des Lebendig-Konkreten, Mainz ^{3}1985.
Der Glaube in der Reflexion, in: UC, 279-306.
Der Glaube in unserer Zeit, in: So1, 93-115.
Der Herr. Betrachtungen über die Person und das Leben Jesu Christi, Würzburg 1937.
Der neue Mensch in der Sicht des Theologen, in: G. Lehner, Im Brennpunkt – Der neue Mensch, München 1961, 268-289.
Der Raum der Meditation. Die Sammlung, das Gewissen und das Gute. Neubearbeitung der 5. Aufl. von I. Klimmer, Mainz 1980.

Der Sonntag – gestern, heute, immer, in: So1, 176-210.
Der Tod des Sokrates. Eine Interpretation der platonischen Schriften Euthyphron, Apologie, Kriton und Phaidon, Mainz-Paderborn [5]1987.
Der unvollständige Mensch und die Macht, in: So1, 39-66.
Die Annahme seiner selbst, in: ders., Gläubiges Dasein/Die Annahme seiner selbst, Mainz-Paderborn 1993, 7-31.
Die Bekehrung des Aurelius Augustinus. Der innere Vorgang in seinen Bekenntnissen, Mainz-Paderborn [4]1989.
Die Bereiche des menschlichen Schaffens, in: UC, 202-218.
Die Existenz des Christen, hg. aus dem Nachlaß, Paderborn [2]1977.
Die Glaubwürdigkeit des Erziehers, in: Die Schildgenossen 9 (1929), 240-246.
Die Kultur als Werk und Gefährdung, in: So1, 14-38.
Die Lebensalter. Ihre ethische und pädagogische Bedeutung, in: ders., Gläubiges Dasein/Die Annahme seiner selbst, Mainz-Paderborn 1993, 115-174 bzw. 115-192.
Die Lebensalter und die Philosophie. Aus einer Ethikvorlesung, in: ders., Gläubiges Dasein/Die Annahme seiner selbst, Mainz-Paderborn 1993, 175-183.
Die Lehre des heiligen Bonaventura von der Erlösung. Ein Beitrag zur Geschichte und zum System der Erlösungslehre, Düsseldorf 1921.
Die Macht. Versuch einer Wegweisung, Mainz-Paderborn [7]1986.
Die Maschine und der Mensch, in: UC, 238-250.
Die religiöse Entscheidung im Leben Pascals, in: Hochland 30 (1932-33), Bd. 1, 23-34, 167-175.
Die Sinne und die religiöse Erkenntnis. Zwei Versuche über die christliche Vergewisserung, Würzburg 1950.
Die Technik und der Mensch. Briefe vom Comer See, mit einem Vorwort von W. Dirks, Mainz 1981.
Die Verantwortung des Studenten für die Kultur, in: R. Guardini/W. Dirks/M. Horkheimer, Die Verantwortung der Universität, Würzburg 1954, 5-35.
Die Waage des Daseins. Rede zum Gedächtnis von Sophie und Hans Scholl, Christoph Probst, Alexander Schmorell, Willi Graf und Prof. Dr. Huber, gehalten am 4. November 1945, Tübingen und Stuttgart 1946.
Eine Denkergestalt des hohen Mittelalters: Bonaventura, in: UC, 459-472.
Eine neue politische Wirklichkeit, in: Die Schildgenossen 4 (1923/24), 448-453.
„Es lebe die Freiheit!". Festrede, gehalten bei der Enthüllung des Mahnmals für Professor Kurt Huber und seinen studentischen Widerstandskreis am 12. Juli 1958, in: Jahrbuch der Ludwig-Maximilians-Universität München, München 1958, 101-110.
Ethik. Vorlesungen an der Universität München, aus dem Nachlaß hg. von H. Mercker unter Mitarbeit von M. Marschall, 2 Bde., Mainz-Paderborn 1993.
„Europa" und "Christliche Weltanschauung", in: ders., Stationen und Rückblicke, Würzburg 1965, 9-22.
Europa – Wirklichkeit und Aufgabe, in: ders., Sorge um den Menschen, Bd. 1, Mainz-Paderborn [4]1988.
Fragen zum Problem der Macht, in: So2, 41-44.
Freiheit. Eine Gedenkrede, in: So1, 116-130.

Freiheit, Gnade, Schicksal. Drei Kapitel zur Deutung des Daseins, München [6]1979.
Gedanken über das Verhältnis von Christentum und Kultur, in: UC, 145-184.
Gegensatz und Gegensätze, (als Manuskript gedruckt), Freiburg 1914.
Gesichtspunkte für ein Gespräch über Freiheit, Demokratie und humanistische Bildung, aus dem Nachlaß hg. von F. Messerschmid, in: Geschichte in Wissenschaft und Unterricht 21 (1970), 732-739.
Grundformen der Askese, in: Frankfurter Hefte 11 (1956), 40-45 u. 200-204.
Grundlegung der Bildungslehre. Versuch einer Bestimmung des Pädagogisch-Eigentlichen, Würzburg 1958.
Johanneische Botschaft. Meditationen über Worte aus den Abschiedsreden und dem ersten Johannesbrief, Würzburg 1962.
Kirche und Dogma – Weg in die Freiheit, in: M.v. Galli/M. Plate (Hg.), Kraft und Ohnmacht. Kirche und Glauben in der Erfahrung unserer Zeit, Frankfurt/M., 1963, 32-47.
Lebendige Freiheit, in: ders., UC, 82-101.
Lebendiger Geist, in: UC, 121-144.
Liturgische Bildung, in: Liturgie und liturgische Bildung, Mainz-Paderborn [2]1992, 19-110.
Möglichkeit und Grenzen der Gemeinschaft, in: UC, 64-81.
Nachwort des Übersetzers, in: F. Klein, Madeleine Sémer. 1874-1921, Mainz 1929, 253-295.
Notizen zu einem Wesensbild des platonischen Denkens, in: UC, 534-544.
Nur wer Gott kennt, kennt den Menschen, in: Zentralkomitee der deutschen Katholiken (Hg.), Gott lebt. Der 75. Deutsche Katholikentag, Paderborn 1953, 43-53.
Ohne Ruhe wird nichts Wesentliches. Eine Betrachtung über Askese und Umwelt, in: Deutsches Volksblatt, 1956, (Nr. 262), 10. Nov.
Pro mundi vita – Die Verantwortung des Christen für die Welt, in: R. Egenter u.a. (Hg.), Statio orbis. Eucharistischer Weltkongreß 1960 in München, Bd. 1, München 1961, 90-96.
Reflexionen über das Verhältnis von Kultur und Natur, in: UC, 185-201.
Religion und Offenbarung, Mainz-Paderborn [2]1990.
Sigmund Freud und die Erkenntnis der menschlichen Wirklichkeit, in: So2, 85-102.
„Sorge um den Menschen“, in: So1, 9-13.
Sprache – Dichtung – Deutung, Mainz-Paderborn, [2]1992.
Systembildende Elemente in der Theologie Bonaventuras. Die Lehren vom lumen mentis, von der gradatio entium und der influentia sensus et motus, hg. von W. Dettloff, Leiden 1964.
Theologische Briefe an einen Freund. Einsichten an der Grenze des Lebens, Paderborn [4]1985.
Tugenden. Meditationen über Gestalten sittlichen Lebens, Mainz-Paderborn [3]1987.
Über Sozialwissenschaft und Ordnung unter Personen, in: UC, 34-63.
Unsere geschichtliche Zukunft. Eine Antwort an G. Krüger, in: C. Münster/W. Dirks/G. Krüger/R. Guardini, Unsere geschichtliche Zukunft. Ein Gespräch über ‚Das Ende der Neuzeit‘ zwischen C. Münster, W. Dirks, G. Krüger u. R. Guardini, Würzburg 1953, 95-108.
Verantwortung. Gedanken zur jüdischen Frage, München 1952.

Verwirklichung. (Aufzeichnung nach zwei Vorträgen von Romano Guardini, gehalten am Karfreitag und Karsamstag im Rittersaal zu Rothenfels), in: Quickborn (17. Jg.) 1930, Juni, 14-22.

Von Goethe und Thomas von Aquin und vom klassischen Geist. Eine Erinnerung, in: ders., In Spiegel und Gleichnis, Mainz-Paderborn ^{7}1990, 20-25.

Vom Geist der Liturgie, Freiburg ^{2}1991.

Vom Denken und Leiden des heiligen Augustinus, in: UC

Vom Leben des Glaubens, Mainz 1935.

Vom Sinn der Kirche. Fünf Vorträge, Mainz-Paderborn ^{5}1990.

Vom Sinn der Schwermut, in: UC 502-533.

Vom Wesen katholischer Weltanschauung, in: UC 13-33.

Von heiligen Zeichen, Mainz 1988.

Vorschule des Betens, Mainz-Paderborn ^{9}1990.

Wahrheit des Denkens und Wahrheit des Tuns. Notizen und Texte 1942-1964, aus nachgelassenen Aufzeichnungen hg. von F. Messerschmid, Paderborn ^{4}1985.

Wahrheit und Ironie. Dankrede bei der Feier des achtzigsten Geburtstags in der Münchner Universität am 17. Februar 1965, in: ders., Stationen und Rückblicke, Würzburg 1965, 41-50.

Wahrheit und Ordnung. Universitätspredigten, Würzburg 1956-1959.

Warum so viele Bücher? Rechenschaft über die eigene Schriftstellerei, am siebzigsten Geburtstag und vor Freunden, in: ders., Stationen und Rückblicke, Würzburg 1965.

Welt und Person, Mainz-Paderborn ^{6}1988.

Wille und Wahrheit. Geistliche Übungen, Mainz-Paderborn ^{6}1991.

Wille zur Macht oder Wille zur Wahrheit? Zur Frage nach der Universität, aus dem Nachlaß hg. von F. Messerschmid, in: Geschichte in Wissenschaft und Unterricht 21 (1970), 752-759.

Zum ethischen Problem unserer kulturellen Situation, aus dem Nachlaß hg. von F. Messerschmid, in: Geschichte in Wissenschaft und Unterricht 21 (1970), 726-732.

Zum Problem der Demokratie. Ein Versuch der Klärung, aus dem Nachlaß hg. von F. Messerschmid, in: Geschichte in Wissenschaft und Unterricht 21 (1970), 711-716.

Zu Rainer Maria Rilkes Deutung des Daseins. Eine Interpretation der zweiten, achten und neunten Duineser Elegie, Godesberg ^{3}1948.

Zur Frage der Enthaltsamkeit, (kurze Notiz), in: Quickborn 12 (1924), Heft 1, 20.

Zur Frage des akademischen Vorbereitungsjahres, in: Das Collegium Leibnizianum an der Universität Tübingen. Sein Sinn und seine Bestimmung, (= Ansprachen und Vorträge. Universität Tübingen 38), Tübingen 1948, 31-40.

Zur Kritik der historischen Begriffe, aus dem Nachlaß hg. von F. Messerschmid, in: Geschichte in Wissenschaft und Unterricht 21 (1970), 717-718.

Zur Theologie der Welt, in: So1, 67-81.

Zwei Reden zur Trauung, in: ders., Spiegel und Gleichnis. Bilder und Gedanken, Mainz-Paderborn ^{7}1990, 49-55.

4.3. Weitere Literatur

Altner, G., Schöpfung am Abgrund, Neukirchen-Vluyn, ²1977.

Amery, C., Das Ende der Vorsehung. Die gnadenlosen Folgen des Christentums, Reinbek 1974.

Aranguren, J.L., Art. „Ethik I. Philosophische Ethik", in: SM, Bd. 1, 1197-1208.

Auer, A., Autonome Moral und christlicher Glaube, zweite um einen Nachtrag erweiterte Aufl., Düsseldorf 1984.

– Umweltethik. Ein theologischer Beitrag zur ökologischen Diskussion, Düsseldorf 1984.

Bahr, H.-E., Alternative Lebensformen in der Ersten Welt, in: H.E. Bahr/R. Gronemeyer (Hg.), Anders leben – überleben, Frankfurt/M. 1978, 9-15.

Baier, W., Erinnerungen aus der Zeit um und mit Romano Guardini, in: Internationale katholische Zeitschrift 22 (1993), 250-267.

Baltensweiler, H., Art. „Zucht, Unzucht (enkrateia)", in: L. Coenen/E. Beyreuther/ H. Bietenhard (Hg.), Theologisches Begriffslexikon zum Neuen Testament, Wuppertal ³1983, 1503-1506.

Balthasar, H.U.v., Romano Guardini. Reform aus dem Ursprung, München 1970.

Becher, P., Mensch und Technik im Denken Friedrich Dessauers, Martin Heideggers und Romano Guardinis, Frankfurt 1974.

Beinert, W., Der „Katholische" Fundamentalismus und die Freiheitsbotschaft der Kirche, in: ders. (Hg.), „Katholischer" Fundamentalismus. Häretische Gruppen in der Kirche?, Regensburg 1991.

Bergman, J., Art. „Askese I. Einleitende religionsgeschichtliche Bemerkungen", in: TRE, Bd. IV, 1/2, 195-198.

Berning-Baldeaux, U., Person und Bildung im Denken Romano Guardinis, Würzburg 1968.

Betz, O., Wiederentdeckung der Tugend. Adolf Exeler zum Gedenken, in: Lebendige Seelsorge 35 (1984), 1-6.

Bianchi, U., Art. „Askese I. Religionsgeschichtlich", in: LThK³, Bd. 1, 1993, 1075-1077.

Bien, G. (Hg.), Die Frage nach dem Glück, Stuttgart 1978.

Binkowski, J., Jugend als Wegbereiter. Der Quickborn von 1909-1945, Stuttgart 1981.

Biser, E., Interpretation und Veränderung: Werk und Wirkung Romano Guardinis, Paderborn 1979.

– Die Kreativität des Glaubens, in: LcV2, 186-200.

Bleistein, R., Art. „Bildung/Erziehung" in: PLS 148-150.

– Erziehung zwischen Hedonismus und postmaterialistischen Werten, in: Arbeitskreis katholischer Schulen in freier Trägerschaft (Hg.), Aszese – Ein Grundprinzip personaler Erziehung in der Konsumgesellschaft (= Materialien), Bonn 1984.

Boberski, H., Das Engelwerk. Ein Geheimbund in der katholischen Kirche?, Salzburg 1990.

Bodamer, J., Der Mann von heute. Seine Gestalt und Psychologie, Stuttgart 1956.

– Der Mensch ohne Ich, Freiburg 1958.
– Der Weg zur Askese als Überwindung der technischen Welt, Hamburg 1955.
Böckle, F., Fundamentalmoral, München 1977.
Böning, G., Theologie der Existenz. Zum 25. Todestag Romano Guardinis am 1. Oktober 1993, in: Münchner Theologische Zeitschrift 44 (1993), 359-363.
– Strukturen der Freiheit. Eine Interpretation von Guardinis Verständnis der Freiheit, in: A. Schilson (Hg.), Konservativ mit Blick nach vorn. Versuche zu Romano Guardini, Würzburg 1994, 49-67.
Börsig-Hover, L., Das personale Antlitz des Menschen. Eine Untersuchung zum Personbegriff bei Romano Guardini, Mainz 1987.
– Zeit der Entscheidung. Zu Romano Guardinis Deutung der Gegenwart, Fridingen a.D., 1990.
Brantschen, N., Durch Fasten Freude am Leben finden, in: Engadiner Kolloquium 1992, Die unersättliche Gesellschaft. Wieviel Konsum verträgt der Mensch?, Freiburg 1992, 75-83.
Bröckling, U., Katholische Intellektuelle in der Weimarer Republik. Zeitkritik und Gesellschaftstheorie bei Walter Dirks, Romano Guardini, Carl Schmitt, Ernst Michel und Heinrich Mertens, München 1993.
Brüske, M., Die Aporie der Religion. Vorbemerkungen zur Theologie der Offenbarung im Werk Romano Guardinis, in: A. Schilson (Hg.), Konservativ mit Blick nach vorn. Versuche zu Romano Guardini, Würzburg 1994, 83-102.
Campenhausen, H.v., Die Askese im Urchristentum, Tübingen 1949.
Capra, F., Wendezeit. Bausteine für ein neues Weltbild, München 1988.
Casper, B., Was gibt unserem Leben den Sinn?, in: G. Greshake (Hg.), Ruf Gottes – Antwort des Menschen. Zur Berufung des Christen in Kirche und Welt, Würzburg 1991, 11-26.
Chun, H.H., „Sorge um den Menschen". Romano Guardini als prophetischer Mahner in der Krise moderner Technik und Kultur, (Diss. masch.) Wien 1990.
Cobb, J.B., Der Preis des Fortschritts, München 1972.
Cobb, J.B/Griffin, D.R., Prozess-Theologie, Göttingen 1979.
Coleman, J., Fundamentalismus als weltweites Problem. Soziologische Perspektiven, in: Concilium 28 (1992), 221-228.
Condrau, G., Einführung in die Psychotherapie. Geschichte, Schulen und Methoden. Praktische Arbeit und konkrete Fälle. Ein Lehrbuch und Nachschlagewerk in völlig neu bearb. u. stark erw. Ausgabe, München 1974.
Cramer, F., Fortschritt durch Verzicht. Ist das biologische Wesen Mensch seiner Zukunft gewachsen?, München 1975.
Dalferth, I.U./E. Jüngel, Person und Gottebenbildlichkeit, in: CGG, Bd. 24, 77-99.
Demmer, K., Die Wahrheit leben. Theorie des Handelns, Freiburg 1991.
Deselaers, P., Art. „Askese III. Neues Testament", in: LThK^3, Bd. 1, 1993, 1078.
Dettloff, W., Romano Guardini (1885-1968), in: H. Fries/G. Kretschmar (Hg.)., Klassiker der Theologie, 2. Bd., München 1983, 318-330.
Detzer, K. A., Der Bewußtseinswandel durch Technikbewertung, in: G. Dobmeier, (Hg.), Angst vor der Technik – Vertrauen in die Schöpfung? Techniker und Theologen im Dialog, München 1991, 132-140.
Die Bekenntnisschriften der evangelisch-lutherischen Kirche, Göttingen ^{7}1976.

Die Deutschen Bischöfe, Zukunft der Schöpfung – Zukunft der Menschheit. Erklärung der Deutschen Bischofskonferenz zu Fragen der Umwelt und der Energieversorgung, hg. vom Sekretariat der Deutschen Bischofskonferenz, Bonn 1980.

Diözesanrat der Katholiken der Erzdiözese München und Freising (Hg.), Auto-Fasten. Ich mach mit!, (Faltblatt zur Fastenzeit), München 1989.

– Auto-Fasten. Ich mach' wieder mit!, (Faltblatt zur Fastenzeit), München 1990.

Dirks, W., Einleitung des Herausgebers, in: R. Guardini, Der Blick auf das Ganze. Ausgewählte Texte zu Fragen der Zeit, hg. und erläutert von W. Dirks, München 1985.

– Guardini als Führer zur Liturgie. Dank und Bericht, in: Liturgisches Jahrbuch 10 (1960), 202-210.

– Vorwort, in: R. Guardini, Die Technik und der Mensch. Briefe vom Comer See. Mit einem Vorwort von W. Dirks, Mainz 1981, 7-10.

Diwakar, R.R., Askese in indischer Sicht, in: G.-K. Kaltenbrunner (Hg.), Der asketische Imperativ. Strategien der Selbstbeherrschung, München 1985, 73-88.

Dobmeier, G. (Hg.), Angst vor der Technik – Vertrauen in die Schöpfung? Techniker und Theologen im Dialog, München 1991.

Döpfner, J., Die Antwort der Kirche. Die Zukunft der Menschheit und die Bedingungen für ein künftiges menschenwürdiges Leben (Ausschnitt aus der Eröffnungsansprache zur Herbstvollversammlung 1974 der Deutschen Bischofskonferenz), in: Bibel und Kirche 30 (1975), 83-85.

Domann, G., Daseinsbewältigung durch Askese? Auf der Suche nach einer neuen Lebenseinstellung, in: Lebendige Seelsorge 35 (1984), 18-23.

Drewermann, E., Strukturen des Bösen, 3. Bde., München ^{3}1981-1982.

– Art. „Sünde/soziale Sünde. A. Sünde", in: P. Eicher (Hg.), Neues Handbuch theologischer Grundbegriffe. Erweiterte Neuausgabe in 5 Bänden, München 1991, 86-93.

Dürckheim, K. Graf, Der Alltag als Übung. Vom Weg zur Verwandlung, ^{5}Bern 1977.

– Hara. Erdmitte des Menschen, ^{8}Bern 1978.

– Meditieren – wozu und wie. Die Wende zum Initiatischen, Freiburg 1976.

Vom doppelten Ursprung des Menschen, ^{5}Freiburg 1980.

Egenter, R., Askese in einer zeitgemäßen Spiritualität, in: J. Gründel (Hg.), Triebsteuerung. Für und wider die Askese, München 1972, 111-126.

– Die Aszese des Christen in der Welt. Überlegungen zum rechten Ansatz unserer Aszese, Ettal 1956.

Form im Bund, in: Kreuzfahrt, 1. Heft 1924, 31f.

– Gottesfreundschaft. Die Lehre von der Gottesfreundschaft in der Scholastik und Mystik des 12. und 13. Jahrhunderts, Augsburg 1928.

Über die sittliche Bedeutsamkeit von Werten, in: Salzburger Jahrbuch für Philosophie, Bd. V/VI (1961/62), München-Salzburg 1961, 351-363.

– Art. „Verantwortung", in: LThK, Bd. 10, 669f.

Eicher, P., Die anthropologische Wende. Karl Rahners philosophischer Weg vom Wesen des Menschen zur personalen Existenz, Freiburg/Schweiz 1970.

Eid, V., Art. „Trieb", in: PLS 1302-1305.

Eisenstadt, S.N., Die protestantische Ethik und der Geist des Kapitalismus. Eine analytische und vergleichende Darstellung, in: Kölner Zeitschrift für Soziologie und Sozialpsychologie 22 (1970), 1-23 u. 265-299.
Enomiya-Lasalle, H.M., Zen-Meditation für Christen, München ³1973.
– Zen und christliche Mystik, Freiburg ³1986.
– Zen und christliche Spiritualität, bearb. u. hg. von R. Ropers u. B. Snela, München 1987.
Eppler, E., Wege aus der Gefahr, Reinbek 1981.
Erikson, E.H., Identität und Lebenszyklus, Frankfurt 1973.
Ernsperger, B., Die katechetische Gruppe als Lernraum christlicher Verhaltensweisen, in: Lebendige Katechese. Beihefte zu ‚Lebendige Seelsorge' (12. Jg.) 1990, 117-122.
Ernst, W., Christsein in personaler Verantwortung und Wahrhaftigkeit, in: LcV3, 170-183.
Faber, E.-M., Kirche zwischen Identität und Differenz. Die ekklesiologischen Entwürfe von Romano Guardini und Erich Przywara, Würzburg 1993.
– Das Kirchenbild Guardinis: Impulse und Grenzen, in: A. Schilson (Hg.), Konservativ mit Blick nach vorn. Versuche zu Romano Guardini, Würzburg 1994, 68-80.
Feneberg, H., Sinn und Wille zur Jugendbewegung, in: Kreuzfahrt, Heft 1, 1924, 30f.
Fischer, D., Glaubensvermittlung als „Deutung des Täglichen aus dem Ewigen heraus", in: A. Schilson (Hg.), Konservativ mit Blick nach vorn. Versuche zu Romano Guardini, Würzburg 1994.
– Wort und Welt. Die Pneuma-Theologie Romano Guardinis als Beitrag zur Glaubensentdeckung und Glaubensbegleitung, Stuttgart 1993.
Fischoff, E., Die protestantische Ethik und der Geist des Kapitalismus. Die Geschichte einer Kontroverse, in: M. Weber, Die protestantische Ethik II, Kritiken und Antikritiken, hg. von J. Winckelmann, Gütersloh ⁵1987.
Fonk, P., Das Ende der Neuzeit. Überlegungen zum gleichnamigen Werk Romano Guardinis, in: H.M. Baumgartner/B. Irrgang (Hg.), Am Ende der Neuzeit? Die Forderung eines fundamentalen Wertwandels und ihre Probleme, Würzburg 1985, 69-93.
Frank, K. S., Grundzüge der Geschichte des christlichen Mönchtums, Darmstadt ⁴1983.
– Art. „Askese IV. Frömmigkeitsgeschichte", in: LThK³, Bd. 1, 1993, 1079f.
Freud, S., Das Unbehagen in der Kultur, in: ders., Gesammelte Werke. Chronologisch geordnet, hg. von A. Freud u.a., Bd. XIV, London 1948, 419-506.
Freund, G., Sünde im Erbe. Erfahrungsinhalt und Sinn der Erbsündenlehre, Stuttgart 1979.
Frey, C., Theologische Ethik, Neukirchen-Vluyn 1990.
Fries, H., Art. „Grenze", in: PLS 568-571.
– Nachwort und Deutung, in: R. Guardini, Vom Wesen katholischer Weltanschauung, Basel 1953, 41-94.
Fromm, E., Die Kunst des Liebens, Frankfurt 1979.
– Haben oder Sein. Die seelischen Grundlagen einer neuen Gesellschaft, Stuttgart 1976.

Frühwald, W., „Die vielfach verdunkelte und verwirrte Wirklichkeit". Romano Guardinis Deutung der Welt aus dem Wort der Dichter, in: W. Seidel (Hg.), „Christliche Weltanschauung". Wiederbegegnung mit Romano Guardini, Würzburg 1985, 37-58.

Furger, F., Ethik der Lebensbereiche. Entscheidungshilfen, Freiburg 1984.

Ganoczy, A., Art. „Endlichkeit", in: PLS, 289-291.

Gauly, H., Askese der Beziehung, in: Lebendige Seelsorge 35 (1984), 40-42.

Gehlen, A., Anthropologische Forschung, Hamburg 1961.

– Der Mensch. Seine Natur und seine Stellung in der Welt, Bonn [5]1955.

– Sozialpsychologische Probleme in der industriellen Gesellschaft, Tübingen 1949.

Gemeinsame Synode der Bistümer in der Bundesrepublik Deutschland. Beschlüsse der Vollversammlung. Offizielle Gesamtausgabe I, hg. von L. Bertsch, Ph. Boonen, R. Hammerschmidt, J. Homeyer, F. Kronenberg, K. Lehmann unter Mitarbeit von P. Imhof, Freiburg 1976.

Gerhards, A., Romano Guardini als Prophet des Liturgischen. Die Frage nach der Liturgiefähigkeit des heutigen Menschen neu gestellt, in: H.J. Schuster (Hg.), Guardini Weiterdenken, Berlin 1993, 140-153.

Gerl, H.-B., Leben in ausgehaltener Spannung. Romano Guardinis Lehre vom Gegensatz, in: R. Guardini, Der Gegensatz, Mainz 1985, 217-235.

– Romano Guardini (1885-1968). Leben und Werk, Mainz [3]1987.

– Unterscheidung aus Verstehen. Romano Guardini und Nietzsche, in: H.J. Schuster (Hg.), Guardini Weiterdenken, Berlin 1993, (= Schriftenreihe des Forum Guardini, Bd. 1), 193-202.

Gerner, B., Guardinis Bildungslehre. Beiträge zur Wirkungsforschung, Darmstadt 1985.

Gillen, E., Wie Christen ethisch handeln und denken. Zur Debatte um die Autonomie der Sittlichkeit im Kontext katholischer Theologie, Würzburg 1989.

Göbel, W., Kognitivismus in der „Glaubensethik", Nonkognitivismus in der „autonomen Moral". Erkundungen im rationalen Kontinuum zwischen den widerstreitenden Begründungsmodellen theologischer Ethik, in: G. Mertens/W. Kluxen/P.Mikat (Hg.), Markierungen der Humanität. Sozialethische Herausforderungen auf dem Weg in ein neues Jahrtausend, Paderborn 1992.

Görnitz, Th., Vorwort, in: C.F.v. Weizsäcker, Die Sterne sind glühende Gaskugeln, und Gott ist gegenwärtig. Über Religion und Naturwissenschaft, hg. und eingel. von Th. Görnitz, Freiburg 1992, 7-16.

Görres, A., Pathologie des katholischen Christentums, in: Handbuch der Pastoraltheologie. Praktische Theologie der Kirche in ihrer Gegenwart, hg. von F.X. Arnold, K. Rahner u.a., Bd. II/1, Freiburg 1966, 277-343.

– Psychologische Bemerkungen über die Erbsünde und ihre Folgen, in: Chr. Schönborn/A. Görres/R. Spaemann, Zur kirchlichen Erbsündenlehre. Stellungnahmen zu einer brennenden Frage, Freiburg 1991, 11-35.

Golser, K., Art. „Gewissen", in: H. Rotter/G. Virt, (Hg.), Neues Lexikon der christlichen Moral, Innsbruck 1990, 278-286.

Greshake, G., Die theologische Herkunft des Personbegriffs, in: G. Pöltner (Hg.), Personale Freiheit und pluralistische Gesellschaft, Freiburg 1981, 75-86.

– Glück und Heil, in: CGG, Bd. 9, 101-146.
Greshake, G., (Hg.), Ruf Gottes – Antwort des Menschen, Würzburg 1991.
Griesbeck, J., Weniger ist mehr. Ein Werkbuch für die Fastenzeit, München 1989.
Grün, A., Art. „Askese V. Systematisch-theologisch", in: LThK³, Bd. 1, 1080-1082.
Gründel, J., Askese im Dienst einer geordneten menschlichen Entfaltung vor Gott, in: Lebendige Seelsorge 35 (1984), 7-13.
– Aspekte der Ethik und Moraltheologie, in: ders. (Hg.), Triebsteuerung. Für und wider die Askese, München 1972, 76-110.
– Die Erde – unserer Sorge anvertraut, Freising 1984.
– Die Zehn Gebote in der Erziehung. Für Eltern und Erzieher, München ²1976.
– Entfaltung des kindlichen Gewissens. Anregungen für Eltern und Lehrer, München 1973.
– Krise christlicher Frömmigkeit, in: ders. (Hg.), Spiritualität, Meditation, Gebet, (= Theologisches Kontaktstudium, Bd. 2), München 1974, 11-26.
– Konkrete Formen christlicher Meditation, in: ders. (Hg.), Spiritualität, Meditation, Gebet, (= Theologisches Kontaktstudium, Bd. 2), München 1974, 187-196.
– Lust – Askese. Lust = Sünde, Askese = Tugend?, in: ders., Aktuelle Themen der Moraltheologie, München 1971, 91-108.
– Normen im Wandel. Eine Orientierungshilfe für christliches Leben heute, München ²1984.
– Person und Gewissen, in: LcV1, 63-85.
– Schuld und Versöhnung, Mainz 1985.
– Theologisch-ethische Aspekte zum Schöpfungsauftrag und zu den Technikfolgen, in: G. Dobmeier (Hg.), Angst vor der Technik – Vertrauen in die Schöpfung? Techniker und Theologen im Dialog, München 1991, 73-91.
– Vorwort, in: ders. (Hg.), Leben aus christlicher Verantwortung. Ein Grundkurs der Moral, Bd. 1, Grundlegungen, Düsseldorf 1991, 9-13.
Gründel, J. (Hg.), Triebsteuerung. Für und wider die Askese, München 1972.
Gruhl, H., Askese? Vernunft und Bescheidenheit würden schon genügen, in: G.-K. Kaltenbrunner (Hg.), Der asketische Imperativ. Strategien der Selbstbeherrschung, Freiburg 1985, 155-165.
Häring, B., Frei in Christus. Moraltheologie für die Praxis des christlichen Lebens, (Sonderausgabe), Bd. 1, Freiburg 1989.
– Zucht und Maß, in: MySal, Bd. V, 285-296.
Hauser, R., Art. „Askese I", in: HWPh, 538-541.
Hastedt, H., Das Leib-Seele-Problem, Frankfurt/M. 1988.
Hengstenberg, H.E., Christliche Askese, Regensburg 1936.
Henner, G., Die Pädagogik im Denken Romano Guardinis, Paderborn 1990.
– Das ‚Lehren und Lernen' in der Pädagogik Guardinis, in: A. Schilson (Hg.), Konservativ mit Blick nach vorn. Versuche zu Romano Guardini, Würzburg 1994, 158-171.
Henrich, F., Die Bünde katholischer Jugendbewegung. Ihre Bedeutung für die liturgische und eucharistische Erneuerung, München 1968.
– Vorwort, in: R. Guardini, Ethik. Vorlesungen an der Universität München, aus dem Nachlaß hg. von H. Mercker unter Mitarbeit von M. Marschall, Bd. 1, Mainz-Paderborn 1993, IX-XXII.

Hepp, G., Wertewandel und politische Kultur – eine politikwissenschaftliche Analyse in pädagogischer Absicht, in: Vierteljahrsschrift für wissenschaftliche Pädagogik 63 (1987), 206-226.
– Wertsynthese als Zukunftsaufgabe der politischen Bildung – Anmerkungen zu den didaktischen Konsequenzen des Wertwandels, in: Zeitschrift für internationale erziehungs- und sozialwissenschaftliche Forschung 4 (1987), 367-391.
– Asketische Werte. Zu ihrer Bedeutung im Spannungsfeld von Selbstentfaltung und Gemeinwohl, Köln 1989, (= Kirche und Gesellschaft, hg. von der Kath. Sozialwissenschaftlichen Zentralstelle Mönchengladbach, Heft Nr. 164).
Hermanns, M., Guardinis soziologisches Denken im Berlin der Vorkriegszeit, in: H.J. Schuster (Hg.), Guardini Weiterdenken, Berlin 1993, 179-192.
Hertel, P., Intelligent gehorchen, aber blind. Ein Wegweiser durch den Dschungel offizieller und geheimer Dokumente des Opus Dei, in: Paulus-Akademie (Hg.), Opus Dei – Stosstrupp Gottes oder „Heilige Mafia"?, Zürich 1992, 33-151.
– Opus Dei, in: W. Beinert (Hg.), „Katholischer" Fundamentalismus. Häretische Gruppen in der Kirche?, Regensburg 1991, 148-165.
Hertling, L.v., Lehrbuch der aszetischen Theologie, Innsbruck 1930.
Hilpert, K., Einführung: Stichwort „Selbstverwirklichung", in: K. Hilpert (Hg.), Selbstverwirklichung. Chancen, Grenzen, Wege, Mainz 1987, 9-19.
Hilpert, K. (Hg.), Selbstverwirklichung. Chancen, Grenzen, Wege, Mainz 1987.
Hintersberger, B., Theologische Ethik und Verhaltensforschung. Probleme – Methoden – Ergebnisse, München 1978.
Höltershinken, D., Anthropologische Grundlagen personalistischer Erziehungslehren. M. Buber, R. Guardini, P. Petersen. Eine vergleichende Untersuchung, Weinheim u.a. 1971.
– „Mitte" und „Maß". Zur pädagogischen Bedeutung der Gegensatzlehre R. Guardinis, in: H.J. Schuster (Hg.), Guardini Weiterdenken, Berlin 1993, 127-139.
Hoffmann, H., Ein Schlußwort, in: ders. (Hg.), Wehender Geist. Der zweite deutsche Quickborntag, Burg Rothenfels 1920, 119f.
– Im Dienste des Friedens. Lebenserinnerungen eines katholischen Europäers, Stuttgart 1970.
– Zur Einführung, in: ders. (Hg.), Wehender Geist. Der zweite deutsche Quickborntag, Burg Rothenfels 1920, 5-9.
Holderegger, A., Art. „Autonomie", in: NLcM, 59-66.
– Verantwortung, in: J.-P. Wils/D. Mieth (Hg.), Grundbegriffe der christlichen Ethik, 199-208.
Holotik, G., Art. „Verantwortung", in: NLcM, 821-823.
Honecker, M., Einführung in die Theologische Ethik. Grundlagen und Grundbegriffe, Berlin 1990.
Huber, R., Zur Psychologie der Selbstverwirklichung. Eine vergleichende Betrachtung psychologischer Selbstverwirklichungstheorien, (Diss. phil.) Zürich 1981).
Hürter, O., Aspekte der Psychotherapie, in: J. Gründel (Hg.), Triebsteuerung. Für und wider die Askese, München 1972, 31-46.
Huth, A.u.U., Handbuch der Meditation, München 1990.

Inglehart, R., Wertwandel in den westlichen Gesellschaften: Politische Konsequenzen von materialistischen und postmaterialistischen Prioritäten, in: H. Klages/P. Kmieciak (Hg.), Wertwandel und gesellschaftlicher Wandel, Frankfurt ²1981, 279-316.

Irrgang, B., Christliche Umweltethik. Eine Einführung, München 1992.

Jürgensmeier, J., Der mystische Leib Christi als Grundprinzip der Aszetik, Paderborn 1933.

Johannes Paul II., Enzyklika „Veritatis splendor", zit. n. Verlautbarungen des Apostolischen Stuhls 111, hg. vom Sekretariat der Deutschen Bischofskonferenz, Bonn 1993.

Jonas, H., Auf der Schwelle der Zukunft: Werte von gestern und die Welt von morgen, in: H. Jonas/D.Mieth, Was für morgen lebenswichtig ist. Unentdeckte Zukunftswerte, Freiburg 1983, 5-32.

– Das Prinzip Verantwortung. Versuch einer Ethik für die technologische Zivilisation, Frankfurt/M. 1984.

– Dem bösen Ende näher. Gespräche über das Verhältnis des Menschen zur Natur, Frankfurt/M., 1993.

– Die Welt ist weder wertfrei noch beliebig verfügbar. Verantwortung als Überlebenspflicht. Gespräch mit Christian Schütze, in: ders., Dem bösen Ende näher. Gespräche über das Verhältnis des Menschen zur Natur, hg. von W. Schneider, Frankfurt/M. 1993, 40-48.

– Macht oder Ohnmacht der Subjektivität? Das Leib-Seele-Problem im Vorfeld des Prinzips Verantwortung, Frankfurt/M. 1987.

– Technik, Freiheit und Pflicht. Dankesrede anläßlich der Verleihung des Friedenspreises des Deutschen Buchhandels, in: ders., Dem bösen Ende näher. Gespräche über das Verhältnis des Menschen zur Natur, Frankfurt/M. 1993, 91-102.

– Technik, Medizin und Ethik. Zur Praxis des Prinzips Verantwortung, Frankfurt/M. 1987.

Kaltenbrunner, G.-K., Vorwort des Herausgebers, in: G.-K. Kaltenbrunner (Hg.), Der asketische Imperativ. Strategien der Selbstbeherrschung, München 1985, 7-30.

Kalteyer, A., Einübung in solidarisches Verhalten, in: Lebendige Katechese. Beihefte zu ‚Lebendige Seelsorge' 12 (1990), 136-138.

Kampmann, Th., Das Geheimnis des Alten Testaments. Eine Wegweisung, München 1962.

Kant, J., Metaphysik der Sitten, hg. von K. Vorländer, Hamburg 1959.

Kessler, H., Das Stöhnen der Natur. Plädoyer für eine Schöpfungsspiritualität und Schöpfungsethik, Düsseldorf 1990.

Kindt, W. (Hg.), Die deutsche Jugendbewegung 1920 bis 1930. Die bündische Zeit, Düsseldorf 1974 (= Dokumentation der Jugendbewegung III).

Klages, H., Wertorientierungen im Wandel – Rückblick, Gegenwartsanalysen, Prognosen, Frankfurt/M. 1984.

Klages, L., Der Geist als Widersacher der Seele, Bonn ⁶1983.

Klafki, W., Pädagogisch-dialektische oder anthropologisch-existenzphilosophische Grundlegung der Erziehungswissenschaft? Kritische Gedanken zu H. Döpp-Vorwalds Auseinandersetzung mit R. Guardinis „Grundlegung der Bildungslehre", in: Zeitschrift für Pädagogik 4 (1958), 353-361.

Kleiber, H., Glaube und religiöse Erfahrung bei Romano Guardini, Freiburg 1985.

Knapp, M., Die Christologie Romano Guardinis im Kontext seiner These vom Ende der Neuzeit, in: Theologie und Glaube 83 (1993), 338-356.

Knoll, A., Glaube und Kultur bei Romano Guardini, Paderborn 1994.

– Folgenreiche Begegnungen. Romano Guardini in der Diözese Rottenburg, in: H.-B. Gerl u.a. (Hg.), Begegnungen in Mooshausen. Romano Guardini, Maria Knoepfler, Maria Elisabeth Stapp, Josef Weiger, Weißenhorn ²1990, 81-100.

– "Die Seele wiederfinden" – Romano Guardini auf der Suche nach einer „anderen" Theologie, in: A. Schilson (Hg.), Konservativ mit Blick nach vorn. Versuche zu Romano Guardini, Würzburg 1994, 11-31.

Koch, K., Brennpunkt „Arbeit". Arbeit zum Leben oder Arbeit zum Tode?, in: ders, Aufbruch statt Resignation. Stichworte zu einem engagierten Christentum, Zürich 1990, 137-157.

– Herausforderung „Sonntag". Kurzplädoyer für eine notwendige Kultur des christlichen Sonntags, in: ders., Aufbruch statt Resignation. Stichworte zu einem engagierten Christentum, Zürich 1990, 131-134.

Köhler, O., Art. „Jugendbewegung", in: LThK, Bd. 5, 1181f.

Korff, W., Die Frage nach dem Glück als Frage nach einer humanen Ethik, in: ders., Wie kann der Mensch glücken? Perspektiven der Ethik, München 1985, 9-32.

– Leitideen verantworteter Technik, in: G. Dobmeier (Hg.), Angst vor der Technik – Vertrauen in die Schöpfung? Techniker und Theologen im Dialog, München 1991, 112-131.

– Wie kann der Mensch glücken? Perspektiven der Ethik, Stuttgart 1985.

Krüger, G., Unsere geschichtliche Zukunft. Zur Zeitdeutung Romano Guardinis, in: C. Münster/W. Dirks/G. Krüger/R. Guardini, Unsere geschichtliche Zukunft. Ein Gespräch über ‚Das Ende der Neuzeit' zwischen C. Münster, W. Dirks, G. Krüger u. R. Guardini, Würzburg 1953, 53-94.

Kufner, L./Madlener, B./Lauermann, R., Fasten als Fest. Ein Werkbuch für Fastengruppen, München 1988.

Kuhn, H., Romano Guardini. Der Mensch und das Werk, München 1961.

Kunisch, H., Interpretatio christiana. Anlaß und Grundzüge der Deutung großer schöpferischer Gestalten durch Romano Guardini, in: J. Ratzinger (Hg.), Wege zur Wahrheit. Die bleibende Bedeutung von Romano Guardini, Düsseldorf 1985, 96-120.

– Romano Guardini als Interpret. Ein Beitrag zum Wesen schöpferischer Arbeit, in: Stimmen der Zeit 195 (1977), 602-616.

Langemeyer, B., Der dialogische Personalismus in der evangelischen und katholischen Theologie der Gegenwart, Paderborn 1963.

Lau, F., Art. „Askese V. In katholischer und protestantischer Ethik", in: RGG, Bd. 1, ³1957, 644-648.

Laun, A., Art. „Freiheit", in: PLS, 402-405.

Lechner, M., Die Theologie des Maßes. Studien zur kulturgeschichtlichen Bedeutung der Askese bei Romano Guardini, St. Ottilien 1991.

Lehmann, K., Exkurs zum Problem der heutigen Konsumkultur und ihrer Kritik, in: Handbuch der Pastoraltheologie, Bd.II/2, hg. von F.X. Arnold, K. Rahner u.a., Freiburg 1966.

Lenz, H., Der bejahende Ruf Gottes – die Basis des Menschen. Verständnis, Vollzug und Gefährdung der Person nach Romano Guardini, in: Lebendiges Zeugnis 40 (1985), 25-43.

Lindworsky, J., Psychologie der Aszese. Winke für eine psychologisch richtige Aszese, Freiburg 1935.

Lippert, P., Gute Askese und schlechter Asketismus. Bemerkungen zur Gewinnung von Maßstäben und zur Klärung von Standorten, in: Lebendige Seelsorge 35 (1984), 24-29.

– Art. „Selbstverwirklichung", in: Praktisches Lexikon der Spiritualität, hg. von C. Schütz, Freiburg 1988, 1134-1136.

– Wer sein Leben retten will. Selbstverwirklichung und Askese in einer bedrohten Welt, Mainz 1978.

Lohfink, N., Die Priesterschrift und die Grenzen des Wachstums, in: Stimmen der Zeit 192 (1974), 435-450.

Lotz, J.B., Art. „Wert", in: LThK, Bd. 10, 1058f.

– Art. „Wertphilosophie", in: LThK, Bd. 10, 1061-1063.

Luhmann, N., Gesellschafts-strukturelle Bedingungen und Folgeprobleme des naturwissenschaftlich-technischen Fortschritts, in: ders., Soziologische Aufklärung 4. Beiträge zur funktionalen Differenzierung der Gesellschaft, Opladen 1987, 49-63.

– Ökologische Kommunikation. Kann die moderne Gesellschaft sich auf ökologische Gefährdungen einstellen?, Opladen ²1988.

Lutz, H., Neuzeitende und Europazentrismus bei Guardini: Für ein Einbringen unserer Traditionen in heutige globale Perspektiven, in: Vorstand der Vereinigung der Freunde von Burg Rothenfels e.V. (Hg.), Zur geistigen Gestalt Romano Guardinis. Materialien zum Bereich der Sprache und zur Frage des Endes der Neuzeit, (= Rothenfelser Schriften, Bd. 7), Burg Rothenfels 1980, 84-113.

Maier, H., „Katholische Weltanschauung" – die Fortsetzung in Tübingen und München, in: H.J. Schuster (Hg.), Guardini Weiterdenken, Berlin 1993, 107-111.

Marschall, M., In Wahrheit beten. Romano Guardini – Denker liturgischer Erneuerung, St. Ottilien 1986.

Marschütz, G., Die verlorene Ehrfurcht. Über das Wesen der Ehrfurcht und ihre Bedeutung für unsere Zeit, Würzburg 1992.

Meadows, D. u.a., Die Grenzen des Wachstums. Bericht des Club of Rome zur Lage der Menschheit, Stuttgart 1972.

Meadows, D.u.D., Das globale Gleichgewicht, Stuttgart 1974.

Menze, C., Art. „Bildung", in: J. Speck/G. Wehle (Hg.), Handbuch pädagogischer Grundbegriffe, Bd. 1, München 1970, 134-184.

Messerschmid, F., Katholische Jugendbewegung, in: W. Kindt (Hg.), Die deutsche Jugendbewegung 1920 bis 1933. Die bündische Zeit, Düsseldorf 1974, 680-683.

Mercker, H., Bibliographie Romano Guardini (1885-1968), hg. von der Katholischen Akademie in Bayern, Paderborn 1978.

– Christliche Weltanschauung als Problem. Untersuchungen zur Grundstruktur im Werk Romano Guardinis, Paderborn 1988.

– Erläuterungen zur Edition, in: R. Guardini, Ethik. Vorlesungen an der Universität München, aus dem Nachlaß hg. von H. Mercker unter Mitarbeit von M. Marschall, Bd. 1, Mainz-Paderborn 1993, XXIII-XLIV.

– Vorlesungen und Schriften Guardinis in seiner Berliner Zeit, in: H.J. Schuster (Hg.), Guardini Weiterdenken, Berlin 1993, 78-106.

Merks, K.W., Autonomie, in: J.-P. Wils/D. Mieth, Grundbegriffe der christlichen Ethik, Paderborn 1992, 254-281.

Mesarovic, M./Pestel, E., Menschheit am Wendepunkt. 2. Bericht an den Club of Rome zur Weltlage, Stuttgart 1974.

Metz, J.B., Zur Theologie der Welt, Mainz 1968.

Mieth, D., Anfragen an das Verständnis von Kirche und Sexualität beim Opus Dei, in: H. Schützeichel (Hg.), Opus Dei. Ziele, Anspruch und Einfluß, Düsseldorf 1992, 104-120.

– Die neuen Tugenden. Ein ethischer Entwurf, Düsseldorf 1984.

– Gewissen, in: J.-P. Wils/D. Mieth, Grundbegriffe der christlichen Ethik, Paderborn 1992, 225-242.

– Was die Sinnkrise übersteht: Ethische Perspektiven für eine menschliche Zukunft, in: H. Jonas/D. Mieth, Was für morgen lebenswichtig ist. Unentdeckte Zukunftswerte, Freiburg 1983, 33-79.

Mohlberg, C., Ein neues Buch von Romano Guardini: (Vorschule des Betens). Unediertes aus seinem Leben, in: nicht identifizierter Zeitungsausschnitt (1943) im Guardini-Nachlaß der Bayerischen Staatsbibliothek, Ana 342, Schachtel 11, Mappe „Ordo".

Moltmann, J., Fundamentalismus und Moderne, in: Concilium 28 (1992), 269-273.

– Gott in der Schöpfung. Ökologische Schöpfungslehre, München 1985.

Mühlenbrock, P., Art. „Fasten. V. Kirchenrechtlich", in: Lexikon für Theologie und Kirche, Bd. 4, 35-36.

Müller, M., Romano Guardini, in: ders., Erfahrung und Geschichte. Grundzüge einer Philosophie der Freiheit als transzendentale Erfahrung, Freiburg 1971.

Romano Guardini, in: H. Schwerte/W. Spengler (Hg.), Denker und Deuter im heutigen Europa, Oldenburg 1954.

Müller, P., Fasten – dem Leben Richtung geben. Lese- und Übungsbuch zum spirituellen Fasten, München 1990.

Münster, C./Dirks, W./Krüger, G./Guardini, R., Unsere geschichtliche Zukunft. Ein Gespräch über das ‚Ende der Neuzeit' zwischen C. Münster, W. Dirks, G. Krüger u. R. Guardini, Würzburg 1953.

Mutschler, H.-D., Guardini und das Problem der Technik, in: H. J. Schuster (Hg.), Guardini Weiterdenken (= Schriftenreihe des Forum Guardini, Bd. 1), Berlin 1993.

Nietzsche, F., Werke in drei Bänden, hg. von K. Schlechta, Darmstadt 1966.

Noack, H., Das Naturschöne als Motiv des Umweltschutzes und der Beitrag des ästhetischen Sinns zur Wahrnehmung der Natur, in: K.M. Meyer-Abich (Hg.), Frieden mit der Natur, Freiburg 1979, 59-74.

Nürnberg, R., Askese als sozialer Impuls. Monastisch-asketische Spiritualität als Wurzel und Triebfeder sozialer Ideen und Aktivitäten der Kirche in Südgallien im 5. Jahrhundert, Bonn 1988.

Ohne Verfasser, Bundesthing 1930, in: Quickborn 17 (1930), Juni, 2-5.

Ohne Verfasser, Persönliche Notiz, in: H. Rombach (Hg.), Die Frage nach dem Menschen. Aufriß einer philosophischen Anthropologie (Festschrift für Max Müller zum 60. Geburtstag), Freiburg 1966, 491.

Packard, V., Die geheimen Verführer, Düsseldorf 1958.

– Die große Verschwendung, Düsseldorf 1960.
Pannenberg, W., Anthropologie in theologischer Perspektive, Göttingen 1983.
– Systematische Theologie, 3 Bde., Göttingen 1988-1993.
Paul VI., Enzyklika „Octogesima adveniens", Rom 1971 (= AAS 63, 401-441).
Peccei, A., Die Zukunft in unserer Hand. Gedanken und Reflexionen des Präsidenten des Club of Rome, Wien 1981.
Peccei, A. (Hg.), Club of Rome. Bericht für die achtziger Jahre. Zukunftschance Lernen, Wien 1980.
Peccei, A./Pestel, E./Mesarovic, M. u.a., Der Weg ins 21. Jahrhundert. Alternative Strategien für die Industriegesellschaft, München 1983.
Pesch, O.H., Frei sein aus Gnade. Theologische Anthropologie, Freiburg 1983.
Pieper, J., „Bedeutende Fördernis durch ein einziges Wort". Romano Guardini zum 70. Geburtstag, in: ders., Tradition als Herausforderung. Aufsätze und Reden, München 1963, 321-325.
– Das Viergespann. Klugheit, Gerechtigkeit, Tapferkeit, Maß, München 1964.
– Noch wußte es niemand. Autobiographische Aufzeichnungen 1904-1945, München 1976.
Prinz, F., Askese und Kultur. Vor- und frühbenediktinisches Mönchtum an der Wiege Europas, München 1980.
Rad, G.v., Das erste Buch Mose. Genesis 1 - 12,9, Göttingen 1949.
– Theologie des Alten Testaments I, München [7]1978.
Rahner, K., Art. „Erbsünde", in: SM, 1104-1107.
– Erbsünde und Evolution, in: Concilium 3 (1967), 459-465.
– Frömmigkeit früher und heute, in: Schriften zur Theologie, Bd. VII, Einsiedeln 1966, 11-31.
– Grundkurs des Glaubens. Einführung in den Begriff des Christentums, Freiburg 1976.
– Art. „Monogenismus", in: LThK, Bd. 7, 561f.
– Passion und Aszese. Zur philosophisch-theologischen Grundlegung der christlichen Aszese, in: Schriften zur Theologie, Bd. III, 73-104.
– Selbstverwirklichung und Annahme des Kreuzes, in: Schriften zur Theologie, Bd. VIII, Einsiedeln 1967, 322-326.
– Strukturwandel der Kirche als Aufgabe und Chance, Freiburg 1972.
– Theologisches zum Monogenismus, in: ders., Schriften zur Theologie, Bd. I, Einsiedeln 1954, 253-322.
– Theologie der Armut, in: Schriften zur Theologie, Bd. VII, Einsiedeln 1966, 435-478.
– Über die evangelischen Räte, in: Schriften zur Theologie, Bd. VII, Einsiedeln 1966, 404-434.
Rahner, K./Vorgrimler, H., Kleines Konzilskompendium, Freiburg 1966.
Raschke, J., Politik und Wertwandel in den westlichen Demokratien, in: Aus Politk und Zeitgeschichte. Beilage zur Wochenzeitung „Das Parlament" 30 (1989), B 36, 23-45.
Ratzinger, J. C., Von der Liturgie zur Christologie. Romano Guardinis theologischer Grundansatz und seine Aussagekraft, in: ders. (Hg.), Wege zur Wahrheit. Die bleibende Bedeutung von Romano Guardini, Düsseldorf 1985, 121-144.

Rauh, F., Aspekte der Verhaltenswissenschaft, in: J. Gründel (Hg.), Triebsteuerung. Für und wider die Askese, München 1972, 7-30.
– Das sittliche Leben des Menschen im Licht der vergleichenden Verhaltensforschung, Kevelaer 1969.
– Die Funktion der vergleichenden Verhaltensforschung für das Humanum, in: J. Gründel, F. Rauh u. V. Eid (Hg.), Humanum. Moraltheologie im Dienst des Menschen, Düsseldorf 1972, 142-157.
Rawer, K./Rahner, K., Weltall-Erde-Mensch, in: CGG, Bd. 3, Freiburg 1981, 5-85.
Reimer, I. (Hg.), Alternativ leben in verbindlicher Gemeinschaft. Evangelische Kommunitäten, Lebensgemeinschaften, Junge Bewegungen, Stuttgart [3]1986.
Renker, J., Grenzen des Wachstums als Herausforderung zu einem neuen Lebensstil, in: das Thema 20 (1977), 59-61.
Rendtorff, T., Ethik. Grundelemente, Methodologie und Konkretionen einer ethischen Theologie, 2 Bde., Stuttgart, [2]1990/91.
Richter, H.E., Der Gotteskomplex. Die Geburt und die Krise des Glaubens an die Allmacht des Menschen, Reinbek 1979.
Richter, K., Die erneuerte Liturgie im Horizont der Fragestellung Romano Guardinis nach der Liturgiefähigkeit des Menschen von heute, in: K. Richter/A. Schilson, Den Glauben feiern. Wege liturgischer Erneuerung, Mainz 1989, 136-163.
Ringeling, H., Zurück zur Askese? Christliche Ethik und die Grenzen des Wachstums, in: ders., Neue Humanität. Beiträge zur theologischen Anthropologie, Gütersloh 1975, 112-123.
Ritschl, D., Art. „Person“, in: A. Eser u.a. (Hg.), Lexikon Medizin, Ethik, Recht, Freiburg 1989, 791-800.
Ritter, R., Aspekte der Soziologie, in: J. Gründel (Hg.), Triebsteuerung. Für und wider die Askese, München 1972, 47-66.
Rock, M., Art. „Askese“, in: B. Stoeckle (Hg.), Wörterbuch der ökologischen Ethik, Freiburg 1986, 17-22.
– Die Umwelt ist uns anvertraut, Mainz 1987.
Römelt, J., Art. „Mensch“, in: NLcM, 472-481.
Römische Bischofssynode 1971, De iustitia in mundo, Rom 1971 (= AAS 63. 923-942).
Rotter, H., Art. „Person“, in: NLcM, 580-588.
Rotzetter, A., Opus-Dei-Mentalität oder christliche Spiritualität, in: Paulus-Akademie (Hg.), Opus Dei – Stosstrupp Gottes oder „Heilige Mafia“?, Zürich 1992, 155-192.
– Selbstverwirklichung des Christen, Zürich 1983.
– Zurück zu einem einfachen Lebensstil, in: Lebendige Seelsorge 35 (1984), 63-66.
Ruf, N., Das Recht der katholischen Kirche, Freiburg [5]1989.
Ruffin, H., Guardini und die Mainzer „Juventus“, in: W. Heist (Hg.), Romano Guardini. Der Mensch – Die Wirkung – Begegnung, Mainz 1979, 75-77
Rust-Scheel, Art. „Askese IV. Askese und Sittlichkeit“, in: RGG[2], Bd. 1, 577-583.
Ruster, Th., Vom „Sinn der Kirche“. Guardinis Reaktion auf den Bedeutungsverlust der römisch-katholischen Religion in der Moderne, in: A. Schilson (Hg.), Konservativ mit Blick nach vorn. Versuche zu Romano Guardini, Würzburg 1994, 103-114.

Saller, M., Die Begriffe Dienst, Sachgerechtigkeit, Bildung und Begegnung in der Pädagogik Romano Guardinis (Diss. Tübingen 1969), Schwäbisch Gmünd 1969.
Scharbert, J., Genesis 1 - 11, Würzburg 1983.
Schasching, J., Kirche und industrielle Gesellschaft, Wien 1960.
– Art. „Konsumgesellschaft“, in: Handwörterbuch religiöser Gegenwartsfragen, hg. von U. Ruh, D. Seeber, R. Walter, Freiburg 1986.
Scheler, M., Das Ressentiment im Aufbau der Moralen, in: ders., Vom Umsturz der Werte. Abhandlungen und Aufsätze, hg. von Maria Scheler, Bern [4]1955, (= Ges. Werke, Bd. 3), 33-147.
– Der Formalismus in der Ethik und die materiale Wertethik. Neuer Versuch der Grundlegung eines ethischen Personalismus, hg. von Maria Scheler, Bern [4]1954, (= Ges. Werke, Bd. 2).
– Die Stellung des Menschen im Kosmos, in: ders., Späte Schriften (= Ges. Werke, Bd. 9), Bern 1976, 7-71.
– Vom Sinn des Leides, in: ders., Schriften zur Soziologie und Weltanschauungslehre, hg. von Maria Scheler, Bern [2]1963, (= Ges. Werke, Bd. 6), 36-72.
Scherer, B., Einfacher Lebensstil in der Christlichen Meditationsstätte Sonnenhaus Beuron – Dritte Welt, in: Lebendige Seelsorge 35 (1984), 76-69.
Schilling, A., Bildung als Gottesebenbildlichkeit. Eine motivgeschichtliche Studie zum Bildungsbegriff, Freiburg 1961.
Schilson, A., Die liturgische Bewegung. Anstöße – Geschichte – Hintergründe, in: K. Richter/A. Schilson, Den Glauben feiern. Wege liturgischer Erneuerung, Mainz 1989, 11-48.
– „Feier“ und „Heiliges Spiel“. Wandlungen im heutigen Gottesdienst- und Sakramentenverständnis, in: K. Richter/A. Schilson, Den Glauben feiern. Wege liturgischer Erneuerung, Mainz 1989, 78-108.
– „Gottes Hoheit in die Welt hineintragen.“ Über Romano Guardinis posthum veröffentlichte „Ethik“, in: Herder-Korrespondenz 49 (1995), 94-99.
– Mystagogie am Beginn des 20. Jahrhunderts, in: ders. (Hg.), Gottes Weisheit im Mysterium. Vergessene Wege christlicher Spiritualität, Mainz 1989, 203-230.
– Perspektiven theologischer Erneuerung. Studien zum Werk Romano Guardinis, Düsseldorf 1986.
– Romano Guardini und die liturgische Bewegung. Aspekte einer spannungsvollen Beziehung, in: K. Richter/A. Schilson, Den Glauben feiern. Wege liturgischer Erneuerung, Mainz 1989, 49-77.
– Romano Guardini – Wegbereiter und Wegbegleiter der liturgischen Erneuerung, in: Liturgisches Jahrbuch 36 (1986), 3-27.
– Vorwort des Herausgebers, in: ders., Konservativ mit Blick nach vorn. Versuche zu Romano Guardini, Würzburg 1994, 7-10.
Schilson A. (Hg.), Konservativ mit Blick nach vorn. Versuche zu Romano Guardini, Würzburg 1994.
Schlegelberger, B., Gelassenheit als Kennzeichen christlicher Existenz, in: L. Honnefelder/M. Lutz-Bachmann (Hg.), Auslegung des Glaubens. Zur Hermeneutik christlicher Existenz, Berlin 1987., 245-260.
Schleicher, K., Umweltprobleme sind auch Innenweltprobleme, in: Zeitschrift für internationale erziehungs- und sozialwissenschaftliche Forschung 4 (1987), 31-59.

Schlette, H.R., Art. „Guardini, Romano (1985-1968)“, in: TRE, Bd. XIV, 294-297.
– „Die Religiosität der kommenden Zeit“. Zu Guardinis Vorblick, in: Vorstand der Vereinigung der Freunde von Burg Rothenfels e.V. (Hg.), Zur geistigen Gestalt Romano Guardinis. Materialien zum Bereich der Sprache und zur Frage des Endes der Neuzeit, (= Rothenfelser Schriften, Bd. 7), Burg Rothenfels 1980, 62-83.
Schlüter-Hermkes, M., Die Gegensatzlehre Romano Guardinis, in: Hochland 26 (1928/29), Bd. 1, 529-539.
Schlund, R., Schöpferisches Gewissen. Orientierung zu aktuellen Fragen, Freiburg 1990.
Schmidt, H., Organische Aszese. Ein zeitgemäßer, psychologisch orientierter Weg zur religiösen Lebensgestaltung, Paderborn [5]1946.
Schmidt, P., Die pädagogische Relevanz einer anthropologischen Ethik. Eine Untersuchung zum Werk Romano Guardinis, Düsseldorf 1973.
Schmucker-von Koch, J.F., Autonomie und Transzendenz. Untersuchungen zur Religionsphilosophie Romano Guardinis, Mainz 1985.
Schnackenburg, R., Die sittliche Botschaft des Neuen Testaments, Bd. 1, Von Jesus zur Urkirche, Freiburg 1986.
Schnappinger, P., Einübung christlicher Lebensart beim „Dies“, in: Lebendige Katechese. Beihefte zu ‚Lebendige Seelsorge‘ (12. Jg.) 1990, 141-144.
Schönborn, Chr., Die kirchliche Erbsündenlehre im Umriß, in: Chr. Schönborn/A. Görres/R. Spaemann, Zur kirchlichen Erbsündenlehre. Stellungnahmen zu einer brennenden Frage, Freiburg 1991, 70-102.
Schockenhoff, E., Art. „Tugenden und Laster“, in: NLcM, 798-805.
Schoonenberg, P., Der Mensch in der Sünde, in: MySal, 845-938.
Schopenhauer, A., Die Welt als Wille und Vorstellung, Bd. 1, hg. von W. Frhr. v. Löhneisen, Frankfurt/M. 1986.
Schreijäck, Th., Bildung als Inexistenz. Elemente einer theologisch-anthropologischen Propädeutik zu einer religionspädagogischen Bildungstheorie im Denken Romano Guardinis, Freiburg 1989.
– Zur Logik der Inkulturation des Christlichen. Anmerkungen zum Meditationsverständnis von Romano Guardini, in: A. Schilson (Hg.), Konservativ mit Blick nach vorn. Versuche zu Romano Guardini, Würzburg 1994, 150-157.
Schurr, J., Zum Curriculum vermarkteter Bildung, in: Vierteljahrsschrift für wissenschaftliche Pädagogik 53 (1977), 172-185.
Schuster, H.J. (Hg.), Guardini Weiterdenken, Berlin 1993.
Schütz, C., Perspektiven der Erbsünde, in: MySal, Ergänzungsband, 341-347.
Schwartländer, J., Art. „Verantwortung“, in: Handbuch philosophischer Grundbegriffe, hg. von H. Krings, H. M. Baumgartner u. Chr. Wild, (Studien-ausgabe), Bd. 6, München 1974, 1577-1588.
Seitz, M., Art. „Askese VII. Luther“, in: TRE, Bd. IV, 1/2, 239-241.
ders., Art. „Askese IX. Praktisch-theologisch“, in: TRE, Bd. IV, 1/2, 250-259.
Seubold, G., Mittel zum Zweck? Martin Heideggers Kritik an der instrumentalen Interpretation neuzeitlicher Technik, in: H.M. Baumgartner/B. Irrgang (Hg.), Am Ende der Neuzeit? Die Forderung eines fundamentalen Wertwandels und ihre Probleme, Würzburg 1985, 51-68.

Soden-Fraunhofen, H.v., Das Engelwerk, in: W. Beinert (Hg.), „Katholischer“ Fundamentalismus. Häretische Gruppen in der Kirche?, Regensburg 1991, 127-147.

Spaemann, R., Glück und Wohlwollen. Versuch über Ethik, Stuttgart 1989.

– Über einige Schwierigkeiten mit der Erbsündenlehre, in: Chr. Schönborn/A. Görres/R. Spaemann, Zur kirchlichen Erbsündenlehre. Stellungnahmen zu einer brennenden Frage, Freiburg 1991, 37-66.

Speck, J., Guardinis Gegensatzlehre und das sog. „dialektische“ Denken in der Pädagogik, in: Vierteljahrsschrift für wissenschaftliche Pädagogik 40 (1964), 89-115 u. 187-226.

Splett, J., Art. „Person“, in: PLS, 981-984.

– Zum Person-Begriff Romano Guardinis. Ein „Versuch“ christlich-philosophischen Nachdenkens, in: W. Seidel (Hg.), „Christliche Weltanschauung“. Wiederbegegnung mit Romano Guardini, Würzburg 1985, 80-109.

Stelzenberger, J., Die Beziehungen der frühchristlichen Sittenlehre zur Ethik der Stoa, München 1933.

Stoeckle, B., Art. „Fortschritt“, in: ders. (Hg.), Wörterbuch der ökologischen Ethik, Freiburg 1986, 56-61.

Strehler, B., Aus dem Werden und Leben Quickborns, Würzburg 1927.

Sudbrack, J., Das dreifache Ja christlicher Askese, in: Lebendige Seelsorge 35 (1984), 13-18.

Teutsch, G.M., Art. „Askese“, in: ders., Lexikon der Umweltethik, Göttingen 1985, 10f.

– Art. „Umweltkrise“, in: ders., Lexikon der Umweltethik, Göttingen 1985, 117-121.

Tewes, E., Romano Guardini, in: G. Gruber/F. Bauer, Kirche ohne Vorzimmer. Begegnungen mit dem Münchner Regionalbischof Ernst Tewes, Planegg 1986, 33-48.

Thalhammer, D., Art. „Askese III. Theologisch“, in: LThK, Bd. 1, 932-937.

Theunissen, M., Falscher Alarm. Wiedergelesen: Romano Guardinis ‚Das Ende der Neuzeit‘, in: Frankfurter Allgemeine Zeitung vom 3. 3. 1977, 19.

Thils, G., Christliche Heiligkeit. Handbuch der aszetischen Theologie für Ordensleute, Priester und Laien, München 1961.

Tilmann, K., Die Führung zur Meditation. Ein Werkbuch, Bd. 1, Zürich [7]1976.

Tilmann, K./Peinen, H.-T.v., Die Führung zur Meditation. Christliche Glaubensmeditation. Ein Werkbuch, Bd. 2, Zürich 1978.

Traube, K., Wachstum oder Askese? Kritik der Industrialisierung von Bedürfnissen, Hamburg 1979.

Trillhaas, W., Ethik, Berlin [3]1970.

Troeltsch, E., Die Soziallehren der christlichen Kirchen und Gruppen, Tübingen 1912 (= Ges. Schriften, Erster Band).

– Aufsätze zur Geistesgeschichte und Religionssoziologie, hg. von H. Baron, Aalen 1966 (= Ges. Schriften, Vierter Band).

– Die Kulturbedeutung des Calvinismus, in: M. Weber, Die protestantische Ethik II. Kritiken und Antikritiken, hg. von J. Winckelmann, Gütersloh [5]1987.

Truhlar, K., Art. „Aszetik“, in: LThK, Bd. 1, 986-973.

Uexküll, J.v., Theoretische Biologie, Berlin [2]1928.

– Umwelt und Innenwelt der Tiere, Berlin ²1921.
Uexküll, J.v./G. Kreszat, Streifzüge durch die Umwelten von Tieren und Menschen. Ein Bilderbuch unsichtbarer Welten. Bedeutungslehre, Hamburg 1956.
Van der Vloet, J., Romano Guardini und die Nach-Neuzeit. Ansätze einer theologischen Kritik der Moderne, in: A. Schilson (Hg.), Konservativ mit Blick nach vorn, Würzburg 1994, 115-130.
Viller, M./Rahner, K., Aszese und Mystik in der Väterzeit, Freiburg 1939.
Völker, W., Das Vollkommenheitsideal des Origenes. Eine Untersuchung zur Geschichte der Frömmigkeit und zu den Anfängen christlicher Mystik, Tübingen 1931.
– Der wahre Gnostiker nach Clemens Alexandrinus, Berlin 1952.
Waanders, S., Unterwegs zur Wahrheit. Ein Versuch über das Denken Romano Guardinis, in: A. Schilson (Hg.), Konservativ mit Blick nach vorn. Versuche zu Romano Guardini, Würzburg 1994, 35-48.
Watzal, L., Das Politische bei Romano Guardini, Percha am Starnberger See 1987.
Weber, H., Allgemeine Moraltheologie. Ruf und Antwort, Graz 1991.
Weber, M., Gesammelte Aufsätze zur Religionssoziologie, Bd. 1, Tübingen 1978.
– Die protestantische Ethik II. Kritiken und Antikritiken, hg. von J. Winckelmann, Gütersloh ⁵1987.
Wechsler, F., Romano Guardini als Kerygmatiker, Paderborn 1973.
Weger, K.-H., Theologie der Erbsünde. Mit einem Exkurs „Erbsünde und Monogenismus“ von K. Rahner, Freiburg 1970 (= Quaestiones disputatae, hg. von K. Rahner u. H. Schlier, Bd. 44).
Weizsäcker, C.F.v., Gehen wir einer asketischen Weltkultur entgegen?, in: Merkur 32 (1978), 745-769.
– Wege in der Gefahr. Eine Studie über Wirtschaft, Gesellschaft und Kriegsverhütung, München 1976.
Werbick, J., System und Subjekt, in: CGG, Bd. 24, 101-139.
Westermann, C., Genesis 1 - 11, Neukirchen-Vluyn 1974.
Wickler, W., Die Biologie der Zehn Gebote, München ⁵1981.
Wils, J.-P., Anthropologie, in: J.-P. Wils/D. Mieth (Hg.), Grundbegriffe der christlichen Ethik, Paderborn 1992.
Wils, J.-P./Mieth, D., Tugend, in: dies. (Hg.), Grundbegriffe der christlichen Ethik, Paderborn 1992, 182-198.
Windisch, H., Art. „Askese VI. Praktisch-theologisch“, in: LThK³, Bd. 1, 1993, 1082f.
Wirth, G., Wie es zum Guardini-Lehrstuhl kam, in: H.J. Schuster (Hg.), Guardini Weiterdenken, Berlin 1993, 61-77.
- Dokumente zur Einrichtung des „Guardini-Lehrstuhls“, zusammengestellt und einleitend erläutert von Günter Wirth, in: H.J. Schuster (Hg.), a.a.O., 245-272.
Wolbert, W., Art. „Wert“, in: NLcM, 857-860.
Wucherer-Huldenfeld, K., Die Gegensatzphilosophie Romano Guardinis in ihren Grundlagen und Folgerungen, (Diss.) Wien 1968.
Wulf, F., Art. „Aszese“, in: HThG, Bd. 1, 111-120.
– Art. „Aszese (Aszetik)“, in: SM, Bd. 1, 358-371.

– Die christliche Meditation in der Auffassung und Übung unserer Zeit, in: Geist und Leben 30 (1957), 433-445.
Zulehner, P.M., Helft den Menschen leben. Für ein neues Klima in der Pastoral, Freiburg 1978.

PERSONENREGISTER

SACHREGISTER